本书受上海市高水平地方高校（学科）建设项目资助

刑法中前置行政程序规范研究

熊波 著

法律出版社 LAW PRESS·CHINA
北京

图书在版编目（CIP）数据

刑法中前置行政程序规范研究 / 熊波著. -- 北京 : 法律出版社, 2025. -- ISBN 978 -7 -5244 -0074 -5

Ⅰ. D924.04

中国国家版本馆 CIP 数据核字第 2025ME9118 号

刑法中前置行政程序规范研究
XINGFA ZHONG QIANZHI XINGZHENG CHENGXU GUIFAN YANJIU

熊 波 著

策划编辑 沈小英 毛镜澄
责任编辑 毛镜澄
装帧设计 李 瞻

出版发行 法律出版社
编辑统筹 法治与经济出版分社
责任校对 王 丰 郭艳萍
责任印制 吕亚莉
经　　销 新华书店

开本 A5
印张 12.375　**字数** 347 千
版本 2025 年 4 月第 1 版
印次 2025 年 4 月第 1 次印刷
印刷 北京虎彩文化传播有限公司

地址：北京市丰台区莲花池西里 7 号(100073)
网址：www. lawpress. com. cn
投稿邮箱：info@ lawpress. com. cn
举报盗版邮箱：jbwq@ lawpress. com. cn
销售电话：010 - 83938349
客服电话：010 - 83938350
咨询电话：010 - 63939796

书号：ISBN 978 -7 -5244 -0074 -5　**定价**：89. 00 元

凡购买本社图书，如有印装错误，我社负责退换。电话：010 - 83938349

序　言

熊波博士的专著《刑法中前置行政程序规范研究》即将出版，告诉我这个好消息并希望我能够为此作序，没有丝毫的犹豫，就欣悦答应了。作为他硕士阶段和博士阶段的导师，我陪伴他一起亲历了学术生涯的起始阶段，见证了他为学术所倾注的心血与精力，目睹了一名年轻学子的成长过程，也可喜地看到他不断取得令人欣羡的学术成果。就此而言，我算得上是熊波博士求学路上的“合格见证人”，因而有责任去完成他托付于我的这一“任务”。

刑法中的前置行政程序问题，属于行刑衔接中的问题分支，属于刑法研究中的“富矿”，值得从不同角度进行发掘。这些前置行政程序的规定散见于我国刑法分则之中，此前的学术研究并不多，相关的博士论文更是鲜见。当年熊波告诉我要以此作为博士论文选题时，他已经做了不少的前期准备工作，虽然我也认同这一选题的价值，但是同时也担心这一选题的潜在风险。毕竟，博士论文不仅要有相应的问题意识，而且要围绕本专业的基础性理论问题进行发掘，但是，这一选题如何进行逻辑论证、刑法之外的理论知识是否足够、如何把理论与实践相对接等，都存在诸多不确定性与现实难度。否则，这些问题不进行深入的思考与解决，不仅博士论文的写作过程较难深入进行，而且很可能在外审评阅和现场答辩环节受到质疑。但是，熊波在确定这一选题之后从未动摇过，以这一选题所蕴涵的问题为出发点，进行了学理层面与实践层面的深入思考，不断完善论证体系，夯实刑法学之外的基础知识，围绕前置行政程序的立法和司法进行了开创性研究，获得了博士论文外评专家和答辩委员的优秀评价。

在刑法进入行政犯的时代，这一特定的犯罪类型具有区别于自然犯的较大特殊性，而且立法层面的行政犯也带来了刑法扩张的现实问题。如何有效地进行规范性限制，既需要从法益保护立场上进行学理思考，也需要从现有刑法的规定层面来进行构成要件上的细致解读。法益论提供的思考路径具有框架层面的指引作用，而构成要件上的要素限定可能更直接和具体，既连接了罪刑法定原则的明确性问题，也直接关乎司法实践层面的具体适用。行政犯中的“行政前置程序”作为我国刑法分则罪名中的具体规定，并不是单纯性的抽象之物，实则涉及类型化的立法现象及其教义学分析，牵涉相关罪名的个案适用，具有犯罪成立与否的实质界分功能。因而，表面上刑法中的这些前置程序规定似乎是为了与行政程序的衔接，实则是为了贯彻在行刑衔接中的相互界分，具有以行政程序反向限定实体犯罪成立的现实价值。

就本书的研究亮点来说，主要体现在如下方面：

其一，彰显了刑法中前置行政程序规范的独立性。由于刑法分则中的前置行政程序的规定并不集中，其他学者往往只是在研究相关个罪时予以提及，或者作为构成要件的附带性问题予以研究。熊波以敏锐视角对此进行了集群性归纳，指出此类立法现象并不是为了立法点缀，把它们置于实体刑法之中，显然是为了对实体性的罪刑评价发挥作用，否则就完全没有必要了，或者只应规定于程序法规之中。基于独立性考量，熊波提出了刑法中的前置行政程序规范与行政法中规定的不同，而且提出了“程序性犯罪构成要件”的概念。

其二，对前置行政程序规范进行了类型化倡导。由于刑法中的前置行政程序规范并不统一，如何认识需要对此进行类型化考察，以更好促进我们对此类规范的理解。对此，熊波在专著中指出，此类程序性规范可以被划分为前置行政命令、前置行政许可、前置行政处罚 3 种程序类型，并对相互关系进行了分析。与此同时，也指出上述类型区别于刑事实体法规范的原因，即他们在认定依据无须依附、限制刑事处罚扩张、及时促成法益恢复、强化主观证明效果、排除法条竞合关系等方面的特殊性。认为前置行政程序规范并不被犯罪成立要件所排斥，应以立法明文为限，不认可隐性或者司法创置情形，更不能在司法中选择性适用。类型化倡导是为了对该前置行政程序规范的独立性进一步坚持，并对实践中可能带来的误用或滥用情形予以防范。

其三，对前置行政程序规范的立法优化进行探索。本书从五个方面对前置行政程序规范的立法优化进行了探讨，其中提到的“立法者可以通过强化前置行政程序规范类型设置的多元性和开放性，以及具化主体性、次数性、期限性等行政程序规范设置，塑造程序性规范的精细化立法模式”，让人印象深刻。从立法层面的思考，实则是对现有立法规范存在的不足予以显明，也是对可能完善的延展空间给出相应的合理方案。“科学立法”是一个不断发展完善的过程，尤其是对行政犯的立法究竟如何来平衡刑法处罚的介入深度与广度问题，熊波的这些思考具有很好的开创性意义，对我们未来的刑法再法典化具有积极的借鉴价值。

其四，对独立性刑事司法的路径构建指引方向。立足前置行政程序规范的独立性价值，本书指出司法者可以通过将行政程序管制秩序完全排除在经济刑法体系之外、区分行政程序管制中的经济性管制和社会性管制以及前置行政程序指引个体法益抽象危险实质认定的3 种路径，体现出刑事司法予以独立确定前置行政程序指引的法益类型。在此基础上，司法者可以独立确定程序性犯罪构成要件效力、相关程序文书送达的对象和形式、紧急状况下的程序变通形式、行为人配合程序的程度和能力、程序发出的次数和时限事项以及程序实施主体等前置行政程序规范的 6 类具体要素，为司法实践的规范运行提供了微观层面的可行性路径。

尽管本书对刑法中的前置行政程序规范进行了较系统的研究，但是整体上仍然是一种学术思考层面的努力尝试，很多内容系开创性的探索，因而现有研究不可能是终结性的，还有不少值得我们进一步思考的空间。比如，这些程序性构成要件与实体构成要件是什么关系，如何从程序要件转化为刑法实体法上的客观构成要件；不同类型的前置行政程序规范的功能性有无差异，在犯罪构成的限定意义上是否存在差别，如何体现于个案的罪刑判断之中；前置程序性规范与功能主义刑法规有何关联，肯定该要件的独立性能否起到实质的功能限定；现有的立法优化与实践构建是否合理可行，如何通过实践路径来回应立法条件下的规范适用；等等。熊波在著作中进行的思考，值得学界同仁对此问题进行下一阶段的继续研究，不断挖掘这些行政程序规范要件的学术内涵，更好构建中国刑法学的自主知识体系。

就我这些年的教学经历来看，所指导的学生中勤奋者有之，悟性高者有之，擅于思考者有之，颇具灵性者有之，天资优越者有之。难能可贵之处在于，熊波在前期求学阶段中能够把这些优良品质兼而具之，而且持之以恒地专注于刑法学前沿问题，在很多人的眼中是一个实实在在的“天选科研人”。实际上，所有的学术人都有“学海无涯苦作舟，书山有路勤为径”的修练过程，熊波也不例外。他在我的办公室里埋头苦学几年，无论何时基本都可以在这里找到他，他潜心研读，一心向学，笔耕不辍，无数个白天黑夜的伏案苦读，给我留下了极深的印象。我的办公室里还有他置办的书柜、书籍与一些文具，还有一张放在这里供他休息用的折叠床……这些青葱岁月留下的奋斗痕迹，是我们所有年轻人努力奔跑的英俊模样，是我们在书海之中寻求知识的幸福时光。

我在很多场合会提及熊波的求学过往，以他的经历来激励后来为学的师弟师妹，刚刚结束的硕博研究生改革课堂上，我也同样提及了熊波和他的博士选题。当然，有些人对他并不陌生，因为从他前面发表的论文中已经有所了解，或者通过其他老师的褒奖之词也可能有所耳闻。对很多后来者来说，熊波所取得的成绩似乎是无法企及的，让他们只能仰慕而无法效仿。实际上，每个人都有难以复制的可塑性，具有无穷多样的可选路径，成功是偶然与必然的相遇，关键在于你有无恒心，作何选择，需要什么，放弃什么，如何积累。在相对程度上，学术之路是一条“阴差阳错”或者“误打误撞”的路，当年熊波进入刑法研究生的大门，不是从一开始就笃定要攻读博士学位，要致力学术研究与学术教育。找到自己喜欢并且热情向往的事情，不断地深耕细作，持之以恒地积淀，终能取得一些或大或小的成就。

经常会有人说，博士论文是一个人学术生涯的高峰时刻，因为为此付出的精力确实要远远多于其他任何论文，包括博士毕业之后的其他学术成果也往往难以与此相比拟。但是，学术思考必然是一个不断积累和不断超越的过程，伴随知识与阅历的增长，问题视角、论证过程和观点创新等自然还会有进一步的升华。对熊波来说，专著中的文字只是曾经思考留下的过往记忆，既不是起点，更不是终点。学术研究需要一份宁静与持久，熊波的前期成果受益于此，后续的发展自然也不能偏离这一根本。期待熊波坚守内心的那一份初心，在浮华的市井生活中宁静致远，取得更高质量的学术成果。

是为序。

陈伟

于重庆绿地翠谷寓所

2025 年 3 月 18 日

前　言

随着法定犯时代的到来，行政刑法的立法规范呈现多元化样态。在行政刑法立法体系中，以"违反国家（有关）规定""违反具体行政性法规范"为标志的前置行政不法规范（"空白罪状"）和以"经政府有关部门责令采取改正措施""未经行政许可""经行政处罚"程序为征表的前置行政程序规范，均是行政犯认定的法规范依据。其中，前置行政程序规范，是指行政主体为行使行政职权所实施的方式、步骤、时间和次数等前置于犯罪成立的时空性程序事项的规范总称。前置行政程序规范与前置行政不法规范的类型区分，不仅在行政法的行政行为理论中有据可寻，在刑法中亦以存在规范类型表达互为印证。但是，当前学界在研究行政犯理论时多侧重于前置行政不法规范，较易忽视前置行政程序规范的独立地位。甚至，学界和实务界将前置行政程序规范视为前置行政不法规范的组成部分，继而研究前置行政程序规范。这种现象其实是基于刑法是实体部门法的体系定位而产生的。在传统理论中，刑法是实体部门法，那么刑法规范体系中本不应存在任何的程序性规范，否则实体法和程序法的界分将显得多此一举。

但是，刑法是实体部门法的基本体系定位与刑法包含有程序性规范其实是可以兼容的两方面内容。刑法和诉讼程序法之所以分别作为实体部门法和程序部门法，是由于两者规范适用的基本目的不同。具言之，刑法是实现惩罚犯罪和保障人权而对权利和义务进行界定的基本规范，刑事诉讼法是为保证权利和义务有序实现而制定的基本规范。换言之，在诉讼程序法规范中，程序性规范并不解决犯罪与刑罚规定的问题，而是解决犯罪证实和追究的问题。基于此，程序性规范当然无法进入刑法规范的研究视野。然而，在行政刑法立法当中，立法者出于及时促进法益恢复、限制刑罚扩张化以及强化主观证明效果等目的，会将表征行政执法动态过程的前置行政程序规范作为"刑行规范衔接"的重要节点。在刑事立法中，前置行政程序规范对犯罪成立具有重要影响，甚至决定实体性犯罪构成要件的性质认定。因此，虽然前置行政程序规范是一种程序性规范，但是其发挥的犯罪成立之指引功能和刑法实体性规范是一样的。此时，刑法的程序性规范便不再是诉讼程序法中权利和义务有序实现的保证规范，而是一种刑事权利和义务界分的基础规范。

当前，学界和实务界忽视前置行政程序规范的独立类型或者将前置行政程序规范直接依附前置行政不法规范当中一同予以探讨，这导致前置行政程序规范的基本概念直接援用行政法的行政程序概念。最终，前置行政程序规范在刑法中的"体系定位、立法方法和司法适用"三个方面呈现不同程度的问题。面对上述3类问题，本书从六大章探讨前置行政程序规范的具体问题及其相应对策构建，在基础概念的界定中明确区分行政法的行政程序和刑法的前置行政程序；在规范的体系定位中提出程序性犯罪构成要件的新类型；在司法适用方法中明确区分前置行政程序规范和前置行政不法规范、前置程序型行政犯刑事违法性判断的独立性方法和前置不法型行政犯刑事违法性判断的依附性方法；构建一套前置行政程序规范独立性司法认定的基础规则。具体而言：

第一章刑法中前置行政程序规范的基础理论概述。本章主要从前置行政程序规范的概念界定、相关概念比较、类型划分、立法特点以及功能剖析五个方面进行阐述。前置行政程序规范的概念界定从"行政程序"和"前置性"两方面入手，采取"客观程序性事实说"的观点探讨得出结论：前置行政程序规范，是指行政主体为行使行政职权所实施的方式、步骤、时间和次数等前置于犯罪成立的时空性程序事项的规范总称。根据基本概念的界定可知，前置行政程序并不是行政行为、事前行政程序、其他行政程序、刑事诉讼程序以及前置民事、司法程序等概念。根据程序功能和目的的不同，此类程序性规范可以被划分为前置行政命令、前置行政许可、前置行政处罚 3 种程序类型。在立法类型的梳理过程中，笔者通过对比前置行政程序规范与刑法实体性规范、违法性事实规范后，发现此类程序性规范存在立法特殊性。之所以前置行政程序规范可以独立于刑法实体性规范，是因为前者可以发挥出认定依据无须依附、限制刑事处罚扩张、及时促成法益恢复、强化主观证明效果、排除法条竞合关系等特殊功能，这些均是刑法实体性规范所不具备的。

第二章刑法中前置行政程序规范存在的具体问题分析。本章主要是从体系定位偏差、规范的立法模式缺陷和行政依附性司法现象三个方面展开对具体问题的检视。首先，前置行政程序规范在刑法体系中的定位亦呈现错综复杂的现象。当前，学界主要存在“主观证明要素说”“附属性规定说”“客观处罚条件说”“双重标记要素说”“诉讼预备程序说”5 类学说。但是，这五类学说并不能充分发挥前置行政程序规范在司法实践中的应然功效，也不契合规范的立法本意。其次，前置行政程序规范的立法类型并未受到重视，因而，单一化立法模式的排他性和片面性、零散化立法模式的欠妥性、立法模式的要件取代风险以及文本形式化程序立法模式充斥于前置行政程序规范的立法过程当中。最后，按照目前前置行政程序规范司法认定的行政依附性方法，刑事司法极易将行政法中行政程序的自身固有缺陷、具体操作规则漏洞、行政管制秩序和经济刑法法益的界限混淆，以及行政程序关联的公共利益容易影响个体自由发挥等问题直接带入司法实践之中。

第三章刑法中前置行政程序贯彻正当原则的基本立场。本章强调程序法中正当程序原则应当与刑法中罪刑法定、责任主义、罪责刑相适应与法益保护等原则实现融会贯通；或者说，行政法中正当程序原则的具体内容或子原则应当结合刑法中罪刑法定等原则予以更新，从而适配前置行政程序规范的原理与实践。因此，刑法在确立前置行政程序规范适用的基本立场时，并不需要全部引入行政程序法中正当程序的子原则。基于此，本书在反思行政程序法中正当程序原则的具体子原则与刑法基本原则的冲突内容的基础上，挑选、更新或者重塑前置行政程序正当原则的5类刑法适用基本立场，具体包括程序充分参与原则、程序形式灵活原则、程序适用比例原则、程序平等开放原则、程序规则明确原则。以此具体指导前置行政程序规范体系定位的更新、立法模式的设置优化以及刑事司法适用的独立性方法的确立。

第四章程序性犯罪构成要件的类型提倡与体系定位。为了有效化解5类体系定位学说中的错综复杂问题，本章结合前置行政程序规范的独立概念，在区分前置行政程序规范与刑法实体性规范的基础上，明确提出了程序性犯罪构成要件的类型倡导与体系定位。这一做法存在两点必要性基础：第一，程序性规范的内容可以作为客观犯罪构成要件。根据犯罪构成要件理念的起源和发展，犯罪构成要件并不排斥程序性事实内容。第二，程序性规范作为犯罪构成要件具有独特功效。正是因为程序性犯罪构成要件具备超越实体性犯罪构成要件的独特功能，其是独立于实体性犯罪构成要件的一种新类型，所以程序性犯罪构成要件才具备类型提倡的必要性。而在程序性犯罪构成要件的具体理解方面，程序性犯罪构成要件应当是刑法明文规定的条件。因此，刑法不存在隐性、间接的程序性犯罪构成要件，司法解释也不得随意设置程序性犯罪构成要件。并且，刑事司法者对于立法明文规定的程序性犯罪构成要件必须要前置性适用，而不得选择性适用。

第五章前置行政程序规范刑法设置模式的立法优化。本章针对前述程序性规范立法模式的具体问题提出前置行政程序规范的刑法立法优化方案。该方案主要包括了五个方面的内容：第一，疏通“权利三体 +

行政主体”的双向救济程序。如此，刑法可以在紧急情况下及时保护重大法益。第二，确立刑法增设前置行政程序规范的行为性质、结果类型、违法性认识的立法条件或要求。第三，刑法通过构建前置行政程序规范与危险类型的并行例示性立法、贯彻前置行政程序规范与具体实害的因果指引性立法方法，可以厘清实体性规范与前置行政程序规范的立法关系。第四，立法者可以通过强化前置行政程序规范类型设置的多元性和开放性，以及具化主体性、次数性、期限性等行政程序规范设置，塑造程序性规范的精细化立法模式。第五，立法者需要区分纯粹的行政管理秩序和刑法管理秩序，并通过行政管理秩序转换为刑法管理秩序的立法方法，最终实现行政效果规范向犯罪构成要件的立法转换。

第六章前置行政程序规范的独立性刑事司法的路径构建。本章通过前置行政程序与前置行政不法规范的不同外在形式与内容表达、前置行政不法规范刑事司法认定的行政附属性，重点阐述前置行政程序规范刑法判断的独立性方法与来源。在程序性规范刑事司法的独立性判断的基础上，司法者可以通过将行政程序管制秩序完全排除在经济刑法体系之外、区分行政程序管制中的经济性管制和社会性管制以及前置行政程序指引个体法益抽象危险实质认定的3种路径，体现出刑事司法独立确定前置行政程序指引的法益类型。并且，在刑法独立判断程序性规范的方法基础上，司法者可以独立确定程序性犯罪构成要件效力、相关程序文书送达的对象和形式、紧急状况下的程序变通形式、行为人配合程序的程度和能力、程序发出的次数和时限事项以及程序实施主体等前置行政程序规范的6类具体要素。

行政刑法规范研究是行政犯研究的必经环节，厘清前置行政程序规范在刑法体系中的体系定位、立法方法和司法适用规则，将有利于行政犯理论的最新发展和刑法规制问题的科学化解。晚近刑法修订以行政犯扩张为主要趋势，此时，我们需要防止行政犯涌入式立法趋势轻易扩张司法犯罪圈。与前置行政不法规范不同的是，前置行政程序规范的立法重点并不在于刑法惩戒，而是刑罚缓冲和“刑行衔接”。当然，上述情形的前提在于刑事司法的人权保障和重大法益保护的均衡性理念。在此基础上，前置行政程序规范研究才能真正化解行政犯治理存留的问题。

目　录
CONTENTS

绪　论

一、研究背景与意义

本书的选题和研究源于国家政策中“刑行衔接”机制构建的指引要求，以及实体性和程序性规范交叉融合的强化趋势的刑法知识增量要求。并且，当前前置行政程序特殊规范①的司法实践问题治理亦需要学界构建出一套科学合理的司法适用规则。

（一）国家政策的指引要求刑法研究为“刑行衔接”机制提供方案支持

在前置行政程序规范指引行政犯认定的过程中，行政执法程序对于犯罪成立的司法判断发挥举足轻重之作用。2024 年 7 月，党的二十届三中全会通过的《中共中央关于进一步全面深化改革　推进中国式现代化的决定》明确指出，“完善行政处罚等领域行政裁量权基准制度”“完善

① 笔者认为，我国《刑法》中的“行政程序”并非行政法中的行政程序，其是刑法规范中独立的“前置行政程序”类型，其所形成的行政犯为前置程序型行政犯。与此相对的是“前置行政不法规范”（学界简称“空白罪状”），其所形成的行政犯为前置不法型行政犯。笔者在探讨刑法中的行政程序问题时，将一律采用“前置行政程序”的概念，而在借用行政法学科的知识时，则采用“行政程序”，以此实现两者的区分。

行政处罚和刑事处罚双向衔接制度”① 前置行政程序直接以动态行政执法形式展现在刑法体系当中，并作为一项基本犯罪成立条件。随着法定犯时代的到来，我国刑法近几次立法修正侧重对行政犯规范的调整。

其中，前置行政程序规范的增设成为行政刑法立法的一种主流趋势。诸如，从1997年《刑法》增设的消防责任事故罪的“经消防监督机构通知采取改正措施”等罪名的15处前置行政程序规范，② 到《刑法修正案》增设的擅自设立金融机构罪等罪名的2处行政许可程序规范，到《刑法修正案（七)》增设的逃税罪的“经税务机关依法下达追缴通知”等罪名的3处前置行政程序规范，到《刑法修正案（八)》增设的拒不支付劳动报酬罪的“经政府有关部门责令支付”等罪名的2处前置行政程序规范，再到《刑法修正案（九)》增设的拒不履行信息网络安全管理义务罪的“经监管部门责令采取改正措施”等罪名的2处前置行政程序规范，最后到2020年12月26日公布的《刑法修正案（十一)》，其增设的前置行政程序规范更集中且多元化，具体包括危险作业罪的责令停产停业、排除危险以及许可等前置程序等7处前置行政程序规范（具体详情可参见第一章第三节的表1－1、表1－2）。

2020年11月，习近平总书记在中央全面依法治国工作会议上强调，“要积极推进国家安全、科技创新、公共卫生、生物安全、生态文明、防范风险、涉外法治等重要领域立法……”。③ 其中，科技创新、公共卫生、生物安全、防范风险等领域是我国行政刑法立法重点关注的部分。对此，2020年12月，中共中央印发的《法治社会建设实施纲要

① 《中共中央关于进一步全面深化改革　推进中国式现代化的决定》，人民出版社2024年版，第30页。

② 一个罪名的多处前置行政程序规范累计算多处，下同。

③ 参见习近平：《习近平在中央全面依法治国工作会议上强调　坚定不移走中国特色社会主义法治道路　为全面建设社会主义现代化国家提供有力法治保障》，载《人民日报》2020年11月18日，第1版。

(2020—2025 年)》更是直接将高科技犯罪、黄赌毒黑、网络犯罪、暴力恐怖、破坏野生动物资源等行政违法犯罪作为我国未来重点问题治理对象。① 由此可见，在未来新兴领域的刑事立法进程中，行政犯的增设必然仍是刑法立法的主流趋势。而根据“刑行规范衔接”的现实需要和近来几次行政刑法立法规范呈现的特点和趋势，前置行政程序规范的原理和实践研究必将助益党的领导意志和国家政策积极转化为行政刑法立法制度。

但是，囿于行政法管理事务的复杂性、繁冗性以及行政程序等绝对或相对不明确行政概念的存在，行政程序立法规范具有概括性和空缺性等问题。在上述情况下，当前我国行政程序执法过程仍存在不规范、不明确、不透明或者不平等的不良现象。对此，早在 2014 年 10 月《中共中央关于全面推进依法治国若干重大问题的决定》就指出，应健全行政执法和刑事司法衔接机制。② 其中，行政执法在刑法规范中就是以前置行政程序规范的形式展现于外。2020 年 11 月《中共中央关于制定国民经济和社会发展第十四个五年规划和二〇三五年远景目标的建议》也再次提出“提高依法行政水平”等要求。③ 而 2021 年 1 月 10 日中共中央印发的《法治中国建设规划（2020—2025 年)》更是直接将健全行政执法和刑事司法衔接机制作为完善行政执法权限协调机制的一项重要内容，建设高效法治实施体系。④ 由此可见，对于行政程序规范，国家政策多次明确要求注重行政执法过程的规范化建设研究。在前置行政程序规范作为犯罪成立条件时，更需要在国家政策规划的需求基础上加强前置行

---

① 参见《中共中央印发〈法治社会建设实施纲要（2020—2025 年)〉》，载《人民日报》2020 年 12 月 8 日，第 1 版。

② 参见《中共中央关于全面推进依法治国若干重大问题的决定》 载《人民日报》2014 年 10 月 29 日，第 1 版。

③ 参见《中共中央关于制定国民经济和社会发展第十四个五年规划和二〇三五年远景目标的建议》，载《人民日报》2020 年 11 月 4 日，第 1 版。

④ 参见《中共中央印发〈法治中国建设规划（2020—2025 年)〉》，载《人民日报》2021 年 1 月 11 日，第 1 版。

政程序规范专门化理论研究。刑法规范属于法律制度体系的表现形式之一，因此，研究刑法规范的不同类型，无疑是科学立法、创新理论、规范司法的基本前提。前置行政程序规范相较刑法实体性规范而言，由于其规范内容是由程序性要素组成，因而属于特殊的刑法规范类型。在罪刑法定的基本原则要求之下，构建前置行政程序规范的系统完备、科学规范、运行有效的立法和司法制度，能够有效激发国家治理手段现代化的刑法效能。

（二）实体性和程序性规范交叉融合的强化趋势要求刑法知识增量研究

在刑法学界，通说认为，刑法实体性规范内容的认定，围绕行为中心要素，以行为主体或客体作为原则要素进行。① 因此，“实体法可以不借助程序来履行其行为指导功能”。② 实体性规范通常主要是考察行为人的因素，评价的是行为人主导实施的犯罪过程。但是，前置行政程序规范的事项内容是基于与行为人无关的程序执行主体主导实施的过程，其并不会因行为人的犯罪行为而导致程序的中断、中止和终止，并且前置行政程序规范在司法适用过程中，是在实体性构成要件的符合性认定和刑事责任追究之前进行的。例如，在“范某冰阴阳合同案”中，只要行为人积极配合行政处罚程序，便不会受到逃税罪的刑事处罚。多起滴滴顺风车乘客遇害事件中网络平台的刑事责任认定，亦是如此。因此，行政程序性事项规范又是一种前置于刑事责任认定且不同于刑法实体性规范的刑法规范类型。

我国传统理论一直将程序法视为实体权利和义务的保障工具。因而，程序法一直难以和实体法相提并论。自然而然地，在传统理论看来，规

---

① 参见马克昌、卢建平主编：《外国刑法学总论（大陆法系）》，中国人民大学出版社 2016 年版，第 67 页。

② See Lawrence B. Solum, *Procedural Justice*, Southern California Law Review, Vol. 78: 1, p. 186 (2004).

定权利和义务的刑法实体部门法一般都不应存在程序性规则或规范。但其实，刑法实体部门法的定位并不排斥刑法规范中程序性规范的存在。原因在于，罪刑法定原则与法益保护原则体现了刑法实体法对权利和义务的规定及其事项实现的工具，而程序规则亦是对权利义务实现的保障。因此，刑法并不排斥程序法内容和程序规则。其实，《行政处罚法》和《行政许可法》早已实现实体性规范和程序性规范的交叉融合。由此看来，实体法和程序法的明确区分其实是对一个部门法的整体性和体系性评价，而并非对具体规范性质或内容的设置要求。

在既有的学理研究中，部分学者已然发现了前置行政程序规范要素的特殊性。但较遗憾的是，由于其并未在行为规范和裁判规范的类型划分基础上，进一步深究程序性内容和实体性内容规范的不同，又或是忽略了规范的“前置性”独特功能,① 所以前置行政程序规范性质或体系定位的既有理解才会出现不同程度的偏差。如后文所述，或将其视为德国、日本刑法理论中的客观处罚条件、主观要件内容的证明要素、附属行政部门的法律、法规的规定等。以至于这种性质界定和体系定位，并不是十分契合前置行政程序规范的立法本意和刑事司法实践的规范操作。

根据前文所述，前置行政程序规范的刑法立法已经呈现实体性和程序性规范交叉融合的强化趋势。基于对前置行政程序规范的立法设计本意的考察可以发现，其完全契合刑法规制的谦抑性和比例原则。立法者通过前置行政程序规范的设置，体现了刑民、刑行等部门法的衔接适用，彰显了刑法的后盾法保障功能。因而，在面对行政程序性事项规范引入刑法规范的立法趋势时，如果刑法学界和实务界排斥或者忽视特殊规范

---

① 例如，卢勤忠教授、高磊博士虽然发现了此种规范类型的特殊性，但并未深度挖掘程序规范“前置性”的特殊功能，因此，其也仅是提倡“程序性构成要件要素”或者单纯介绍犯罪成立的行政程序条件。参见卢勤忠：《程序性构成要件要素概念的提倡》，载《法律科学（西北政法大学学报）》2016 年第 6 期；高磊：《论犯罪成立的行政程序性条件》，载《东方法学》2020 年第 3 期。

的立法现象，那么在前置行政程序规范的司法适用和认定不规范、不统一、不透明等情况下，这是逃避问题的消极做法，有违国家政策、立法趋势对学界研究的指引要求。因此，在前置行政程序规范的理论研究尚未成熟化、体系化之际，刑法学界应当加强前置行政程序规范的基础理论、体系定位、立法方法以及司法适用方法等方面的研究，不断发展、更新行政犯理论的研究，继而为我国刑法理论体系的扩容作出应有贡献。

（三）程序性特殊刑法规范的司法实践问题治理需要科学合理的适用规则

刑法中的前置行政程序规范是通过“行政机关的责令、处罚、许可”等前置行政程序（区别于刑事诉讼程序）规范类型展现行政犯的具体犯罪构成要件，且该类规范已经成为刑事立法的主流趋势。前置行政程序规范明显不同于犯罪行为、犯罪主体、危害结果、因果关系（causation）等刑法实体性规范，其属于一种特殊的行政刑法规范立法现象。并且，前置行政程序规范在认定依据的独立效果、限制刑事处罚扩张的立法功能、及时促成法益恢复、强化主观证明效果以及排除法条竞合关系的区分效果五个方面具有独特性特征。“滴滴顺风车案”“范某冰阴阳合同案”“连云港药神案”等是前置程序型行政犯的典型案件。其中，案件中前置行政程序规范的司法适用问题备受学界和实务部门的关注。

自最高人民法院于2013年1月发布《关于审理拒不支付劳动报酬刑事案件适用法律若干问题的解释》，并联合最高人民检察院、人力资源和社会保障部、公安部于2014年12月发布《关于加强涉嫌拒不支付劳动报酬犯罪案件查处衔接工作的通知》等文件，对拒不支付劳动报酬罪的“经政府有关部门责令支付”前置命令程序规范的具体适用作出明确规定后，2019年10月，最高人民法院、最高人民检察院发布的《关于办理非法利用信息网络、帮助信息网络犯罪活动等刑事案件适用法律若干问题的解释》第2条就专门对《刑法》第286条之一拒不履行信息网络安全管理义务罪的“经监管部门责令采取改正措施”的行政命令程序作出了明确规定。此外，最高人民法院、最高人民检察院并未再次出台司法解释对其他前置行政程序规范作进一步细化规定。但是，仅有的两类前置行政程序规范的解释性规定却呈现显著的行政依附性方法的指引色彩，同时，还存在将前置行政程序规范与前置行政不法规范（“空白罪状”）混为一谈之嫌疑。①

在司法实践的适用过程中，由于前置行政程序规范类型概念的缺失、性质界定和功能认知的不明确，再加之有些规范缺乏统一、细致的操作标准，导致司法实务者在刑事案件处理中捉襟见肘，较易忽视前置行政程序规范的裁判说理过程，由此使程序性规范无法与实体性规范相提并论。但是，在此类案件中，被告人辩称无罪的主要焦点就在于规范适用合法性、有效性和正当性的缺乏。笔者在梳理相关司法判例的过程中发现，前置行政程序的适用对象、程序送达内容的不明确性，以及前置行政程序适用过程的形式化、欠缺正当性等问题，普遍存在于案件审理焦点之中。由此可见，司法实践中产生的与前置行政程序规范相关的争议，在某种程度上，影响刑事司法者对此类规范的准确理解与适用。

不可忽视的是，在现代社会中，随着行政管制职能的不断强化，刑法中的行政程序也容易促使犯罪规模和范围呈现急剧增长和扩张的趋势。例如“连云港药神案”“邵某借用零售许可证案”“杨某等非法吸收公众存款案”等一系列案件，都不同程度地反映了行政程序在我国刑事司法过程中的功能定位之偏移。与“违反国家规定”等前置行政不法规范不同的是，刑法中的前置行政程序规范反映的是一种行政行为的动态过程，并且能够直接决定犯罪成立与否。如果司法者采取行政依附性方法，前置行政程序直接反映刑法容易受到行政管制职能依附性的影响。但是，前者表达的是一种静态的行政不法规范，其反映的是刑法对行为类型和

① 参见赵秉志、詹奇玮：《论拒不履行信息网络安全管理义务罪的罪过形式》，载《贵州社会科学》2019 年第 12 期。

概念的选择或从属，而并不是动态的行政管制职能的行使。所以，前置行政不法规范并不能决定刑事违法性的最终判断。相对而言，即使前置行政不法具有行政附属性，也仅是刑法对判断依据的附属，而不是对行政管制秩序的法益附属。因此，我国也早已有学者将两者予以区分对待。① 由此看来，前置行政程序规范在刑法体系中的行政依附性才是理论界和实务界需要认真对待的问题。

理论研究必须服务立法实践与司法适用。在前述两类选题背景下，即使明确了前置行政程序规范的体系定位和立法实践的特殊性，我们亦不能止步于此，否则便阻断了规范的理论服务实践的现实要求。从前置行政程序规范的刑事立法普遍趋势、最高司法机关对规范实践规则的细化需求、司法实践的一系列问题亟待化解等情况来看，专门研究前置行政程序规范恰逢其时，我们可以通过制定科学合理的前置行政程序司法适用规则来满足司法实践的现实需求。

二、研究现状与评述

（一）国外研究现状及其评析

经笔者查阅国外刑法立法文献后发现，德国、日本等国家的刑法典中或多或少也存在此类程序性规范。例如，《德国刑法典》第 113 条抗拒执行公务罪的“正在的执行程序”、第 284 条举办未经许可的赌博活动罪以及第 285 条参加未经许可的赌博活动罪等。② 《日本刑法典》第 107 条聚众不解散罪的“有权限的公务员发出三次以上解散命令”的行

---

① 参见卢勤忠：《程序性构成要件要素概念的提倡》，载《法律科学（西北政法大学学报）》2016 年第 6 期；高磊：《论犯罪成立的行政程序性条件》，载《东方法学》2020 年第 3 期；熊波：《行政犯的类型与违法性判断的区分》，载《政治与法律》2020 年第 5 期。

② 规范类型梳理源于《德国刑法典》，徐久生译，北京大学出版社 2019 年版，第 100、202 页；Vgl. BGH NJW 1982，2081。转引自王钢：《德国判例刑法：分则》，北京大学出版社 2016 年版，第 144 页。

政程序等。在日本特别刑法中，《轻罪法》第 8 条的“公务员及其辅助人员的指挥”行政程序、第 14 条的“公务员的劝阻”的行政程序等；《网络引诱儿童行为规制法》第 13 条公安委员会的“责令指示”行政程序，第 14 条、第 15 条“责令停止”行政程序等，均属于前置行政程序规范的设置。① 此外，《意大利刑法典》第三编的违警罪分则，② 以及《俄罗斯联邦刑法典》《比利时刑法典》《美国刑法典》《法国刑法典》中也均存在部分前置行政程序规范。③

在上述国家中，考虑德国、日本刑法典中的前置行政程序规范同我国刑法典一样较典型多样；相应地，学界研讨也相对较丰富。因此，笔者将重点结合德国、日本刑法学界和实务界的相关理论展开对国外研究现状的考察和评述。

纵使是在前置行政程序规范大量存在的立法现状下，德国、日本等国家的学者对此类刑法规范的原理和实践研究也同我国一样，仍处于“相对空白区”。例如，德国学者罗克辛（Roxin，2005 年）认为，官方的批准或者许可规范（前置行政程序规范）不仅在附属刑法中具有重要意义，而且在德国刑法典中也同样发挥重要作用。但是，由于此类规范的理论长期未受到学界重视，因而，“在学术上对材料进行的深入研究还处于开始阶段”④。此外，即使在现有较少的理论研究中，对于刑法中前置行政程序规范的性质界定或体系定位，以及前置程序型行政犯的刑

---

① 规范类型梳理源于张凌、于秀峰编译：《日本刑法及特别刑法总览》，人民法院出版社 2017 年版，第 26、126、157、158 页。

② 规范类型梳理源于《最新意大利刑法典》，黄风评注，法律出版社 2007 年版，第 241 ~ 260 页。

③ 规范类型梳理源于《俄罗斯联邦刑法典》，黄道秀译，北京大学出版社 2008 年版，第 156、198、206 页；《美国模范刑法典及其评注》，刘仁文、王祎等译，法律出版社 2005 年版，第 207 页；《比利时刑法典》，陈志军译，中国政法大学出版社 2015 年版，第 54、113、183 页；《最新法国刑法典》，朱琳译，法律出版社 2016 年版，第 237 页。

④ ［德］克劳斯·罗克辛：《德国刑法学总论》（第 1 卷），王世洲译，法律出版社 2005 年版，第 526 页。

事违法性判断这两个方面的内容，学界也尚未达成一致意见，不同意见之间仍存在可探讨的空间。具体而言：

其一，前置行政程序规范的性质界定或体系定位存在争议。

1. 德国学说的分类

在德国刑法学界，基本上学界对前置行政程序规范的性质界定或体系定位给出的是多元化的结论或标准，只有少数学者对该规范的性质界定和体系定位予以单一化的结论或标准。而在多元化结论或标准中，多元化的标准内部又存在差异。具体而言：

第一种学说是德国通说，其认为前置行政程序规范既可被视为阻却构成要件符合性要素，也可被视为阻却违法性要素。德国学者冈特·施特拉腾韦特以及洛塔尔·库伦（Günter Stratenwerth，Lothar Kuhlen，2006 年）教授以行政许可的前置行政程序规范类型为例，对通说予以了解释，并认为，行政许可等前置行政程序规范既可被视为阻却构成要件符合性要素，也可被视为阻却违法性要素。① 但是，该学说并未明确前置行政程序规范被视为阻却构成要件符合性要素或阻却违法性要素的具体条件和标准。

第二种学说认为，政府机构许可程序可以是合法化事由，也可以是消极的构成要件要素，还可以是客观处罚条件。该学说持有者是托马斯·魏根特和汉斯·海因里希·耶塞克（Thomas Weigend、Hans-Heinrich Jescheck，2017 年）教授，他们还进一步提出了具体的区分标准。其中，危险行为的政府特许属于合法性事由，例如《德国刑法典》第 284 条的参加未经许可的赌博活动罪（毒品交易、输入炸药、研制病原体、污染水域中许可程序的合法化事由）；一般的行政监督许可程序，属于消极的构成要件要素，如《道路交通法》第 21 条驾驶汽车罪“未

① 参见［德］冈特·施特拉腾韦特、［德］洛塔尔·库伦：《刑法总论Ⅰ——犯罪论》，杨萌译，法律出版社 2006 年版，第 189～190 页。

取得驾驶资格”程序。但较奇怪的是，在两位学者看来，第283条d规定的破产罪中的宣告破产的民事裁决程序却又属于客观处罚条件。① 由此看来，采取相对多元化标准的为第一种学说，虽然此类标准明确了不同体系定位的区分方法和标准，但是，这种区分方法较混乱，并无统一的区分标准。

至于少数派，只有部分学者对前置行政程序规范的性质界定和体系定位予以了单一化的结论或标准。具体而言：第一，“正当化事由论”的体系定位。例如，罗克辛认为：“官方批准不仅能够是正当化的根据，而且也能够是排除行为构成的根据。”② 换言之，在罗克辛教授看来，官方批准的前置行政程序是一种阻却构成要件符合性要素的正当化事由。第二，“客观处罚条件论”的体系定位。德国学者乌尔斯·金德霍伊泽尔（Urs Kindhäuser，2015年）教授认为，虽然客观处罚条件的认定没有具体标准，但是其“经常通过‘只有……的情况下，才是可罚的’或‘才可处罚，仅当……’的立法字眼表现出来”。例如，第283条c规定的宣告破产的民事裁决程序。但至于行政批准、许可等前置行政程序规范如何定性，乌尔斯·金德霍伊泽尔教授并未谈及。③

2. 日本学说的分类

在日本刑法学界，前置行政程序规范的理论探讨的出发点同德国刑法学界一样，均是在规范的性质界定或体系定位以及相对应行为的刑事违法性判断方法上存在争议。但是，在笔者查阅日本相关文献后发现，作为犯罪成立要件的前置行政程序规范很少被学者在总则中单独提及，

---

① 参见［德］汉斯·海因里希·耶塞克、［德］托马斯·魏根特：《德国刑法教科书》，徐久生译，中国法制出版社2017年版，第500页。

② ［德］克劳斯·罗克辛：《德国刑法学总论》（第1卷），王世洲译，法律出版社2005年版，第526页。

③ 参见［德］乌尔斯·金德霍伊泽尔：《刑法总论教科书》，蔡桂生译，北京大学出版社2015年版，第52～53页。

一般是结合分则的具体罪名进行探讨的。因而，日本刑法学界对于前置程序型行政犯刑事违法性的判断研究，也是多结合相关具体罪名来进行的。但是，有少部分学者将前置行政程序规范置于刑罚论中探讨规范的体系定位，这是不同于德国刑法学界的理论研究发展方向。

对于前置行政程序规范的性质界定或体系定位，一般来说，日本刑法学界的探讨多集中于“职务行为”行政程序合法性的认定方面，并形成了构成要件要素的通说性见解和违法性要素的“少数说”的见解（大谷实，2008 年）。① 但到目前为止，“少数说”已经销声匿迹。在构成要件要素的通说体系定位的基础上，日本学者大塚仁进一步认为，前置行政程序规范表征的是一种“没有被记述的规范性构成要件要素”②。

在日本刑法学界中，除将前置行政程序规范作为犯罪成立的构成要件要素或者违法性要素的体系定位外，佐伯仁志教授认为，前置行政程序规范也可以被刑法作为一种刑罚外的制裁措施，即“除行政制裁金制度之外，我国也应该研究如何引入通过行政程序剥夺违法利益的制度。除了以上所述，刑罚以外的行政制裁，包括事实上被当作制裁来运用的手段，还有监管部门发出的停止营业命令，取消许可，停止投标（签约）资格，违法者的姓名的公表，等等”③。可见，在该学者看来，刑法中的前置行政程序规范并非必须在犯罪论中探讨体系定位，在刑罚论中亦可以找寻其体系定位。

其二，前置行政程序规范相关的行政犯刑事违法性判断存在争议。

1. 德国学说的争议

一般而言，在某些罪名包含前置行政程序规范的特定情况下，司法

---

① 参见［日］大谷实：《刑法讲义各论》，黎宏译，中国人民大学出版社 2008 年版，第 516 页。

② ［日］大塚仁：《刑法概说（各论）》，冯军译，中国人民大学出版社 2003 年版，第 613 页。

③ ［日］佐伯仁志：《制裁论》，丁胜明译，北京大学出版社 2018 年版，第 40 页。

者认定某种行为是否构成犯罪必须经过刑事违法性判断，这也就是前置行政程序规范的司法适用过程。相较前置行政程序规范的性质界定或体系定位，刑事违法性判断在德国刑法学界和实务界备受关注，探讨也尤为激烈。当前，在德国刑法学界，由前置行政程序规范指引认定的行政犯刑事违法性判断方法存在两种学说：刑法的行政从属性认定和刑法的独立性认定。

第一种学说是刑法的行政从属性认定。这也是德国刑法学界的多数观点。该学说内部又划分为严格的从属性观点和相对缓和的从属性观点。在严格的从属性观点看来，虽然前置行政程序存在瑕疵，但并非无效时，行政法的行政程序就可以阻却构成要件该当性或者违法性要素。诸如，德国学者冈特·施特拉腾韦特、洛塔尔·库伦持有的就是这种观点。①而伦克纳教授（Lenckner，1987 年）和罗克辛教授则认为，行政法的行政程序只有在权力滥用的情况下才能排除适用，只有此时，前置行政程序规范的刑法效力才需要受到刑事司法的限制。② 罗克辛教授直接认为，行政犯和行政违法仅是存在程度的差异，其他概念和类型的认定与行政法无异。③ 也就是说，除前置行政程序存在权力滥用外的其他所有情况，行政法的行政程序无须受到刑事司法的限制。对此，舍勒认为，这是为了体现各项不同法律制度对违法性判断相互统一的基本目的，④ 也就是

---

① 参见［德］冈特·施特拉腾韦特、［德］洛塔尔·库伦：《刑法总论 Ⅰ——犯罪论》，杨萌译，法律出版社 2006 年版，第 191 页。

② Vgl. Lenckner, Behördliche Genehmigungen und der Gedanke des Rechtsmissbrauchs im Strafrecht, *in*: *FS Pfeiffer*, 1987, S. 37 ff; Roxin, AT I, § 17 Rn. 48. 转引自［德］冈特·施特拉腾韦特、［德］洛塔尔·库伦：《刑法总论 Ⅰ——犯罪论》，杨萌译，法律出版社 2006 年版，第 190 页。

③ 参见［德］克劳斯·罗克辛：《德国刑法学总论》（第 1 卷），王世洲译，法律出版社 2005 年版，第 28 页。

④ Vgl. Scheel, Zur Bindung des Strafgerichters an fehlerhafte behördliche Genehmigungen im Umweltrecht, *JZ* 1993, 137f. 转引自［德］克劳斯·罗克辛：《德国刑法学总论》（第 1 卷），王世洲译，法律出版社 2005 年版，第 527 页。

德国学者恩吉施所提出的法秩序统一性原理。①

而与上述严格的从属性观点不同的是，相对缓和的从属性观点在前述观点的基础上对行政从属性方法作出进一步限制。亦即，在前置行政程序有效且不存在瑕疵的情况下，行政法的行政程序才可以作为行政犯刑事违法性评价的基本依据。例如，德国刑法学者戈德曼、弗里希（Goldmann，1967 年；Frisch，1993 年）认为，许可只有在前置行政程序符合前置行政不法性且不存在任何瑕疵的情况下，才会对刑事违法性判断产生实质影响。②

同样，德国联邦最高法院亦是采取相对缓和的行政从属性观点。前置行政程序的认定需遵循以下规则：第一，执行主体的合职责性；第二，符合前置行政不法的基本形式和程序要求；第三，程序启动具备实施执行行为的前提条件，至于程序内容实质上是否违法，则在所不问。③

第二种学说是刑法的独立性认定。相较刑法的从属性认定，少数德国刑法学者和司法实务界持有刑法的独立性认定观点。例如，德国学者戈尔德斯密特和埃里克·沃尔夫认为，违反行政程序的管理秩序行为和犯罪行为存在本质性、实质性的区别，犯罪违法性通过道德上的无价值来评价；行政违法性通过单纯的不服从行政命令来决定。④ 而德国学者韦尔策尔基于法秩序统一性原理认为，违法性的统一只要求行为违法基

---

① 参见王昭武：《法秩序统一性视野下违法判断的相对性》，载《中外法学》2015 年第 1 期。

② Vgl. Goldmann, Die behördliche Genehmigung als Rechtfertigungsgrund, 1967, S. 153, 246; Frisch, Verwaltungsakzessorirtät und Tatbestandsverstäandnis im Umweltstrafrecht, 1993, S. 60 ff. 转引自［德］冈特·施特拉腾韦特、［德］洛塔尔·库伦：《刑法总论Ⅰ——犯罪论》，杨萌译，法律出版社 2006 年版，第 190 页。

③ Vgl. BverfG StV 2008, 71. 转引自王钢：《德国判例刑法：分则》，北京大学出版社 2016 年版，第 146 页。

④ 参见［德］克劳斯·罗克辛：《德国刑法学总论》（第 1 卷），王世洲译，法律出版社 2005 年版，第 28 页。

本评价的一致性。① “但是，在不同种类的法律领域中却存在不同的构成要件。”② 由此可见，在该学者看来，前置行政程序规范的刑事违法性判断是可以独立进行的，只不过首先需要满足一般违法性的基本评价。在动态的行政程序执法过程中，只要行政程序一经启动，就表明行为首先满足了一般违法性评价。

2. 日本学说的争议

对于前置行政程序规范相对应行为的刑事违法性判断而言，日本学界一般采取的是行政不法从属性的观点。例如，日本学者大塚仁、大谷实、前田雅英等学者结合职务行为的程序合法性认为，行政程序的执行不仅需要具有职务权限，更要求依据法律要求的重要程序要件和程序方式予以履行。否则，单纯的职务程序执行过程并不是行政职务行为的程序。在“重要程序要件和方式”的基础上，持该类观点的学者认为，行政职务程序发挥维护国家统治秩序和个人自由双重目的之作用，因而刑法需要在一定范围内肯定行政职务程序，刑法并不能将所有行政行为违反程序要件方式的违法性视为司法排除行政职务程序之依据。因此，只要职务行为并非无效，即使因违法需要取消，行为人违反的也构成本罪。③ 由此可见，现代日本刑法学界的行政从属性基本上采取的是相对严格的行政从属性观点。对于该种学说，日本最高裁判所予以了认同。④

---

① 参见［德］汉斯·韦尔策尔：《目的行为论导论：刑法理论的新图景》，陈璇译，中国人民大学出版社2015年版，第25页。

② ［德］汉斯·韦尔策尔：《目的行为论导论：刑法理论的新图景》，陈璇译，中国人民大学出版社2015年版，第24页。

③ 参见［日］大谷实：《刑法讲义各论》，黎宏译，中国人民大学出版社2008年版，第517页；［日］大塚仁：《刑法概说（各论）》，冯军译，中国人民大学出版社2003年版，第612、614页；［日］前田雅英：《日本刑法各论》，董璠舆译，台北：五南图书出版公司2012年版，第436~437页。

④ 参见日本最高裁判所1967年5月24日，《最高裁判所刑事判例集》第21卷第4号第505页。

而对于职务行为行政程序无效的刑法认定，学界一般认为需要符合法律上的重要程序和方式，但对于“具体情况下，什么样的违反重要程序和方式的行为，使执行行为完全无效，并不清楚”①。理论界也存在较大争议。日本最高裁判所的判断标准是：以“刑法上的要件保护性”来认定职务行为程序要件的重要方式。② 但相对而言，还是存在“刑法的行政程序要件”与行政法的行政程序要件的具体标准含混不清的情况。另外，这也反映了日本学界对前置程序型行政犯刑事违法性判断的行政从属性和相对独立性方法的区分含混不清的现状。

综合上述德国、日本刑法学界和实务界对前置行政程序规范的相关理论探讨，可以作出如下评析：

1. 不同规范类型研究力度存在显著差异

虽然德国、日本刑法学界和实务界早已开始关注前置行政程序规范的性质界定、体系定位以及相应行为的刑事违法性判断，但相较表征行为、结果、主观等反映实体性构成要件的规范研究来说，德国、日本刑法学界和实务界仍存在显著差异，而且对刑法实体性规范的理论研究力度远大于前置行政程序规范。

2. 体系定位存在不同的界定方法

在德国刑法学界，前置行政程序规范的体系定位或者性质界定标准并不是很清晰，得出的结论在“违法阻却事由（正当化事由）、客观处罚条件、消极的构成要件要素”三者之间摇摆不定。并且，学界对于同为前置程序规范中的民事程序和行政程序的体系定位区分存在显著差异。但是，为何前置民事程序与前置行政程序的体系定位会产生如此之大的差异，德国、日本刑法学界并无明确的论证观点。

---

① ［日］大谷实：《刑法讲义各论》，黎宏译，中国人民大学出版社2008年版，第518页。

② 参见日本最高裁判所1967年5月24日，《最高裁判所刑事判例集》第21卷第4号第505页。

3. 不同性质界定的标准模糊

虽然目前德国、日本刑法学界仅在前置行政程序规范内部就存在不同的体系定位，但是如果学界和实务界具有明确的区分标准，一般也不会存在所谓的显著性司法适用弊端。就目前学界确立的前置行政程序规范体系定位的不同结论而言，当前存在的多元化结论还无法实现前置行政程序规范性质的精准界定，最终致使司法实践无法实现准确的犯罪认定。

4. 刑事违法性判断侧重行政从属性方法

德国、日本刑法学界和司法实务界，基本都以行政从属性方法去判断前置行政程序规范相对应的行政犯刑事违法性。部分理论纵使允许独立性判断方法，但也仅是建立在前置行政性法规范本身否定的无效行政程序认定的基础上。换言之，多数德国、日本刑法学界和实务界并不否认瑕疵的行政程序或者纯粹反映行政效果的前置行政程序在刑事司法过程中的援引适用。

5. 规范立法方法研究存在空白区

当前，虽然德国、日本刑法学界在前置行政程序规范的体系定位和刑事违法性判断两个方面展开了深入研究，但是这两类理论研究均是以规范的司法适用为最终目的。然而，刑法方法论研究不仅包括刑法规范司法论的角度，还包括刑法规范立法论的视角。在刑法典确实包含较普遍的前置行政程序规范时，德国、日本刑法学界忽视立法者设置程序性规范的立法方法论，这显然是一种不均衡的理论研究现状。

（二）国内研究现状及其评析

受到我国刑法学界通说的“四要件”犯罪论体系和德国、日本“三阶层”犯罪论体系引入的影响，我国学界和司法实务界对前置行政程序规范的性质界定和体系定位较德国、日本刑法理论呈现更多元化区分标准的研究现象，这是我国较德国、日本刑法学界存在理论创新的地方。在刑事违法性判断方法层面，由于前置行政程序规范不具有独立的体系地位（现有理论研究较少发现前置行政程序规范类型的客观存在）。因此，通常而言，前置行政程序规范指引的行政犯刑事违法性判断是附属前置行政不法规范一般违法性的判断，继而，刑法中的前置行政程序规范等同行政法中的行政程序规范。亦即，我国刑法学界仅承认“空白罪状”。这就是显著的前置行政程序规范行政从属性的判断方法。具体而言：

第一，前置行政程序规范的性质界定或体系定位存在争议。

在我国通用的刑法教材中，① 目前还无法找到前置行政程序规范明确的体系定位或性质界定。换言之，在我国通说“四要件”犯罪论体系中，一般犯罪构成要件均是指危害行为（作为、不作为、持有）、危害结果、因果关系等犯罪客观方面，以及犯罪主观、犯罪主体、犯罪客体等方面。至于本书专门研究的前置行政程序规范，其到底是否属于犯罪构成要件，如果是，又属于何种类型的犯罪构成要件，可以说，我国多数刑法学教材较少作出论述。一般而言，学界将其直接依附行为（不作为）等刑法实体性规范之上予以探讨。而随着德国、日本刑法学界的犯罪论体系的理论引入，前置行政程序规范逐渐受到学界重视。但是，至今为止，从总体来看，前置行政程序规范仍未在学界和司法实务界搏得“一席之地”。

我国前置行政程序规范的性质界定和体系定位存在较德国、日本刑法更多元化标准的现象。具体而言：

其一，违法阻却事由和客观处罚条件、刑罚阻却事由和犯罪客观方面的双重定性。前类学说的持有者结合行政责令、行政许可等前置程序规范认为，行政许可程序属于违法阻却事由中的“基于法益衡量的违法阻却事由”，但《刑法》第 201 条逃税罪的行政处罚和行政责令程序又

---

① 参见高铭暄、马克昌主编：《刑法学》，北京大学出版社、高等教育出版社 2016 年版。

属于消极的客观处罚条件——刑事处罚阻却事由。① 而后类学说的持有者主要是全国人大常委会法工委的部分立法参与者和司法者，其认为，逃税罪的行政处罚和行政责令的程序性规范属于构成犯罪但不追究刑事责任的特殊条款；而拒不支付劳动报酬罪的行政责令程序又属于犯罪客观方面的要件。②

其二，刑罚阻却事由或者客观处罚条件的单一定性。有学者结合逃税罪的行政处罚和行政通知的双重前置行政程序，认为前置行政程序规范属于"初犯免刑"的特殊条款，即行为已经构成犯罪，却以不追究刑事责任的特殊方式作出宽大处理。③ 还有部分学者结合拒不支付劳动报酬罪"责令支付"的前置行政程序规范，认为这属于单一化的客观处罚条件，④ 旨在违法行为满足构成要件符合性、违法性和有责性的条件下对国家刑罚权予以限制。⑤

其三，作为刑法实体性规范的主观证明要素。(1) 仅是行为（不作为）要件的证明要素。该学者结合拒不支付劳动报酬罪的"责令支付"程序认为，行政责令程序代表着一种法定义务的命令性规范，表示不作

---

① 参见张明楷：《刑法学》，法律出版社2016年版，第237、500～501页。

② 参见郎胜主编：《中华人民共和国刑法释义》，法律出版社2015年版，第332、497页；河南省社旗县人民法院刑事判决书，(2018) 豫1327刑初320号。

③ 参见张书琴：《立法为何提高逃税初犯刑责门槛》，载《检察日报》2019年8月5日，第3版；刘荣：《刑罚阻却条款不能沦为"护身符"》，载《检察日报》2019年8月5日，第3版；黄太云：《刑法修正案解读全编——根据〈刑法修正案（九）〉全新阐释》，人民法院出版社2015年版，第208页。

④ 参见周光权：《刑法各论》（第3版），中国人民大学出版社2016年版，第150页。

⑤ 参见周光权：《刑法总论》（第3版），中国人民大学出版社2016年版，第260页；王胜华：《拒不支付劳动报酬罪司法解释介评》，载《四川理工学院学报（社会科学版）》2013年第4期；湖北省襄阳市中级人民法院刑事裁定书，(2017) 鄂06刑终154号。

为犯的本质特征。① （2） 仅是犯罪主观要件的证明要素。持该类观点的学者认为，前置行政程序直接表明了行为人应当配合而拒不配合前置程序具体操作的犯罪故意、过失或主观恶性。要么直接是犯罪故意、过失的证明内容,② 要么属于主观“明知”推定的具体情形。这一结论在信用卡诈骗罪的“责令催收”的前置民事程序中同样成立。③

其四，仅是表征人身危险性程序的量刑要素。持该类观点的学者结合拒不支付劳动报酬罪的行政责令程序认为，前置行政程序规范直接体现的是人身危险性量刑的程序性要素，因为无论行为人对程序规范要素是否配合，在不作为行为成立时，犯罪既遂都已经成立。而既遂后行为人对行政程序性事项配合的法益恢复行为，仅是一种量刑情节，不应当影响定罪。④

其五，作为犯罪成立条件的程序性构成要件要素的单一定性。不同于前述4 类观点，卢勤忠教授在2017 年首次提出“程序性构成要件”的概念。但是，囿于当时刑法理论研究深受德国、日本刑法理论的影响，该学者转而认为前置行政程序规范虽然是一种构成要件，但其类似大陆法系德国、日本刑法的客观处罚条件。因而前置行政程序并不需要受到责任主义的限制。⑤

---

① 参见王海军：《拒不支付劳动报酬罪的规范性解读——基于“双重法益”的新立场》，载《法学评论》2013 年第 5 期。

② 参见童德华、马嘉阳：《拒不履行信息网络安全管理义务罪之“义务”的合理性论证及类型化分析》，载《法律适用》2020 年第 21 期；谢望原：《论拒不履行信息网络安全管理义务罪》，载《中国法学》2017 年第 2 期；李本灿：《拒不履行信息网络安全管理义务罪的两面性解读》，载《法学论坛》2017 年第 3 期；赵震：《行政处罚作为逃税案刑事司法的前置程序问题研究》，载《中国检察官》2011 年第 20 期；李晓明：《论对我国刑法“偷税罪”罪名的改造及规范》，载《政治与法律》2009 年第 3 期。

③ 参见吉林省四平市中级人民法院刑事判决书，(2017) 吉 03 刑终第 160 号。

④ 参见李梁：《拒不支付劳动报酬罪的行政附属性规定研究》，载《政法论坛》2017 年第 5 期。

⑤ 参见卢勤忠：《程序性构成要件要素概念的提倡》，载《法律科学（西北政法大学学报)》2016 年第 6 期。

第二，前置行政程序规范关联的行政犯刑事违法性判断存在争议。

虽然我国部分学者已经单独论述过前置行政程序规范所对应的行政犯刑事违法性判断方法和具体规则。但是，囿于我国刑法学界和实务界并未确立前置行政程序规范的独立体系地位或者承认其单独类型，因此，一般而言，学界认为该类规范相关的行政犯刑事违法性判断方法应当采取附属前置不法规范的行政从属性方法。亦即，前置行政程序规范的司法适用具有前置行政不法的从属性。①

而在刑事司法实务界，部分裁判文书亦直接认可了前置行政不法规范可以直接作为刑法中前置行政程序规范的司法效力依据。例如，有法院结合《刑法》第139条的消防责任事故罪认为，刑法并未明确责令改正的形式要求，并且《消防监督检查规定》也仅是要求消防机构出具改正通知书并予以处罚，而至于责令笔录内容的瑕疵或者形式问题并不影响行政命令的有效性和真实性。②

有少部分学者对于前置程序型行政犯的行政依附性判断方法展开了批评，其结合行政行为的部分行政程序规范认为："当行政行为成为刑事诉讼的先决问题时，需要对行政行为进行实质的司法审查。"③ 从该学者的表述可知，该学者并不认同刑事司法对行政行为的直接援用。

此外，与德国、日本刑法学界研究不同的是，我国学者在确立前置行政程序规范关联的行政犯刑事违法性判断方法之后，还进一步具体探讨了前置行政程序的发出形式（文书形式或程序次数）、程序的执行主

---

① 参见李梁：《拒不支付劳动报酬罪的行政附属性规定研究》，载《政法论坛》2017年第5期；王强军：《行政监管实质刑法化及其限制研究》，载《政治与法律》2019年第5期；杨新绿：《论拒不履行信息网络安全管理义务罪的法益》，载《北方法学》2019年第6期；李本灿：《拒不履行信息网络安全管理义务罪的两面性解读》，载《法学论坛》2017年第3期。

② 参见北京市海淀区人民法院刑事判决书，（2013）海刑初字第2639号。

③ 简爱：《我国行政犯定罪模式之反思》，载《政治与法律》2018年第11期。

体、程序的适用时间、程序的适用对象等方面的司法规则。①

第三，前置行政程序规范立法模式改进的相关理论研究。

不同于德国、日本刑法学者对前置行政程序规范的体系探讨。我国学者除在体系定位和刑事违法性判断两个方面研究前置行政程序规范外，还在该规范的立法模式方面进行了必要程度的研究。例如，有学者面对单一化立法模式对法益及时保护的阻断，建议立法者删除所有罪名的前置行政程序规范。② 此外，石莹博士在程序性构成要件要素的概念基础上认为，前置行政类构成要件要素的设置失范会导致过罪化，这种设置失范具体包括总体性失范和具体性失范。其中，总体性失范有两点：其一，“程序性构成要件要素的准确实施存在较强的弹性空间”；其二，“程序性构成要件要素是否实施到位的证明存在困难，会成为推动行为入罪的又一因素”。③ 而具体性失范主要体现在非法吸收公众存款罪中，其认为，立法者应当在该罪中设置前置行政程序规范，以阻断该罪在司法实践中的扩大化。④

综合上述我国刑法学界和实务界对前置行政程序规范的相关理论探讨，可以作出如下评析：

我国的理论研究范围是广于德国、日本刑法学界的。但是，我国对

---

① 参见赖早兴：《论拒不履行信息网络安全管理义务罪中的“经监管部门责令改正”》，载《法学杂志》2017 年第 10 期；董璞玉、陈琦：《网络犯罪中“责令改正”规定之合理性探析》，载《南开法律评论》2018 年第 0 期；林炎钟：《如何认定“经政府有关部门责令支付仍不支付”》，载《检察日报》2012 年 1 月 16 日，第 3 版；徐建强：《拒不支付劳动报酬犯罪中公告送达的效力认定》，载《江苏法制报》2016 年 9 月 29 日，C 版。

② 参见陈松然：《拒不支付劳动报酬罪宜删除“责令支付”要件》，载《中国检察官》2015 年第 12 期；李本灿：《拒不履行信息网络安全管理义务罪的两面性解读》，载《法学论坛》2017 年第 3 期。

③ 石莹：《构成要件要素的非罪考察与规范设置研究》，西南政法大学 2020 年博士学位论文，第 49 ~ 51 页。

④ 参见石莹：《构成要件要素的非罪考察与规范设置研究》，西南政法大学 2020 年博士学位论文，第 52 ~ 53 页。

于前置行政程序规范的理论体系研究同德国、日本刑法学界一样，也具有不同规范类型之间的研究力度存在显著差异、体系定位存在不同的界定方法、不同性质界定的标准模糊以及行政犯刑事违法性判断存在行政从属性等问题。由于前文对相关问题已经详细论述，对此笔者不再赘述。但此外，我国理论研究在以下几个方面尚待完善：

（1）前置行政程序规范的独立性地位欠缺。在前置行政程序规范充当主观等实体性犯罪构成要件的证明要素的体系定位下，我们无法确立程序性规范在刑法理论和实务中应有的独立地位。（2）探讨的深度和广度还有待提升。已有的理论研究还仅停留于个罪研究，并未抽象出普遍的司法适用规则和方法，导致前置行政程序规范相关理论研究的实际适用效果产出较低。（3）前置行政程序规范在犯罪论体系中是一种选择性要素，至于其是否可以发挥刑罚阻断的实际效果，具体判断准则掌握在司法者手中。此时，前置行政程序规范的司法适用难免出现随意出、入罪的乱象。（4）采取“一刀切”的立法建议模式。正是由于上述3种原因的叠加，前置行政程序规范的司法适用直接体现出刑事违法性判断的行政不法依附性或从属性方法。但我国有的学者通常偏向将其归于立法的原因，采取“一刀切”的做法，继而建议立法者取消前置行政程序规范或者将其视为一种量刑情节。但笔者认为，其实前置行政程序规范的司法适用问题，并不是立法设计所致，本质问题在于我国刑法学界和实务界对该类规范的性质认定或体系定位，以及规范关联的行政犯刑事违法性判断方法存在问题。（5）立法规律和方法探讨的缺失。在前文国内学者的理论研究的归纳中，虽然我国部分学者对程序性犯罪构成要件的立法模式展开了批判，但在具体对策构建时，持该类观点的学者仅对程序性犯罪构成要件的立法增设与否的问题进行了狭隘性探讨，而在回应程序性规范的立法扩张化问题时，针对立法模式优化的对策构建和探讨并不全面。

三、研究创新与方法

（一）研究创新点

1. 概念类型的创新

在前置行政程序规范的概念认定中，一般而言，学界和实务界将前置行政程序规范等同行政性法规范中的行政程序。继而误认为刑法中的前置行政程序规范就是行政法的行政程序规范，但这是一种典型的行政依附性认定方法。为了防止前置行政程序规范的行政依附性认定方法侵入刑法体系当中，最终导致刑事处罚的扩张化。本书区分了“客观程序性事实说”和“正当程序性事实说”两种行政程序概念，并选取“客观程序性事实说”作为前置行政程序规范概念的基本界定方法。因此，本书首次在规范类型的概念基础上，合理区分刑法中的前置行政程序规范和行政法的行政程序规范，最终确立前置行政程序规范的基础概念和独立类型等创新理念，并通过前置行政程序规范的概念创新，为探讨前置行政程序规范关联的行政犯刑事违法性判断的独立性方法奠定理论基础。

2. 研究视角的创新

刑法是实体部门法，在持传统理论的学者看来，程序性规范是无法存在于实体部门法当中的。因而，当前刑法理论一般专注于行为、结果、主观等实体性规范的研究视角，这是与行政法理论研究存在显著差异的地方。行政法立法存在实体性规范和程序性规范混合立法的显著性特征，因而，在行政法学者看来，实体性规范和程序性规范虽然存在明显的区分，但是实体部门法的定位与程序性规范并不冲突。换言之，即使是实体部门法的基本定位，该部门法规范仍可以存在程序性规范，继而两者相结合共同保障权利和义务的实现。行政犯的理论研究是“刑行交叉”研究，当刑法规范中存在程序性规范时，本书将突破刑法学界原先实体性规范的单一化研究方法，在刑法实体部门法中引入前置行政程序规范要素，以此在程序性和实体性规范交叉融合方面助推“刑行一体化”研究和“实体与程序一体化”功效。

3. 研究方法的创新

不同于以往单纯的刑法规范的原理研究，本书突破了纯粹性理论研究，重在强化前置行政程序规范的“理论服务于实践发展、实践促进理论创新”的双向互动式研究。在本书正式撰写前，笔者已经在数篇法学核心期刊上发表了直接相关性研究成果，这为梳理思路、结构和观点等前期工作奠定了扎实基础。在前期资料的准备工作和论文撰写过程中，笔者通过翻阅大量第一手文献资料和裁判案例，访问实务部门的具体办案人员，掌握了“理论和实践”两条主线的异同观点。本书通过对大量司法案例和理论观点的对比分析来拟定最终的研究方法和框架。由于前置行政程序规范的独立类型鲜有学者和实务者重点关注，因此，本书从“体系定位、立法方法和司法适用”三个方面立体化、多维度展现前置行政程序规范的刑法原理和实践，从而实现前置行政程序规范的“小视角、广论证”和“理论服务于实践发展、实践促进理论创新”的研究方法创新。

4. 论证观点的创新

本书并未停留于当前学界已有观点，而是在既有理论的基础上发展前置行政程序规范的研究方法。除前述基础概念的创新外，本文还在论证观点上予以了创新。具体而言：第一，明确区分前置行政不法规范和前置行政程序规范。在此基础上，本书积极促成当前以“实体性构成要件不同”为行政犯类型的区分标准，向以“行政性法规范类型不同”为行政犯类型的区分标准的具体转变。第二，程序性犯罪构成要件的类型提倡与体系定位。此种观点的创新能够积极转变学界依据刑法实体部门法的地位而重点研究实体性犯罪构成要件的倾向，从而实现程序性和实体性犯罪构成要件的双向互动式观点论证的创新现象。第三，拓展出前置行政程序规范的立法方法研究。第四，行政程序管制秩序代表的集体法益向个体自由安全保障的个体法益的转变和发展。该种观点转变可以将完全模糊化的集体法益排除在刑法体系之外，从而契合刑法“后盾法”的权利保障理念。

（二）基本研究方法

1. 案例分析法

本书采取的案例分析法能够弥补以往理论到理论研究路径的单一化、纯粹性论证。前置行政程序规范是刑法规范的一种类型，因而前置行政程序规范的原理研究必然不能仅停留于理论学说的体系内部层面。前置行政程序规范是具体运用于司法实践中的一种动态规范，因此，其实践价值与理论价值是同等重要的。在前置行政程序规范的实践价值层面，可以通过梳理和对比大量司法裁判案例发现规范适用的问题和价值，并且通过案例分析方法，可以得知前置行政程序规范在司法适用过程中面临的问题究竟是司法适用本身的问题还是立法实践方法的问题。如此一来，本书通过案例分析方法展现的具体问题，便可以验证前置行政程序规范的体系定位和立法方法的问题论证和对策构建是否科学合理，以此检验本书对现实问题回应的准确性和科学性。

2. 比较研究法

随着法定犯立法趋势的强化，前置行政程序规范在各国刑法典中都普遍存在，尤其是在德国、日本等大陆法系国家的刑法典中。这为本书的比较研究提供了基础文本规范和丰富多样的理论学说。从我国部分学者对前置行政程序规范的体系定位和司法适用方面的理论探讨来看，其亦深受德国、日本刑法理论的影响。但是，由于我国刑法理论根基和司法实践环境与德国、日本刑法理论存在显著差异，因而，如果一味移植国外刑法理论，并将其运用于前置行政程序规范的相关理论探讨中，那么很有可能会导致“水土不服”的现象发生。因此，要消除德国、日本刑法理论对前置行政程序规范部分理论研究的偏差，就需要本书通过比较研究法深度分析德国、日本刑法理论来源的背景和适用环境，是否等同或者类似我国刑法中的前置行政程序规范。如此一来，本书采取国内外对比研究法既可合理研讨他国优秀理论，亦可理性排除与我国犯罪论体系完全不相称的相关理论。最终促使前置行政程序规范的原理与实践研究发挥中国本土特色的刑事司法最大化服务功能。

3. 历史分析法

在前置行政程序规范立法进程的相关梳理过程中，可以发现，前置行政程序规范的立法发展并非一蹴而就。早在 1997 年《刑法》中就存在数十个罪名设置有此类行政程序性规范。此后，随着法定犯时代的趋势发展，前置行政程序规范在刑事立法中体现得越来越明显。但是，由于前置行政程序规范理论的探究缺乏独立性，因而，此类程序性规范的立法发展背景、立法方法和司法适用的进程演变等问题缺乏纵向的历史分析对比。如此一来，对前置行政程序规范的立法是否具有必要性、司法适用方法是否妥当等问题的思考就缺乏历史经验性指引。因此，本书拟从前置行政程序规范的立法背景和司法适用环境等历史分析方法中，寻求部分论证依据和结论。最终，实现对前置行政程序规范理论研究的体系化和纵深化思考。

4. 多学科分析法

前置行政程序规范不仅是“刑行规范衔接”的立法征表，还具有程序性规范与实体性规范双向互动的司法适用之功效。因而，前置行政程序规范的刑法原理和实践研究必然需要我们将理论研究目光往返于行政法和刑法、实体法和程序法的多学科交叉分析进路之中。此外，通过对前置行政程序规范的相关罪名的特征分析，我们还可以发现此类程序性规范多集中于经济刑法领域之中，其涉及政府宏观调控和政府管制等政治性效果。因而，前置行政程序规范的理论研究还需要结合经济学、政治学、公共管理学等学科知识体系来支撑具体观点的论证。刑法并不局限于纯粹的单一化学科知识体系的封闭性理论，立体刑法学的基本理论要求我们在研究某一刑法规范理论时，要善于主动突破学科隔阂，在多学科交叉知识的研究背景中贯通刑法理论研究的开放性。最终实现“平面刑法学”向“立体刑法学”研究范式的转换。

5. 语义分析法

前置行政程序规范是本书研究的主题关键词，因而，该主题词必然需要贯穿本书研究始终。但是，前置行政程序规范在当前刑法理论研究的背景中，仍是一种新型规范概念。因而，如何构建前置行政程序规范的基础概念是本书首先需要解决的重点问题。换言之，语义分析法是本书开篇中运用的主要研究方法。此外，本书第二章第一节还涉及“主观证明要素说”“附属性规定说”“客观处罚条件说”“双重标记要素说”“诉讼预备程序说”等相关体系定位的学说概念；第四章涉及“程序性犯罪构成要件”的类型提倡所形成的基本概念界定；第六章在前置行政程序规范和前置行政不法规范的类型区分以及刑事违法性判断的“行政依附性方法”和“刑法独立性方法”等概念论述中，同样需要运用语义分析法。虽然在后者的相关论述中，其不是唯一的研究方法，但是如果本书在具体论述相关理论性较强的概念时，不采用语义分析法，将导致概念前后不一致或者间接偷换概念的不良现象出现。最终，在此基础上构建的前置行政程序规范的理论将不利于推动司法实践的发展。因此，无论是在本书的开篇还是在具体论证过程中，语义分析法均是一种重要的研究方法。

第一章

刑法中前置行政程序规范的基础理论概述

前置行政程序规范作为一种特殊的刑法规范现象，属于行政程序规范和刑法规范的结合体。但是，“法规范之间并非彼此无关联的简单并置，相反，他们相互之间存在多种多样的关联结构”①。因此，如何解读刑法规范中的前置行政程序规范、其与行政法中的行政程序有何异同以及前置行政程序规范在刑法中有何特殊作用等基础问题亟待解决。对此，本章拟从概念界定、概念比较、类型划分、立法特点及功能剖析五个方面展开详细论述。

第一节　前置行政程序规范的概念界定

毋庸置疑，前置行政程序是以程序性规范的形式展现出来的，例如，《刑法》第286条之一拒不履行信息网络安全管理义务罪的“经监管部

① ［德］卡尔·拉伦茨：《法学方法论》，黄家镇译，商务印书馆2020年版，第548页。

门责令采取改正措施”、第201条逃税罪的经税务机关依法下达追缴通知和二次行政处罚，又如，2020年12月26日发布的《刑法修正案（十一）》第4条增设的“依法责令停产停业、停止施工、停止使用有关设备、设施、场所或者立即采取排除危险的整改措施”以及“涉及安全生产的事项未经依法批准或者许可，擅自从事……等高度危险的生产作业活动的”等，诸多规范都是以程序性内容展现出来的。当然，如果我们仅从字面上进行形式化理解，前置行政程序无非就是一种包含有行政程序性内容要素的规范类型。但这远未揭示此类规范相较实体性规范要素的独特性。“规范性语词的研究是规范（命题）研究的前提和基础。甚至在某种程度上可以认为，研究规范性语词，就是在研究规范本身。”①基于此，前置行政程序规范的内涵式解读，可分别从“程序性”和“前置性”内容规范的语词予以理解，以整体推进前置行政程序规范概念的确立。

一、刑法中“行政程序”的基本概念

前置行政程序规范之所以作为一种特别的刑法规范现象，就在于其将行政程序规范纳入了刑法规范之中，继而形成了本书研究的基本对象——前置行政程序规范。前置行政程序规范是“刑行衔接”的重要节点。因此，厘清刑法中“行政程序”的基本概念及其与行政法中的行政程序的异同，不仅是展现前置行政程序规范特殊研究价值的起点，在法定犯时代，更有利于刑法和行政法的顺畅衔接。

（一）基本语义方面的程序概念

在中国社会科学院语言研究所编纂的《现代汉语词典》中，“程序”

---

① 钱锦宇、赵海怡：《规范性语词的法理意义与范围——基于转向规范逻辑学的新分析法学的立场》，载《西北大学学报（哲学社会科学版）》2009年第5期。

一词有两种基本意思：（1）事情进行的先后次序；（2）计算机程序。①从基本语义上看，计算机程序是“计算机软件”，是一个代码运行的载体，但本质上，其运行仍是按照代码输入的指令顺序，是使计算机能按要求的功能进行精确记述的逻辑方法，也是表明运行的过程和次序。因此，从“程序”一词的基本语义来看，我们仅能够发现程序规范至少是在表达过程性、次序性的事实内容。这一基本语义的界定后来影响了学者对法律程序规范的认定。例如，有学者认为，程序是一种明确的、有规律的过程性、次序性的事实内容。② 也有学者认为，程序是行为行使所需的3类程序形式，即“前程序形式、伴随形式和后程序形式”。③ 但是，上述概念均未回答“程序”一词所包含的过程性内容的基本要素有哪些，是否可以包含价值事实等问题，仅止于此，无从得知具体答案。

对此，皮纯协教授曾在前者概念基础上进行了深度研究，其认为程序的基本语义只是在表达一种自然状态，具体而言，“程序”一词应当具体包括“事物的进行过程；事物处理的方式、方法；事物进行的必要步骤；事物各步骤的次序；事物各步骤时间要求”等。此外，相对“程序”一词的基本语义而言，其体现出程序性事项的主体控制，程序主体推动事物的进程和发展，以实现程序目的的时间和空间要求以及对控制要求规范的制定。④ 由此可见，皮纯协教授已经在程序基本语义范围内对过程性、次序性的事实内容进行了扩展，不仅论述了过程性、次序性

---

① 参见中国社会科学院语言研究所词典编辑室编：《现代汉语词典》，商务印书馆2016年版，第170页。

② 参见杨寅：《中国行政程序法治化：法理学与法文化的分析》，中国政法大学出版社2001年版，第30页。

③ See Szczepaniak，Rafal and Figueiras，Claudia Sofia Melo，Editors，Szczepaniak，*Contemporary Challenges in Administrative Law and Public Administration*，ADJURIS International Academic Publisher，2018，p. 27.

④ 参见皮纯协主编：《行政程序法比较研究》，中国人民公安大学出版社2000年版，第2页。

事实的具体要素，还拓展出事物处理的方式、方法等时空要素。此外，还明确了程序表达人们控制性的价值事实。

总体而言，皮纯协教授早期对“程序”一词的基本概念理解是较全面的，该种概念界定影响至今。对此，我国台湾地区学者罗传贤也认为，程序不仅表达了基本语义中的一种过程和顺序，更是表达了一种时空概念，即“过程是时间概念，方法和关系是空间概念”，那么程序概念就是时间和空间要素组成的一个统合体。① 因而，相对而言，在当前理论界，较全面的程序概念应当是指表达事物处理的次序、步骤、方式、方法等过程性时空要素的总称。

（二）行政法方面的行政程序概念

正如前述，立法程序、诉讼程序乃至某些行业协会章程中的工作程序都可以被称为广义上的程序规范，但这显然都不是本书的研究对象和范围。因此，我们需要进一步深入研究程序规范的行政属性，具言之，我们还需要进一步解答刑法应当如何理解行政程序规范的行政属性的问题。

对于“行政”一词来说，无论是刑法领域中的行政犯，还是单纯行政法理论中的行政管理，应该均是同等含义。最早意义上的行政是指“执行或管理”，该词是集体生活的核心概念。② 后来，其被引入行政法领域的“行政权”以及刑法领域的“行政犯”等相关概念之中，被理解为管理（Walten），具体表示“引导、控制和领导”等含义。③ 因此，行政犯基本上被公认为是违反行政管理活动且情节严重的犯罪类型。④

① 参见罗传贤：《行政程序法论》，台北，五南图书出版股份有限公司 2017 年版，第 6 页。

② See René Dussault & Louis Borgeat, *Administrative Law*: *A Treatise*, Carswell, 1985, p. 1.

③ 参见［德］汉斯·J. 沃尔夫、［德］奥托·巴霍夫、［德］罗尔夫·施托贝尔：《行政法》（第 1 卷），高家伟译，商务印书馆 2002 年版，第 21 页。

④ 参见刘艳红、周佑勇：《行政刑法的一般理论》，北京大学出版社 2020 年版，第 2 页。

刑法中的前置行政程序规范是我国行政犯认定的基本依据之一，因此，“行政”一词对行政犯的影响也顺带进入前置行政程序规范的概念理解之中。

在行政法学界，对于行政程序的概念认定，主要存在以下两种观点：

第一，“客观程序性事实说”。该观点认为：“所谓行政程序，是指行政主体实施行政行为时所采取的方式、方法和步骤、时限等。”① 同样，美国《布莱克斯法学词典》对此程序的理解也是采取该种学说。② 从中可以发现，“客观程序性事实说”中所采取的程序事实内容表达，侧重对行政程序性事物的客观描述，并不进行行政执法部门实施行政程序性事物的合法性或者合理性等价值判断。

第二，“正当程序性事实说”。该观点认为，“应以程序所规范的权力为准则区分法律程序”，“具体指行政机关行使行政权力、作出行政行为所遵循的方式、步骤、时间和顺序的总和”③。并且，“正当程序性事实说”是学界多数观点。④ 换言之，行政程序是法律规定的行政主体必须遵循的程序性事项。⑤ 从中可以发现，“正当程序性事实说”中的“所（必须）遵循的”程序事实内容，蕴含行政程序性事项的合法性或者合理性的价值判断。需要注意的是，在行政法学界，行政程序的“正当性”指的是行政法规范所界定的正当，而并未考虑前置行政程序规范

① 罗豪才、湛中乐主编：《行政法学》，北京大学出版社2016年版，第139页；［德］汉斯·J. 沃尔夫、［德］奥托·巴霍夫、［德］罗尔夫·施托贝尔：《行政法》（第2卷），高家伟译，商务印书馆2002年版，第196页。

② See M. A. Henry Campbell Black, *Black's Law Dictionary*, West Publishing Co., 1979, p. 43.

③ 马怀德主编：《行政法学》，中国政法大学出版社2019年版，第126页。

④ 参见章剑生：《现代行政法基本理论》，法律出版社2014年版，第499页；周佑勇：《行政法原论》，北京大学出版社2018年版，第173页；刘善春：《行政实体法与行政程序法精要》，人民法院出版社2019年版，第174页；叶必丰：《行政行为原理》，商务印书馆2014年版，第154页。

⑤ 参见胡建淼：《行政法学》，法律出版社2015年版，第602页。

在刑法体系中的正当性。

通常而言，我国行政法学界并未区分行政程序的“客观程序性事实”和“正当程序性事实”概念，而是将两者混同对待。① 但对比上述两类概念界定的方法后可以发现，“客观程序性事实说”强调的是行政主体实施的程序性事项的事实判断，不涉及程序正当与否的评判问题。而“正当程序性事实说”强调的是程序性事实的价值判断，即行政程序性事项的正当性评价问题。虽然，在前述法律意义上的“程序”概念界定中，包含有人们对程序性事项的控制性价值，但这仅是中立性价值判断，而并非如同“正当程序性事实说”，表明程序规范所应当具备的合法性要素。那么，对于刑法中前置行政程序规范的“行政程序”，刑法到底应该选取哪个概念？这是本书首先需要解决的问题。

（三）前置行政程序规范层面的行政程序概念

对于前置行政程序规范中“行政程序”的概念认定，笔者认为，刑法选取“客观程序性事实说”相对而言较具合理性，即“前置行政程序”首先必须是行政主体所实施的客观存在的程序性事项。在此基础上，我们并不需要进一步判断行政法意义上正当与否的价值问题。② 具体理由在于：

其一，既然行政程序具有行政依附性问题（下文第二章第三节将重点阐述），继而导致“刑行衔接”的不顺畅，那么，就应该尽可能地排除行政法对行政程序的影响。即使在程序正当原则的约束下，也不可直接将行政法上的行政程序视为刑法的前置行政程序。因为，基于行政管制秩序保障之理念强化，行政法的程序正当原则并不排除违法瑕疵的行

---

① 参见周伟：《行政行为成立研究》，北京大学出版社2017年版，第46页。

② 值得说明的是，前置行政程序不需要进行合法性的价值判断，仅是指不需要行政法意义上的合法性价值判断，并不代表不需要进行刑法意义上的合法性或合理性价值判断。换言之，为了避免行政法意义上的行政程序对刑法认定前置行政程序带来过多干扰，本书同样采取了前置行政程序成立和有效的“区分说”。

政程序。

其二，行政程序的成立和生效是不同的概念。只有先确定程序性事项是否属于行政程序，才能进一步判定行政程序的生效问题。换言之，“正当程序性事实说”混淆了行政程序的成立与生效的概念。

其三，刑法采取“正当程序性事实说”认定前置行政程序不具有学科的现实意义和理论价值。部分行政法理论区分行政程序的“客观程序性事实”和“正当程序性事实”的概念的目的，在于确保违法但不撤销的行政行为仍有效。① 例如，《行政诉讼法》第 74 条规定，如果行政行为撤销会给国家利益或社会公共利益造成重大损害，以及虽然行政行为程序轻微违法但对原告权利不产生实际影响，那么法院应当仅认定行政程序是违法的，且可以不否认行政程序的过程性效力。但是，这种情况显然不能影响刑法的定罪量刑的判断。因为，不同于行政法对公共管理的目标导向，刑法并不单纯关注否认“正当程序性事实说”后所导致的公共利益的缺失或失衡现状，刑法关注不法行为后的法益缺失情况。② 此外，即使《行政诉讼法》第 74 条肯定了行政行为程序轻微违法，但对原告权利不产生实际影响的，也可以撤销行政程序。但是，按照最高人民法院《关于适用〈中华人民共和国行政诉讼法〉的解释》第 96 条的规定，“原告权利的实际影响”也仅限于听证、陈述、申辩等重要程序性权利，而并未考虑刑法所需要的保障行为人的人身、财产等实体性权利。

至此，结合“程序”的基本语义和行政法理论来看，可以发现，刑法意义上的行政程序性规范指代的是行政主体所实施或所采取的“方

---

① 参见李惠宗：《行政程序法要义》，台北，五南图书出版有限公司 2003 年版，第 281 页。

② 刑法主流观点认为，法益保护原则是刑法的基本原则（参见张明楷：《刑法学》，法律出版社 2016 年版，第 43 页）。但是，这并非行政法的公共（秩序）利益保护原则。

式、步骤、时间和次数”等程序性事物、要素的总和。其中，刑法意义上的行政程序并不仅仅是基本语义所理解的过程性、次序性事物内容，还包括“程序方式”这一宽泛性、兜底性概念，因为程序方式实际上是除时间期限、步骤以外的其他程序性要素的总称。例如，2019 年 10 月 21 日最高人民法院、最高人民检察院《关于办理非法利用信息网络、帮助信息网络犯罪活动等刑事案件适用法律若干问题的解释》（以下简称《信息网络刑事案件解释》）第 2 条就对《刑法》第 286 条之一拒不履行信息网络安全管理义务罪的“行政监管部门责令采取改正措施”的程序性内容予以明确，具体包括信息网络安全监管职责的行政部门、责令整改的文书形式、责令行为的规范依据以及程序附带的具体内容的明确性等程序规范要求。总体而言，前置行政程序规范具体包括行政程序的期限、次数、主体、形式、效果、程序对象的行为能力、发展步骤以及程序的权力依据和行使范围等适用条件。

综上所述，前置行政程序规范中的“行政程序”并非多数观点的行政法意义上“正当程序性事实说”中的程序事实，更非仅局限于基本语义或日常概念的程序事实，而是指行政主体实施行政行为时所采取的步骤、时限、方式、方法等客观事实判断或描述。但是，“客观程序性事实说”并没有解决一类问题：行政程序的成立标志是什么？按照该概念学说，行政程序的成立界定标志存在“行政主体 + 行政权”和“行政主体”两种理解。笔者认为，前置行政程序所包含的行政程序应当以行政权实施为成立标准，从而可以将行政合同、行政指导和行政立法等此类民事或行政中立行为排除在前置行政程序的概念之外。因此，应当以“行政主体 + 行政权”为前置行政程序的成立标准。

二、行政程序“前置性”的基本概念

因为前置行政程序在刑法规范中具有特殊地位，如果不对行政程序的“前置性”作单独的区分说明，则其中的“前置性”会被误认为是指行政程序前置于行政法体系之中，以作为“刑行体系”衔接的节点之一。但是，需要说明的是，前置行政程序规范中的“前置性”不仅能够区分行政法意义上的行政程序概念，而且能够彰显前置行政程序在犯罪成立和构成要件两个方面的“前置性”区分价值。亦即，前置行政程序是前置于实体性构成要件认定与司法机关刑事责任追究的规范事实。因此，笔者将此类行政程序性事实内容称为“前置行政程序”。

（一）前置于实体性犯罪构成要件的认定

一般而言，就“四要件”犯罪构成理论而言，在不含有前置行政程序规范的罪名之中，犯罪构成是一个平面耦合化构成要件要素的体系集合。① 在这种犯罪构成体系下，各构成要件要素之间的认定是同步进行的。但是，在含有前置行政程序规范的罪名中，前置行政程序规范表征的事实内容与实体性构成要件表征的事实内容认定（实体性构成要件的符合性认定）并不是平面耦合的同步化进行。即使是在认可存在阶梯化、顺序化的“四要件”犯罪构成理论中，也不存在特定犯罪构成要件要素决定论的观点。② 此外，即使是在“三阶层”犯罪构成体系中，构成要件该当性、违法性、有责性三者之间也不存在哪个阶层前置于构成要件该当性的说法。因为，第一阶层中的构成要件要素彼此之间亦是平面耦合化的关系。③ 因此，在当前两大主流犯罪构成理论中，根本不存在行为要件前置于主观、主体等要件的现象。

但是，在含有前置行政程序规范的罪名中，前置行政程序的规范判定，是在实体性犯罪构成要件的符合性认定之前进行的。刑法规范的机能首先就是否定犯罪行为的法律评价机能，对违反刑法、构成犯罪的行

① 参见曲新久主编：《刑法学》，中国政法大学出版社 2016 年版，第 40 页。

② 参见王充：《犯罪构成理论与犯罪事实认定关系考察》，载《法律科学（西北政法大学学报）》2020 年第 1 期。

③ 参见张明楷：《刑法学》，法律出版社 2016 年版，第 130 页。

为予以否定性评价。① 但是，在含有前置行政程序规范的罪名中，行为只有在程序的发展、经过和历程之后，才可能将行为人主导实施的行为、结果等实体性要素称之为犯罪构成要件。此时，行为人才有可能经历被苛责刑事责任的否定性评价。②

以《刑法修正案（九）》修改前的扰乱无线电通讯管理秩序罪为例，《刑法》第288条对该罪名设置有前置行政程序规范，只有行为人在违反国家规定，擅自设置、使用无线电台（站），或者擅自占用频率的行为发生后，还要再经行政责令程序后拒不停止，干扰无线电通讯管理秩序，造成严重后果时，才可认为行为人的干扰行为属于犯罪行为，造成严重后果的属于犯罪结果，年满16周岁的行为人属于犯罪主体。但在考虑现实中电信诈骗案件的发生主要是基于生产、销售、使用“伪基站”设备的行为增长等原因之后，《刑法修正案（九）》删除了“责令停止使用”的前置行政程序规范。此时，虽然行为人未经历过相关部门的责令停止程序，但只要行为人实施的干扰无线电行为造成严重后果，该行为与结果就属于实体性构成要件。

换言之，在含有前置行政程序规范的此类罪名的司法认定过程中，只要案件事实不符合特定罪名规定的前置行政程序规范，行为人即使造成严重的法益侵害结果，行为、结果、主观罪过等实体性构成要件也均不是刑事司法应当关注的价值事实。因此，在此类罪名的案件中，根本就不应当允许存在还没有《刑法》所要求的特定前置行政程序规范事实时，行为人就已被刑事立案，甚至被定罪量刑的情形。

例如，在“王某国、白某华消防责任事故案”中，北京市昌平区公安消防支队在对北京北方鑫地建材市场有限公司进行消防监督检查后，

---

① 参见陈兴良：《本体刑法学》，中国人民大学出版社2017年版，第31页。

② 参见刘晓莉、贾国发：《生态犯罪立法论要》，载《东北师大学报（哲学社会科学版）》2006年第2期。

对该市场存在的“未经消防安全检查擅自投入使用、未安装火灾自动报警系统、消防给水系统设置不符合规范”等火灾隐患下达了《行政处罚决定书》，但是，行为人仍未整改导致市场发生火灾，继而导致价值人民币 150 余万元物品被损毁。①《刑法》第 139 条消防责任事故罪的前置行政程序规范为“经消防监督机构通知采取改正措施”，按照 2021 年修订的《行政处罚法》第 9 条“行政处罚的种类”在原来修订稿一审稿的基础上删除“责令作出行为”的行政处罚种类的做法来看，消防责任事故罪中的前置行政程序并不是行政处罚程序，而仅是行政命令程序。②因此，即使是王某国、白某华两人造成了严重的火灾损失，司法机关也不能违背罪刑法定原则，突破刑法规定而认定行为符合实体性犯罪构成要件。而在部分法院的司法裁判中，司法机关是按照《刑法》第 139 条的规定以行政机关下发“处罚决定书和责令改正通知书”的程序形式来认定消防责任事故罪的前置行政程序的。③

由此可知，“前置性”不属于行政程序性规范的事实内容的次序性和过程性的判定。前置行政程序的“前置”是前置于实体性犯罪构成要件的司法价值认定；前置行政程序规范事实的次序性过程代表的仅是行政程序性事实发生或经过的先后顺序，两者存在显著差异。

（二）前置于司法机关的刑事责任归责

刑法中行政程序规范的“前置性”司法适用，旨在强调刑事责任追究的司法排除效果。一般而言，犯罪既遂意味着犯罪成立只需要满足主体、行为、结果、罪过等实体性构成要件要素即可。既遂后，行为人应

---

① 参见北京市昌平区人民法院刑事判决书，（2017）京 0114 刑初 968 号。

② 参见胡晓军：《行政命令研究：从行政行为形态的视角》，法律出版社 2017 年版，第 71 页。

③ 参见湖南省临湘市人民法院刑事判决书，（2017）湘 0682 刑初 272 号；河南省商丘市梁园区人民法院刑事判决书，（2017）豫 1402 刑初 623 号；河南省郑州市中级人民法院刑事附带民事裁定书，（2019）豫 01 刑终 611 号。

当承担不利法律后果之评价，即刑事责任的评价。但是，在含有前置行政程序规范的相关罪名中，即使行为人实施了违法行为，已经造成了危害结果，但由于其并非罪名相对应的犯罪行为和危害结果，因而，司法机关也不能因为违法行为造成了刑法所不应容忍的法益侵害结果，而强行将刑事责任归责于不法行为人。此类规范罪名属于不作为犯罪，且多数设置在法益可恢复性的经济行政犯罪当中。通常而言，不作为与作为相对应，为犯罪行为的不同表现形式。其中，不作为是指行为人在特定义务的前提下，应当履行该项特定的义务却拒不履行的一种危害行为或状态。① 在前置行政程序规范的罪名中，不作为行为或者能够履行的情形认定，在于行为人对行政程序的积极配合以及行政程序规范事实的明确清晰。

因此，仅凭先前的行为和结果是无法实现刑事责任追究的。如果在前置行政程序规范的司法适用后，行为人积极配合前置程序，承担了必要的刑法义务，当然就不存在犯罪行为，也就排除了刑事责任的追究，这也是前置行政程序前置于实体性犯罪构成要件的必然结果，但属于理论层面上的精细化认定过程。在实践中，前置行政程序发挥的作用在于司法者直接依据前置行政程序规范，排除行为人刑事责任的承担。而并不会从刑法理论上先排除实体性犯罪构成要件，后排除刑事责任承担。因为前置行政程序规范本身就承担犯罪成立判断的独立功效，只要行为人不符合前置行政程序规范确定的条件，那么刑事责任的认定就可以直接被阻断，而并不需要再依附实体性犯罪构成要件的判断。当然，按照“前置于实体性犯罪构成要件的认定”的特性，如果实体性犯罪构成要件之一不符合，也当然阻断司法机关对刑事责任的认定。但是，这是否意味着实体性犯罪构成要件也具有前置性的特殊属性？

---

① 参见高铭暄、马克昌主编：《刑法学》，北京大学出版社、高等教育出版社 2016 年版，第 67 页。

有学者结合《刑法》第276条之一拒不支付劳动报酬罪中的行政程序规范认为，确立行政命令程序的“前置性”是存在疑问的。第一，从现实案件发生来看，程序事实并非在犯罪构成要件之前，反而恰好在其他所有条件之后。第二，如果强行赋予程序规范以前置性，那么其他所有成立条件都具有前置性，都前置于犯罪成立。①

笔者认为，第一种理由忽视了程序事实本身的过程性与程序事实规范的“前置性”概念的不同。前者代表的仅是行政程序性事实发生或经过的先后顺序；而后者是前置于实体性犯罪构成要件的司法价值认定。第二种理由则忽视了实体性规范事实与程序性规范事实之间的性质差异。前置行政程序作为一种刑法规范类型，显而易见，其表达的是程序性事实内容，而该论者所指的“其他所有条件”是指实体性规范事实。按照刑事司法的价值判断过程，一般而言，如果按照“四要件”犯罪构成理论，实体性规范事实的判断均是平面耦合化的一体化判断，构成要件判断完毕，则犯罪构成体系的定罪指引和刑事责任评价功能就已经完毕，不存在所谓的实体性规范事实评价前置于犯罪成立或者刑事责任评价的过程。如果按照“三阶层”犯罪构成理论，虽然构成要件符合性、违法性和有责性判断存在逻辑化、体系化、层次化的判断，但是构成要件符合性、违法性和有责性要素均是实体性规范事实。因此，实体性规范事实判断完成，也同“四要件”犯罪构成理论一样，犯罪构成体系的定罪指引和刑事责任评价功能就已经完毕。所以，也就不存在所谓的实体性规范要件前置于刑事责任苛责的过程。而前置行政程序规范事实则不同，因为事实内容性质的不同，前置行政程序性事实的启动和发展是由与刑事责任承担无关的行政机关控制和掌握，其启动和发展过程并不需要具体承担刑事责任主体的行为人实施和控制。因此，其当然无法并入或者

① 参见李梁：《拒不支付劳动报酬罪的行政附属性规定研究》，载《政法论坛》2017年第5期。

依附实体性规范事实之中。因而，前置行政程序规范事实只能单独评价，如此一来，就产生了司法机关对行为人刑事责任苛责的前置环节——前置行政程序的认定。

例如，在“金某、罗某拒不支付劳动报酬案”中，二审法院直接认为，劳动监察部门虽向某集团下达了书面责令整改决定书，但该决定书既不是针对金某、罗某作出的，亦没有依法律规定向其送达，故认定原审被告人金某、罗某构成拒不支付劳动报酬罪尚缺乏相关部门责令支付这一必备程序，不符合该罪的构成要件。据此，武汉市中级人民法院并未采纳武汉市东湖新技术开发区人民检察院的意见。① 该案直接证明在具体司法实践中，行政程序规范“前置性”的特征表明该规范是刑事责任排除的一种前置要素。因此，依据“前置性”概念理解，我们无法看出前置行政程序规范是依附于实体性犯罪构成要件之上适用的。

综上所述，虽然我国《刑法》中的前置行政程序规范作为一种“刑行衔接”节点，但是该类规范的“前置性”并非指刑法规范中的行政程序前置于行政法体系之中，而是指行政程序规范的事实认定前置于实体性犯罪构成要件认定与司法机关对行为人的刑事责任追究。而前置于实体性犯罪构成要件认定与司法机关对行为人的刑事责任追究，归根结底，就是前置行政程序前置于犯罪成立（见图1－1）。如此一来，在规范事实层面上，前置行政程序就和行政法意义上的行政程序进行了区分，前者应当属于刑法规范视域的特殊类型。

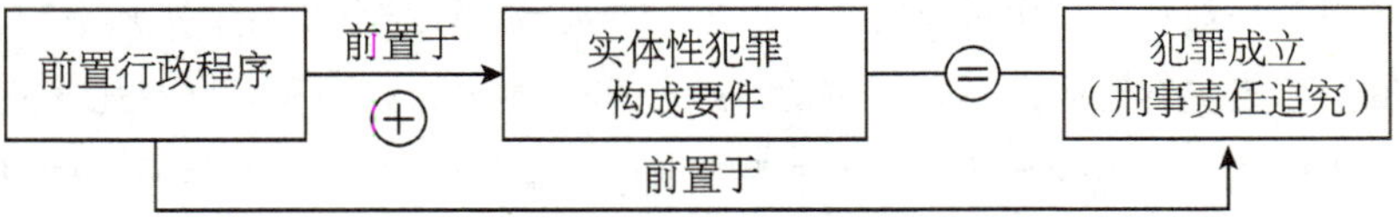

图1－1　前置行政程序、实体性犯罪构成要件与犯罪成立三者之间的关系

① 参见湖北省武汉市中级人民法院刑事裁定书，（2014）鄂武汉中刑终字第00038号。

再结合前述“行政程序”和“前置性”两者的概念，我们便可得出刑法中前置行政程序的基本概念。亦即，前置行政程序规范是指行政主体为行使行政职权所实施的方式、步骤、时间和次数等前置于犯罪成立的时空性程序事项的规范总称。

第二节　前置行政程序的相关概念比较

前置行政程序本质上属于“刑行交叉”的产物，该规范表达的事实仍然是一种行政事实。同时，前置行政程序作为刑法规范类型，可能还与刑事诉讼程序存在混淆。因而，我们需要将目光往返于刑法、行政法、刑事诉讼法等学科体系之间，进一步厘清前置行政程序与行政法、刑事诉讼法等学科的其他相关概念的关系，防止将对刑法理论和实践无意义的行政法、刑事诉讼法等学科概念带入前置行政程序规范的原理和实践当中，以保持规范理解和适用的精准性和实用性。

一、前置行政程序与行政行为

在探讨行政程序的刑法适用时，部分学者将行政行为的概念引入刑法理论当中，认为行政行为作为刑法定罪的前提，能够以公定力约束犯罪构成要件效力。① 但鲜有学者从行政程序角度来理解刑法对此类规范的适用。那么前置行政程序和行政行为到底存在何种关系？行政行为概念的确立能否影响刑法对前置行政程序规范的适用？诸如此类的问题还较少有学者涉足。

---

① 参见王世杰：《论行政行为对刑事审判的拘束》，载《政治与法律》2018 年第 6 期；高永明：《行政行为的出罪机能研究》，载《扬州大学学报（人文社会科学版）》2018 年第 1 期；高永明：《行政行为的刑法机能研究——入罪视角下的分析》，载《法学杂志》2011 年第 11 期。

毫无疑问，在行政法理论中，对行政行为的概念探讨远多于行政程序。这是因为，行政程序被列为文明国家人权保障的重要内容也是近期的事。① “过分强调实体、忽视程序”的传统理论研究风格，使对行政程序的探讨一般依附在对实体法概念的探讨之上，而行政行为正好属于实体法的理论概念。②《刑法》显而易见属于实体法，所以，行政法理论界的这种现象就自然而然被带入刑法理论体系中予以探讨。但随着“程序和实体并重”的理念深入人心，越来越多的学者开始关注行政程序的价值。③ 而随着行政管理领域的扩散，“刑行交叉”立法的现象越来越多见，前置行政程序规范的立法设置便是典型表现。因而，思考行政程序对刑法适用的影响就显得越来越有必要。在行政行为仍对刑法研究产生重大影响的情况下，如何妥当解释前置行政程序与行政行为两者的关系，也是本书重点关注的问题之一。

按道理来说，刑法中的前置行政程序在行政法理论中是以行政行为的方式具体展现出来的。例如，行政许可程序、行政命令程序、行政处罚程序均属于行政行为理论中的具体行政行为，与之相应的是前置行政不法的抽象行政行为。但是，笔者认为，刑法当前还不应全面引入行政行为概念。具体理由如下：

第一，刑法规范中行政行为的动态方式是以行政程序展现出来的。按照行政法学界通说观点所认为的：“行政程序是行政行为的基础，不存在脱离行政程序的行政行为。”④ 甚至，在行政法控权性质定位的学者看来，“行政法基本上是程序性法律”⑤。而行政程序恰好就是刑法所关

① 参见蔡茂寅：《行政程序法实用》，台北，新学林出版股份有限公司 2013 年版，第 2 页。

② 参见叶必丰：《行政行为原理》，商务印书馆 2014 年版，第 3 页。

③ See Harold J. , Berman & William R. Creiner, *The Nature and Functions of Law*, The Foundation Press, 1980, p. 27.

④ 罗豪才、湛中乐主编：《行政法学》，北京大学出版社 2016 年版，第 139 页。

⑤ Michael R. Asimow, *Administrative Law*, A Thomson Company, 2002, page (i).

注的，其并不仅是以行政行为的单向实施方式展现出来的。行政行为的单向实施方式体现在行政行为一旦成立便具有公定力和持续力，并不严格要求行为人对行政行为配合的考察。但是，前置行政程序是明确以行为人对程序性事项要求的配合的双向互动形式展现在刑法之中的。例如，“行为人未经批准或许可”或“经有关部门责令通知、改正、支付或处罚，行为人拒不改正、支付或者接受处罚”等。

第二，虽然行政行为一直都是行政法理论体系的核心概念，但现在越来越多的学者已经开始怀疑行政行为的实践指引价值。诸如，日本行政法学者藤田宙靖认为，行政行为是部分行政法学者的假想概念，其在法律实际中未必一定会被采用。① 最重要的是，在行政行为理论中，行政行为的分类，并不具备过多的立法指导司法的实际效果，② 而是发挥行政法学科体系的支配性或框架性作用，以便使行政法各个理论的原理和制度构建更为清晰。③ 这主要是因为“行政行为”这一概念涵盖范围过广、包含内容过多、界定标准尚不明确等原因。对此，有学者直接指出，行政行为的概念和标准均不明确，适用起来非常困难。虽然，《行政诉讼法》的修改以行政行为取代了具体行政行为概念，但是，当前学界存留的前述问题致使行政行为无法为司法实践提供较大助益。④ 在行政行为仅具有行政法理论支撑的现实价值下，刑法当然不可断然地将行政行为纳入具体理论研究当中。前置行政程序的规范研究显然无法且也不可能承担行政法领域的上述任务，因为其是以程序性事项或方式在刑法体系中展开的。因而，刑法应当仅关注前置行政程序在刑事司法中的

---

① 参见［日］藤田宙靖：《日本行政法入门》，杨桐译，中国法制出版社2012年版，第67~68页。

② 按照《行政诉讼法》第2条、《行政复议法》第1条等规定，在实定法层面，我国并未对行政行为进行过分类。

③ 参见叶必丰：《行政行为原理》，商务印书馆2014年版，第39~41页。

④ 参见宋烁：《论程序行政行为的可诉标准》，载《行政法学研究》2018年第4期。

运用原理及其实际效果。

第三，即使刑法不将行政行为概念引入理论研究和实践适用当中，也不影响前置行政程序参照适用行政行为中的合理理论。行政行为是行政程序法、行政实体法的共同概念。① 在部分诉讼法学者眼中，行政程序法并非如同刑事诉讼法、民事诉讼法一样属于完全的程序法，而是程序和实体交叉的一种规范。因为行政法本身就包括了行政程序，因而，行政法也并非属于实体法。② 一般而言，行政程序与行政行为的实体性概念是相伴相生的一组概念，“行政程序是行政主体行使行政行为的程序”③。这也说明了在前述行政程序的基本概念界定中，多数学者在程序的次序性、顺序性的基本语义基础上，还将程序的方式、方法纳入概念当中的原因。所以，有学者也将行政程序称为“程序行政行为”④、“行政行为程序”⑤ 或者“程序性行政行为”⑥。但是，综观学界，国内外立法与理论使用更多的概念还是“行政程序”。⑦ 因此，至少不可否认的是，刑法也可以使用行政行为的相关理论来解释前置行政程序规范。

二、前置行政程序与事前行政程序

在行政法理论中，至今为止，行政程序的类型划分已经进入了精耕

---

① 参见蔡茂寅：《行政程序法实用》，台北，新学林出版股份有限公司 2013 年版，第 235 页。

② 参见易延友：《刑事诉讼法：规则 原理 应用》，法律出版社 2019 年版，第 10 页。

③ 皮纯协主编：《行政程序法比较研究》，中国人民公安大学出版社 2000 年版，第 4 页。

④ 宋烁：《论程序行政行为的可诉标准》，载《行政法学研究》2018 年第 4 期。

⑤ 杨登峰：《行政行为程序瑕疵的指正》，载《法学研究》2017 年第 1 期。

⑥ 杨科雄：《试论程序性行政行为》，载《法律适用》2010 年第 8 期。

⑦ See Tetiana Kolomoiets & Valerii Kolpakov, *Legal Identification of Administrative Procedure*, Legal Journal (Ukrainian), Vol. 14: 4 (2019)；姜明安等：《行政程序法典化研究》，法律出版社 2016 年版。

细作的阶段。当前，行政程序的类型区分主要存在3种理论学说：第一，行政程序“三分法”。该学说认为，行政程序存在3种类型形式，即前程序形式、伴随形式和后程序形式，① 其中，前程序形式是征求意见和协议，或者说是事前程序、事中程序和事后程序，② 其中，事前程序是作为行政程序区别于行政诉讼程序的特征之一。第二，行政程序“两分法”。亦即，事前程序和事后程序。事前程序，是指进行行政行为实施前所采取的行政程序；而事后程序是指对行政活动的申诉或投诉等相关行政程序。③ 前者主要有行政计划制定程序、处分程序、行政契约程序、行政指导程序等；后者包括行政不服审查程序、行政投诉处理程序等。④ 还有学者将事前程序称为行政执行程序的权利保护程序和公民参与程序，行政立法程序不包括在事前程序当中，事后程序则为司法诉讼程序。⑤ 第三，“一分法”将排除事后救济及司法审查后的方式、步骤及过程统称为行政程序。⑥

对比3种行政程序的分类方法和具体程序类型，可以发现，“三分法”和“两分法”均将事前行政程序作为了行政程序的基本类型之一，只是部分观点对事前行政程序具体内容的界定有所不同。但无论是何种学说的行政程序，本书所指的前置行政程序仅是各学说中事前行政程序

---

① See Szczepaniak, Rafal and Figueiras, Claudia Sofia Melo, Editors Szczepaniak, *Contemporary Challenges in Administrative Law and Public Administration*, ADJURIS International Academic Publisher, 2018, p. 27.

② 参见皮纯协主编：《行政程序法比较研究》，中国人民公安大学出版社2000年版，第5页。

③ 参见［日］市桥克哉等：《日本现行行政法》，田林、钱蓓蓓、李龙贤译，法律出版社2017年版，第36页。

④ 参见［日］市桥克哉等：《日本现行行政法》，田林、钱蓓蓓、李龙贤译，法律出版社2017年版，第36页。

⑤ 参见［日］室井力、［日］芝池义一、［日］浜川清主编：《日本行政程序法逐条注释》，朱芒译，上海三联书店2014年版，第2页。

⑥ 参见罗传贤：《行政程序法论》，台北，五南图书出版股份有限公司2017年版，第4页。

的具体内容之一。因为，“事前”表示所有行政行为的活动前，而前置行政程序仅是行政程序类型学说中“事前行政程序”内容的一部分。因而，前置行政程序并不是行政法意义上的事前行政程序。并且，前置行政程序当然也就不包括行政诉讼程序、复议或申诉等事后救济程序。

三、前置行政程序与其他行政程序

结合前述行政程序类型的划分，行政法理论上的行政程序类型或范围非常广泛，从前述行政程序类型区分的3种理论学说中，可以发现，行政程序还包括了行政立法程序、行政指导程序、行政强制程序等类型。甚至，在国外少许持“一分法”的学者看来，行政诉讼程序也被视为了广义的行政程序。因此，学界中最广义的对行政程序概念的理解是，行政程序规则包括“法定机构在制定规则或裁决案件时遵循的基本程序，以及关于司法审查的可用性和范围的一般适用规定”。①

笔者认为，结合前置行政程序规范和行政法原理，在行政行为程序的类型划分中，首先，前置行政程序仅是具体行政行为程序，而不包括行政立法程序等抽象行政行为程序以及不具有行政行为正式效力的法规草案征求意见。后者本质上应当属于广义的立法权，而非行政权。② 行政主体的行政权实施是“刑行衔接”的前提要义，刑法中的前置行政程序规范并不关注与行政权无关的其他性质的程序。其次，根据前述前置行政程序的基本概念，实施行政指导和行政合同程序同样是与行政权行使无关的中立行政行为或民事行政行为的体现。前者无任何行政强制力，不应当由刑法介入；后者即使是行为人涉嫌构成合同诈骗罪，但该罪名也并不包含前置行政程序。最后，虽然行政强制程序是行政法重点关注

① See Robert L. G. licksman & Richard E. Levy, *Administrative Law: Agency Action in Legal Context*, Foundation Press, 2015, p. 45.

② 参见易有禄：《立法权的宪法维度》，知识产权出版社2010年版，第1~2页。

的概念，但是综观刑法相关罪名，与程序规范相关的《刑法》第313条拒不执行判决、裁定罪以及第314条非法处置查封、扣押、冻结的财产罪的基本前提之一，均是程序严谨的前置司法程序，而并不包括相对简单的行政强制程序。因而，刑法中的前置行政程序不仅在基本概念界定方面同行政法意义上的行政程序存在很大差异，在行政程序的相关类型划分上，也存在很大差异。

四、前置行政程序与刑事诉讼程序

前置行政程序规范虽同诉讼程序规范一样均以程序性内容为构成要素，但两者在内容表征的性质和结果方面存在显著差异。前者是程序性犯罪事实，是一种犯罪成立的基础事实；后者则纯粹属于对行为人刑事责任的追究程序。一般而言，刑法实体性规范涵盖的事实只有经过诉讼程序才是被程序证明了的犯罪事实。① 具体而言：

第一，程序性事实内容的性质不同。前置行政程序规范虽同诉讼程序规范一样是表征过程经历性的具体内容，但该内容本身就是一种犯罪事实；而诉讼程序仅是查明犯罪事实的过程，本身并不能构成犯罪。我国《刑事诉讼法》第2条明确了刑事诉讼程序“保证准确、及时地查明犯罪事实”的主要任务。对于法条表述中的“查明事实”过程，奥地利学者凯尔森将其视为“后果事实的确定”，即违反法律秩序的后果事实的确定必须以具体案件中的机关遵守程序为前提。② 其中，前置行政程序规范就是凯尔森眼中刑事责任后果的依据事实，这一点与刑法实体性规范是等同的；而诉讼程序内容是确定事实真伪过程中相关司法部门所应遵守的程序性规范事实。

---

① 参见杨兴培：《犯罪构成原论》，北京大学出版社2014年版，第374页。

② 参见［奥］凯尔森：《法与国家的一般理论》，沈宗灵译，商务印书馆2013年版，第208~209页。

第二，违反程序性规范的法律后果不同。违反或者未经过前置行政程序规范，意味着程序性犯罪事实不存在，那么即使某种行为造成了严重的社会危害性，其也不属于犯罪行为，更不构成犯罪。但是违反诉讼程序的法律后果是程序性制裁，揭示了查明既有事实程序经历的失败，继而导致被告人的无罪或者追究程序终止、中断、中止。但是犯罪事实是客观存在的，在静态的刑法规范评价上，行为仍属于犯罪。对于程序性制裁的法律后果，陈瑞华教授认为，其是针对侦查人员、检察官和法官的诉讼程序违法性事实的惩戒方式或后果。例如，非法证据排除规则、终止诉讼制度、撤销原判制度、诉讼行为无效制度、解除羁押制度。①

由此可见，刑事诉讼程序同前面的行政诉讼程序一样，均是公检法机关在刑事案件或行政案件过程中的司法审查或事实确认程序。但是，进入前置行政程序本身就是一种犯罪事实，是司法诉讼程序需要确认的基础事实。违反司法诉讼程序的直接后果是无法追究行为人的刑事责任；违反前置行政程序的直接后果是不存在犯罪事实。两者在程序事实内容性质和违反后的法律后果两个方面存在显著差异。

五、前置行政程序与前置民事、司法程序

其实，按照对前置行政程序规范基本概念的理解，当前，前置民事程序规范、前置司法程序规范和前置行政程序规范在我国刑法体系当中均是前置程序规范的典型表现，只不过三者程序执行或实施的主体不同。其中，前置民事程序的执行主体是平等的民事主体；前置司法程序的执行主体是司法机关。前置民事程序规范分为民事催收程序和民事许可（同意）程序。其一，民事催收程序。其存在于《刑法》第196条第2款的恶意透支型信用卡诈骗罪当中，“经发卡银行催收”的催收程序，属于恶意透支型信用卡诈骗罪的前置民事程序规范。由于催收程序的实

① 参见陈瑞华：《程序性制裁理论》，中国法制出版社2010年版，第101～133页。

施主体是相关发卡银行，其属于信用卡合约的民事主体。因此，催收程序应当归为前置民事程序的立法模式。最高人民法院、最高人民检察院《关于办理妨害信用卡管理刑事案件具体应用法律若干问题的解释》（2018 年修正）（法释〔2018〕19 号）（以下简称《信用卡刑事案件解释》）第 7 条中，也专门对前置民事催收程序进行了详细界定。其二，民事许可（同意）程序。与民事催收程序不同的是，民事许可（同意）程序是指构成犯罪，必须排除前置许可（同意）程序的经过和发展。诸如，《刑法》第 217 条侵犯著作权罪“经著作权人许可”程序；第 234 条之一第 2 款的组织出卖人体器官罪的“经器官所有人同意”程序；第 234 条之一第 3 款组织出卖人体器官罪的“经本人生前或近亲属同意”程序。①

前置司法程序规范的立法模式仅存在于 3 个罪名之中，即巨额财产来源不明罪中的“责令该国家工作人员说明来源”的责令程序，以及拒绝提供间谍犯罪、恐怖主义犯罪、极端主义犯罪证据罪中的“司法机关向其调查有关情况、收集有关证据”的调查程序，还有拒不执行判决、裁定罪中的人民法院“审理后的裁判”司法程序就属于此类模式。对于巨额财产来源不明罪的责令程序，其中，责令程序实施的主体为监察委②、检察院、法院的司法机关，责令程序属于有条件的前置程序。对于拒绝提供间谍犯罪、恐怖主义犯罪、极端主义犯罪证据罪的司法调查程序，如果司法机关根本未向行为人开启司法调查的程序，那么即使行为人知道相关情况和证据但不提供，进而造成严重后果，也不属于犯罪。

① 需要注意的是，民事许可（同意）程序并不等同于自诉案件的“告诉才处理”的程序。“告诉才处理”的程序性规范本质上属于自诉案件的诉讼程序，因为程序性规范的排除不否认行为的刑事违法性，其仅是刑事责任追究程序启动的消极程序。

② 对于监察委的定性问题，学界仍存留争议。根据《监察法》第 11 条之规定，监察委员会具有监督、调查、处置的职权，可以实施同公安机关的调查取证的司法权限。因此，在刑事案件办理过程中，笔者暂且将其视为司法机关。

前置民事、司法或行政程序在罪状表达中均是一种独立的规范类型，对于行为的入罪也起着决定性作用。在法定犯时代，基于前置行政程序规范的立法设置作为“刑行衔接”的节点，其属于行政犯重要的规范表现形式，该类规范运用更普遍，司法实践问题更突出。因而，笔者将前置行政程序规范作为本文的基本研究对象。当然，在涉及前置民事、司法程序规范与前置行政程序规范相关共性适用问题时，也可以进行对比性研究以丰富前置行政程序规范的理论体系。

第三节　前置行政程序规范的类型划分

随着法定犯时代刑罚轻缓化和行为规制强化的趋势，梳理前置行政程序规范的不同类型，有利于我们分类研究不同前置行政程序规范的模式设置特点，并为以后行政刑法的科学立法探索有益经验。针对前置行政程序在刑法规范中的具体表达以及行政程序的特点，笔者将其具体划分为 3 种类型：前置行政命令程序、前置行政许可程序以及前置行政处罚程序。

一、前置行政命令程序

“行政命令”是个让人扑朔迷离的词语，它在基本语义和专业术语上有不同的含义。① 在日常基本语义中，行政命令，是指行政主体发布或实施的具体作为和不作为的指示，其中，指示可以通过规范性文件和具体行政行为来表达。② 我国台湾地区学者对行政命令的界定通常采取

---

① 参见胡晓军：《行政命令研究：从行政行为形态的视角》，法律出版社 2017 年版，第 10 页。

② 参见胡晓军：《行政命令研究：从行政行为形态的视角》，法律出版社 2017 年版，第 12 页。

的是基本语义中规范性文件的指示，将法规命令、行政规则和职权命令三者均纳入探讨范围，认为行政命令就是行政机关制定的法规范。① 这和德国行政法学中的行政命令概念有点类似，均是指代法规范，所以在德国法学界，行政命令又称“法规命令”。② 而在有的学者对行政法专业术语描述中，行政命令，是指行政主体对行政相对人作为或不作为一定行为的强制性要求和表达。③ 对此，最高人民法院也将行政命令单独作为了一种行政案件事由。④

我国行政法规范并未对行政命令程序作过明文规定，因而行政命令程序相对行政许可、行政处罚等程序而言，并未获得很多学者的重视。在实践中，行政命令程序适用也较混乱，经常与行政处罚程序混为一体。这种现象也被带入刑事司法实践当中，前述的“王某国、白某华消防责任事故案”便是如此。为了规范行政命令程序，立法者在《行政处罚法（修订草案）》（一次审议稿）第9条“行政处罚的种类”中增设了“责令作出行为”的行政处罚种类。但囿于行政命令的内容要求行为人履行一定的义务，继而作出或不作出一定的行为。其中，该种义务并非处罚性质的义务，⑤ 而是基于行为人先前不法侵害行为所造成的危害结果或危险状态所产生的排除义务。因此，立法者在2021年修订的《行政处罚法》中又将行政命令排除在了立法之外。

为了适应法定犯刑罚轻缓化的趋势，鼓励不法侵害行为人及时消除法益侵害危险状态、恢复法益侵害结果，我国《刑法》将行政命令程序作为了“刑行衔接”的重要节点。行政命令程序最显著的规范形式就是

① 参见黄舒芃：《行政命令》，台北，三民书局股份有限公司2011年版，第11页。

② 参见［德］奥托·迈耶：《德国行政法》，刘飞译，商务印书馆2013年版，第85页。

③ 参见胡建淼：《行政法学》，法律出版社2015年版，第381页。

④ 参见最高人民法院《关于规范行政案件案由的通知》（法发〔2004〕2号）。

⑤ 参见胡建淼：《行政法学》，法律出版社2015年版，第381页。

“经行政机关责令采取改正措施”。例如,《刑法》第276条之一拒不支付劳动报酬罪的“经政府有关部门责令支付”程序等。

二、前置行政许可程序

许可的基本语义是准许、容许。① 在法律层面,根据《行政许可法》第2条的规定,行政许可是指行政机关依申请而审查,准许公民、组织等相对人从事特定活动的行为。再根据《行政许可法》第12条的规定,② 行政法学界一般将行政许可程序分为赋权性许可程序和解禁性许可程序。③ 其中,《行政许可法》第12条第2项规定的有限资源开发、公共资源配置和特定行业的准入许可,属于赋权性行政许可;而第1项、第3项至第6项属于解禁性许可,属于宪法赋予的经营自由的基本权利范围。因此,赋权性许可和解禁性许可又分别被称为特殊性许可(简称为特许)和普通性许可。

为了控制危险、确保被许可事项能够不扰乱正常的市场经济秩序,刑法同样也将行政许可程序作为了“刑行衔接”的重要节点。有学者结合《刑法》第225条非法经营罪的“未经许可”程序,认为刑法所保护的行政许可类型仅为特殊许可,普通许可并不属于刑法保护的秩

---

① 参见汪永清主编:《行政许可法教程》,中国法制出版社2011年版,第3页。

② 《行政许可法》第12条规定:“下列事项可以设定行政许可:(一)直接涉及国家安全、公共安全、经济宏观调控、生态环境保护以及直接关系人身健康、生命财产安全等特定活动,需要按照法定条件予以批准的事项;(二)有限自然资源开发利用、公共资源配置以及直接关系公共利益的特定行业的市场准入等,需要赋予特定权利的事项;(三)提供公众服务并且直接关系公共利益的职业、行业,需要确定具备特殊信誉、特殊条件或者特殊技能等资格、资质的事项;(四)直接关系公共安全、人身健康、生命财产安全的重要设备、设施、产品、物品,需要按照技术标准、技术规范,通过检验、检测、检疫等方式进行审定的事项;(五)企业或者其他组织的设立等,需要确定主体资格的事项;(六)法律、行政法规规定可以设定行政许可的其他事项。”

③ 参见王克稳:《行政许可中特许权的物权属性与制度构建研究》,法律出版社2015年版,第3页。

序法益。① 也有学者认为，非法经营罪的许可就是《行政许可法》规定的许可类型，无须区分，只需要在适用《刑法》第225条第4项兜底条款时，注意刑法的谦抑性即可。我国刑事司法实践采取的是最后一种观点，即将经营许可相关的许可均纳入前置行政程序当中。由此看来，少数刑法学者的观点和普遍司法实践是将行政法意义上的行政许可程序全盘移植到《刑法》当中，作为前置行政程序规范的基本类型之一。因而，当下，多数刑法学者在面对前置行政许可程序简单的入罪方式倾向时，建议对行政法的行政许可程序进行不同程度的限制。

其实，《行政许可法》采取的行政许可不仅是普通性和特殊性许可，其还包括行政认可、行政核准、行政登记，它们分别对应《行政许可法》第12条第1项至第5项的例示情形。② 基本上，《行政许可法》中的5种行政许可程序类型均在《刑法》中有所体现。例如，《刑法》第154条走私普通货物、物品罪的两类特殊形式的“未经海关许可”程序等。此外，部分罪名在刑法立法之外，还通过司法解释增设了相关前置行政许可程序。例如，《刑法》第345条第1款盗伐林木罪的“突破许可范围采伐”，③ 第345条第2款滥伐林木罪的“未经林业等行政主管部门批准”和“突破许可范围采伐”，④ 第176条非法吸收公众存款罪的“未经有关部门批准”⑤。

---

① 参见马春晓：《中国经济刑法法益：认知、反思与建构》，载《政治与法律》2020年第3期；郑伟、葛立刚：《刑行交叉视野下非法经营法律责任厘定》，载《法律适用》2017年第3期。

② 参见汪永清主编：《行政许可法教程》，中国法制出版社2011年版，第7～9页。

③ 参见最高人民法院《关于审理破坏森林资源刑事案件具体应用法律若干问题的解释》（法释〔2000〕36号）（已失效）第3条第1款第3项。

④ 参见最高人民法院《关于审理破坏森林资源刑事案件具体应用法律若干问题的解释》（法释〔2000〕36号）（已失效）第5条第1款第1、2项。

⑤ 参见最高人民法院《关于审理非法集资刑事案件具体应用法律若干问题的解释》（法释〔2010〕18号）第1条第1款第1项。

三、前置行政处罚程序

行政处罚程序作为一种惩罚手段，与刑法的关联性最为紧密。在行政法学界中，通常而言，行政处罚是行政主体依照法定权限和程序对行政违法但尚未刑事违法的行政相对人给予的惩戒措施。① 2021 年修订的《行政处罚法》第 2 条在概念界定中增加了行政处罚的惩戒性。② 从通说和立法的概念界定中可以得知，行政处罚和刑事处罚均是一种惩戒措施或手段，只不过是惩戒的力度以及保护的法益类型不同。

我国刑法立法采取的是"犯罪定性 + 定量"的立法模式，③ 行政犯立法也不例外。由于行政处罚和刑事处罚在法益类型保护和工具性价值两个方面存在差异，"犯罪定性 + 定量"的立法模式就妥当地为"刑行衔接"寻找到了突破口，前置行政处罚程序自然而然顺畅地被引入刑事立法当中。虽然，在静态规范层面，任何违法行为都要经过两次规范性评价，即一种违法行为是否仅动用行政处罚即可，以及是否值得动用刑事处罚。但是，相对前两种前置行政程序而言，我国《刑法》采取动态的前置行政处罚程序规范的立法现象较少，只有 3 个罪名，具体包括逃税罪中的"经税务机关给予二次以上行政处罚"，走私普通货物、物品罪中的"一年内曾因走私被给予二次行政处罚"，扰乱国家机关工作秩序罪中的"经多次行政处罚"等行政程序。

但是，与前两种前置行政程序不同的是，在司法解释中，多个罪名在立法并未明确设置前置行政处罚程序规范时，却通过"情节严重"等定量模式大量设置前置行政处罚程序。近期，有学者具体统计过此类现

① 参见罗豪才、湛中乐主编：《行政法学》，北京大学出版社 2016 年版，第 228 页。

② 《行政处罚法》第 2 条规定："行政处罚是指行政机关依法对违反行政管理秩序的公民、法人或者其他组织，以减损权益或者增加义务的方式予以惩戒的行为。"

③ 参见吴亚可：《我国犯罪定性定量立法模式检论》，载陈兴良主编：《刑事法评论》（第 38 辑），北京大学出版社 2016 年版，第 301 页。

象，发现共有34个司法解释中的近30个罪名存在前置行政处罚程序的规定,① 而这种现象也得到了部分学者的肯定。② 诸如，《刑法》第293条寻衅滋事罪的“经有关部门处理处罚后”③、第322条偷越国（边）境罪④、第338条污染环境罪的“经两次以上行政处罚”⑤ 等罪名的前置行政处罚程序规范均是典例。

通过对上述3种前置行政程序类型划分及其相应罪名的归纳，可以发现，我国《刑法》不仅存在“违反国家（有关）规定”等前置行政不法规范，而且还存在大量的前置行政程序规范，其设置也具有普遍性。因此，如何认识刑法中的前置行政程序规范，确立科学的规范原理和实践规则是当前学界面临的一大难题。

为方便3类不同前置行政程序的对比观察，笔者分别按照前置行政命令程序、前置行政许可程序、前置行政处罚程序3种类型，梳理了各自对应的具体罪名，形成表1-1。此外，笔者还将前置行政程序规范的立法增设趋势梳理成表1-2。

---

① 参见郭旨龙、肖雅菁：《“行政处罚后又实施”入罪的限缩性司法适用》，载《江西社会科学》2020年第8期。

② 参见程兰兰、苗静：《多次犯的立法依据和价值探究——兼评〈刑法修正案（九）〉中多次犯立法》，载魏昌东、顾肖荣主编：《经济刑法》，上海社会科学院出版社2019年版，第38页。

③ 参见最高人民法院、最高人民检察院《关于办理寻衅滋事刑事案件适用法律若干问题的解释》（法释〔2013〕18号）第1条第3款。

④ 参见最高人民法院、最高人民检察院《关于办理妨害国（边）境管理刑事案件应用法律若干问题的解释》（法释〔2012〕17号）第5条第5项。

⑤ 参见最高人民法院、最高人民检察院《关于办理环境污染刑事案件适用法律若干问题的解释》（已失效，法释〔2016〕29号）第1条第6项。

表 1－1　刑法中前置行政程序规范的类型划分

程序类型	前置行政命令程序	前置行政许可程序	前置行政处罚程序
程序形式	经行政部门责令、征召、提出预防或控制措施	未经行政许可	经（两次）行政处罚
立法规范增设程序性规范的具体罪名	《刑法》第134条之一危险作业罪，第139条消防责任事故罪，第201条逃税罪，第276条之一拒不支付劳动报酬罪，第286条之一拒不履行信息网络安全管理义务罪，第330条妨害传染病防治罪，第351条非法种植毒品原植物罪，第376条第1款战时拒绝、逃避征召罪	《刑法》第134条之一危险作业罪，第142之一妨害药品管理罪，第154条走私普通货物、物品罪的两类特殊形式，第158条虚报注册资本罪，第174条第1款擅自设立金融机构罪，第174条第2款伪造、变造、转让金融机构经营许可证、批准文件罪，第179条擅自发行股票、公司、企业债券罪，第225条非法经营罪，第230条逃避商检罪，第296条非法集会、游行、示威罪，第336条非法行医罪、非法进行节育手术罪，第339条第2款擅自进口固体废物罪，第343条第1款非法采矿罪，第408条之一食品、药品监管渎职罪	《刑法》第153条走私普通货物、物品罪，第201条逃税罪，第290条第3款扰乱国家机关工作秩序罪
司法解释增设程序性规范的具体罪名	—	《刑法》第145条生产、销售不符合标准的医用器材罪，第176条非法吸收公众存款罪，第345条第1款盗伐林木罪，第345条第2款滥伐林木罪	《刑法》第322条偷越国（边）境罪，第338条污染环境罪，第293条寻衅滋事罪等

续表

程序类型	前置行政命令程序	前置行政许可程序	前置行政处罚程序
行政程序无法归类的罪名	《刑法》第277条妨害公务罪（执行行政公务程序），第408条之一食品、药品监管渎职罪（行政案件移交程序）		

表1－2　前置行政程序规范的立法增设趋势

刑法立法规范	规范增设的具体罪名
1997年《刑法》	消防责任事故罪，非法种植毒品原植物罪，走私普通货物、物品罪，擅自发行股票、公司、企业债券罪，伪造、变造、转让金融机构经营许可证、批准文件罪（2处），逃避商检罪（2处），妨害公务罪，非法集会、游行、示威罪（2处），非法行医罪，非法进行节育手术罪，擅自进口固体废物罪，战时拒绝、逃避征召罪
《刑法修正案》	擅自设立金融机构罪，非法经营罪（从事证券、期货、保险业务）
《刑法修正案（二）~（六）、（十）》	—
《刑法修正案（七）》	逃税罪（2处），非法经营罪（从事资金支付结算业务）
《刑法修正案（八）》	非法采矿罪，拒不支付劳动报酬罪
《刑法修正案（九）》	拒不履行信息网络安全管理义务罪，扰乱国家机关工作秩序罪
《刑法修正案（十一）》	危险作业罪（2处），妨害药品管理罪（2处），妨害传染病防治罪，食品、药品监管渎职罪（2处）

从表1－1、表1－2展现出的前置行政程序规范相关的罪名分布和立法趋势可以得知，随着法定犯时代的到来，如何在刑法立法规范层面做好“刑行衔接”越来越受到立法界的重视。前置行政程序规范在1997年《刑法》中被大量引进之后，随着刑法典结构的稳定，该类规范立法

处于短暂的停滞阶段。但随着法定犯趋势的加强，动态的行政执法程序被立法者重新重视，晚近的几次刑法修正案逐渐增设前置行政程序规范，呈现的类型也更为多元化。

第四节　前置行政程序规范的立法特点

前置行政程序规范的立法设计在某种程度上可以说是现代社会快速发展和刑法应对风险积聚的产物。行政程序具有控制、管理和预防风险入侵的作用。当前，"通过刑法的提前介入来预防新兴的非传统安全威胁的现实化，进而维护个人、社会乃至国家安全已成为世界各国不约而同地做法"①。在刑法立法进程中，行政犯立法无疑是主要趋势。又基于行政程序的控制、管理和预防作用，前置行政程序规范的刑法立法便成为一种主流趋势。随着刑法修正案逐渐增设前置行政程序规范，虽然立法者是"无心插柳柳成荫"，但该种规范聚合起来，便成为一种独特的刑法立法现象，应予以深入研究。

一、行政程序规范与刑法实体规范对比产生的特殊性

前置行政程序规范的第一种特殊性是行政程序规范与刑法实体规范对比产生的特殊性。根据前文所述，前置行政程序规范表达的事实内容是方式、步骤、时间和次数等时空性程序。但是，《刑法》是实体部门法规范。因而，如何解释《刑法》中的前置行政程序规范这种特殊现象？笔者认为，这种特殊立法现象，其实是前置行政程序与刑法实体性规范的一种深度融合，并且这种深度融合并非子虚乌有。

① 张永强：《预防性犯罪化及其限度研究》，中国社会科学出版社 2020 年版，第 105 页。

那么，为何刑法规范中会出现行政程序性规范？刑法规范是否排斥这种现象？

其实，实体法和程序法的类型划分同行政行为一样，并非极具实践性助益的概念，而纯粹是一种理论学说。在法理层面，一般而言，实体法和程序法是按照“法规定的内容的不同和价值取向为标准”进行划分的。其中，实体法的主要内容是权利和义务或职权和职责；而程序法的主要内容是权利义务或职权职责的程序实现和保证规范。① 因此，实体性内容规范侧重权利和义务的分配；程序性内容则侧重分配结果的外在程序保障，其更加强调程序的经历性、发展性和过程性。我国传统理论一直遵循程序工具主义的观点，进而对实体和程序予以区分，认为程序是实体的实现工具和手段，实体才是目的。程序事项不会影响实体裁判结果的正确性，因而，程序法不具有单独价值。② 受这种传统理论的影响，刑法学界也多集中精力研究实体性规范对犯罪成立的影响。③ 但是，在程序本位主义者看来，程序规范的理解或操作的错误也会影响权利和义务的实现。④ 在全面依法治国的时代，程序规范的价值越来越受到国家和公民的重视，程序本位主义逐渐占据上风。在这种背景下，前置行政程序规范的立法特殊性也应当受到学界重视。

对比实体法和程序法所包容的事项性质和功能定位可以发现，实体法和程序法的内容划分是针对部门法的整体性质而言，并非针对部门法中的具体规范性质，两者划分的依据仅在于部门法具体规范服务的对象或事项的路径不同。但是，两者都是为权利和义务而服务的，并不是毫无关联、彼此对立的。简言之，实体法在于揭示权利和义务的内容，程

① 参见张文显主编：《法理学》，高等教育出版社2018年版，第92页。

② 参见孙笑侠：《程序的法理》，商务印书馆2005年版，第1页。

③ 参见陈银珠：《论犯罪构成要件的逻辑顺序——以程序法与实体法的功能区分为视角》，载《法律科学（西北政法大学学报）》2012年第3期。

④ 参见陈瑞华：《程序正义理论》，中国法制出版社2010年版，第39页。

序法在于确保权利和义务的有序实现。

既然行政程序具有确保权利和义务得以实现的重要功能，而刑法规范就是确立公民重大人身、财产等法益（权利）和不法侵害行为人的义务内容，那么基于刑法法益保护的基本原则，在特定情况下，行为人按照程序性事项规定的内容，积极配合程序执行主体的要求，恢复法益被侵害前的状态和结果时，基于刑法谦抑性原则，刑法再对行为人科以刑事责任义务便不具有正当性，也无现实必要。此时，刑法借助前置行政程序规范，便可实现刑罚的退出机制。虽然我们总体上可以称一个部门法为实体性或程序性法律，但是无法将每个法条以实体性和程序性特征加以明确区分，因为纯粹的程序性或实体性部门法根本不存在。① 即使退一步，承认《刑法》总体上属于实体法，也与刑法规范中包含前置行政程序的特殊现象并不矛盾。

其实，自储槐植教授 1989 年首次提出“刑事一体化”理念以来，② 越来越多的学者开始关注并研究刑事实体法和刑事程序法的交叉问题。③ 虽然，当前刑事一体化的理念倡导在于加强刑法和刑事诉讼法的结合研究，而非明确提出刑事诉讼程序规范和刑法实体性规范的交叉融合现象，但是，该种现象早已在《刑法》中有所体现。例如，《刑法》第 87 条影响行为人犯罪认定的追诉时效期限；又如，《刑法》第 246 条侮辱罪、诽谤罪和第 260 条虐待罪等罪“告诉才处理”的自诉程序，上述程序性规范立法现象均是刑事诉讼程序与刑法实体规范深度融合的体现。同样，在行政法学者看来，部门行政法学并非完全由实体性规范组成，其亦是

---

① 参见杨寅：《中国行政程序法治化：法理学与法文化的分析》，中国政法大学出版社 2001 年版，第 30 页。

② 参见储槐植：《建立刑事一体化思想》，载《中外法学》1989 年第 1 期。

③ 参见马永强：《刑事政策与刑法体系的关系——兼论刑事一体化的教义学进路与限度》，载《苏州大学学报（法学版）》2020 年第 2 期；李勇：《跨越实体与程序的鸿沟——刑事一体化走向深入的第一步》，载《法治现代化研究》2020 第 1 期。

实体和程序规范的双重交叉；抑或每一个法条就是实体性和程序性特征的融合。因此，在行政法规范中，某一规范很难被明确区分是实体性或程序性规范。①

由此可见，刑法和刑事诉讼法、行政实体法和行政程序法彼此之间早已经实现了一体化研究的深度融合。而随着行政犯立法的趋势加强，在刑法规范中引入行政程序规范，将前置行政程序作为"刑行衔接"节点，也就当然不存在实体法和程序法明确区隔这种所谓的阻碍。

二、程序性犯罪事实与违法性事实对比产生的特殊性

前置行政程序规范的第二种特殊性是程序性犯罪事实与违法性事实对比产生的特殊性。前置行政程序规范以行政主体主导实施的程序过程为主要内容，而刑法中的危害结果等实体性规范以刑事责任承担主体——行为人主导完成的行为等要件事实为主要内容。但是，在前置行政程序规范之中，程序的发展、经过的每一步骤，均是由与刑事责任承担无关的行政主体完成的。例如，《刑法》第286条之一的拒不履行信息网络安全管理义务罪的"责令改正程序"，按照该条规定，责令程序的行政执行主体是负有网络服务过程监督管理职责的行政部门。② 对此，《互联网信息服务管理办法》、国务院《关于授权国家互联网信息办公室负责互联网信息内容管理工作的通知》以及《计算机信息网络国际联网安全保护管理办法》分别将电信管理机构、国家互联网信息办公室以及公安机关作为责令程序步骤推进的实施主体。但上述部门并不是刑事责任承担的主体，而是确保行政公共秩序得以实现和行政义务得以正常履

---

① 参见刘善春：《行政实体法与行政程序法精要》，人民法院出版社2019年版，第16页。

② 参见郎胜主编：《中华人民共和国刑法释义》，法律出版社2015年版，第498页。

行的行政主体。①

对于刑法的实体性规范来说，由于刑法规范主要是对行为人的行为进行否定性评价，从而对其科处刑事责任，以体现刑法义务的具体分配。因此，一般来说，学界会认为："刑法系以行为资以可罚性判断为核心对象，所有规范之评价关系，大抵系围绕着行为作为判断之基础，从构成要件之通用，到刑事责任形成之内涵，乃至于决定可罚性之基础。"②这其实就是以行为为核心要件，将其作为危害结果、因果关系、危害对象、犯罪主体、犯罪主观的实体性规范评价的基础标准。因为行为、结果等刑法实体性规范直接关联刑事可罚性评价，而行为、结果等又是行为人直接主导实施的。因此，在刑法实体性规范中，刑事责任的承担可直接归于行为人，而并非执行行政程序性规范事实内容的行政主体。基于此，学界和实务界才会将与行为人直接相关的刑法实体性规范视为犯罪事实。因为只有先将与行为人直接相关的犯罪事实确立了，刑事责任才能科处于行为人。

那么，在不法行为、危害结果等刑法实体性规范中，危害结果与不法行为等实体要件均成为犯罪事实组成部分的前提下，与刑事责任承担无关的行政主体执行的程序性事项是否可以作为犯罪事实的一部分？从表面上看，行政主体执行的程序性事项并非不法事实，那为何行政程序规范可以作为犯罪事实的认定依据？其实，一般认为，刑法均是由实体性规范组合而成的。在并未认识到前置行政程序规范之前，因为行为、结果、主观、主体等实体要件均与行为人直接相关，是行为人直接操控事实产生的系列要件，而上述要件事实又是行为人承担刑事责任的前提，因而，与行为人直接相关的违法性事实才是刑事责任追究的前提。在一般人的看法中，犯罪事实都是行为人操控的违法性事实。但其实，犯罪

---

① 参见胡建淼：《行政法学》，法律出版社2015年版，第602页。

② 黄翰义：《刑法总则新论》，台北，元照出版有限公司2010年版，第69页。

事实并非均是违法性事实，例如，行为主体、因果关系、危害对象这些事实均是客观存在的犯罪事实，无所谓人、危害对象和因果关系的违法性，只有行为和结果本身具有违法性。正如，不能因为行为主体是犯罪事实的组成部分，就认为行为人是违法性事实。同样，行政主体执行的前置行政程序性事实也是行为人被追究刑事责任的事实依据，不能因为其不具有违法性，就否定其属于犯罪事实。因而，从表面上看，与刑事责任承担无关的行政主体实施的程序性事实无法成为违法性事实，但其却是某些犯罪的构成要件。

第五节 前置行政程序规范的功能剖析

“前置行政程序规范”这一关键词的提出和探讨并非无用功，也非纯粹的、封闭的学理范式研究。应当承认，前置行政程序规范不仅是《刑法》的一种特殊立法现象，其更能指引刑法和行政法学科的一体化理论构建（“刑行一体化”），促使行政刑法的立法和行政犯治理实践更具科学性。需要说明的是，“刑行一体化”理论构建旨在强调通过明确前置行政程序规范的功能，发挥“刑行衔接”的良性互动效果，以坚守刑法“第二道防线”的治理原则。因此，“刑行一体化”研究并非提倡“刑行规制一体化”。相反，“刑行规制一体化”是本书坚决反对的，反对行政法和刑法规制对象的混乱导致入罪的扩张化。所以，本书也反对将行政法意义上的行政程序全盘移植到刑法体系之中，继而认为行政程序等同于前置行政程序。

而之所以前置行政程序规范新类型的概念及其性质探讨未获得理论界和实务界的重视，原因就在于该规范仅被视为一种纯粹的程序性内容，并未深入挖掘规范新类型概念中所蕴含的潜在甚至超越于实体性规范的价值和功能。德国学者考夫曼认为：“‘法律规范之描述’扮演重要的角色，在这方面特别需要语言理论的研究。对应上述的立法方法之特色（实然与应然交互影响），真实分析以及价值取向具有中心意义。”① 因此，既然立法者特意将前置行政程序规范置于罪状的表述之中，就表明其应当能够发挥出此类特殊规范类型对理论价值确定和司法实务操作的独特功能。同时，因为前置行政程序并非行政法意义上的行政程序，那么其发挥的“刑行一体化”研究功能也就当然不同于行政法的行政程序。在行政法理论中，行政程序功能具有二重性，即工具性和目的性功能。前者包括促使政府和人民建立正式关系，并对公正的结果具有促进和保障作用；后者包括确保程序参与者的平等性、参与性。② 刑法和行政法是两类不同的部门法体系，相较刑法实体性规范或实体性犯罪构成要件要素而言，前置行政程序规范具有“司法认定依据无需依附、限制刑事处罚扩张、及时促成法益恢复、强化主观证明效果、排斥法条竞合关系”这5类独具一格之功能。

一、独立效果：认定依据无须依附

“程序性”规范内容本身虽然具有经历性、过程性、发展性特征，但基于刑法的谦抑性原则，刑法必须与行政法等部门法律、法规在处罚的行为危害评价上实现平稳过渡，而不能让程序化事实或者行政法程序直接侵入刑法体系当中，直接由刑法承担“先锋队”的作用。由于前置行政程序规范事项的执行主体并非承担刑事责任的行为人，而是行政机关。因而，在学界和实务界还没有确定前置行政程序规范认定依据的独立性价值之前，行政机关等主体在认定具体行政程序操作形式的司法实践中，肯定是按照自身程序内部的行政法规范依据进行的。因此，司法

① ［德］阿图尔·考夫曼：《法律哲学》，刘幸义等译，法律出版社2011年版，第19页。

② 参见罗传贤：《行政程序法论》，台北，五南图书出版股份有限公司2017年版，第6页。

者在适用前置行政程序规范时，难免会在“刑行交叉”案件中遇到与纯粹刑法的实体性规范内容判断的从属性或者独立性相同的问题。

基于行为违法性的刑法第二次评价的原理，刑法的实体性规范不可能实现完全的独立认定，其必然需要先经过“违反国家（有关）规定”等前置行政不法规范的第一次静态违法性评价。同时，在行政犯中，只有行为先具备行政法规范的第一次一般违法性（行政违法性）评价，刑法才可以在此基础上进行第二次刑事违法性评价。因此，一般而言，行为、结果等刑法实体性规范，只允许刑事违法性判断的相对从属性方法①或者绝对从属性原则②（统称“从属性原则”），而无法完全做到独立性判断效果。虽然前置行政程序规范的程序性事项也是犯罪事实的一部分，但由于其并非由行为人主导实施，而是由与刑事责任承担无关的行政执法主体主导实施。因而，刑法的“第二道防线”原则无法约束第一次行政程序法规范对前置行政程序的司法认定。此时，如果前置行政程序规范如同刑法的实体性规范亦是采取从属性原则，那么，基于行政法规范中行政程序设计的欠妥性和目的差异性，行政犯的认定反而容易突破刑法的“第二道防线”原则。因此，基于各部门法保护法益的力度、运行机能以及前置行政程序规范与实体性规范包含的事项性质之差异，前置行政程序规范的司法适用应当坚持绝对的独立性原则。

具言之，在前置行政程序规范的基本概念界定中，笔者已经将“行政程序”限定于“客观程序性事实”学说，那么，客观程序性事实的概念定位就已经为此处的认定依据的独立性价值做好了铺垫。详言之，前置行政程序规范的具体认定仅需要满足程序性内容的基本属性和特征即

① 参见吴镝飞：《法秩序统一视域下的刑事违法性判断》，载《法学评论》2019年第3期；于改之：《法域冲突的排除：立场、规则与适用》，载《中国法学》2018年第4期。

② 参见［意］杜里奥·帕多瓦尼：《意大利刑法学原理》，陈忠林译，中国人民大学出版社2004年版，第3～4页。

可，无须援引行政部门法中的程序性规范。前置行政程序规范的基本组成内容是“程序性”的客观事实内容，而程序性事实具有天然的经历性、过程性、发展性特征。因此，前置行政程序规范事项内容的行政法判断就是一种形式特征判断，刑事司法对前置行政程序规范的基本符合性就是程序性事实的客观性。而其中行政程序的“行政性”符合，只需要确保行政程序的执行主体是在履行行政职权即可。

在此基础上，行政法规范对于前置行政程序认定依据的具体约束就不复存在。此时，前置行政程序的事实认定在形式上完全符合程序性内容的经历性、过程性、发展性特征即可。至于刑法如何认定后续程序具体内容的操作规范，可直接交于司法者依据法益保护的目的和功能进行独立抉择。前置行政程序规范认定依据的独立效果，完全契合法益保护和人权保障的平衡理念。

二、立法功能：限制刑事处罚扩张

通过12个刑法修正案的罪名扩张，现代社会呈现出积极刑法观的社会治理理念，部分学者也对此表示支持，认为积极刑法观是立法与时俱进、大国法治的表现，① 并认为，积极刑法观支持刑法提前介入风险预防，最终迫使我们摒弃传统的法治国刑法观。② 但是，在积极刑法观支持扩张罪名但又缺乏增设罪名具体底线或标准的同时，积极刑法观如何真正确保刑法立法的谦抑性，值得我们思考。其实，无论是积极刑法观、折中刑法观还是消极刑法观，三者均不反对增设新罪。真正需要思考的是，立法者如何在增设新罪的同时，又限制刑事处罚的扩张。而前置行政程序规范的立法设置，刚好就能够将两者完美地融合在一起。

---

① 参见张明楷：《增设新罪的观念——对积极刑法观的支持》，载《现代法学》2020年第5期。

② 参见付立庆：《积极主义刑法观及其展开》，中国人民大学出版社2020年版，第15页。

（一）通过前置行政程序规范体现“刑行交叉”行为的适度规制

在罪名不断扩张的刑法前置性预防立法的过程中，行政犯规制触角的延伸承担着主要角色。① 但是，刑事责任作为一种社会控制的特殊形式，其属于最严厉且昂贵的控制形式。② 通常而言，“情节严重”的法益侵害程度、行为类型的部分选择是行政犯“刑行衔接”的过渡点，但由于立法者并未明确情节严重的判断标准以及行为类型立法选择后的行为边界，导致司法实务界在制定司法解释或者具体适用罪名规范时，通常是将数额、次数作为了行为情节严重的入罪标准。例如，从现实案件来看，经营数额本身就是经营行为附带的数量；或者说，在虚拟互联网空间中信息传播是一个必然过程。故仅凭经营数额的多少来判断非法经营的严重情节，或者仅凭信息的传播次数来判定拒不履行信息网络安全管理义务罪的严重情节，就完全忽视或者严重压缩了行政法规制的空间。这就没有体现出“刑行交叉”行为的适度规制原则。

随着宽严相济刑事政策的引入，刑事立法越来越重视以具体明确的法规范方式规定行政刑法的出罪路径。例如，编造、故意传播虚假信息罪就以明确行为以及行为对象类型的方式规定行为的出罪路径。该罪明确限制了编造和故意传播两种行为方式，而行为对象仅局限于疫情、警情、险情、灾情 4 种虚假信息类型，而并非采取“等”字的模糊化、概括化形式。但是，根据《网络安全法》第 12 条第 2 款的规定，任何个人和组织都不能使用网络编造、传播虚假信息。此时，行政法规范的虚假信息并未限制信息的类型或范围。但无论如何，第一，上述出罪事由还是仅局限于正向入罪的间接表达，并非严格意义上的出罪事由；第二，刑法立法仍是借用实体性规范表述出罪事由。最新研究的程序性出罪事

---

① 参见［美］道格拉斯·胡萨克：《过罪化及刑法的限制》，姜敏译，中国法制出版社 2015 年版，第 162 页。

② See Joel Samaha, *Criminal Law*, Wadsworth Cengage Learning, 2014, p. 6.

由，学界也仅是从诉讼程序的程序违法以及证据不足导致的实体出罪等方面进行探讨。①

但是，第一，前置行政程序规范也是一种出罪事由，而且该事由在刑法规范中是立法者明文以正向出罪或直接性方式表达出来的。因为在所有包含前置行政程序规范的罪名中，行为人只要积极配合行政程序，没有造成法益侵害结果或者即使造成了严重的法益侵害结果，其都不构成犯罪。第二，相较部分罪名的“情节严重”以及行为类型的兜底条款等实体性规范而言，前置行政程序规范是刑法立法设置的一种较明确的出罪事由，其并不存在概括化、抽象化的特点，继而也没有给司法解释或者实务操作留下过多的解释空间。因此，前置行政程序规范无时无刻不在警示司法者做好“刑行交叉”行为的适度规制工作。

一般而言，在含有前置行政程序规范的罪名中，罪名评价的违法行为本应属于行政部门法律、法规评价的类型，但由于行政法难以及时、有效保障受损法益，并且行政法保障手段难以遏制此类情况的多发，治理力度有限，故而须刑法发挥其后盾法的强有力保障机制功能，将行政法领域多发且难以有效治理的违法行为作为犯罪行为予以对待。但与此同时，刑法为了贯彻谦抑性原则，在增设相关罪名的同时，设置了前置行政程序规范。在“前置于”实体性构成要件认定和刑事责任追究的特性下，前置行政程序相较一般罪名的犯罪构成要件而言，极大限制了刑事处罚的扩张。在罗尔斯看来，这便体现了制度在社会正义分配层面中发挥的积极作用，行政法、刑法等规范制度作为一种公共的规范体系，同一行为类型在不同规范体系中可能被允许，也可能被禁止，并根据违法性质作出必要的保护和惩罚。② 制度分配正义的惩罚和保护措施在前

---

① 参见孙远：《论程序规则的出罪功能及其限度——以程序违法的实体减轻效果为中心》，载《政治与法律》2020 年第 2 期。

② 参见［美］约翰·罗尔斯：《正义论》，何怀宏、何包钢、廖申白译，中国社会科学出版社 2009 年版，第 42 页。

置行政程序规范中体现得尤为明显。

例如，立法者在起草《刑法修正案（九）》的拒不履行信息网络安全管理义务罪之时，考虑网络安全保护需要从行政违法的被动规制转向网络违法犯罪的积极主动预防之局面。对于造成严重后果的，不能仅追究行政责任，还应当追究刑事责任。但同时又考虑技术中立原则的要求，需要克制技术监管为网络平台服务免责。因此，平台技术的管理责任反映的是一种回应模式，而非管制模式。① 所以，立法者在不作为网络平台管理义务犯罪的实体性构成要件认定之前，特别增加了“责令采取改正措施”的前置行政程序规范。因此，罪名包含的程序规范的立法本意，正是考虑了危害行为类型的“刑行交叉”的特殊性，其需要体现不同法律规制手段的层次性，尽可能让危害行为在动态的行政执法过程中得到行政规制。

再以曾经备受关注的“范冰冰阴阳合同案”为例，相对经纪人牟某指使公司员工隐匿、故意销毁涉案公司会计凭证、会计账簿的犯罪行为而言，税务部门仅对范冰冰开出巨额罚单的行政处罚，并未对其追究逃税罪的刑事责任，② 这正是因为逃税罪的“税务机关追缴通知”的前置行政程序规范存在，以规范体现的限制刑罚扩张的实际效果，将逃税行为危害尽可能地化解在行政纠纷之中。但由于其经纪人牟某指示员工隐匿、故意销毁涉案凭证、账簿的行为，本就不属于行政机关需要先行程序处置的行政违法行为。因此，就经纪人牟某的行为而言，一般只要符合实体性构成要件，司法机关就可直接追究行为人的《刑法》第 162 条之一规定的隐匿、故意销毁会计凭证、会计账簿、财务会计报告罪的刑事责任。

---

① 参见郑玉双：《破解技术中立难题——法律与科技之关系的法理学再思》，载《华东政法大学学报》2018 年第 1 期。

② 参见史兆琨：《范冰冰案的处罚体现了“罪刑法定”和“税收法定”》，载《检察日报》，2018 年 10 月 8 日，第 4 版。

（二）前置行政程序规范适用条件的严苛性排除形式化的程序过程

前置行政程序规范作为刑法规范的一种新类型，如果在并未明确其限制刑事处罚扩张，以及规范认定依据的刑法独立性判断功能的情况下，一旦前置行政程序规范被视为构成要件，则理论界和实务界较易直接移植行政程序规范的"客观程序性事实说"的经历性、过程性、发展性特征，将其视为观点论证和裁判说理的唯一依据。在此种情况下，前置行政程序规范便不具有与实体性构成要件与众不同的规范功能。相反，如果刑法规范单纯依靠行政程序事项内容的经历性、过程性、发展性特征，那么，相关行政程序执行主体实施的形式化过程，亦可被简单视为是对前置行政程序规范的符合。这反而导致前置行政程序无法与实体性构成要件的司法认定标准相媲美。因为，毕竟在大多数罪名中，即使立法规定的实体性构成要件较概括或抽象，但一般而言，司法解释都会制定更详细的认定规则。如此一来，仅凭行政程序事项内容的经历性、过程性、发展性特征，刑法不再进一步具体严格规定操作规则，则还不如直接肯定前置行政程序规范的行政从属性，这样至少有行政法规范作进一步限制。

因此，在形式化的行政程序性事项内容之下，为凸显前置行政程序规范的独特性功能，排除形式化行政程序过程的消极性，立法者和司法者会在程序性规范内容的次数、经历时间、主观认知、实施对象等条件上，设定严格的具体认定标准，以明确前置行政程序规范的具体内容，发挥限制刑事处罚扩张的实质化功能。第一，刑事立法方面的明确限制。例如，走私普通货物、物品罪中的1年2次的行政处罚程序以及扰乱国家机关工作秩序罪中的多次行政处罚程序。① 第二，刑事司法方面的明

---

① 对于《刑法修正案（九）》增设的第290条第3款扰乱国家机关工作秩序罪，目前虽无司法解释对其进行明确限定，但按照刑法理论的通说观点，一般"多次"是指"一年内2次以上"或"两年内3次"。参见陈伟、熊波：《"多次索贿"犯罪情节的认知及其规范化适用——基于〈关于办理贪污贿赂刑事案件适用法律若干问题的解释〉第1条的立法检视》，载《法律适用》，2017年第13期。

确限制。例如，《信息网络刑事案件解释》第 2 条第 2 款规定的，明确且合理的程序期限以及程序配合的可能性等因素的考察。上述前置行政程序规范的诸多限制，均是为了防止司法实务界对行政程序性事项内容的经历性、过程性、发展性作形式化理解。

三、激励效果：及时促成法益恢复

按照一般的实体性构成要件对犯罪成立的认定方法，一旦行为、结果等要件实现，就表明犯罪既遂的成立，行为人应当被追究刑事责任。而既遂后的返还财物、积极赔偿损失等法益实现的内容，仅是一种法定或酌定的量刑情节因素，而并非法定的出罪事由。例如，最高人民法院第 615 号指导性案例“郝某东盗窃案”，陕西省府谷县人民法院认为，行为人符合“非法占有目的 + 秘密窃取采取行为 + 数额特别巨大”3 类构成要件，即构成盗窃罪。至于赃款仅隔数小时即被追回的情节仅是酌定从宽的情节，行为人仍构成犯罪，但刑罚经重审后由有期徒刑 5 年改为免于刑事处罚。①

有学者认为，对于可恢复性的财产法益，行为人积极悔过、返还财物的行为就已经表明社会危害性消失和受损法益的恢复。因此，该论者认为，在报应主义和功利主义的刑罚双重惩罚根据下，损害法益的可逆性路径以及恢复性制裁具有刑法从宽事由的正当性根据，此时，“法益恢复”现象可以作为轻刑化和出罪化的评判基础。② 笔者认为，在由实体性构成要件组合而成的罪名中，实行行为着手时已经产生了现实结果，那么犯罪就已经成立。因此，在最高人民法院第 615 号指导性案例“郝某东盗窃案”中，行为完成即构成犯罪后的积极退赃行为，并不足以否

---

① 参见最高人民法院刑事审判第一、二、三、四、五庭主办：《中国刑事审判指导案例》（第 4 卷 · 侵犯财产罪）（第 3 版），法律出版社 2017 年版，第 305～306 页。

② 参见庄绪龙：《“法益可恢复性犯罪”概念之提倡》，载《中外法学》2017 年第 4 期。

定行为时的社会危害性，因而只能作为《刑法》第37条定罪免刑的情形。因此，“法益可恢复性犯罪”普遍作为出罪化事由的理论根基并不稳固。在罪名污名化的情感中，虽然行为人被免予刑罚处罚，但是其仍属于犯罪，具有前科记录。在该种情况下，单纯提倡“法益可恢复性犯罪”的概念，并不足以激发行为人产生及时恢复法益的强烈动力。

相较刑法的实体性规范而言，前置行政程序规范的优点在于最大化、最优化提升刑法治理工具的效率。在前置行政程序规范中，“前置性”指代前置于实行行为等构成要件认定和追究刑事责任，此时，纵使行为人已经实施了一般刑法意义上的法益侵害行为，但由于特殊程序性规范类型的存在，此时着手行为并非相应罪名的犯罪行为要件。在此种情况下，如果行为人积极作为那么其就不构成犯罪。因而，行为人较一般犯罪更容易、更愿意积极配合程序执行主体，及时促成法益的恢复。况且，前置行政程序规范的适用次数、经历时间、适用对象等条件认定较为严苛，这也为行为人及时促成法益恢复提供了广阔的实施空间。

那么，在含有前置行政程序规范的罪名中，为何行为人的程序配合和协助会与纯粹的实体性犯罪构成要件组合的罪名产生如此大的差异？对此，国外学者道格拉斯·胡萨克借助莱斯利·格林具有影响力的阐述提出了一个假想，其认为如果当人们的行为仅触犯法定犯而并非自然犯时，“每个人都必须在仅有的可供选择的行动方案之间进行选择，每个直接的结果同时取决于各自的选择和其他人的选择”。那么，我们就完全可以借助刑罚的威胁方式，来帮助人们遵守协作方案。① 换言之，在法定犯中，当存在行为人必须选择的多个可供选择的行动方案时，行为人对方案的选择与不选择，将在很大程度上决定是否科处刑罚。此时，刑罚并不旨在加强惩罚或报应功能，而仅是要发挥威慑力，甚至是要帮

① 参见［美］道格拉斯·胡萨克：《过罪化及刑法的限制》，姜敏译，中国法制出版社2015年版，第176～178页。

助行为人遵守行动方案。这在含有前置行政程序规范的罪名中是一样的，如果行为人能够明确知道配合程序规范事实内容将对自己有利，那么，只要行为人选择积极配合行政程序规范，及时促成法益恢复，刑罚的威慑力就已经得以实现，也就无须再追究行为人的刑事责任。

那么，为何在不含有前置行政程序规范的自然犯或者部分法定犯中，立法者就不能通过设置行为人对前置行政程序配合的选择方案来实现法益的恢复？换言之，立法者能否通过前置行政程序规范的普遍化设置来督促或激励行为人及时恢复受损法益？对此，美国刑法学家道格拉斯·胡萨克认为，刑事制裁的违法行为类型必须具体化，只有当犯罪所引起的损失是无法弥补的，并且通过弥补或者赔偿修复损失是非常不合理的，那么此时，刑事惩戒便是正当且合理的。① 由此可见，前置行政程序规范发挥激励功能必须权衡刑法的经济效益。如果在自然犯或者部分法定犯中普遍设置前置行政程序规范，换来的是不特定公民普遍对法秩序的尝试性破坏，那么纵使是恢复后的法益，这种侵害结果的发生也是不确定的。再结合前述前置行政程序规范对应的罪名表，可以发现，规范类型普遍涉及的也仅是经济犯罪以及扰乱社会管理秩序犯罪，而在法益补救方面，该类犯罪有 3 点共性：第一，这些犯罪的法益侵害恢复较容易；第二，法益恢复所带来的刑法效益远大于刑罚的惩戒效益；第三，这些犯罪行为不容易被公民普遍模仿。

因而，在经济犯罪以及部分扰乱社会管理秩序犯罪中，当侵害法益的行为已经完成，但在行为完成后，刑法能够通过某种激励措施，如前置行政程序规范的适用或刑罚缓冲，引导行为人积极进行等价归还或者多倍赔偿行为时，该法益能够得到恢复，那么刑事惩罚便是不必要的。这就表明，前置行政程序规范的立法设置在某种程度上是刑法效率最优

---

① 参见［美］道格拉斯·胡萨克：《过罪化及刑法的限制》，姜敏译，中国法制出版社 2015 年版，第 288 页。

化的体现。因为，违法行为仅在民事侵权法或者行政法的评价中效果并不是特别明显时，通过立法设置前置行政程序规范的入罪条件，才既有必要，能够维护各类法规范秩序；又恰到好处，使重大法益侵害得以最大化恢复。此外，还可减少公民犯罪化的对立面。

四、附随效果：强化主观证明效果

犯罪主观作为一种犯罪构成要件，可以被理解为“主观恶性”，具体应当包括故意、过失的主观罪过或者表征再犯可能性的人身危险性要素。其中，犯罪主观作为犯罪构成要件的重要组成部分，属于一种纯粹抽象的心理状态、因素，这不同于具体可识别的行为、结果等要件的外在客观形态。① 基于此，在具体司法实践中，犯罪主观要件的证明难度往往强于犯罪客观要件，甚至有时候，犯罪主观要件的证明需要犯罪客观要件的辅佐。例如，“明知”的刑事推定。因此，有学者认为，犯罪主观罪过的认定是理论界和实务界最令人困惑的问题。② 甚至可以说，“几百年来，刑法中没有任何一个问题比确定犯意或心理因素更令人困惑。”③ 由此可见，有时候想要证明主观要件并非如同证明客观要件那么简单。但是，这并不意味着主观要素难以被证明或者在证明过程中存留疑惑之时，不可同“明知”要素的证明一样，援引客观方面的规范要素来强化主观要件的证明效果。诸如，前置行政程序规范便可以产生强化主观证明的效果。

在前置行政程序规范的设置中，虽然程序性规范事实是行政执法主体单方面发布的行政程序，但是该程序性事实的成立不同于行政行为的成立，后者并不需要行政相对人的行为配合即可成立。但是，前置行政

---

① 参见梅传强主编：《犯罪心理学》，法律出版社 2017 年版，第 113 页。

② 参见王彪：《犯罪主观要件证明问题研究》，法律出版社 2016 年版，第 4 页。

③ See Joel Samaha, *Criminal Law*, Wadsworth Cengage Learning, 2011, p. 106.

程序规范则不同。一般而言，刑法在设置此类规范时，通常表述的是“经行政机关责令改正而行为人拒不改正的”或者是“行为人未经行政许可程序的”。由此可见，程序性规范事实虽然是由行政主体单方面实施的，但在刑法中，对于行政主体实施的程序性事实过程，如果行为人无法配合或者限制行为人配合，那么这种前置行政程序根本不可能有效。换言之，这种前置行政程序是一种行为人的配合程序。如果行为人在完全知悉程序性事项及其后果后能够配合行政程序，但是却拒不配合，那么，便可以借助前置行政程序规范，强化主观要素的证明效果。尤其在法定犯违法性认识错误的情况下，借助前置行政程序规范可以完美回避法定犯违法性认识证明难的问题。

例如，《刑法》第351条非法种植毒品原植物罪的“经公安机关处理后又种植”以及“抗拒铲除的”程序就可以发挥这种作用。不可否认，现实中确实存在行为人因一直居住在偏远乡村或山区，当地毒品普法宣传又较落后，导致行为人无法辨别种植的植物属于毒品原植物的情况。例如，在“邹某芝非法种植毒品原植物案”中，被告人邹某芝在自家菜地种植罂粟。但是，在被民警查处前，行为人根本就不明知其种植的植物幼苗是罂粟，种植目的也仅仅是将之作为菜苗食用，并没有积极地追求将幼苗制造成毒品的目的。但是，法院却因被告人供述其获得罂粟种子的方式及种植过程，便确认邹某芝从主观方面知道其种植的所谓“菜苗”系罂粟的种属，进而判断行为人具有非法种植毒品原植物的主观故意，进而认定邹某芝构成犯罪。① 笔者认为，结合邹某芝本身的知识和地域背景，法院并不能仅因行为人知道植物种子的获取方式或者种植过程，便确认行为人知道植物种子是罂粟以及种植罂粟的现实危害，两者并不存在合理的逻辑推理关系。如果在该案中，邹某芝首次种植罂粟等毒品原植物后，就被公安机关查处过，或者在明确被告知罂粟植物

---

① 参见河南省淅川县人民法院刑事判决书，(2017) 豫1326刑初652号。

的危害并被要求铲除后，行为人仍然继续种植罂粟或者抗拒铲除，那么行为人的主观故意才是毫无疑问的。因此，在此类主观罪过要素模糊的案件处理中，前置行政程序规范的适用将能够解决这种主观证明难的问题。

此外，多次违反前置行政程序也能够强化主观恶性的严重程度。当下，虽然表征主观恶性大的人身危险性因素作为刑法入罪的基本原因之一饱受学界批判。① 但是，不可否认，在部分罪名的“刑行衔接”过程中，前置行政程序规范作为入罪标准，很好地缓解了行政处罚疲软且“久治不愈”的一般行政违法性评价的问题。例如，《刑法》第153条的走私普通货物、物品罪，在立法未设置“一年二次行政处罚”程序规范之前，实践中行为人巧妙地利用了应缴税额5万元的入罪标准，通过“蚂蚁搬家”式的走私行为（多次小额走私）规避刑事处罚。而因为每次的行政处罚不足以遏制该种现象，通常行为人是屡罚屡犯。② 据此，一方面，立法者通过加入前置行政处罚程序规范表征行为人的主观恶性较大，以此杜绝多次小额走私的现象；另一方面，只要行为人积极配合行政程序补交税款，那么在走私普通货物、物品罪等此类经济犯罪中，就足以表明行为人的刑罚预防性或者再犯可能性的降低，③ 而在人身危险性作为基本入罪标准的罪名中，前置行政程序规范强化的人身危险性较低也同样可以是一种出罪事由。

五、区分效果：排除法条竞合关系

前置行政程序规范的区分效果，主要是指在含有前置行政程序规范

---

① 参见石聚航：《司法解释中的出罪事由及其改进逻辑》，载《环球法律评论》2020年第3期。

② 参见郎胜主编：《中华人民共和国刑法释义》，法律出版社2015年版，第208页。

③ 参见周光权：《转型时期刑法立法的思路与方法》，载《中国社会科学》2016年第3期。

罪名与纯粹的刑法实体性规范的罪名之间的法条竞合关系判断上，前者能够阻断法条竞合关系的判断，但后者的犯罪构成要件在法条竞合关系中，彼此之间的差别也只能是包含与被包含的规范内容的差异，这种差异仍无法阻断法条竞合关系。在纯粹实体性犯罪构成要件的罪名适用过程中，一般而言，如果同时存在两个刑法规范，并且两个刑法规范表面上均能够适用于一个犯罪构成事实，但由于该犯罪行为仅侵害了一个犯罪的保护法益，此时，该犯罪构成事实最终只需要对应其中一个法条，而排除另一法条的适用，这便是法条（规）竞合的现象。① 基于刑法规范的法条竞合关系，有论者认为："本罪（强令、组织他人违章冒险作业罪）的责任形式为过失。行为不符合本罪的犯罪构成，但符合重大责任事故罪的犯罪构成的，应认定为重大责任事故罪。"② 正是由于普通法条与特别法条的关系，才导致了法条竞合现象的存在。③

但笔者认为，在前置行政程序规范的新类型下，通常存在于刑法的实体性规范中的法条竞合关系，并不能适用于前者。《刑法修正案（十一）》第4条在重大责任事故罪和强令、组织他人违章冒险作业罪的罪状基础上单独增设《刑法》第134条之一危险作业罪的行政责令、危险排除和行政许可程序。虽然，重大责任事故罪"其他严重后果"的情形包括了《刑法修正案（十一）》第4条增设的"现实危险"。但是，我们不能如同通说观点那样，认为如果行为人不符合强令违章冒险作业罪，那么就可以构成重大责任事故罪。因为在《刑法修正案（十一）》之前，强令违章冒险作业罪和重大责任事故罪属于法条竞合关系，这是因为两

① 参见张明楷：《刑法学》，法律出版社2016年版，第463页。

② 张明楷：《刑法学》，法律出版社2016年版，第730页。

③ 参见张明楷：《诈骗罪与金融诈骗罪研究》，清华大学出版社2006年版，第317页。同样，对于拒不支付劳动报酬罪和侵占罪，也有学者认为两者是法条竞合关系。参见李梁：《拒不支付劳动报酬罪的行政附属性规定研究》，载《政法论坛》2017年第5期。

者的罪状设置均是实体性规范，并不包括前置行政程序规范。而在《刑法修正案（十一）》加入危险作业罪的前置行政程序规范后，该规范就在罪名中具有“司法认定依据无须依附、限制刑事处罚扩张、及时促成法益的恢复”等实践效果，如果我们忽视此类前置行政程序规范，将前置行政程序规范与纯粹的实体性规范混为一谈，直接套用法条竞合关系，那么上述实践效果便被束之高阁。但是，这显然是违背立法本意的。

所以，在同时含有前置行政程序规范和实体性规范组合而成的罪名与纯粹由实体性规范组合而成的罪名中，因为两种规范类型的内容性质存在本质上的差异，两者属于排斥关系，并不具有包容关系。因此，两种罪名并非如同主流观点和实务界所认为的那样，属于法条竞合关系。依照法条竞合关系的规范内容呈现，我国台湾地区学者柯耀程将法条竞合的关系称为“规范对象同一性关系”，要求“必须确认所规范的整体犯罪事实，系完全合于二法律规定的规范适用范围时，方得以成立”。“二规范间之适用对象同一性，乃于重叠部分之具体事实”①，“重叠”表明了法条竞合关系是一种包容（包含）与被包容关系。② 由此观之，法条竞合的关系判断不同于构成要件的类型判断，前者仅是依据具体事实内容的重合性、包容性的角度来进行的。但前置行政程序规范由程序性事实（A）构成，纯粹刑法实体性规范由实体性事实（B）构成，两者本质上就属于性质不同的事实，存在对立关系，即从规范的假定部分来看，非A则B，非B则A。也就是说，包含有前置行政程序规范的罪名，不可能与仅含有纯粹刑法实体性规范的罪名构成法条竞合关系。综上，前置行政程序规范具有法条竞合关系的排除作用。

---

① 柯耀程：《刑法竞合论》，中国人民大学出版社2008年版，第163页。

② 参见张明楷：《刑法学》，法律出版社2016年版，第464页。

虽然，也有学者提出法条竞合的主要目的在于：第一，肯定特殊法条优于普通法条；第二，重法优于轻法，体现规范与案情的自洽或者罪责刑相适应原则。① 但是，该论点忽视了一个很重要的目的，就是刑法之所以将罪名的法条竞合关系视为一种基础理论，更多的原因在于认定两种罪名属于法条竞合关系能够解决特殊法条内容在定罪方面不周全的问题（简称法条竞合的“第三种功效”）。亦即，法条竞合能够解决一个法条能否充分评价特定危害行为性质的问题。② 因此，前述学者对法条竞合的规范与案情的自洽或者罪责刑相适应原则两种功效的理解并不充分。法条竞合的“第三种功效”，还为司法者重新适用普通法条提供了处罚依据，化解出于特殊法条的实体上或者诉讼程序上的原因导致某行为不被处罚的问题。③ 但是，在前置行政程序规范的相关罪名中，如果因不存在前置行政程序过程导致严重侵害法益行为的刑事处罚空缺，而按照法条竞合关系适用一般法条，就完全忽视了违反前置行政程序规范的行为本身就属于一种犯罪事实，是一种独立的刑法规范类型。因为，“立法者通过制定合目的性的规范规制社会生活”④。其中，前置行政程序规范的合目的性之一在于限制刑事处罚范围的扩张。因此，直接套用法条竞合的“第三种功效”容易导致处罚范围的扩张，最终刑法处理的结果亦违背了罪刑法定基本原则。

综上所述，我们深度研究前置行政程序规范是极有必要的。尤其是在法定犯时代刑法不断前置扩张的社会治理背景下，在原有审慎入罪的基础上，前置行政程序规范为原先一般行政违法行为的入罪提供了更高

---

① 这也是通说观点，参见陈洪兵：《中国式的刑法竞合问题研究》，中国政法大学出版社 2016 年版，第 64 ~ 65 页；高铭暄、马克昌主编：《刑法学》，北京大学出版社、高等教育出版社 2016 年版，第 188 页。

② 参见张明楷：《外国刑法纲要》，法律出版社 2020 年版，第 314 页。

③ 参见张明楷：《刑法学》，法律出版社 2016 年版，第 470 页。

④ ［德］卡尔·拉伦茨：《法学方法论》，陈爱娥译，商务印书馆 2003 年版，“代译序”第 7 页。

的规范要求。而认清前置行政程序规范具备的与实体性规范不同的特殊功效，能够为刑事立法者科学合理设置前置行政程序规范，为刑事司法者确立限制刑罚处罚扩张和保护刑法法益的规范适用规则，奠定良好的规范指引基础。

第二章

刑法中前置行政程序规范存在的具体问题分析

前置行政程序规范作为一项新类型规范，自从1997年《刑法》将其纳入刑法规范之后，便一直被学界和实务界视为不作为行为等刑法实体性规范的一部分，或者直接被等同德国、日本刑法理论的客观处罚条件或改造为客观超过要素予以探讨。因而，我们需要探讨前置行政程序规范存在的具体问题，如此，我们才可进一步纠正学界的不当认识和实务界的偏差做法。当前，前置行政程序规范在体系定位、立法模式以及司法适用三个层面存在问题。

第一节　前置行政程序规范的体系定位偏移的立体考察

前置行政程序规范的体系定位，是指规范在刑法或是在犯罪论体系中担任的角色判断。《刑法》第3条规定的罪刑法定原则作为刑事司法的“帝王条款”，表明前置行政程序规范在刑法规范体系的定性精准与否，将影响司法者判定待决案件事实的全面性以及定罪量刑的精准性。

规范的体系地位或者性质界定作为法教义学的基础性问题，如果发生偏离，将严重影响裁决的实质公正实现。在德国学者魏德士看来，一个完整的法律规范的基本结构本身就包含了规范表达的价值评判。① 而正是因为规范结构允许多元价值评判的存在，前置行政程序规范的体系定位才会出现“主观证明要素说”“附属性规定说”“客观处罚条件说”“双重标记要素说”“诉讼预备程序说”等多元规范体系定位的认定结论。虽然，上述观点有一定的理论或现实依据作为支撑，但这并不意味着上述规范体系定位的学说在实践运用过程中能够发挥出前置行政程序规范最大化、最优化功能。反而，学说研究的体系定位会在某种程度上影响司法者对案件的认识和处理，削弱新类型规范独立的司法实践价值。

一、“主观证明要素说”否认规范对犯罪成立的决定性影响

（一）“主观证明要素说”的基本构造

“主观证明要素说”的基本主张是前置行政程序规范在犯罪论体系中担任主观方面要件的证明要素。换言之，在该观点看来，前置行政程序规范本身就是主观犯罪构成要件的一部分，无法单独给其划定具体的体系定位。笔者经过认真梳理后发现，其实，对前置行政程序规范持有“主观证明要素说”观点的学者并不在少数，该结论在理论界和实务界均可寻其踪迹。诸如，有学者结合拒不履行信息网络安全管理义务罪的“责令改正”程序规范认为：“‘监管部门责令采取改正措施而拒不改正’的前提条件，不仅增加了网络服务提供者不履行信息网络安全管理义务行为的危险性，同时也印证了网络服务提供者对于实际可能产生的危害

① 参见［德］伯恩·魏德士：《法理学》，丁晓春、吴越译，法律出版社2013年版，第59页。

结果在主观上具有故意。"① 对此，也有学者认为，经过行政责令改正的前置程序条件后，拒不履行信息网络安全管理义务罪在主观心理结构上就已经排除了不改正的行为人具有主观过失的空间。

甚至，"主观证明要素说"还渗透到其他对前置程序规范的体系定位的理解当中。诸如，该观点在类似前置行政程序的前置民事程序规范中也同样具有重要影响力。以《刑法》第196条信用卡诈骗罪第2款的"经发卡银行催收"的民事程序为例，有学者认为，发卡银行的"催收程序"是"非法占有目的"主观要件的证明要素，通常而言，"非法占有目的"在实务中存在证明难的问题，而催收程序就是一种可靠的、确定无疑的证据。因而，即使不经过发卡银行的民事催收程序，行为人恶意透支的客观事实也还是存在的，可以据此认定持卡人构成信用卡诈骗罪。② 甚至，有学者借以非法占有目的的主观证明，直接否定程序性规范对入罪的决定性作用。③ 无独有偶，"主观证明要素说"在前置民事程序规范的司法实务中也同样存在。诸如，在"郭某冕信用卡诈骗案"中，上海市第一中级人民法院直接在二审刑事裁定书中提出："恶意透支型信用卡诈骗罪中非法占有的主观故意，是根据行为人的客观行为反映出来的，即恶意透支后经发卡银行两次有效催收后超过三个月仍未还

---

① 童德华、马嘉阳：《拒不履行信息网络安全管理义务罪之"义务"的合理性论证及类型化分析》，载《法律适用》2020年第21期；同种观点，参见谢望原：《论拒不履行信息网络安全管理义务罪》，载《中国法学》2017年第2期；李本灿：《拒不履行信息网络安全管理义务罪的两面性解读》，载《法学论坛》2017年第3期；赵震：《行政处罚作为逃税案刑事司法的前置程序问题研究》，载《中国检察官》2011年第20期；李晓明：《论对我国刑法"偷税罪"罪名的改造及规范》，载《政治与法律》2009年第3期。

② 参见曲新久：《认定信用卡诈骗罪若干问题研究》，载姜伟主编：《刑事司法指南》第19集，法律出版社2004年版，第19~20页。

③ 参见赵秉志：《金融诈骗罪新论》，人民法院出版社2001年版，第465页。

款的，应当认定其主观上具有非法占有的故意。”①

“主观证明要素说”不仅在前置民事程序规范的司法实务中存在，其在前置行政程序规范的具体司法案例中亦有所体现。诸如，在“赵某逃税案”中，法院针对辩护人提出的赵某主观上不存在犯罪故意的意见认为：“银川虹岳公司违反国家税收法规，采取隐瞒手段不申报纳税或少申报纳税，在税务机关作出税务处理决定、行政处罚后，仍不补缴税款，不接受行政处罚，致使国家税收受影响。银川虹岳公司在认识因素和意志因素两方面符合直接故意的内容。以上证据同时可以证实，被告人赵某对银川虹岳公司存在逃税行为也是明知的。故对该辩护意见不予采纳。”② 在法院看来，同样，逃税罪的前置行政处罚程序也是为了证明行为人的犯罪主观要件而存在的。

除上述持有“主观证明要素说”的学者和实务者认为的前置行政程序规范的体系定位在于作为犯罪故意的主观罪过证明要素之外，还有部分观点认为，前置行政程序规范的体系定位在于作为人身危险性等主观恶性的要素证明。一般而言，按照通说观点，“犯罪主观方面，是指犯罪主体对自己的行为及其危害社会的结果所抱的心理态度”。③ 所以，主观证明要素的证明对象是宽泛的行为人的心理态度或者心理活动。但是，通说观点在具体论述时，仅将故意、过失、犯罪目的或动机等几类主观要素纳入犯罪主观方面。其中，故意和过失是必备主观要件，犯罪目的是选择性主观要件，犯罪动机是量刑要素。④ 但是，按照行为人“心理活动或心理态度”的犯罪主观方面的本质，反映再犯可能性的人身危险

① 上海市第一中级人民法院刑事裁定书，(2016) 沪01刑终2281号。类似判决还可参见云南省石林彝族自治县人民法院刑事判决书，(2016) 云0126刑初279号。

② 宁夏回族自治区贺兰县人民法院刑事判决书，(2019) 宁0122刑初68号。

③ 高铭暄、马克昌主编：《刑法学》，北京大学出版社、高等教育出版社2016年版，第104页。

④ 参见高铭暄、马克昌主编：《刑法学》，北京大学出版社、高等教育出版社2016年版，第104页。

性为何不是犯罪主观方面的具体要素？其实，当前学界和实务界采用的罪过、主观恶性、犯罪人格与人身危险性等几组概念，“都带有一定的抽象性，都牵涉行为人的主观心理层面”。① 其中，主观恶性是行为人犯罪前、中、后所表现出来的思想品质，能够反映行为人应受道义非难的程度。其中，“主观恶性”是一个笼统的概念，具体包括罪过、犯罪目的、动机、人身危险性等诸多要素。② 因此，犯罪主观方面之所以能够被作为犯罪构成要件或者量刑因素，归根结底，主要原因在于主观方面的恶性，亦即“主观恶性”的程度。因此，认为人身危险性应当也是前置行政程序规范的立法定位，同样也是“主观证明要素说”的观点体现。

持有人身危险性体系定位的观点的学者认为，前置行政程序规范并非对法益侵害程度的直接描述，而是一种人身危险性的描述。按照该学者的观点，人身危险性不能作为入罪标准予以考量，因而，前置行政程序规范应当被认定为量刑因素。③ 同样，持有该观点的学者认为，多次的行政处罚程序也是体现行为人主观恶性大、人身危险性大的规范要素。④ 甚至，在部分前置行政程序规范的立法背景中，体现主观恶性大、人身危险性大就是该规范的立法初衷。

诸如，在《刑法》第153条走私普通货物、物品罪中，“一年内二次行政处罚程序”的立法目的就在于严厉惩治和预防“蚂蚁搬家式”走私行为的主观不法性。⑤ 同样，在《刑法》第276条之一拒不支付劳动

① 陈伟：《人身危险性研究》，法律出版社2010年版，第27页。

② 参见陈伟：《人身危险性研究》，法律出版社2010年版，第28页。

③ 参见李梁：《拒不支付劳动报酬罪的行政附属性规定研究》，载《政法论坛》2017年第5期。

④ 参见胡剑锋：《“行政处罚后又实施”入罪的反思及限缩》，载《政治与法律》2014年第8期。

⑤ 参见胡剑锋：《“行政处罚后又实施”入罪的反思及限缩》，载《政治与法律》2014年第8期；郎胜主编：《中华人民共和国刑法释义》，法律出版社2015年版，第208页。

报酬罪的“责令支付”前置程序中，一般的民事拒不支付劳动报酬行为之所以能够被刑法予以规制，原因就在于责令支付后行为人拒不支付体现了行为人的主观恶性，这种主观恶性达到了受刑罚制裁的程度。①

（二）“主观证明要素说”的理性反思

按照“主观证明要素说”的体系定位，在主观罪过方面，前置行政程序规范的立法设置在客观上确实起到解决司法实务中主观证明难问题的效果。在人身危险性的主观恶性方面，该规范的立法设置也可以防止屡罚屡犯以及行为人消极配合行政执法机关而造成法益侵害等现象的发生。但是，“主观证明要素说”是否足以成为前置行政程序规范的体系定位？笔者并不如此认为。具体而言：

其一，“主观证明要素说”容易将前置行政程序规范束之高阁。按照“主观证明要素说”中主观罪过要件证明的具体观点，只要行为人的“非法占有目的”等主观罪过要素的证明难问题被司法实务排除，那么，前置行政程序规范的适用和认定便不具有任何价值，刑事司法者可以不将其作为案件事实予以对待。这显然不是立法者单独设置前置行政程序规范的立法初衷。如果按照“主观证明要素说”的观点，立法者完全可以不用设置前置行政程序规范，直接由司法者在司法解释中明确前置行政程序规范作为“非法占有目的”等主观罪过要素的具体认定情形即可。诸如，基于“恶意透支”的“非法占有目的”证明难的实践问题，《信用卡刑事案件解释》第6条第3款就利用5种具体例示来展现“非法占有目的”的认定情形，并且，催收前置程序并不属于其中情形之一。

诸如，在“王某胜逃税案”中，法院直接认为，被告人对公诉机关指控其逃税罪中涉及商铺收入计算的税额396,630.02元，因税务机关未

---

① 参见李姗：《拒不支付劳动报酬罪的适用与完善路径》，载《江西社会科学》2015年第6期。

下达追缴通知，应予以扣除的辩解，经查，被告单位海南众信房地产开发有限公司自2011年9月开始就未向税务机关进行纳税申报及缴纳相关税费，且隐匿、擅自销毁账簿、记账凭证，被告人王某胜作为该公司直接负责的主管人员，不仅将商铺“一铺二卖”，还因经营不善欠债而关门跑路，隐匿、销毁账簿、记账凭证，主观上存在逃税的故意，客观上也实施了逃税行为，对此种逃税行为无须经税务机关下达追缴通知。因此被告人对上述商铺税额应扣除的辩解与事实不符，不予采纳。辩护人提出的辩护意见据理不足，不予采纳。① 由此可见，在法院看来，在逃税罪的主观故意已经被证明的前提下，“下达追缴通知”和行政处罚程序均不属于行为人构成逃税罪必经的前置程序。但这显然不符合刑法规定。

其二，“主观证明要素说”容易将程序本身的瑕疵也作为行为人主观故意的事实内容。在“赵某逃税案”中，法院以行为人不接受行政处罚为由直接认定行为人的主观故意存在逻辑问题。一般而言，在纯粹的实体性构成要件的相关罪名中，对行为人负有危险排除义务的不作为行为，可以直接以行为人对拒不排除危险的状态为由认定行为人具有故意或过失的主观罪过，这是因为行为人不作为的对象是危险状态和结果的否定性事实。但在前置行政程序规范中，行为人不作为的对象是拒不配合的前置行政程序。拒不配合前置行政程序并非行为、结果等违法性事实，而是一种中立性的事实，行为人拒不配合行政程序性事实，完全有可能是因为存在程序瑕疵所以拒不配合。如果司法机关未阐述行为人故意不配合行政程序的具体原因，直接就据此断定行为人的主观罪过，显然存在推理的逻辑问题。

其三，“主观证明要素说”混淆前置行政程序规范体系定位和功能特征的关系。在第一章第五节的功能剖析中，笔者具体论述了前置行政

① 参见海南省第一中级人民法院刑事裁定书，(2017) 琼96刑终63号。

程序规范的强化主观证明效果的附随功能。但是，规范的功能特征并不直接代表前置行政程序规范的本质或体系定位，即并不解决前置行政程序规范在刑事司法中的具体角色的问题。换言之，不能因为前置行政程序规范具有强化主观证明效果的附随效果，就认为规范属于主观证明要素，两者本身属于概念体系中的两个不同方面。"主观证明要素说"误认为前置行政程序规范本身属于主观证明要素，混淆了前置行政程序规范的体系定位和功能特征两者之间的关系。

二、"附属性规定说"排斥前置行政程序刑法认定的独立性

（一）"附属性规定说"的主要面向

持"附属性规定说"的学者认为，前置行政程序规范附属于行政部门的行政决定，如果不存在行政决定，那么即使行为人实施的行为具有严重的社会危害性，也不构成犯罪。又由于程序性内容的具体界定并非源于刑法规范本身，而是援引自行政命令，因此应当将刑法中的此类行政程序性规范称为"行政附属性规定"。此外，持该观点的学者还据此否定规范的"前置性"概念界定，因为在其看来，单独强化程序性内容规范的"前置性"，容易脱离规范司法适用的依附性效果。①

同样，在实务中，亦存在将前置行政程序规范的具体认定直接附属于前置行政性法规范的现象。诸如，在"何某侬消防责任事故案"中，2013年6月9日，儋州市公安局解放派出所民警符某文及协警郭某波进行消防安全隐患检查后发现，何某侬的出租屋存在没有安装、配置消防栓、灭火器、应急灯，且外墙装有防盗网等消防隐患。符某文便以口头形式要求被告人何某侬进行整改，何某侬事后未予以整改。2013年7月25日3时50分许，儋州市那大镇那恁安置区A42号出租屋一层西南角

① 参见李梁：《拒不支付劳动报酬罪的行政附属性规定研究》，载《政法论坛》2017年第5期。

楼梯间内起火，致使停放楼梯间的电动车、摩托车等物品被引燃，火灾造成姚林某、钟某当场死亡，符某笔被烧成重伤。

在二审中，法院查明原判认定上诉人何某侬所建楼房存在消防隐患，经公安派出所民警提出整改意见后，仍未采取任何改正措施，致使他人用电时引发火灾的事实清楚，有消防检查民警符某文和协警郭某波的证言证实，有证人林某和李某武的证言以及《火灾事故认定书》和民警工作日记簿等证据予以佐证，其本人的多次供述亦能与之相互印证，证据确实充分，遂判定何某侬构成消防责任事故罪。①

在“何某侬消防责任事故案”中可以发现，虽然，公安机关因出租屋存在没有安装、配置消防栓、灭火器、应急灯，且外墙装有防盗网等消防隐患，便以口头形式要求被告人何某侬进行整改，而何某侬事后未予以整改。但是，发生火灾事故的真正原因并非上述安全隐患，从案件事实阐述中可知，是他人用电引发了火灾，并且火势蔓延造成他人死亡是由停放在楼梯间的摩托车、电动车所致。从公安机关的行政责令程序性事项来看，并非行为人不按照责令整改的内容来整改导致了火灾。另外，行政责令程序的形式也仅是口头责令，因而也难以避免行为人无法完全按照口头责令的具体内容进行完全整改的情况出现。对此，辩护人在二审案件中也提出，民警符某文虽然在工作日记簿上记有对其涉案楼房进行过消防检查的内容，但不排除系其事后添加的。因此，本案现有证据不能认定其行为构成消防责任事故罪。②

在前述“孙某消防责任事故案”中，法院更是将《消防监督检查规定》作为责令笔录内容的瑕疵或者形式问题的反驳依据。③ 由此可见，对于前置行政程序规范的具体认定，刑事司法中毫无疑问采取了“附属

① 参见海南省第二中级人民法院刑事裁定书，(2015) 海南二中刑终字第168号。

② 参见海南省第二中级人民法院刑事裁定书，(2015) 海南二中刑终字第168号。

③ 北京市海淀区人民法院刑事判决书，(2013) 海刑初字第2639号。

性规定说”的体系定位。

其实，按照公安部发布的《消防监督检查规定》第33条之规定，公安派出所民警进行日常消防监督检查，发现应当责令改正的情形，需要填写检查记录，记录发现的消防安全违法行为、责令改正的情况。而又按照第19条的规定，行政责令口头和书面形式均可，如果是对违法行为轻微并当场改正完毕，依法可以不予行政处罚，可以口头责令。换言之，在“何某侬消防责任事故案”和“孙某消防责任事故案”中，公安机关不予制作责令文书在前置行政法规范看来，亦是可以的。但是，显然该案中的司法机关认定行为人构成犯罪采取的是“附属性规定说”的观点，前置行政程序可以直接依照前置行政性法规范进行具体认定。正基于此，在公安机关消防执法监督过程中，如果此时公安机关采取的是口头责令的形式，那么很有可能在后续造成严重火灾，导致人身、财产重大损失的后果时，司法机关就无法证明是因为行为人拒不配合前置行政程序规范要求的事项而导致出现刑法中的严重情节。而只能直接依据前置行政性法规范，认定前置行政程序的符合性，从而判定行为人构成犯罪。

（二）“附属性规定说”的有力诘问

值得肯定的是，该论点已经清楚地认识到程序性规范内容的特殊性，其并非如同实体性构成要件是由行为人主导实施的危害行为等要素组成，而是依靠相关行政部门的命令行为形成。但与此同时，较遗憾的是，持该类观点的学者忽视了刑法程序性规范认定依据的独特性，将前置行政程序规范的立法模式与“空白罪状”体现出来的前置行政不法规范的立法模式相混淆。所谓前置行政不法规范的立法模式是指在空白罪状中，行为或结果等实体性构成要件的违法性认定或者具体内容或模式，不在刑法规范中明确提出，而是通过援引其他法律、法规来得以实现。有学者也将其称为“开放性犯罪构成要件”① 抑或“行政犯前置法”。② 但笔者之所以将“违反国家（有关）规定”等规范称为前置行政不法规范，是因为包含有此类规范罪名的犯罪行为，按照“违反……”的一般违法性的规定指引，首先必须要经过前置行政性法规范的行政不法评价，才能进一步为刑法所评价。其中，“违反……”的规定指引，就是对行为、结果等实体性构成要件的违法性评价。

其实，根据前文对前置行政程序规范概念的具体界定，可以发现，前置行政程序规范与前置行政不法规范存在显著的差异。“附属性规定说”观点的得出在于，其并未认识到前置行政程序规范的特殊性，认为此规范的认定同行为违反的前置行政不法规范的认定一样，均是由前置行政性法规范来评价。因此，“附属性规定说”将“前置行政程序”与“前置行政不法”规范的构成内容相混淆。

为了维护法秩序统一性原理，一般而言，违法相对性的判断也只能是在违法统一性基础上进行。③ 因此，前置行政不法表明行为的违法性认定必须首先依附在相关行政、民事部门法规范中。因为，前置行政不法规范中的“不法”指代行为、结果等实体性构成要件内容的不法，而并非与行为人主导实施犯罪过程无直接关联的前置行政程序性规范要素；“前置”指代行为、结果等实体性构成要件的不法性评价，首先必须源于或依附前置行政、民事部门法规范。如果行为不符合前置部门法规范中的行为一般违法性评价，则基于刑法的谦抑性原则，我们就没有必要将此类行为作为犯罪予以处理。但由于前置行政程序规范的内容实施主体并非刑事责任的承担主体——行为人，因此，其中的“前置性”与

---

① 刘艳红：《开放的犯罪构成要件理论研究》，中国政法大学出版社2002年版，第243页。

② 邵维国：《行政犯前置法认识错误问题研究》，载《法商研究》2020年第1期。

③ 参见王昭武：《法秩序统一性视野下违法判断的相对性》，载《中外法学》2015年第1期。

"程序性"均与行为等实体性构成要件的内容无直接性关联。换言之，在前置行政程序规范中，程序性内容并不需要像前置行政不法规范中行为等的实体性规范一样，首先需要援引其他行政性法律、法规对其法律价值的属性进行评定。按照前文援引的"客观程序性事实说"的前置行政程序规范的基本概念，行政程序性规范只需要满足前文所述的"经历性、发展性和过程性"即可。因此，程序性事项内容的认定可以不依附"前置不法"中的行政、民事部门法规范，可由刑法独立认定。

那么，如果前置行政程序规范如同前置行政不法规范一样都采取前置行政性法规范的行政附属性认定方法，是否会对刑事司法的入罪认定产生不利影响？笔者认为，答案是肯定的。否定前置行政程序规范的独立性，将前置行政不法规范和前置行政程序规范混为一谈，完全有可能将前置行政不法规范中纯粹的行政程序效果，如行政效率、行政强力管控性、行政主观要件缺乏性等考量因素带入前置行政程序的刑法认定当中。但是，行政效率、行政强力管控性、行政主观要件缺乏性等因素均与刑法的谦抑性原则、责任主义原则、"刑行衔接"规则相冲突。这和前置行政不法规范采取行政附属性认定方法的最终效果是不一样的。具体而言，前置行政不法规范的附属性，仅是行为类型和概念的选择从属，并不会影响刑法对行为刑事违法性的最终判断，也就是学界中的"量的区分说"或者是一般违法性的从属论，继而实现了法秩序统一性原理。但是，如果在前置行政程序规范中采取"附属性规定说"则不同。一旦行为人符合前置行政程序规范，行为和结果等要素就具备构成要件符合性特征，司法机关能够直接据此判定行为人构成犯罪，而不存在第二道"量的区分"的筛选过程。

因此，如果采取"附属性规定说"，认为前置行政程序规范附属于前置行政性法规范的程序规定，那么，刑法就无法独自认定并发挥刑罚限制性功能，继而，刑法将本来归属于自身的刑事违法性判断机能交由行政法规范。这显然不是法秩序统一性原理所要求的，而是刑事司法懈怠或推脱定罪责任的消极表现。

三、“客观处罚条件说”导致前置行政程序的形式化效果

（一）“客观处罚条件说”的基本内容

持“客观处罚条件说”的学者认为，罪名中的前置行政程序规范属于或者类似于德国刑法中的客观处罚条件。按照德国学界一般观点的理解，属于客观处罚条件的规范要素无法成为构成要件要素。因为，应受刑事处罚的客观条件是指“在不法构成要件之外，刑法的一些条文规定的是可罚性的客观条件（objektive Bedingungen der Strafbarkeit），虽然作为‘构成要件附件’属于可罚性的实体上前提条件，但构成要件故意却无必要对它们延伸”。① 罗克辛教授在此基础上进一步认为，客观处罚条件是一个纯粹“客观的”，与行为人的故意和过失无关的刑事可罚性条件。② 由此可知，一般而言，德国的客观处罚条件，是指作为构成要件不为行为人所认知的刑罚启动的客观前提。正是因为其并非属于构成要件要素，因而才不需要符合责任主义原则。但是，客观处罚条件不单单是限制刑罚的事由，还是证成不法的条件。③ 也正是如此，纵使德国刑法学界首次提出客观处罚条件，客观处罚条件的理论构造也并不被看好。如德国学者金德霍伊泽尔教授就认为：“由于客观处罚条件和罪责原则之间的不协调，使得客观处罚条件变得富有争议。”④

但是，我国部分学者只是基于客观处罚条件能够解释我国刑事立法

---

① ［德］约翰内斯·韦塞尔斯：《德国刑法总论》，李昌珂译，法律出版社 2008 年版，第 88～89 页。

② 参见［德］克劳斯·罗克辛：《德国刑法学总论》（第 1 卷），王世洲译，法律出版社 2005 年版，第 690～691 页。

③ 参见［德］乌尔斯·金德霍伊泽尔：《刑法总论教科书》，蔡桂生译，北京大学出版社 2015 年版，第 53 页。

④ ［德］乌尔斯·金德霍伊泽尔：《刑法总论教科书》，蔡桂生译，北京大学出版社 2015 年版，第 53 页。

规范中一些特殊现象的原因，而并未考虑客观处罚条件这一概念在德国刑法学界的诸多争议，就直接将其引用过来解释前置行政程序规范的体系地位。诸如，周光权教授就认为《刑法修正案（七）》在逃税罪中加入的“补缴通知”和“行政处罚”程序属于客观处罚条件，其具有限缩特定行为犯罪化的范围或实质非犯罪化的功能。① 同样，其还结合拒不支付劳动报酬罪“责令支付”的前置行政程序规范认为，这也是属于客观处罚条件的规定。② 甚至在首次提倡程序性构成要件类型的卢勤忠教授看来，前置行政程序规范也是一种“类似大陆法中的客观处罚条件”，并据此认为：“程序性要素概念，就是指这些与行为人无关、不以行为人意志为转移的有程序特征的要素。”③

张明楷教授虽然考虑客观处罚条件的体系定位有违责任主义原则，并没有直接引进客观处罚条件，而是对其进行改良，提出了“客观超过要素”的概念。该学者提出的“客观超过要素说”的主张为了改变前置行政程序不被行为人所认识的局面，而认为在故意犯罪中客观超过要素虽不是故意的认识和意志内容，但是对于客观超过要素后的法益侵害结果和行为刑事违法性，行为人至少需要具有预见可能性。④ 然而，令笔者疑惑不解的是，“客观超过要素说”提出后，却未被张明楷教授用来解释部分罪名的前置程序规范，反而该论者还借助“客观处罚条件说”论证前置行政程序规范现象。

诸如，该学者就结合恶意透支型信用卡诈骗罪提出，对于“经发卡

① 参见周光权：《转型时期刑法立法的思路与方法》，载《中国社会科学》2016年第3期。

② 参见周光权：《刑法各论》（第3版），中国人民大学出版社2016年版，第150页。

③ 卢勤忠：《程序性构成要件要素概念的提倡》，载《法律科学（西北政法大学学报）》2016年第6期。

④ 参见张明楷：《刑法分则的解释原理》（上），中国人民大学出版社2011年版，第481页。

银行催收后仍不归还"在犯罪论中居于什么样的体系地位这一问题，虽然大多数教科书表面上没有明确回答，但发卡银行催收的前置程序既不是恶意透支型信用卡诈骗罪的构成要件要素，也不是责任要素，而是客观处罚条件。一旦行为人表现出不想归还本息的想法而恶意透支，即可构成信用卡诈骗罪。① 虽然张明楷教授是针对前置民事程序规范提出的"客观处罚条件"的体系定位，但是我们可以推断出 张明楷教授和周光权教授一样，均不反对将客观处罚条件作为前置行政程序规范的体系定位。

同样，"客观处罚条件说"在含有前置行政程序规范的部分罪名司法实务中亦具有一定的裁判依据地位。诸如，在"闵某拒不支付劳动报酬案"中，2017 年 1 月下旬，被告人闵某为逃避支付工资义务而逃匿在外，该厂职工发现其逃匿后向常州市武进区人力资源和社会保障局举报。经常州市武进区人力资源和社会保障局调查后，开具《劳动保障监察调查询问书》，并通过在该厂经营地张贴公告、发送短信的方式告知，责令被告人闵某于 2017 年 1 月 24 日前按照国家规定及时足额支付劳动者的劳动报酬。被告人闵某逃匿在外，未在指定的时间到指定的地点配合解决问题，直到被网上追逃抓获归案，仍未支付劳动者的相关报酬。对此法院认为，行为人构成拒不支付劳动报酬罪。② 但是，从案件事实中可以发现，既然被告人已经逃匿了，难道仅通过在该厂经营地张贴《劳动保障监察调查询问书》、发送短信的方式告知，就足以确保行为人知悉劳动监察部门的"责令支付"的前置行政程序？恐怕我们不能直接得出肯定的答案，因为还存在行为人逃匿后无法接收催收程序信息的客观原因。如果是为了程序简便，只要直接通过短信、公告送达，就视为行为人了解前置行政程序的全过程，这显然是一种推定行为人知悉的证明

---

① 参见张明楷：《恶意透支型信用卡诈骗罪的客观处罚条件——〈刑法〉第 196 条第 2 款的理解与适用》，载《现代法学》2019 年第 2 期；同种观点还可参见周铭川：《论恶意透支型信用卡诈骗罪的本质》，载《东方法学》2013 年第 5 期。

② 江苏省常州市武进区人民法院刑事判决书，(2019) 苏 0412 刑初 292 号。

方法。法院依据被告人闵某逃匿在外，未在指定的时间到指定的地点配合解决问题，仍未支付劳动者的相关报酬的事实，就直接肯定行为人构成犯罪，其实是将前置行政程序规范视为一种客观处罚条件，只要前置行政程序性事实客观经过、现实存在即可。

（二）“客观处罚条件说”的具体评判

通过前文对“客观处罚条件说”基本内容的梳理，可以发现，不同于“主观证明要素说”，“客观处罚条件说”承认前置行政程序规范是独立的犯罪成立的决定性因素。但是，与此同时，其又否认这一犯罪成立条件并不需要符合责任主义或主客观相一致原则。但果真如此，那么前置行政程序规范的司法适用便会流于一种形式化、纯粹的程序化效果。亦即，按照客观处罚条件的纯粹客观性，相关行政主体在作出行政程序性事项之后，行为人即使未知悉程序的具体经过和历程也构成犯罪。但这显然并不符合责任主义原则，最后也会沦为客观归罪理论。具体而言：

第一，“客观处罚条件说”折射出的前置行政程序的形式化效果侧重一般预防，忽视了特殊预防。在该论者看来，之所以前置行政程序的形式化法律效果能够被引入刑法规范体系之中，就在于前置行政程序规范只侧重一般预防。换言之，在一般预防效果下，刑法需要预防的是前置行政程序规范适用前的先行危害行为，而并非重点预防行为人拒不积极配合前置行政程序的危害行为。否则，先行危害行为将被更多潜在犯罪人所效仿，不利于一般预防。① 但是，刑罚作为目的性手段，必要的刑罚才具有公正性，这就需要刑罚与惩戒目的相适应，以保持克制。② 单纯为了遏制潜在犯罪人，强化一般预防理念，弱化特殊预防理念本质上是报应刑占主导地位的体现，但这并不符合一般预防和特殊预防的并

---

① 参见张明楷：《恶意透支型信用卡诈骗罪的客观处罚条件——〈刑法〉第 196 条第 2 款的理解与适用》，载《现代法学》2019 年第 2 期。

② 参见［德］冯·李斯特：《论犯罪、刑罚与刑事政策》，徐久生译，北京大学出版社 2016 年版，第 27 页。

合主义。

第二，“客观处罚条件说”容易将不存在犯罪主观故意的形式化前置行政程序纳入刑事司法体系当中，有违责任主义原则。按照前置行政程序规范“客观处罚条件说”的体系定位，先前行为造成法益侵害的现实结果或者危险事实时才是刑法评价的对象，至于后续的前置行政程序的经过，只是刑罚启动附加的一个客观条件。因此，不光是前置行政程序性事项本身不需要行为人认识。诸如，在妨害公务罪中，那些将合法的职务执行程序视为客观处罚要件的观点，就容易将行为人不具有妨害合法的行政职务程序的主观故意但对违法职务程序存在妨害故意的行为纳入犯罪之中。① 此外，按照前置行政程序作为刑罚启动的客观要件的定位，前置行政程序性事项经过后行为人配合的能力和现实处境并不是刑法所需要关注的。因此，前置行政程序这一客观条件启动后，只要行为人不配合，那么就直接构成犯罪。

诸如，在“张某江逃税案”中，张某江提出证据并认为：欠税事实是“项目开工以来，由于成本暴涨，项目严重亏损，该项目目前除欠税外，还欠银行、担保公司等债务共计2000多万元，且现在项目尚未竣工验收，未达到全部申报纳税条件；因巨额亏损，导致财会人员离职，账务不齐，税务申报被迫停顿，所以公司不是不申报，而是因种种原因暂时搁置；其本人因患喉癌导致无力应付遗留问题”等原因所致，更重要的是，张某江在税务机关核查税务时，还积极配合税务稽查机关提供资料，核实数据，因此，其在主观上并没有恶意逃避交税的故意。但是，法院认为，在进入责令整改通知程序后，只要行为人在没有法律规定的不可抗力造成的免责情节的情况下，不补缴应纳税款、不缴纳滞纳金、

① 参见［日］西田典之：《日本刑法各论》，［日］桥爪隆补订，王昭武、刘明祥译，法律出版社2020年版，第477页。

不接受行政处罚，行为就符合逃税罪的构成要件。① 笔者认为，法院直接将前置行政程序规范视为了一种客观处罚条件，只要经过了前置行政程序，客观存在行为人不积极配合的现象，就可以直接认定行为人构成犯罪。按照“客观处罚条件说”的观点理解，虽然行为人并无拒不配合前置行政程序的故意，但至少具有拒不配合程序的预见可能性。但这显然违背责任主义原则。

第三，“客观处罚条件说”的体系定位将前置行政程序规范排除在犯罪概念之外。在持“客观处罚条件说”的论者看来，犯罪仅是值得“被科处刑罚的行为”。按照刑法通说观点，“有些事由虽然是实体法上刑罚发动的要件，却不属于‘犯罪’概念。被称为客观处罚条件的一系列事由就属于这种情况”。② 因此，按照该论者的理解，前置行政程序规范作为客观处罚条件不是刑法在犯罪论体系中所需要研究的概念。但是，犯罪不仅是指犯罪行为，还包括能够启动行为刑罚苛责的其他要件，这些要件统称为犯罪事实，它们均应当是犯罪论体系研究的概念或因素。如果单纯将前置行政程序规范排除在犯罪概念之外，那么犯罪论仅关注犯罪行为并不合理，尤其在我国传统的犯罪构成体系当中，所有犯罪构成要件均对犯罪成立发挥重要作用。因此，“客观处罚条件说”对前置行政程序规范的体系定位，亦不符合我国犯罪构成理论体系。反而，“客观处罚条件说”会削弱前置行政程序规范对犯罪成立发挥的实质功能。当前，前置行政程序形式化存在的根本原因就在于规范类型并未引起学界的重视和关注。

第四，“客观处罚条件说”对前置行政程序规范的体系定位并不统一，理论体系定位的内部结构存在混乱。根据前文对前置行政程序规范

---

① 参见四川省宣汉县人民法院刑事判决书，(2017) 川1722刑初20号。

② ［日］松原芳博：《犯罪概念和可罚性：关于客观处罚条件与一身处罚阻却事由》，毛乃纯译，中国人民大学出版社2020年版，第13页。

的类型划分可知，我国存在前置行政命令程序、前置行政处罚程序以及前置行政许可程序这3类规范类型。但是，从“客观处罚条件说”的体系定位针对的前置行政程序规范的类型来看，该学说基本上是针对前置行政命令程序而言的。而至于前置行政处罚程序和前置行政命令程序，“客观处罚条件说”要么将它们直接混在实体性犯罪构成要件中予以论述；要么直接将它们作为违法阻却事由。诸如，在张明楷教授及部分德国学者看来，行政许可程序既可能阻却构成要件符合性，亦可阻却违法性。但是，至于何时阻却刑事违法性？何时又阻却构成要件符合性？德国学者并未提出详细的区分标准。① 我国学者张明楷教授根据行政许可的程序类型予以区分：只有提供公信力证明和合理配置资源的行政许可程序才阻却构成要件符合性；而控制危险的行政许可程序则阻却刑事违法性。② 但是，张明楷教授所言的阻却构成要件符合性的行政许可程序的划分依据仅是行政法效果，并不是刑法需要关注的重点。因此，从“客观处罚条件说”的体系定位中可以发现，该学说对前置行政程序规范的体系定性并不统一，理论体系定位的内部结构也存在混乱。

综上所述，无论是直接引进德国学界的“客观处罚条件说”，还是援用我国学者自创的“客观超过要素说”，均无法客观凸显我国前置行政程序规范的体系地位，也容易导致前置行政程序流于形式化，不利于新规范类型的理论创新和实践发展。

四、“双重标记要素说”弱化前置行政程序与法益的关联性

（一）“双重标记要素说”的具体主张

“双重标记要素说”是近期我国学者对前置行政程序规范体系定位

① 参见［德］冈特·施特拉腾韦特、［德］洛塔尔·库伦：《刑法总论Ⅰ——犯罪论》，杨萌译，法律出版社2006年版，第189页以下。

② 参见张明楷：《刑法学》，法律出版社2016年版，第237页。

理论的新发展。该学说主张前置行政程序不是犯罪构成要件，而具有实体和程序的双重价值要素。在实体方面，其具有行为要件和责任身份的标识功能；在程序方面，其具有犯罪的一般预防和潜在的刑罚后果的通知功能。同时，该学说还结合前置行政程序规范的双重功能来解决未遂(解释实行行为)、共犯、身份犯等犯罪论的问题。① 因此，从新近的“双重标记要素说”中可以发现，前置行政程序规范的双重标记功能分别体现在实体性和程序性价值两个方面。

第一，在实体性价值方面，前置行政程序规范具有行为要件和责任身份的标识功能。首先，在“双重标记要素说”中，行为要件的标记功能是指前置行政程序条件对犯罪行为的违法性标记。② 这一标记表明：行政程序性义务的违反不能作为刑事违法性的核心要素，行政程序经过前的行为是一般违法行为，行政程序经过后的行为才是犯罪构成要件的行为。由此看来，与“主观证明要素说”不同的是，该学说认可前置行政程序对犯罪成立具有决定性影响。其次，在“双重标记要素说”中，责任身份的标识功能是指“行政程序性条件是行为人的身份”，诸如，责任身份和共犯身份表明“行为人的行政执法是一种身份”。③ 在该学说中，行政程序中的被执法人（行为人）的特殊身份也是罪名与其他实体性犯罪构成要件组成的罪名所产生的区别。

第二，在程序性价值方面，前置行政程序规范具有犯罪的一般预防和潜在的刑罚后果的通知功能。在“双重标记要素说”中，前置行政程序规范通过程序性事项预先向公众告知刑罚制裁，因而，能够对公众起到必要的一般预防作用。刑罚预告功能指引公众预测行为的法律后果，进而保障行为自由。所以，行政执法部门在具体实施前置行政程序时必

① 参见高磊：《论犯罪成立的行政程序性条件》，载《东方法学》2020 年第 3 期。
② 参见高磊：《论犯罪成立的行政程序性条件》，载《东方法学》2020 年第 3 期。
③ 高磊：《论犯罪成立的行政程序性条件》，载《东方法学》2020 年第 3 期。

须要以合理通知为原则，以符合正当程序原则。如果存在程序违反正当价值的情况，那么应当否定前置行政程序的通知价值。由此可见，这一点已经较其他学说有显著进步，“双重标记要素说”在刑法实体部门法规范中突出正当程序原则，并将其实际运用在刑事司法实践当中。

（二）“双重标记要素说”的必要省思

虽然，“双重标记要素说”对前置行政程序规范的体系定位分别从实体和程序两个方面论证了程序性规范在犯罪论体系中的重要作用，并提升了该规范相对于实体性规范要件的独特地位。但是，令笔者困惑的是，依据“双重标记要素说”来找寻前置行政程序规范具体在犯罪论体系中扮演何种角色，始终是没有头绪或者明确答案的。归根结底，根本问题在于“双重标记要素说”在观点开篇中便直言不讳地否认前置行政程序规范的构成要件性，继而一直在论述前置行政程序规范的双重价值，始终未赋予规范以独立地位，而仅是单独强调实体和程序两个方面的标记作用如何运用。但在前置行政程序规范要素缺乏独立之体系地位时，实体标记功能是为行为等实体性犯罪构成要件服务的；程序标记功能是为刑罚预防理念服务的。从表面上看，功能标记是规范的体系定位，但是这并不是赋予前置行政程序规范独立的体系定位。因而，规范要么依附实体性犯罪构成要件，要么服务于刑罚论的预防理念。“双重标记要素说”在否认犯罪构成要件的基础上提出双重标记要素，实质是在论述前置行政程序规范的功能，而并非阐述规范的体系定位。因此，直接否定前置行政程序的犯罪构成要件地位的理由并不充分，而且这将会极大弱化前置行政程序与法益的关联性。

之所以“双重标记要素说”在探讨实体性和程序性价值时，均将前置行政程序规范与犯罪构成要件剥离开来，继而直接且明确地反对规范的“犯罪构成要件”的定位，主要原因在于：构成要件具有违法性推定功能，刑事违法性本身是由犯罪行为所侵害的法益的种类、状态和程度决定的。而前置行政程序规范并非犯罪行为的组成部分，刑法是否存在前置行政程序，对行为类型并不产生任何性质和状态的影响。因而，前置行政程序也不会影响行为侵害法益的种类、状态和程度，而导致原本的危害行为入罪。反而，前置行政程序会降低法益侵害或者危险程度。①

由此可知，在持“双重标记要素说”的论者看来，某一规范是否具备犯罪构成要件的体系定位，需要同时符合两个条件。第一，规范要素要为危害行为提供刑事违法性基础。第二，规范要素要揭示侵犯刑法法益的种类、状态与程度。但其实，前置行政程序规范是符合第一个条件的，对于第二个条件，前置行政程序规范可以证明刑法法益侵害事实的存在，但是并不需要具体揭示刑法法益的侵犯种类、状态与程度。其中，第二个条件是第一个条件的前提，只有法益侵害事实存在，才可进一步判断刑事违法性的存在。具体而言：

第一，前置行政程序规范决定了刑法法益侵害事实的存在，而并非需要具体决定法益侵害的侵犯种类、状态与程度。无论是犯罪客体还是刑法法益，两者均是一种被侵害的利益。被侵害的利益是司法者认定犯罪的决定性因素，其本身就不是一个行为要素所能够决定的，而是由构成要件要素或者犯罪构成要件集合体（犯罪构成）决定的。换言之，犯罪构成是判断行为是否侵害刑法法益的前提要素之集合或有机整体，②而并非刑法法益决定了犯罪构成要件的性质（实质上是刑法规范决定着犯罪构成要件）。该论者以前置行政程序规范事实本身无法决定刑法法益侵害的种类、状态和程度为依据，否认前置行政程序规范可以作为犯罪构成要件，实质上是推理逻辑的颠倒。退言之，三阶层的犯罪论体系中的构成要件要素也并不承担决定表明法益侵犯的种类、状态和程度的任务。诸如，“以……为目的”“意图……”等主观构成要件要素并不表明刑法法益的侵害程序；在四要件的犯罪论体系中，主观故意、过失等

① 参见高磊：《论犯罪成立的行政程序性条件》，载《东方法学》2020 年第 3 期。
② 参见李永升主编：《刑法总论》（第 2 版），法律出版社 2016 年版，第 83 页。

犯罪主观方面要件也同样是不具体展现法益侵犯的种类、状态和程度。但即使如此，目的、故意、过失也均属于犯罪主观要件要素。

因此，前置行政程序规范不具体展现法益侵犯的种类、状态和程度，并不代表前置行政程序规范与刑法法益无关。在含有程序性规范的罪名当中，只有行为符合立法规定的前置行政程序规范，刑法法益的侵害事实才成立，司法机关才可以据此判定行为具有刑事违法性。

第二，前置行政程序规范事实可以为危害行为的刑事违法性判断提供基础。其实，该论者误将犯罪构成要件表征的刑事违法性等同于犯罪构成要件事实内容本身的违法性。但是，提供刑事违法性判断的也可以是中立的客观事实。诸如，除危害行为本身具有违法性之外，行为对象、时间、地点等事实本身不是违法的。既然，中立的实体性犯罪构成要件的对象可以为刑事违法性判断提供基础要素，那么，中立的程序性事项亦可以。而因为在含有前置行政程序规范的罪名中，如果缺乏符合要求的前置行政程序性事项，那么，危害行为的刑事违法性判断也将终止，或将永远停留在一般行政违法性判断阶段。如此看来，前置行政程序规范事实也可以为危害行为的刑事违法性判断提供基础。

既然前置行政程序能够证明刑法法益侵害的事实存在，那么在前置行政程序规范事实可以为危害行为的刑事违法性判断提供基础时，其自然而然也可以成为犯罪构成要件要素。反而，“双重标记要素说”否定前置行政程序规范的构成要件性，会弱化此类规范与刑法法益的关联度，进而前置行政程序规范无法发挥犯罪成立的阻却功能。

五、“诉讼预备程序说”忽视前置行政程序规范的特殊性

（一）“诉讼预备程序说”的具体见解

“诉讼预备程序说”的基本主张是刑法中的行政处罚等前置行政程序是一种司法性程序，司法性程序是基于刑事诉讼程序之前的行政程序性事项而言的。如果经过这类行政程序后仍无法及时阻断法益侵害状态

的出现，或者在行政违法行为造成严重社会危害性的情形下，行政机关需将案件及时移送至司法机关，此时案件转向刑事诉讼程序裁决，原先的行政程序直接转为刑事诉讼程序。因而，与刑事诉讼程序启动相关的行政程序便发挥"非刑罚化"和"刑罚化"或者"非犯罪化"与"犯罪化"的预判功能。该功能可以将行政程序从刑事诉讼程序中脱离出来，继而使单纯的行政违法案件裁判更具专业性和高效性。① 因此，有学者据此认为，行政机关在执法时发挥的"非刑罚化"和"刑罚化"或者"非犯罪化"与"犯罪化"的预判功能，就表明行政机关充当着刑事诉讼程序的启动者的主体地位，只不过其发挥司法裁决功能的方式并不是通过刑事审判，而是发出某种停止或者实施行为的命令，以此来证明违法行为的性质。② 由此可见，上述论者的观点均是将行政程序作为刑事诉讼程序的前端环节，因为上述论者观点中的"司法性程序"容易被误解为司法诉讼程序，因此，笔者将该观点简称为"诉讼预备程序说"。

（二）"诉讼预备程序说"的客观评析

在"诉讼预备程序说"的具体见解中，可以发现，前置行政程序只在行政执法过程中、刑事诉讼启动前这个阶段被予以探讨。虽然，诉讼预备程序将行政程序视作严谨的司法诉讼程序，这在一定程度上会强化刑事立法者和司法者对前置行政程序规范的重视。但遗憾的是，该论者却将"刑行衔接"过程中所有的行政程序都视为诉讼预备程序。并且，"诉讼预备程序说"并未准确地回答前置行政程序和一般行政执法程序的区别所在。因此，如果按照"诉讼预备程序说"的体系定位，那么，前置行政程序规范的特殊性便不复存在。具体而言：

第一，"诉讼预备程序说"的体系定位无形中扩大了前置行政程序

---

① 参见皮纯协主编：《行政程序法比较研究》，中国人民公安大学出版社 2000 年版，第 369 页。

② See John H. Reese & Richard H. Seamon, *Administrative Law Principles and Practice*, West Group, 2003, p. 13.

规范的范围。不可否认，前置行政程序规范本质上亦是在表达一般行政执法过程中的具体行政程序。但是，如果按照“诉讼预备程序说”的观点，“刑行衔接”过程中所有的行政程序都是诉讼预备程序，那么行政法中所有的行政程序是否都是刑法规范中的前置行政程序？显然并非如此。本书所指的前置行政程序是刑法立法规范中表达的行政程序，而并非行政违法向刑事违法转化过程前的所有行政执法程序。诸如，按照《网络安全法》第 63 条的规定，① 危害网络技术安全的帮助行为还会进入行政处罚程序。《刑法》第 287 条之二帮助信息网络犯罪活动罪规定的犯罪行为类型同《网络安全法》第 63 条的规定。那么，按照“诉讼预备程序说”的观点，《网络安全法》中的行政处罚程序也是帮助信息网络犯罪活动罪的前置行政程序规范吗？显然不是这样。《刑法》第 287 条之二并未在罪状表述中将行政处罚程序作为犯罪成立的前置性必经条件。因此，按照“诉讼预备程序说”的观点，几乎行政犯成立前的所有行政执法程序均是刑法规范中的前置行政程序规范，那么前置行政程序规范的特殊性就没办法体现出来。

第二，“诉讼预备程序说”忽视了前置行政程序规范对判断犯罪成立的重大影响。在“诉讼预备程序说”中，前置行政程序均是在行政执法过程中、刑事诉讼启动前的一种过程性事项。因此，在这一学说中，刑法中的前置行政程序始终在承接行政执法过程和刑事诉讼程序，因而，其才会有“非刑罚化”和“刑罚化”或者“非犯罪化”与“犯罪化”的预判功能。但是，该种预判功能与本书探讨的前置行政程序规范的再次限制刑罚处罚扩张化的功能并不相同。在“诉讼预备程序说”中，前

---

① 《网络安全法》第 63 条规定：“从事危害网络安全的活动，或者提供专门用于从事危害网络安全活动的程序、工具，或者为他人从事危害网络安全的活动提供技术支持、广告推广、支付结算等帮助，尚不构成犯罪的，由公安机关没收违法所得，处五日以下拘留，可以并处五万元以上五十万元以下罚款；情节较重的，处五日以上十五日以下拘留，可以并处十万元以上一百万元以下罚款。”

置行政程序无法发挥独立的刑罚处罚的阻断功能。因此，只要行为人符合具体的实体性构成要件要素，其就直接构成犯罪，犯罪成立与前置行政程序无关。因而，“诉讼预备程序说”中的前置行政程序仅承担程序流转功能，并不发挥影响犯罪成立的重要功能。而在本书探讨的前置行政程序规范中，虽然行政程序也在承担程序流转的功能，但是，其同时还在刑法规范中影响着实体性犯罪构成要件等犯罪成立要素的判断。因而，不能直接依据“诉讼预备程序说”的体系定位来以偏概全。

第二节　前置行政程序规范的立法模式缺陷之多维审视

罪刑法定原则作为刑法的“帝王条款”，司法者必须在法律文本涵盖的可能语义范围内定罪量刑。① 因而，刑法规范立法的正确或者科学与否，将严重影响刑事司法的价值判断。首先探析前置行政程序规范的立法路径问题，不仅能够指引我们发现体系定位和司法适用问题的根源所在，还能够为后续确立规范的科学化立法方法提供清晰的问题导向。

目前，前置行政程序规范的立法模式存在问题。第一，前置行政程序规范阻碍生命、健康等重大法益的及时保护，反映出单一化规范立法模式的完全排他性和片面性的问题。当前，该问题并未引起学界和实务界的足够重视。第二，前置行政程序规范与其他实体性规范欠缺互动衔接，导致作为入罪标准的危险结果更模糊化的问题。第三，出于简洁性的基本立法方法，所有的刑法规范都是精简化立法。但是，毕竟当前我国对前置行政程序规范的问题研究还不成熟，因而，该规范理解的抽象化与精简化立法就带来了立法规范欠妥性、零散化的冲突和矛盾。第四，

① 高巍：《重构罪刑法定原则》，载《中国社会科学》2020 年第 3 期。

正如前述，前置行政程序规范始终是一种“刑行衔接点”，其必须承担刑法和行政法不同部门法规制平稳过渡的重任。但是，立法者并未对前置行政程序规范的具体行政要素进行剥离，导致形式化程序的行政要件的立法效果被带入刑事立法之中。

一、单一化立法模式的片面性和排他性

虽然加罗法洛 19 世纪后期提出的自然犯和法定犯的区分理论表明，自然犯以伤害他人正直感为标准，法定犯以行为攻击社会权力、违反特定法规范义务为依据。① 但是，刑事近代学派（实证主义学派）提出的“两分法”犯罪类型在现代刑法法益保护理论中，显得有点不合时宜。“两分法”犯罪类型理论明确将侵害生命健康、重大财产以及对法规范义务的违反作为自然犯和行政犯的区分标准。对于法规范义务凸显的集体法益来讲，在行政犯中，要求将行政管理秩序等集体法益还原为生命、财产个体法益的呼声已经越来越高。② 因此，有时行政犯设置仅考虑行政管理秩序的集体法益，但在无意中会阻碍公民的生命健康、财产等重大法益的及时保护。

在含有前置行政程序规范的行政犯中，前置行政程序的次序性和过程性的事项是必经环节，如此一来，司法机关或其他公民在面对紧急情况下行为人直接侵犯公民人身、健康、重大财产等法益的情形时，本来可以直接寻求刑法保护。但是，前置行政程序的必经性过程往往导致事与愿违。主要体现在：第一，单一化程序规范设置具有片面性，难以实现重大法益的周全保护；第二，单一化程序规范设置具有完全排他性，

---

① 参见［意］加罗法洛：《犯罪学》，耿伟、王新译，中国大百科全书出版社 1996 年版，第 49 ~ 51 页。

② 参见李文吉：《我国刑法中管理秩序法益还原为实体性法益之提倡》，载《河北法学》2020 年第 5 期；敬力嘉：《信息网络犯罪中集体法益保护范围的扩张与限度》，载《政治与法律》2019 年第 11 期。

限制权利主体对重大法益的救济渠道。

（一）片面性：行政前置程序难以实现重大法益的周全保障

前置行政程序规范的片面性，是指刑法设置单一化程序规范事项容易将公民的生命健康、财产等重大法益的及时保护阻断在刑法的保护范围之外。片面性主要表现在程序性事项要求义务的片面性。这种片面性主要存在于前置行政命令程序的类型当中。具体而言：

改正义务的类型界定片面，是指行政管理秩序维护义务所承担的法益保障类型较片面，其将公民个人的重大生命、财产法益类型排除在外。① 当前，前置行政程序规范的行政从属性认定仍然是程序性事项的主要操作方法。因为前置行政程序规范始终是前置于刑事责任追究和实体性犯罪构成要件的认定，所以在违法行为还尚未进入刑事法视野前，行政执法者只能按照行政从属性的认定方法操作行政程序。但是，行政法层面的行政程序并不是以刑法中的公民个人人身、财产安全等重大法益保护为主要任务，而是以行政公共管理秩序的维护为主要任务，重点关注的是公共集体利益。显而易见，“公共利益是相对于个人而言的，是从后者的相同部分中分离和集合而成的”。② 虽然，不可否认，行政法关注的公共利益是由个人利益组合而成的，但是，个人利益并不是行政法直接表现出来的利益类型。这就是为何刑法会将公共管理秩序和公民个人法益单独区分、分类保护的原因。诸如，网络平台正常秩序维护义务属于网络安全管理义务的一部分，但是，网络平台正常秩序维护义务的对象是网络平台本身及其承载数据信息的运行安全，并不涉及网络平台线下的人身和财产的重大损失。

笔者以 2018 年多起滴滴顺风车乘客遇害事件以及 2021 年“货拉拉

① 参见熊波：《网络服务提供者刑事责任“行政程序前置化”的消极性及其克服》，载《政治与法律》2019 年第 5 期。

② 周佑勇：《行政法原论》，北京大学出版社 2018 年版，第 5 页。

跳窗女孩身亡案”为例，该类案件直接牵涉《刑法》第286条之一的拒不履行信息网络安全管理义务罪的“经监管部门责令采取改正措施”的行政命令程序。“行政责令改正”指向的是网络安全管理义务，义务的履行情况与法益保护的周严与否密切相关，其亦是不作为义务来源认定的基本要素。① 按照《网络安全法》第76条第2项的规定，② 网络安全主要是指网络稳定可靠的运行安全以及网络数据的完整性、保密性、可用性的能力。无独有偶，虽然国务院发布的《互联网信息服务管理办法(2011修订)》第2条第2款认可网络平台向用户提供信息服务活动。③ 但是，该办法第6条却仅规定了网络平台的信息安全、网站安全、保密管理以及信息管理的义务。④ 显而易见，总体而言，行政法规范视域下的“网络安全”，指示的仅是网络平台的运行安全和网络平台的数据安全，并不包括由网络平台“线下”的人身、财产安全造成的威胁和现实侵害。⑤

囿于行政法律、法规对网络安全管理义务的前置性限定，⑥ 我国部分学者对于拒不履行信息网络安全管理义务罪的法益性质认定同样持有

---

① 参见熊波：《网络服务提供者刑事责任“行政程序前置化”的消极性及其克服》，载《政治与法律》2019年第5期。

② 《网络安全法》第76条第2项规定：“网络安全是指通过采取必要措施，防范对网络攻击、侵入、干扰、破坏和非法使用以及意外事故，使网络处于稳定可靠运行状态，以及保障网络数据的完整性、保密性、可用性的能力。”

③ 《互联网信息服务管理办法(2011修订)》第2条第2款规定：“本办法所称互联网信息服务，是指通过互联网向上网用户提供信息的服务活动。”

④ 《互联网信息服务管理办法(2011修订)》第6条规定：“从事经营性互联网信息服务，除应当符合《中华人民共和国电信条例》规定的要求外，还应当具备下列条件……有健全的网络与信息安全保障措施，包括网站安全保障措施、信息安全保密管理制度、用户信息安全管理制度……”

⑤ 参见熊波：《网络服务提供者刑事责任“行政程序前置化”的消极性及其克服》，载《政治与法律》2019年第5期。

⑥ 如有学者就指出：“我国《网络安全法》等法律和行政法规要求网络服务提供者承担信息网络安全管理义务，它既是行政法义务也是刑法义务。”参见皮勇：《论新型网络犯罪立法及其适用》，载《中国社会科学》2018年第10期。

行政依附性的认知。诸如，有论者将4类“情节严重”的类型均限缩在了网络信息传播治理的范畴内，进而据以认为“该罪刑法规范所保护的对象就是信息”。① 这便为行政机关对前置行政程序的不作为提供了规范依据和学理支撑。②

但是，上述观点显然限缩了“义务改正”类型的存在空间。“信息网络安全不同于网络信息安全”，“信息网络安全”意在描述因网络利用信息交互的特质而导致的各类危害，诸如，网络财产、人身安全，其并非属于“网络信息安全”本身。③ 但基于虚拟空间危险源的潜伏性和隐蔽性以及技术空间“线上线下”交互的便捷性，网络财产和人身安全在网络平台的信息暴露下，较现实社会的物理空间更容易受到他人侵害。因此，立法者单纯通过前置行政程序规范，将网络财产、人身安全排除在网络管理义务之外，无法实现对重大法益的周全保障。④ 其实，网络信息安全的刑法规制重任主要由侵犯公民个人信息罪承担，此罪名所设置灵活的量刑幅度较拒不履行信息网络安全管理义务罪更能周全保护网络用户的信息数据法益。

《德国电信媒体法》（Telemkommunikationsgesetz—TKG）确立了网络服务提供者的“秩序行政危险防御规则”，该规则表明，虽然中间网络服务提供者一般不是直接行为主体，无法通过其行为引发危险，不构

---

① 参见敬力嘉：《论拒不履行网络安全管理义务罪——以网络中介服务者的刑事责任为中心展开》，载《政治与法律》2017年第1期；参见王文华：《拒不履行信息网络安全管理义务罪适用分析》，载《人民检察》2016年第6期。

② 参见熊波：《网络服务提供者刑事责任“行政程序前置化”的消极性及其克服》，载《政治与法律》2019年第5期。

③ 参见熊波：《科技刑法技术性立法方法的缺失与技术归化》，载赵秉志主编：《刑法论丛》第58卷，法律出版社2019年版，第127~170页。

④ 参见皮勇：《论网络服务提供者的管理义务及刑事责任》，载《法商研究》2017年第5期。

成妨害人。① 但作为服务信息内容提供者的网络平台，其本身为网络服务器空间的所有者或者占有者，如果该空间服务引发现实危险，网络平台很有可能构成妨害人。②

因此，在行政法规范管理义务的前置束缚下，立法上单一化的前置行政程序规范，并未考虑刑法所应保护的人身安全、财产安全等重大法益。而恰好相反的是，刑法作为后盾法，应当将此类重大法益涵盖其中。如果立法将行政法规范所限定的"网络信息安全义务"作为拒不履行信息网络安全管理义务罪所保护的法益，继而认为设置前置行政程序规范可以保障技术创新和使用的宪法基本权利，这种做法显得过于片面。③

（二）排他性：前置行政程序限制权利主体的救济渠道

前置行政程序规范的排他性，是指在规范立法模式下，司法机关只有先经过行政机关实施的前置行政程序后，才能进一步考虑对行为人的刑事责任追究。这其实排斥了受害者等权利相关主体对行为人刑事责任追究的诉求。前置行政程序规范的完全排他性之弊端主要发生在紧急情况时，受害者及相关权利主体无法单独启动刑事责任追究，及时保障生命、财产等重大法益。这种现象主要发生在网络服务管理平台的线下交易过程中。诸如，在前述"滴滴顺风车乘客遇害事件"中，按理来说，在寻求权利救济渠道的过程中，滴滴平台与乘客等权利相关人的关系最密切。尤其是在面对一系列紧急性人身、财产安全威胁时，网络服务提供者应尽可能主动地接收平台危险源存在的消息通知，以便及时将网络平台风险降至最低。否则，一旦造成了严重的法益侵害，其就应当自觉

---

① 参见熊波：《网络服务提供者刑事责任"行政程序前置化"的消极性及其克服》，载《政治与法律》2019年第5期。

② Vgl. Entwurf eines Gesetz zur Vereinheitlichung von Vorschriften über bestimmte elektronische Informations-und Kommunikationsdienste, S. 11 ff, http://de. Wikipedia. org/wiki/Telemediengesetz.

③ 参见熊波：《网络服务提供者刑事责任"行政程序前置化"的消极性及其克服》，载《政治与法律》2019年第5期。

接受刑罚制裁。但不尽如人意的是，前置行政程序规范的排他性，并不允许其他权利相关主体追究网络服务提供者的刑事责任。换言之，在前置行政程序规范的前提下，受害者及其相关权利主体无法仅凭网络交易平台线下发生的紧急危险，就要求网络平台管理者和服务者提供行为人的相关信息。

在信息技术革命对物理空间的生活限制的边界突破下，立法单独设置前置行政程序规范的唯一模式也阻断了外界信息对技术平台内在交易关系的及时介入。网络服务提供者充分利用了“物理空间—电子空间、现实生活—虚拟生活”的交融同构生态圈，扩大线上线下交互的经营规模。① 在滴滴的网络平台服务圈中，存在“权利相关人、司机、网络平台”三方交易主体，司机和权利相关人是平台中的直接目的交易主体；网络平台与权利相关人是间接目的交易主体；网络平台与司机是服务信息对接主体。其中，第一类交易目的是整个网约车平台经营的核心服务，第二类是后盾服务，第三类是渠道服务。② 由此可见，网络技术中立并不是乘客遇害事件中网约车逃脱刑事责任主体的借口；相反，网络平台、权利相关人与司机三者之间均存在明显的服务交易关系。其中，显而易见的是权利相关人处于整个交易服务中的弱势地位。当前，“我国主要存在五大网约车服务平台，除神州专车采用平台自己的租赁车辆外，其余网约车平台均采用私家车 + 私家车主模式，由于该模式占据主导地位且实践中存在较多问题”。③ 因此，在监管部门对网约车司机的信息掌控具有不确定性的处境下，乘客容易被置于潜在的、不特定的危险之中。此时，立法者还仅借助监管部门行政责令的唯一性救济方式，排斥现实

① 参见马长山：《智能互联网时代的法律变革》，载《法学研究》2018 年第 4 期。

② See Kiyoung Kim, *Third-Party Liability of Internet Service Providers in the U. S. and Korea*, Korean Journal of International and Comparative Law, Vol. 29: 2, p. 58 (2001).

③ 侯登华：《共享经济下网络平台的法律地位——以网约车为研究对象》，载《政法论坛》2017 年第 1 期。

中的紧急重大法益危害，并非明智之举。①

况且，在整个网约车交易服务中，行政监管机关的行政责令行为并非如同网络平台服务提供者与权利主体，是基于直接性的交易服务主体关系而作出的。在很大程度上，行政监管机关面临权利相关人突如其来的法益保护请求，仍必须寻求网络交易平台主体的技术支持和相关信息帮助。只不过行政强制力的介入，能够尽可能防止网络平台犯罪行为所致法益侵害的扩大化。② 但根本问题在于，“我国现有互联网立法内容过于原则，宣示性条款过多，缺乏可操作性，难以有效执行”。③ 权利相关人即使第一时间请求行政监管机关介入，但由于网络平台责任立法的可操作性较差，监管部门亦难以直接依据行政法规范的宣示性条款进行严格执法。再者，由于行政程序规范设置的交叉和空缺而导致有的监管部门行政不作为的现象存在，“我国网络安全管理部门众多，难免出现监管中交叉重叠或监管真空的情况”。④ 因此，权利相关人寻求救济过程中可能出现监管部门互相推诿的现象。⑤ 对此，卢勤忠教授就担忧，行政责令行为的立法方法实质上阻碍了刑事责任的程序性条件的适用，影响司法机关对这类犯罪的打击，也不利于保护相关权利人的合法权益。⑥

但恰与网络服务提供者刑事责任的前置行政程序规范立法模式相反

① 参见熊波：《网络服务提供者刑事责任“行政程序前置化”的消极性及其克服》，载《政治与法律》2019 年第 5 期。

② 参见陈洪兵：《论拒不履行信息网络安全管理义务罪的适用空间》，载《政治与法律》2017 年第 12 期。

③ 北京市互联网信息办公室：《国内外互联网立法研究》，中国社会科学出版社 2014 年版，第 176 页。

④ 赖早兴：《论拒不履行信息网络安全管理义务罪中的“经监管部门责令改正”》，载《法学杂志》2017 年第 10 期。

⑤ 参见熊波：《网络服务提供者刑事责任“行政程序前置化”的消极性及其克服》，载《政治与法律》2019 年第 5 期。

⑥ 参见卢勤忠：《程序性构成要件要素概念的提倡》，载《法律科学（西北政法大学学报）》2016 年第 6 期。

的是，早在网络平台民事侵权责任立法中，立法者就已经将此类情况考虑在内。按照原《侵权责任法》第36条第2款的规定，网络服务提供者需要对平台服务过程中未采取必要措施导致的侵权后果与网络用户承担连带责任。由此可知，网络平台民事侵权责任的承担，并未局限于单一化前置行政程序的基础前提，反而明确给予了被侵权人的“通知—删除”权。在域外立法层面，美国1998年《数字千年版权法》（DMCA）第512条的“避风港”规则，更是从权利相关人通知这一角度界定网络服务提供者的刑事责任。其一，网络服务提供者不对信息的真实性进行事前的审查和核对，由此带来的侵权责任由直接侵权人承担；其二，侵权行为发生后，如果权利相关人发出要求整改的通知，那么网络平台无理由拒绝造成的损害由网络服务提供者承担。① 因此，“避风港”规则也常被称为“通知—删除”规则。②

二、前置行政程序规范零散化立法模式的欠妥性

现代社会发展中潜在的不特定风险无处不在，因此，现代政府的行政职能也随之急遽扩张。行政法的调控范围涉及领域极为广泛，主要涉及治安管理、环境保护、金融监管、市场调控、税务安全、海关服务等方面。③ 而行政法扩充的管控范围，也正是刑法当下及未来立法关注的重点领域。可想而知，随着国家严格行政执法、法治政府理念的不断强化，动态的行政程序规范必将在未来的一段时间内被逐步引入现行《刑法》的其他行政犯的罪名当中。但是，目前前置行政程序规范还仅是刑法规范的一种新类型，学界和实务界对其鲜有专门性研讨，规范理论的

① See Wagner R. Polk, *Transacions*, *Information and Emerging Law*: *Reconsidering the MDCA*, Houston Law Review, Vol. 42: 4, p. 1116 (2005).

② 参见姚志伟：《公法阴影下的避风港——以网络服务提供者的审查义务为中心》，载《环球法律评论》2018年第1期。

③ 参见余凌云：《行政法讲义》，清华大学出版社2019年版，第7页。

体系结构和实践运行规则也均未得以建构。此时，前置行政程序规范立法模式该如何科学合理地设置，显然是亟待学界解决的一大难题。

当前，前置行政程序规范尚未被学界单独提出，前置行政程序规范的立法模式还不具有体系化、结构化特征。因此，现阶段的规范立法模式其实还处于零散化阶段，继而前置行政程序规范的设置也不够严谨。该种欠妥性具体表现为3点：立法标准模糊化、立法类型混同化、立法表述粗疏化。

（一）前置行政程序规范立法标准的模糊化

前置行政程序规范的立法标准不明确，是指立法者何时该引入前置行政程序规范，在哪些类型罪名中需要设置此类规范等情形的具体条件或标准是不明确的。因为并不是针对所有罪名，立法者均需要设置前置行政程序规范。毕竟该规范以明确动态的程序性事实阻断刑罚权的启动，而并非通常意义的静态危害行为情节程度的法规范要求。一旦立法者设置前置行政程序规范，那么，规范作为刑罚启动前的第一道规制程序，会在很大程度上阻碍对重大法益的及时保护。当前，立法者并未解决何时该引入前置行政程序规范，哪些类型的罪名需要设置前置行政程序规范等立法标准模糊化问题。具体而言：

第一，引入前置行政程序规范的立法时机不明确。以《刑法修正案（十一）》为例，2020年7月3日公布的《刑法修正案（十一）草案》（一次审议稿）在生产、销售假药罪中，将原先规定“假药”的前置行政性法规范予以删除，增加“违反国家规定，未取得批准证明文件生产药品”的前置行政程序规范。但是，令人疑惑的是，立法者在2020年10月21日公布的《刑法修正案（十一）（草案）》（二次审议稿）以及2020年12月26日正式出台的《刑法修正案（十一）》第7条中删除了上述前置行政程序规范。同样，这种情况在《刑法修正案（十一）》修订或新增的其他罪名中也存在。立法者在一次审议稿的生产、销售劣药罪中增加了“未取得药品批准证明”“未依法经药品检验”“申请注册程序中提供虚假信息”3类前置行政程序规范。但是，在二次审议稿中，立法者仅是单独去掉“未依法经药品检验”的前置行政程序，其他两类行政程序仍作保留。为何立法者要区分对待不同的前置行政程序规范？我们不得而知。

虽然，《刑法修正案（八）》和《刑法修正案（九）》分别对非法采矿罪和扰乱无线电通讯管理秩序罪的前置行政程序规范予以删除，是基于程序性规范阻碍刑法规制的现象存在而考虑的。但是，前置行政程序规范本身就发挥阻碍刑罚无限扩张的功能，我们难以仅因规范阻碍刑法规制就轻易删除前置行政程序规范。即使是部分前置行政程序证明难，但并不意味着只要司法实践存在要件证明难的问题，我们就要为了法益保障原则而牺牲犯罪人的人权保障原则删除前置行政程序规范。或者，是否意味着只要在司法实践中存在前置行政程序证明难的问题，立法者都要将其去掉？这种理由显然不够充分。况且，《刑法修正案（十一）》增设前置行政程序规范后又删除的罪名，也并不存在因该类程序规范类型而导致刑事责任追究难以启动的问题。否则，我们也难以解释为何其他两类前置行政程序规范仍然存在。

第二，需要设置前置行政程序规范的罪名类型与立法条件并不明确。在表1-1“刑法中前置行政程序规范的类型划分”的罪名梳理中，我们发现罪名涉及《刑法》分则第二章危害公共安全罪、第三章破坏社会主义市场经济秩序罪、第五章侵犯财产罪、第六章妨害社会管理秩序罪、第七章危害国防利益罪、第九章渎职罪。如此看来，前置行政程序规范基本上体现在《刑法》分则除第一章危害国家安全罪，第四章侵犯公民人身权利、民主权利罪，第八章贪污贿赂罪以及第十章军人违反职责罪以外的所有罪名中。但是，《刑法》分则之所以分别设置10个章节的不同类型罪名，就是因为类罪之间的行为本质和方式存在巨大的差异。因此，如何理解分布在六大章节的前置行政程序规范的立法布局，以及各章节类罪中哪些类型个罪需要设置前置行政程序规范等问题便随之产生。

如果不解决诸如此类的问题，个罪设置前置行政程序规范的基础事由便是不充分的。在部分罪名中可以发现，存在司法解释条款突破刑事立法主动引入前置行政程序规范的情况。诸如，在前置行政许可程序规范中，有《刑法》第145条生产、销售不符合标准的医用器材罪；在前置行政处罚程序规范中，有《刑法》第293条寻衅滋事罪、第322条偷越国（边）境罪、第338条污染环境罪；等等。由此可知，刑事司法解释突破刑事立法规范的基础前提，增设前置行政程序规范已是一个普遍事实。但是，增设前置行政程序规范，以明确的程序事实作为刑罚启动前的第一道规制程序，是否具有正当性，这个问题值得深究。

（二）前置行政程序规范立法类型的混同化

前置行政程序规范立法类型的混同化，是指不同前置行政程序规范立法类型的模棱两可导致司法适用过程中出现不同程度的混乱或者类型混同现象。根据表1－1的梳理可知，我国刑法存在前置行政命令程序、前置行政许可程序、前置行政处罚程序3种规范类型。但是，因为刑法学界和立法界并未区分3种程序规范立法适用的不同条件，因而3种类型的明确划分在立法界并非不待蓍龟。

诸如，《刑法》第139条消防责任事故罪的“经消防监督机构通知采取改正措施”的程序，以及第286条之一拒不履行信息网络安全管理义务罪的“经监管部门责令采取改正措施”。其中的“通知或责令采取改正措施”是否包括责令停产停业或者罚款措施？从字面意思来看，我们无法在“通知或责令采取改正措施”中排除“责令停产停业”。有学者认为两者均是行政处罚程序。① 也有学者认为后者在某种情形下也是行政命令程序。② 但对比2021年修订的《行政处罚法》第9条和《行政

---

① 参见徐建强：《拒不支付劳动报酬犯罪中公告送达的效力认定》，载《江苏法制报》2016年9月29日，C版。

② 参见胡晓军：《行政命令研究：从行政行为形态的视角》，法律出版社2017年版，第67页。

处罚法（修订草案）》（一次审议稿）第9条“行政处罚的种类”的具体规定，“责令作出行为”并非行政处罚程序，虽然《刑法》通常采取的“责令或者通知采取改正措施”并非行政性法规范层面的正式语词，但严格而言，其均属于“责令作出行为”的行政命令程序。在前述的“王某国、白某华消防责任事故案”中，北京市昌平区公安消防支队在对北京北方鑫地建材市场有限公司进行消防监督检查后，对该市场存在“未经消防安全检查擅自投入使用、未安装火灾自动报警系统、消防给水系统设置不符合规范”等火灾隐患下达的是《行政处罚决定书》。①换言之，行政执法部门基于前置行政程序规范立法的类型混同，将行政处罚程序和行政责令程序均理解为消防责任事故罪的“经消防监督机构通知采取改正措施”的程序。

这种情况在拒不履行信息网络安全管理义务罪中也同样存在。诸如，在“胡某制作并出租翻墙软件案”中，上海市公安局浦东分局先后两次约谈被告人胡某，并要求其停止联网服务。最后，公安机关针对胡某利用公司擅自建立其他信道进行国际联网的行为，作出责令停止联网、警告、并处罚款人民币15,000元，没收违法所得人民币40,445.06元的行政处罚。② 因此，法院认为：“被告人胡某非法提供国际联网代理服务，拒不履行法律、行政法规规定的信息网络安全管理义务，经监管部门责令采取改正措施后拒不改正，情节严重，其行为已构成拒不履行信息网络安全管理义务罪。”③ 但是，该案中作出的“责令停止联网、警告、并处罚款”同样也是行政处罚程序性事项，而并非《刑法》第286条之一规定的前置行政命令程序。由此可见，由于刑法立法并未严格做到“刑行规范”的语义衔接，导致前置行政程序规范立法类型混同化，进而在

---

① 参见湖南省临湘市人民法院刑事判决书，(2017) 湘0682刑初272号。

② 参见赵秉志、詹奇玮：《论拒不履行信息网络安全管理义务罪的罪过形式》，载《贵州社会科学》2019年第12期。

③ 参见上海市浦东新区人民法院刑事判决书，(2018) 沪0115刑初2974号。

刑事司法实践中不同前置行政程序规范类型混用的情况时而存在。

（三）前置行政程序规范立法表述的粗疏化

前置行政程序规范立法表述的粗疏化，是指立法者在设计前置行政程序规范的用词时并未做到精准表达，以至于立法扩大了司法的适用空间。具体包括3种情形：第一种情形，诸如拒不支付劳动报酬罪的“仍不支付”与拒不履行信息网络安全管理义务罪的“拒不改正”；还有拒不支付劳动报酬罪的“政府有关部门”、拒不履行信息网络安全管理义务罪的“监管部门”的概括化。第二种情形，诸如消防责任事故罪“通知采取改正措施”和拒不履行信息网络安全管理义务罪“责令采取改正措施”。第三种情形，诸如扰乱国家机关工作秩序罪的“多次行政处罚”与走私普通货物、物品罪的“一年内二次行政处罚”的不一致性。在第一种情形中，行为人对前置行政程序规范的程序性事项的配合属于程序内容的一部分，行为人对于程序性事项的配合程度将影响前置行政程序的成立。第二种情形属于行政程序实施方式的严谨性存在差异，程序实施方式的欠妥性或者随意性将影响重大法益或者人权保障理念的贯彻效果。① 第三种情形属于程序性事项的次数规定，次数性程序事项的不同或者不明确，将决定行政程序启动条件的严苛程度。

首先，前置行政程序性事项配合程度确立的粗疏性。在采用“拒不改正”还是“仍不改正”时，立法也处于不断修订的状态。在设计拒不履行信息网络安全管理义务罪的“拒不支付”程序事项时，《刑法修正案（九）（草案）》（二次审议稿）将原先一次审议稿的“经监管部门通知采取改正措施而拒绝执行”调整为“经监管部门责令采取改正措施而仍不改正”，后续正式出台的《刑法修正案（九）》又改回了“经监管部门责令采取改正措施而拒不改正”。从表面上看，“拒不改正”和“仍

① 参见谢望原：《论拒不履行信息网络安全管理义务罪》，载《中国法学》2017年第2期。

不改正”仅具有一字之差，但是“仍不改正”侧重的是行为人配合程序性事项后的实际效果；而“拒不改正”不仅侧重实际效果，在此基础上，还要求司法者考察程序性事项经过是否具体明确，行为人是否具有改正的能力和条件，行为人是否存在故意不积极配合程序性事项的内容等因素。① 从两者对比中可以发现，“拒不改正”考察的是综合因素，“仍不改正”考察的是结果因素，前者较后者更符合刑法立法规则。

其次，前置行政程序实施方式的特点并不统一。消防责任事故罪“通知采取改正措施”和拒不履行信息网络安全管理义务罪“责令采取改正措施”的行政程序存在巨大的差异，两者在不同的罪名中并未实现统一化立法。其实，“通知”式行政程序较“责令”式行政程序更灵活和随意，后者则更正式。但是，某一罪名何时应当采取灵活和较为随意的行政命令程序，何时应当采取更正式的行政命令程序，当前立法并未给出明确答案。这不利于刑事司法的精确判断。

再次，前置行政程序实施期限和次数并不协调。诸如，扰乱国家机关工作秩序罪的“多次行政处罚”与走私普通货物、物品罪的“一年内二次行政处罚”的立法不一致性问题则更明显。如果立法并未明确程序性次数事项，那么按理来说，“多次”行政程序也可以包容无限期间和无限次数的前置行政程序性经过。但这显然更容易为行政执法主体不认真履行刑事案件的移送提供法规范依据。

最后，前置行政程序规范立法用语的概括化。立法用语可以包容多种程序性事项，这导致行为人无法或者无从积极配合前置行政程序性事项。立法用语的精确性关乎刑事司法的适用限度，有学者认为，刑事立法完备性是一种假想，立法明确性属于立法约束还是倡导性力量目前暂

---

① 参见黄太云：《刑法修正案解读全编——根据〈刑法修正案（九）〉全新阐释》，人民法院出版社 2015 年版，第 79 页。

无定论，所以立法明确性需要部分让渡给司法者。① 虽然，当前刑事立法还无法真正做到完全的立法明确性，但这并不意味着立法者可以将较具争议性的概括化词语判断完全交由刑事司法者自由处理。因为，有时有的司法者也并未注意到概括化用语的包容性会导致司法适用的交叉重叠，进而出现行为人无从配合前置行政程序性事项的情况。

诸如，在前置行政程序规范中，拒不支付劳动报酬罪的“政府有关部门”、拒不履行信息网络安全管理义务罪的“监管部门”、非法种植毒品原植物罪的“经公安机关处理”等立法用词均是概括化的。主要原因在于：行政程序涵盖的执法部门过于广泛。诸如，“政府有关部门”“监管部门”基本上可以包括所有的行政执法部门，如果行政执法部门发出的行政程序存在交叉重合，行为人该如何积极配合？我们无从而知。以拒不履行信息网络安全管理义务罪的“监管部门”为例，立法者允许其涵盖的部门主要涉及新闻、出版、电信、工商、药品、国家安全、互联网信息等多个领域的行政部门。② 再以拒不支付劳动报酬罪为例，有学者经过大数据统计分析发现，该罪的责令支付程序执行主体的立法不明确也导致了刑事司法实践的问题。在多数案件中，人民法院、劳动争议仲裁机构等其他有关部门也作为了程序的执行主体。③ 此时，难免就会出现多个执法部门针对同一事项发出不同前置行政程序的现象，在这种情况下，行为人就容易陷入无所适从的状态。另外，如何理解非法种植毒品原植物罪的“经公安机关处理”中的“处理”也是一个问题。“处理”一词过于概括，询问也叫处理，查看也叫处理，口头警告也叫处理。但是，这些处理方式并非正式的程序操作。

---

① 参见高巍：《重构罪刑法定原则》，载《中国社会科学》2020年第3期。

② 参见黄太云：《刑法修正案解读全编——根据〈刑法修正案（九）〉全新阐释》，人民法院出版社2015年版，第79页。

③ 参见王蓓、刘淼：《法律大数据视角下的拒不支付劳动报酬罪研究》，载《中国刑事法杂志》2017年第2期。

三、前置行政程序规范立法模式的要件取代风险

前置行政程序规范立法模式的要件取代风险，主要是指由于抽象危险犯、具体危险犯和情节犯中的危险情节或实害情节的判断与前置行政程序规范的立法关系定位不清，导致前置行政程序规范的成立通常替代了危险情节的判断，或者实害结果取代前置行政程序要件所致的刑事风险。

（一）危险犯中的前置行政程序规范取代抽象危险或具体危险判断

通常而言，在刑法理论中，危险犯包括抽象危险犯和具体危险犯。其中，前者是一种法规范类型化、拟制化的危险，而并非具体法益侵害的危险及其实害结果的现实化。因为抽象危险是立法推定的危险，因而其并不需要在司法上具体认定。同时，出于一般预防而不是特殊预防的目的，抽象危险的推定并不允许反证，① 按照抽象危险犯的行为入罪的判断，在含有前置行政程序规范的抽象危险犯的罪名中，只要行为人不积极配合前置行政程序规范，那么司法者就不需要再进一步判断拒不配合所产生的危害结果，可以径行判定行为人构成犯罪。后者是一种具体个案中现实紧迫的危险，因而，在具体危险犯中，如果司法者要判定危害行为构成犯罪，就需要司法者具体判断危害行为是否具有现实紧迫危险发生的特定情况。按照具体危险犯的行为入罪的判断，在含有前置行政程序规范的具体危险犯的罪名中，行为人不积极配合前置行政程序规范后，行为人是否构成犯罪还需要司法者做进一步判断。亦即，行为人不积极配合前置行政程序规范的行为是否造成了具体个案中的现实危险。

对于含有前置行政程序规范的抽象危险犯的罪名来说，抽象危险判断根本就不是一个司法过程，而仅具有刑法规范的宣示性、威慑性及指

---

① 参见付立庆：《积极主义刑法观及其展开》，中国人民大学出版社 2020 年版，第 313～316 页。

引性价值。如此一来，前置行政程序规范立法设置的必要性是什么？难道其仅是传达出“刑行衔接”点的象征意义？显然并非如此。我们知道，前置行政程序规范的立法设置能够发挥出法益的及时恢复、限制刑事处罚、“刑行衔接”的平稳过渡等立法功能，但在抽象危险犯中，既然抽象危险是立法时已经推定的，不需要具体个案的司法判断，那么，行为人对前置行政程序规范的积极配合，也就无法改变立法时已经推定存在的抽象危险。所以，前置行政程序规范如何通过法益的及时恢复，来限制刑事处罚？以《刑法》第351条的非法种植毒品原植物罪的“经公安机关处理”以及“抗拒铲除”的立法设置为例，既然非法种植毒品原植物的行为已经具有了立法推定的抽象危险，行为人一般种植毒品原植物也会用原植物来制造毒品。因而，立法者在非法种植毒品原植物罪中设置前置行政程序规范，也就没办法再阻碍立法推定时已经存在的制造毒品的风险。按照抽象危险不可反证的原理，即使行为人不抗拒铲除、积极配合公安机关的执法程序，行为人也没办法推翻立法时就已经存在的抽象危险。此时，前置行政程序规范的立法设置便形同虚设。

也许会有学者认为，在含有前置行政程序规范的抽象危险犯罪名当中，并非拒不履行程序性义务的先前行为是立法推定的风险创设行为，而应当是行为人不积极配合前置行政程序规范的不作为行为被立法者推定创设了抽象危险。① 如果按照该论点的理解，“刑行衔接”平稳过渡的幅度和空间又在何处？难道只要行为人拒不配合前置行政程序，就不考虑行为人行为的危险程度，行为人都构成犯罪？诸如，上述的非法种植毒品原植物罪，因为种植的毒品原植物数量少，按照《刑法》第351条之规定，只要非法种植了毒品原植物的，公安机关都要一律铲除。即使

---

① 也有与该观点相反的意见认为，先前作为或不作为行为也属于刑法规定的危害行为。参见王肃之：《拒不履行信息网络安全管理义务的不作为性质——基于保证人路径的反思》，载《南大法学》2020年第3期。

种植数量少，也会存在“经公安机关处理”以及“责令铲除”等相关程序。此时，行为人不配合行政程序，也具有刑法立法推定的“抽象危险”？这显然是公众所不能理解和接受的。对此，《禁毒法》第59条规定，非法种植毒品原植物的，只有构成犯罪的，才依法追究刑事责任；尚不构成犯罪的，只要依法给予治安管理处罚即可。

对于含有前置行政程序规范的具体危险犯的罪名来说，立法设置的前置行政程序规范容易取代“足以危险”“现实危险”“具体危险”“严重危险”等具体危险的司法判断。诸如，对于《刑法修正案（十一）》第7条增设的妨害药品管理罪，部分立法参与者采纳的就是这种观点。①在具体危险犯的司法实践当中，具体危险是刑事诉讼程序证明难的一个典型问题。具体危险还不同于抽象危险，因为具体危险是具体个案中需要现实存在的危险，所以具体危险是一种需要被公诉机关证明的危险，而抽象危险是立法推定或拟制的危险。为了解决这个问题，有学者提出，其实具体危险和抽象危险两者并无实质上的区别。具体危险应当“抽象化”，同抽象危险一样，两者都是推定的危险，也都可以被反证，以解决公诉机关对“具体危险”证明难的问题。② 同时，该学者还主张具体危险犯“抽象化”立法仅局限于超个人法益的犯罪规制。③ 而因为前置行政程序规范作为行政犯的典型立法表现，行政管理秩序等超个人法益便与含有前置行政程序规范的具体危险犯紧密相关。所以，按照上述论者的观点，虽然具体危险不需要被证明，但是前置行政程序规范的立法设置还是无法摆脱上述问题。由此可见，仅是在最新提出的具体危险的

---

① 参见张义健：《〈刑法修正案（十一）〉的主要规定及对刑事立法的发展》，载《中国法律评论》2021年第1期。

② 参见付立庆：《积极主义刑法观及其展开》，中国人民大学出版社2020年版，第337~338页。

③ 参见付立庆：《积极主义刑法观及其展开》，中国人民大学出版社2020年版，第340页。

证明方案下，前置行政程序规范还是无法发挥“刑行衔接”平稳过渡的机能。

那么，在现有的方案下，立法者在具体危险犯中设置前置行政程序规范，很容易被司法者误解为其本身就是具体危险的一种证明方法。因而，该规范立法可能会引导司法者怠于举证证明具体个案中的现实且紧迫的危险。以《刑法修正案（十一）》第4条增设的危险作业罪的行政责令、危险排除和行政许可、批准等前置程序与“具有导致重大伤亡事故或者其他严重后果发生的现实危险”的关系判断为例，重大生产安全危险罪中的“重大伤亡事故或者其他严重后果发生的现实危险”是一种具体个案中的现实危险，其是需要被司法证明的危险。但是，囿于当前证明方案无法充分证明具体存在的现实危险，出于对司法效率的考虑，前置行政程序规范完全可能会被直接作为具体危险的判断标准。

如此做法的具体原因有两个：第一，具体存在的现实危险虽说是现实存在的，但它相对于具有重大生产安全事故而言是抽象化的，否则便不会存在证明难的问题。此时，作为具体可见的客观程序性事实，则很容易被用于证明重大生产安全事故“具体危险”的存在。第二，据前文所述，前置行政程序规范也被作为一种再犯可能性大，主观恶性大的情节判断，因为具体的现实危险不同于现实发生的重大生产安全事故，其针对的是下次很容易发生的现实重大生产安全事故。而当行为人对程序性事实拒不配合时，前置行政程序规范的存在刚好就可以用于验证具体危险的发生。因而，在上述两种原因下，囿于当前证明方案无法充分证明具体存在的现实危险，出于对司法效率的考虑，前置行政程序规范就完全会被司法者直接用作具体危险的判断标准。如此一来，程序性规范反而扩张了刑事处罚范围。

（二）实害犯中的危害结果取代行为人对前置行政程序的积极配合

实害犯与危险犯是一组相对概念。实害犯一般是指我国刑法分则中明确以“情节严重（恶劣）”“严重后果”“数额较大”“重大损失”等具体条件为确立罪名成立的犯罪。其中，实害结果一般是犯罪既遂的判断标准，也是罪与非罪的判断标准。① 在含有前置行政程序规范的实害犯中，当前学界和实务界也较少探讨前置行政程序规范与实害结果的关系。因而，在实践中，以实害犯中的危害结果为判断依据，容易取代行为人对前置行政程序消极配合为判断依据的立法指引效果。

实害犯中的危害结果取代行为人对前置行政程序积极配合的罪名并不是第一章表 1－1 中所有的实害犯，而是部分采取概括化、抽象化的“情节严重”的实害情形的罪名。例如，《刑法》第 139 条消防责任事故罪的“经消防监督机构通知采取改正措施而拒绝执行”与“严重后果”的立法设置；又如，第 286 条之一拒不履行信息网络安全管理义务罪的“经监管部门责令采取改正措施”与“致使刑事案件证据灭失，情节严重”的立法设置等罪名。而对于以“数额较大”等以金钱数额大小作为实害结果的情形判断的罪名，诸如，拒不支付劳动报酬罪、逃税罪、非法经营罪等，即使上述罪名包括了前置行政程序规范，但是由于程序性要求的事项内容通常就是防止实害结果出现的全部情形，因而，上述罪名就不存在行为人对前置行政程序规范积极配合后还发生实害结果的情形。诸如，拒不支付劳动报酬罪的“责令支付”的程序事实对象就是弥补拖欠劳动报酬的实害结果，所以在这些罪名中，只要行为人积极配合前置行政程序规范，一般不会存在实害犯中的危害结果取代前置行政程序的积极配合的反常现象，相反，行为人的积极配合会抵消实害结果。

但是，在部分实害犯中，对前置行政程序的积极配合有时候并不能完全阻碍抽象化、概括化的实害情节中的所有情形出现。此时，行为人对前置行政程序的积极配合也有可能被实害结果所取代。诸如，在消防责任事故罪中，即使行为人积极配合程序，也完全有可能因为隐患的未完全排除而导致发生火灾。从《刑法》第 139 条的立法规定来看，只要

---

① 参见李翔：《情节犯研究》，北京大学出版社 2018 年版，第 178 页。

是在前置行政程序事项经过后，还出现因之前消防隐患未完全被排除而导致的火灾，继而导致人员伤亡以及财产损失的，就会被纳入“严重后果”的情形。诸如，消防监督机构并未详细列举排除隐患事项，而仅是出具概括化的改正措施内容，致使行为人无法完全排除消防隐患，继而导致火灾等严重后果的发生。在此种情况下，按照现有的前置行政程序规范的立法设计，行为人也是构成犯罪的。因为，在学界和实务界看来，“拒绝执行”包括“完全拒绝”和“未完全改正”两种情形。

以“黄某土消防责任事故案”为例，2013 年 8 月，消防监督机构要求被告人黄某土对出租房进行整改，并且停水、停电，喷上禁止出租等字样。行为人整改后，相关部门出具了火灾隐患复查单并认定复检结果为合格，以此恢复了供水、供电。但是，2014 年 8 月 27 日，派出所又通知黄某土去派出所，告知其出租房有两项检查结果不合格，并对其罚款 200 元，但之后再没有联系过被告人黄某土，安阳市派出所执法人员也没有对黄某土的出租房进行复查。2014 年 12 月 20 日 2 时许，被告人黄某土的房屋因电动自行车电源线短路引燃可燃物发生火灾，过火面积约 150 平方米，烧毁家具等生活用品，火灾造成房屋居住人员曹某 2、杨某 1 死亡。法院据此认为，被告人黄某土因违反消防责任事故罪中的行政责令改正程序而导致严重火灾后果，构成犯罪。①

该案中就存在实害犯中的危害结果取代了行为人对前置行政程序积极配合的情形。首先，该案确实存在行为人积极配合前置行政程序规范事项的情形。黄某土在收到责令整改通知书时，进行了整改，而且也顺利通过验收，并且在第二次被公安机关告知有整改不到位的情况下，行为人自己也已整改到位。但是最后还是发生火灾，造成人员伤亡和重大财产损失。其次，排除消防隐患等事项是专业性判断，公安机关仅要求行为人积极配合“整改、停水、停电、禁止出租”等概括化程序性事

① 参见浙江省瑞安市人民法院刑事判决书，（2016）浙 0381 刑初 1757 号。

项，黄某土作为普通公民难以判断自己是否完全履行了整改义务。当然，如果不涉及需要复查的内容，也不涉及消防专业知识判断的整改内容，法院当然可以直接以整改内容未履行或未完全履行导致火灾发生为由来认定行为人构成犯罪。诸如，在“茆某消防责任事故案”中，消防监督机构就明确要求行为人排除白马广场火卷帘下堆放杂物等妨碍，但行为人未整改，最后导致防火卷帘无法正常阻挡火势蔓延，大量店铺被烧毁，行为人茆某被判定构成消防责任事故罪。① 对比“黄某土消防责任事故案”和“茆某消防责任事故案”，在“茆某消防责任事故案”中，排除火卷帘下堆放杂物的程序性事项并不涉及专业知识的判断，也不需要整改后复查。但是，在“黄某土消防责任事故案”中，法院却仅是以未完全排除涉及专业消防知识判断的安全隐患而导致火灾发生为理由，认定行为人构成犯罪，这未免显得过于强人所难。由此可见，前置行政程序规范要求的程序性整改事项并未出现在法院的依据范围之内，继而，该案中发生的严重结果取代了对行为时前置行政程序性事项履行情况的司法判断。

同样，这种情况还有可能出现在拒不履行信息网络安全管理义务罪中。按照《刑法》第286条之一第3款的规定，只有“经监管部门责令采取改正措施”后，还未造成“致使刑事案件证据灭失，情节严重”等实害结果时，行为人才不构成犯罪。但是，行为人对前置行政命令程序的积极配合完全有可能导致刑事案件证据的灭失，在这种情况下，司法者极有可能以行为人未审慎履行改正义务或未完全履行整改义务，而导致刑事案件证据灭失为由，从而判定行为人构成犯罪。在违法信息大量传播的刑事案件中，违法信息的传播次数就是一种危害结果。② 但是，

① 参见安徽省蚌埠市禹会区人民法院刑事判决书，（2017）皖0304刑初7号。

② 参见熊波：《网络违法信息传播次数作为入罪标准的困境与出路——基于186份刑事裁判文书和相关司法解释的思考》，载《新闻与传播研究》2020年第10期。

在此类案件中，前置行政程序规范的程序性事项也是为防止违法信息的大量传播，继而要求删除违法信息，以阻碍违法信息的扩散。如此一来，网络服务提供者对前置行政程序规范的积极配合，就会导致实害结果的发生。如果按照立法规定，行为人也会因为未审慎履行改正义务或未完全履行整改义务而构成犯罪。那么，此时危害结果的发生便取代行为人对前置行政程序的积极配合。但该种立法现象显然是一种不够合理的立法设计，并未周全考虑前置行政程序规范与实害结果之间的关系，进而导致自相矛盾的立法现象产生。①

四、文本形式化程序立法模式仅注重行政要件

文本形式化程序立法模式是"刑行规范衔接"过程中出现的行政要件并未转换为犯罪构成要件规范的一种典型立法表现。该种立法模式容易将行政管理秩序涵盖的所有要件均纳入刑法关注的领域或范围，容易出现以刑法规制替代行政法规制实现行政法任务的情况。

文本形式化程序立法模式是指刑法为实现对行政管理秩序的维护，将单纯以文本管理形式表征行政管理秩序的程序性事项作为前置行政程序规范的主要内容。其在刑法规范中的典型表现是"未取得行政批准、许可文件"或"未注册或登记从业资格"等文本化程序形式。诸如，《刑法》第174条第2款伪造、变造、转让金融机构经营许可证、批准文件罪将单纯的伪造、变造、转让金融机构的经营许可证或者批准文件的行为，单独直接规定为犯罪；第225条非法经营罪第1款第2项也是单独将"买卖进出口许可证、进出口原产地证明"等行为作为了犯罪处理；第336条第1款非法行医罪的"未取得医生执业资格"也包括了未取得执业证书的行为类型；第343条第1款非法采矿罪的"未取得采矿

① 参见刘宪权：《刑事立法应力戒情绪——以〈刑法修正案（九）〉为视角》，载《法学评论》2016年第1期。

许可证”等，均是以文本形式化程序规范作为了入罪标准。由此可见，文本形式化程序立法模式主要出现在前置行政许可程序规范当中。在法律概念中，行政许可程序的文本化表现形式多种多样，诸如，许可、批准、允许、特许、登记造册、审核、检验、证明等。其中许可证件，制造、注册证书，批准文件等文本程序均是行政许可程序的外在表现形式。①

在前置行政程序规范的立法过程中，文本形式化程序立法模式会导致单纯以文本管理形式表征行政管理秩序的程序性事项被作为刑法重点保护的内容之一，致使刑法承担了行政法保护的任务。诸如，对于伪造、变造、转让金融机构经营许可证、批准文件罪，立法者认为，该罪侵犯的客体是国家对各类金融机构的审批管理制度。② 继而，在权威立法机构看来，行政审批管理制度属于刑法保护的法益类型。同样，对于非法行医罪，有学者认为，对执行医疗的行为资格进行先行登记，有助于国家管理并监督医疗业务，维护国民健康安全。③ 但是，事实上并非如此。刑法并不保护行政审批制度，是否先行登记，也与国民健康安全无必然的直接联系。具体而言：

第一，文本形式化程序不同于国家行业标准文本，虽然两者均属于文本形式化的行政要件，但是前者并不直接和公民的健康安全挂钩，而后者属于前置行政性法规范的基本范畴，国家标准的行政要件以静态的规范效果体现在刑法当中，其可以直接包容公民的人身健康安全。诸如，食品、药品、家用产品的国家或行业标准。

---

① 参见皮纯协主编：《行政程序法比较研究》，中国人民公安大学出版社 2000 年版，第 312 页。

② 参见郎胜主编：《中华人民共和国刑法释义》，法律出版社 2015 年版，第 254 页。

③ 参见李惠宗：《行政程序法要义》，台北，五南图书出版有限公司 2002 年版，第 125～126 页。

第二，将文本形式化程序引入刑法规范之中，极易导致行政效果要件被作为入罪标准。在上述文本形式化程序规范立法的罪名中，有些罪名的立法设置不要求许可证的数量或者其他严重情节，只要行为人实施了伪造、变造、转让经营金融业务许可证或者批准文件的行为，就构成犯罪。① 诸如，《刑法》第174条第2款规定的伪造、变造、转让金融机构经营许可证、批准文件罪。但是，按照国务院发布的《非法金融机构和非法金融业务活动取缔办法》第22条的规定，设立非法金融机构或者从事非法金融业务活动，但不构成犯罪的，需被没收非法所得并罚款。换言之，纵使是伪造、变造、转让经营金融业务许可证或者批准文件的行为，也存在行政法规制的空间。显然，在伪造、变造、转让经营金融业务许可证或者批准文件后，行为人并未通过从事非法金融业务活动获得数额较大的资金，或者未造成重大资金损失等情形，理应由行政法规制。同样，非法经营罪的"进出口许可证、进出口原产地证明"等经营许可证或者批准文件的买卖行为也应当如此。如果在前置行政程序规范中立法者不考虑行政规制的空间，仅凭行为违反文本形式化程序的行政管理就直接入罪，那么这种入罪理由是不充分的。

第三，单纯的文本形式化程序立法关注的行政义务是行政要件效果，其并不值得刑法予以保护。在行政法理论和实践中，许可证件，制造、注册证书，批准文件等文本形式化程序有如下作用：

首先，文本形式化的行政文书充当行政许可程序的外在表现形式。诸如，某项许可的申请、审查、颁发、变更或拒绝、废止、撤销等各项程序都可以通过文本形式化的行政文书表现出来，② 以便行政机关直观了解到行政管理的具体进程。对此，美国1946年制定、1976年修订的

---

① 参见黄太云：《刑法修正案解读全编——根据〈刑法修正案（九）〉全新阐释》，人民法院出版社2015年版，第360页。

② 参见皮纯协主编：《行政程序法比较研究》，中国人民公安大学出版社2000年版，第312页。

《联邦行政程序法》还将“核发许可证”视为许可申请到同意，再到修改、变更、吊销许可等程序的一种全过程。①

其次，文本形式化的行政文书是为了表明一种授权形式。诸如，特许经营便是如此，特许的证明采用的就是特许经营权证或特许经营权授权书的文本形式。② 诸如，在类似烟草、食盐等特定国有垄断行业中，企业必须申领诸如烟草专卖许可证、食盐批发许可证等行政许可证件。但是，这种特许经营制度在某种程度上受到学界诟病，有学者将其视为国家对特殊行业实施垄断经营的管控措施的途径。③ 而这种特许垄断是一种对自由经营的限制，公民对此具有为保护其生计而提出索赔或辩护的能力或事由。④ 因为，当一个国家行为体仅仅基于帮助某个利益集团的愿望，而不是在其他任何东西的基础上创建分类时，它就否认公民受到法律的平等保护。⑤

再次，文本形式化的行政文书为公平透明的交易流程提供了信息沟通渠道。通过表 1－1 的程序类型对应的罪名梳理可知，前置行政许可程序通常设置在经济刑法当中。因而，行政程序性事项通常是为公平透明的经济交易和流通服务的。假设消费者或者合作者面对的是毫无行政管控和约束的商家，并且，他们也并不掌握公司、企业、法人等具体信息。那么可想而知，消费者或者合作者是不愿意进行经济交易的。此时，许可证等文本形式就充当了“作为一种机制来规范供应商、消费者、竞争

---

① 参见汪永清主编：《行政许可法教程》，中国法制出版社 2011 年版，第 1 页。

② 参见王克稳：《行政许可中特许权的物权属性与制度构建研究》，法律出版社 2015 年版，第 490 页。

③ 参见王克稳：《行政许可中特许权的物权属性与制度构建研究》，法律出版社 2015 年版，第 149 页。

④ See *Administrative Law-The Occupational Licensing Act-Act of Apr.* 9, 1976, *ch.* 222, 1976 *Minn. Law* 722, William Mitchell Law Review, Vol. 3, p. 272 (1977).

⑤ See Gerald S. Kerska, *Economic Protectionism and Occupational Licensing Reform*, Minnesota Law Review, Vol. 101: 4, p. 1733 (2017).

对手和其他相关方之间的条款和条件”。① 并且，交易对方运行过程中的负面信息，也可以借助许可证登记或者注册等文本形式化程序完全公开、透明地反映出来（如不良资本信息、冻结资金信息等），这都为未来的经济交易安全提供了保障。② 而职业资格的注册、登记的前提是国家通过专业的知识或技能培训确保对方能够提供优质服务。“通过传递质量信息，职业许可证还提供了类似商标的功能，可以降低信息成本。”③ 最大限度地提升公民对特定专业或职业技能的信任，医生执业资格注册和登记便是如此。

最后，为确保以符合保护公众健康和财产安全的方式进行特定活动而实施的行政控制。这种对特定活动的行政控制通常发生在面向不特定多数公众的行业。诸如，金融服务行业、出租车驾驶行业等。“过去几十年来，政府越来越倾向于将各种活动置于某种形式的政府控制之下。这种控制是通过发放目的不同的许可证来保证的，其被认为是可取的。”其中，行政控制下的活动通常是“生死攸关的商业力量”。④ 而少数获取行政许可证件的人就等于作出了遵守相关法律的条款或条件的一种承诺，⑤ 从而确保正常交易不会损害公众健康和财产安全。

但是，行政许可程序的外在表现形式、文本形式化的行政文书是为了表明被许可者获得国家授权，而这均是一种纯粹的行政法要件效果，

---

① See Srividhya Ragavan, Brendan Murphy & Raj Dave, *Fraud v. Compulsory Licensing: The Lesser of the Two Evils*, Duke Law & Technology Review, Vol. 14: 1 p. 84 (2016).

② See Gerald S. Kerska, *Economic Protectionism and Occupational Licensing Reform*, Minnesota Law Review, Vol. 101: 4, p. 1707 (2017).

③ See John Blevins, *License to Uber: Using Administrative Law to Fix Occupational Licensing*, UCLA Law Review, Vol. 64: 4, p. 853 (2017).

④ See Hodgson, *D. C. Licensing and the Legitimate Expectation*, Adelaide Law Review, Vol. 9: 4, p. 465 (1985).

⑤ 参见［美］道格拉斯·胡萨克：《过罪化及刑法的限制》，姜敏译，中国法制出版社2015年版，第179～180页。

与刑法保护公民的人身、财产安全并无直接的关联性。即使文本形式化的行政文书能够确保被许可者在公平透明的交易流程中提供信息沟通渠道、确保以符合保护公众健康和财产安全的方式进行特定活动这两种目的均实现，但这也仅是体现基于公共利益而构建的行政管理秩序之目的，该目的本身就属于行政风险防控的一种手段，并不是刑法所关注的抽象危险犯中的一种经验上的、立法推定的抽象危险，更不是一种现实紧迫或特定个案的具体危险。因为在没有许可证件确保的公平透明的交易流程中进行经济交易，并不代表着交易方一定会遭受重大经济损失或者极有可能会遭遇商业欺诈。同样，没有许可证确保的金融服务也并不代表接受服务者的资金安全容易受到重大威胁。在这种情况下，文本形式化程序怎么可以直接通过前置行政程序规范就被立法者纳入《刑法》当中？这是需要立法者考量的地方。

第三节　对前置行政程序规范行政依附性司法现象的反思

前置行政程序规范在司法适用时存在的行政附属性现象，产生的弊端较前置行政不法规范而言更显著。刑法理论界和实务界在认定行政犯时，容易将刑法对前置行政不法规范的行为类型和概念的依附性不加区分地带入前置行政程序的司法认定原理与实践当中。从而导致刑法中的前置行政程序规范的司法认定存在行政依附性问题，前置行政程序规范的定罪功能定位发生偏移，混淆了行政法和刑法对危害行为的性质认定，无形中扩张了行政犯的规模和范围。

一、前置行政程序规范行政依附性司法的主要表现

前置行政程序规范的行政依附性司法现象，是指刑法理论和实务对

行政法中行政程序的规范依据和现实法律效果不加区分，直接将它们带入前置行政程序规范的刑事司法体系之中，从而致使刑法独立判断前置行政程序规范的能力缺失的一种现象。在本书看来，前置行政程序规范的行政依附性具体表现在两个方面：第一，刑法将行政法规范作为行政前置程序认定依据的权威依据；第二，刑法对行政程序的行政法律效果的依附性。

（一）认定依据的依附性：将行政法规范作为前置行政程序认定的权威依据

不同于行政法中行政程序法律效果的依附性，行政程序认定依据的依附性，是指刑法将行政性法规范作为了前置行政程序规范认定的权威依据。该种行政依附性现象的存在一定程度上说明了我国刑法理论界和实务界并未很好地区分“违反国家规定”等规范的前置行政不法和前置行政程序的依附性对刑事司法的适用效果，误认为前置行政程序规范的认定也应当依照行政性法规范予以援引适用。诸如，有学者曾指出：“对于这类犯罪①而言，由于自身的特殊构造，导致其刑事可罚性的认定并不仅取决于刑事法官，还需要在一定程度上依附于行政行为。”② 在该学者看来，因为行政行为是行政执法部门按照前置行政性法规范的具体规定来操作的，前置行政程序规范的主要内容是行政行为实施的程序性事项，因而，司法者对于前置行政程序规范的认定也需要依附前置行政不法规范。虽然，该论者指出刑事可罚性在一定程度上依附行政行为，但是，在观点并未对刑法的依附性程度予以明确时，司法者有可能直接照搬前置行政不法规范来认定前置行政程序规范。因此，前置行政程序规范认定依据的依附性就体现在理论界和实务界将行政性法规范作为前置行政程序认定的权威依据。

---

① 这类犯罪指前置行政程序型行政犯。——笔者注

② 刘夏：《犯罪的行政从属性研究》，中国法制出版社2016年版，第236页。

由此可知，认定依据的依附性是行政程序性事项内容的行政依附性价值判断的体现。亦即，前置行政程序不仅包括执行主体表征的“行政性”，还包括程序性内容的具体操作的依据源于“行政性”法规范。换言之，将行政法规范作为前置行政程序认定的权威依据，就需要同“空白罪状”的前置行政不法规范一样，援引程序操作的具体行政性法规范，进而体现行政犯刑事违法性的完全从属性判断。

前置行政程序规范行政依附性司法现象在部分司法解释中同样存在。以最高人民法院《关于审理非法行医刑事案件具体应用法律若干问题的解释》（以下简称《非法行医刑事案件解释》）为例，其第 1 条就形式化地理解了《刑法》第 336 条第 1 款非法行医罪中的“未取得医生执业资格”。“取得行医执业资格”的行政程序性事项主要规定在原《执业医师法》的行政性条款当中。① 因此，《非法行医刑事案件解释》对“非法行医”的认定，除规定“未取得或者以非法手段取得医师资格”外，还依据原《执业医师法》第 14 条第 2 款、第 16 条、第 37 条等行政性条款，将吊销医师执业证书以及未取得乡村医生执业证书的形式化要件作为了前置行政程序的认定依据，以致部分学者认为“未取得医生执业资格”应当直接依据相关行政法规范予以确定。②

但问题在于，原《执业医师法》中规定的未取得医生执业证书、未注册医生执业资格、未经批准擅自开办医疗机构、变更执业地点等行政程序性事项，与行为人不具有行医能力和资格从而导致就诊人健康处于重大损害风险中并无必然联系。按照前文所述，“未取得行政批准、许可文件”或“未注册或登记从业资格”仅是表征行政法效果的文本化程序形式，直接将其照搬到刑事司法体系中，体现前置行政程序规范认定

---

① 参见聂慧苹：《刑法法律地位在司法中的具体运用——兼论“北大医院教授死亡”案》，载《东方法学》2010 年第 4 期。

② 参见俞宙、张鹏：《非法行医罪的法律界定》，载《人民司法》2008 年第 6 期。

依据的行政依附性，为司法者将行政程序表征的行政管制秩序作为入罪的根本依据奠定了理论基础。

此外，不仅是理论界和司法解释的部分规定展现出行政法规范作为前置行政程序认定的权威依据的行政依附性司法现象，在部分实务案件中，同样存在诸如此类的情况。

例如，在“杜某芳非法行医案”中，被告人杜某芳未取得医生执业资格便为被害人张某接生。后经技术鉴定，张某系分娩时子宫多处破裂出血，致急性失血性休克死亡。但杜某芳在原籍曾经从事过医疗行业，具有一定的医疗技术，二审法院仍以杜某芳违反原《执业医师法》中的医师职业资格的考试要求以及执业证书的领取要求等行政程序性事项的规定为由，否定其在北京市行医的合法性，从而判定杜某芳构成非法行医罪。① 但司法机关未判断杜某芳的行医行为是否为导致受害人急性失血性休克死亡的真正原因，也未考虑行政性法规范作为行政程序的认定依据时，是否与刑法的法益保护原则存在冲突的问题。刑法将行政性法规范作为前置行政程序规范认定的权威依据，忽视了刑法对危害行为与结果的因果关系的独立判断。

又如，因为《刑法》第225条非法经营罪明确规定了“违反国家规定”的前置行政不法规范以及“未经许可”的前置行政程序规范。此外，该条第4项还规定了其他类非法经营行为的兜底情形。因此，这容易致使人们产生只要前置行政不法规范规定经过许可程序才可经营的情形，行为人对此予以违反的，司法者均可作为兜底情形予以认定的误解。诸如，在部分案件中，倒卖报废出租车也被视为一种非法经营行为。部分司法机关认为：“对于刑法未明确规定的某种具有一定危害性的行为，若以非法经营罪论处，必须符合行为是一种经营行为；经营行为违法；非法经营行为严重扰乱市场秩序。倒卖报废出租车的行为，首先，是一

① 参见北京市第二中级人民法院刑事裁定书，(2004) 二中刑终字第81号。

种经营行为；其次，根据相关规定（指的是《机动车修理业、报废机动车回收业治安管理办法》），报废出租车是禁止买卖的；最后，该行为严重扰乱了车辆市场的正常秩序，也损害了消费者的利益。所以，倒卖报废出租车的行为构成非法经营罪。"① 但是，有学者认为，非法经营的业务，不能宽泛理解为关系国计民生的其他重要物品或业务。②《刑法》第225条的"未经许可"程序并不是《行政许可法》等行政性法规范中的广泛许可，而是一种授权许可程序。③

虽然，上述两类观点的理解方式有所不同，但不可否认的是，根据《刑法》第225条前3项明确列举的3种情形来看，刑法首先评价的是一种能够正常合法的经营行为，而并非对所有违反《行政许可法》等行政性法规范规定的行政许可程序的经营行为的规制。显然，倒卖报废出租车并非授权许可的行为，而是不可能被正常许可的非法经营行为。按照前置行政程序规范的概念理解，前置行政程序至少是行为人能够积极配合履行的程序性事项。但在"倒卖报废出租车案"中，倒卖报废出租车本身就不是合法或不能正常经营的对象，在这种情况下，行为人无法积极配合程序性事项，开展正常自由的经营活动。显然，案件中司法实务部门的理解是将《行政许可法》中所有的许可程序性事项毫无保留地均作为了前置行政程序认定的权威依据。

（二）法律效果的依附性：将行政程序表征的行政管制秩序作为入罪的根本依据

一般而言，在经济犯罪的认定过程中，学界和实务界习惯用"市场

---

① 北京市昌平区人民法院刑事判决书，（2006）昌刑初字第337号。

② 参见苏敏华：《私设网络游戏服务器刑事责任探析》，载《信息网络安全》2007年第5期。

③ 参见陈兴良：《违反行政许可构成非法经营罪问题研究——以郭嵘分装农药案为例》，载《政治与法律》2018年第6期。

经济管理秩序”作为刑法法益类型。① 很显然，这是受到现行《刑法》第三章“破坏社会主义市场经济秩序罪”和第六章“妨害社会管理秩序罪”的称谓影响。由于社会主义市场经济秩序具有市场经济交易性、流通性的鲜明特征，因而刑法将其从“妨害社会管理秩序罪”的章节中脱离开来。但不可否认的是，社会主义市场经济秩序本质上仍属于社会管理秩序的一种秩序类型。

但是，刑法中的前置行政程序规范表现出来的行政法效果不同于一般的社会管理秩序，“社会管理秩序”抽象性较强，就本质而言，其行政性法效果较弱。② 但是，刑法管理秩序包含的公共利益具有刑法和行政法适用的通用功能，这是因为公共利益是一个跨学科的行政学概念，是所有行政活动的理由和界限所在。然而，“尽管立法机关经常明确地规定‘公共利益’、‘公共福祉’、‘大众福祉’，但是其概念及其所蕴含的各种不同利益却没有得到明确”。③

至今为止，刑法规范中的“社会管理秩序”还在某种程度上与行政程序的管制效果存在关联。虽然，随着公共行政管理控权论的法治国理念的强化，非管制化行政管理职能的定位逐渐受到学界重视。但是，当前实现行政程序的公共利益事项目标依靠的主要手段还是控制。④ 而行政程序具有较强的行政强制性、行政命令性、行政管制性等鲜明特征。因而，在微观经济学理论中，经济刑法中的前置行政程序规范的行政法

① 参见高铭暄、马克昌主编：《刑法学》，北京大学出版社、高等教育出版社 2016 年版，第 366 页；最高人民法院刑事审判第一、二、三、四、五庭主办：《中国刑事审判指导案例》（第 1 卷 · 刑法总则）（第 3 版），法律出版社 2017 年版，第 199 页。

② 参见何精华主编：《现代行政管理：原理与方法》，上海社会科学院出版社 2005 年版，第 125 页。

③ ［德］汉斯 · J. 沃尔夫、［德］奥托 · 巴霍夫、［德］罗尔夫 · 施托贝尔：《行政法》（第 1 卷），高家伟译，商务印书馆 2002 年版，第 324 页。

④ ［德］汉斯 · J. 沃尔夫、［德］奥托 · 巴霍夫、［德］罗尔夫 · 施托贝尔：《行政法》（第 1 卷），高家伟译，商务印书馆 2002 年版，第 47 页。

效果又被称为一种“行政管制”、“政府管制”或“经济管制”。①

诸如，我国著名的经济学家王俊豪等学者认为，政府管制可以通过设定许可、监督检查、行政处罚、行政裁决等行政处理方式实施或实现对社会公民个体的经济行为的直接控制。② 其中，“管制”是经济学、行政法学、政治学的通用概念。③ 随着行政任务的不断膨胀，“在金融风险控制、新产品和新技术风险控制、消费者的健康和经济利益保护、环境污染控制、职业安全、医疗卫生和社会保障等领域，公共行政承担了越来越多的管制事务”。④ 由此可见，行政管制现象主要集中在经济领域，行政管制主要通过设定行政许可、处罚、命令等行政程序的方式予以实现。

而前置行政程序的法律效果的行政依附性表现就在于：刑法错将行政程序表征的行政管制秩序作为了入罪的根本依据，继而一概而论，将行政管制中的行政强制性、行政命令性、行政约束性带入刑法体系之中。刑法学界对于前置行政程序法律效果的依附性认可具体表现为以下两种形式：

第一，直接将行政程序管制纳入刑事司法体系当中（“直接论”）。“直接论”的基本观点是：行政程序管制作为行政法维护公共利益的手段，而刑法作为公共利益的最有效的维护手段，刑法更应当与行政法的行政管制实现无缝衔接。例如，有学者认为，刑法修正案先后对逃税罪、食、药品安全犯罪等罪名的修改均体现了“刑事司法机构和行政管制机

---

① 为方便论述，本文统一采取“行政管制”的通用称谓。

② 王俊豪、肖兴志、唐要家：《中国垄断性产业管制机构的设立与运行机制》，商务印书馆2008年版，第135页。

③ 参见［美］丹尼尔·F. 史普博：《管制与市场》，余晖等译，格致出版社2017年版，第20页。

④ 刘诚：《政府管制背景下行政执法的一般理论》，载刘恒主编：《行政执法与政府管制》，北京大学出版社2012年版。

构的职能紧密关联”。① 因此，对于上述犯罪行为的认定，刑事司法必须先经过行政执法部门的处理或者鉴定来确定其存在危险性，使刑法依附行政法上的相关先行判断，最终实现刑事处罚体系与社会管制机制之间的无缝衔接。② 又如，德国学者鲍曼（Baumman）、韦伯（Weber）、库尔（Kuehl）等结合行政许可程序认为，行政许可是一种控制性许可，行为人对许可程序的违反是破坏国家行政监督和控制的表现；只要行政法认可这种表现，则违反行政许可程序的行政违法性在刑法体系中就应当被承认。③ 由此可见，“直接论”在国内外学者的观点表述中均得到了体现。在他们看来，行政管制秩序在刑事司法体系中被直接作为处罚的依据并不存在障碍。

第二，通过社会公共秩序等集体法益间接认可行政管制秩序（“间接论”）。“间接论”观点并未直接将行政管制、监督等手段和目的纳入刑法体系当中，但是，该观点的基本主张是，如果市场经济秩序、公共管理目的与刑法的集体法益或超个人法益存在关联，那么行政管制秩序就可以作为刑法的保护对象。诸如，近期有学者认为：“犯罪成立的行政程序性条件除了要实现行政法的公共管理目的外，还应具有刑法的预防犯罪、保护法益的功能。”④ 在该学者看来，如果前置行政程序实现的公共管理职能与重大法益刑法保护的预防功能紧密关联，那么行政管制手段可以作为刑法的保护对象。还有学者借助机能主义刑法观认为，刑法应当是经济秩序维护和经济安全保障之工具，刑法中的国家管控优先

---

① 周光权：《转型时期刑法立法的思路与方法》，载《中国社会科学》2016 年第 3 期。

② 参见周光权：《转型时期刑法立法的思路与方法》，载《中国社会科学》2016 年第 3 期。

③ Baumman/Weber, Strafrecht AT, 2003, §17 Rn. 130; Kuehl, Strafrecht AT, 2002, §9 Rn. 130. 转引自车浩：《行政许可的出罪功能》，载《人民检察》2008 年第 15 期。

④ 高磊：《论犯罪成立的行政程序性条件》，载《东方法学》2020 年第 3 期。

于对个人交易的自由保障。① 在该学者看来，行政管制所维护的市场经济秩序同样属于刑法保护的对象，其甚至可以超越个体自由的法益价值。无独有偶，德国刑法学界的部分学者亦将行政管制秩序作为了集体法益、超个人法益予以保护。诸如，“经济刑法二元法益观”的代表学者克劳斯·梯德曼就认为：“在刑法教义学的意义上，经济犯罪与经济刑法的特殊之处主要在于：这里涉及的是超个人的法益（社会法益、集体法益或公众利益）。”② 其中，集体法益同样是包含有市场经济秩序的抽象化利益。由于市场经济秩序是一种经济运行状态，行政管制也可以被作为经济运行状态的维持工具或手段。因此，克劳斯·梯德曼其实并不排斥经济行政管制秩序作为市场经济秩序的一部分而被刑法视为集体法益进行保护。因为，在支持行政程序的法律效果行政依附性的部分学者看来，其中有一个共同点：刑法中的行政程序管制能够充分发挥保障经济秩序风险最小化的功能。

因此，无论是“直接论”还是“间接论”，两者只是在认可行政管制秩序的行政法效果纳入刑事司法体系的路径或方式上存在差异。前者直接将行政管制秩序视为刑法惩治犯罪的目的或依据；后者通过将行政管制秩序转化为市场经济秩序或市场安全管理秩序等集体法益进行间接保护。但是，从上述两种观点来看，它们均将行政程序表征的行政管制秩序作为入罪的根本依据。

同样，在我国经济刑事司法实务中，行政程序法律效果的行政依附性更是较普遍。笔者以典型案例“连云港药神案”为例，2011 年至 2014 年 7 月，林某祥等人未取得药品经营许可证，便向境外人员购进“吉非替尼”等药品然后在我国内地向医生、患者非法销售。一审法院

① 参见田鹏辉：《经济安全与经济刑法立法模式选择》，载《法商研究》2018 年第 3 期。

② ［德］克劳斯·梯德曼：《经济刑法的概念和历史发展》，周遵友译，载赵秉志主编：《刑法论丛》第 47 卷，法律出版社 2016 年版。

判处行为人构成销售假药罪。然而，林某祥等人未经批准进口的印度仿制药虽然被拟定为假药，但确实延缓了癌症患者的寿命。① 对此，2020年6月2日，江苏省高级人民法院对该案进行二审审理认为，原审被告人未按规定批准而销售的药品属于原《药品管理法》中的“按假药论处”的药品，构成销售假药罪。并且，被告人未取得药品经营许可证且情节严重的行为还可构成非法经营罪。②

从“连云港药神案”的宣判中可以发现，法院依据的“未取得药品经营许可证”正是行政管制秩序的纯粹行政法效果的直接表现，行为人违反单纯的行政许可程序的管制秩序被司法者视为扰乱药品市场管理秩序的应有之义。虽然二审法院考虑2019年修订的《药品管理法》将与行政管制程序密切相关的需批准或检验的“拟制假药”予以排除，在此情况下，刑事司法者不再适用销售假药罪对林某祥等人判处刑罚。但是，由于《刑法》第225条的非法经营罪同样包括了行政许可的管制秩序，因而，林某祥等14人还是无法逃脱非法经营罪中“未经行政许可”的单纯扰乱行政管制秩序的束缚。二审法院在药品确实具有疗效的情况下，仍以原《药品管理法》中的“拟制假药”为依据，判定林某祥等人构成非法经营罪。由此可见，二审法院改判实质上是根据前置行政不法规范的立法修改而被迫作出的罪名调整，但其本质上并未真正区分刑法中的药品市场管理秩序和行政法上的药品销售的行政管制秩序。因而，在“连云港药神案”中，无论是一审法院还是二审法院，司法机关均未摆脱“未经许可程序”的行政管制秩序的束缚。这显然是刑法对行政程序的管制秩序过度依赖的一种表现形式。

---

① 参见程亚龙：《连云港“药神”案二审开庭：律师披露庭审三大争议焦点》，载搜狐网，https：//www. sohu. com/a/315250432_ 114988，最后访问时间：2020年6月5日。

② 参见顾元森：《“连云港药神案”二审宣判 14人改判非法经营罪，1人无罪》，载《现代快报》2020年6月3日，A7版。

此外，现实生活中的部分非法行医行为、非法吸收公众存款行为、拒不支付劳动报酬行为、借用烟草许可证行为、擅自制作网游外挂出售牟利等行为被司法机关依据行为人违反行政程序、侵害了行政管制秩序而入罪的现象亦鲜见。笔者再以现实司法实践中较具争议的借用烟草许可证行为的入罪为基础进行讨论。

诸如，在“陈某菊租用烟草专卖零售许可证案”中，被告人陈某菊伙同被告人郑某租用烟草专卖零售许可证，在本市其他卷烟零售店内非法经营烟草制品。其中，被告人陈某菊购进了价值 186 万余元的真品卷烟 3000 余条。对此，法院审理后认为，虽然租用他人的烟草专卖零售许可证符合形式的资质要求，但是却违反了法定许可程序，情节严重，仍构成非法经营罪。① 在该案中，之所以行为人租用他人烟草专卖零售许可证会被法院认定为属于非法经营罪的表现形式，就是因为“租用”行为表明行为人违反了烟草许可经营秩序，其并未积极配合许可程序的行政管制性事项。但是，烟草专卖经营许可证并非与执业医师资格证和销售药品许可证一样具有强烈的人身专属性。仅依靠烟草经营许可证，也并不能确保行政执法部门能够掌握行为人销售烟草的动态，防止出现行为人损害他人人身健康、财产法益的紧迫危险性。此时，刑法要求陈某菊自己按照行政许可程序要求的事项进行烟草销售是为了全程掌握动态销售环节，并不涉及对刑法中的公共利益现实、紧迫的法益侵害结果或危险的排除。

其实，《烟草专卖许可证管理办法》第 41 条规定的不允许公民非法转租、出借烟草专卖许可证的行政管制秩序，是用来追究行为人转嫁销售虚假、伪劣烟草导致公民人身健康损害或危险出现后的法律责任的，而并非要求持证人亲自经营烟草销售。换言之，在“陈某菊租用烟草专

---

① 参见北京市西城区人民法院刑事判决书，（2010）西刑初字第 459 号；北京市第一中级人民法院刑事裁定书，（2010）一中刑终字第 3206 号。

卖零售许可证案”中，只要没有证据直接证明陈某菊租用烟草专卖零售许可证是用来销售假冒伪劣烟草躲避行政执法部门监督管理的，刑事司法就不应当将无证销售的单纯行政管制秩序作为非法经营罪处罚依据或保护对象。而对于行为人陈某菊租用烟草专卖零售许可证贩卖真烟阻碍烟草管理部门正常监管，干扰行政管制秩序的违法行为，完全可以通过行政手段予以规制，实现行政法中的“无证经营扰乱行政管制秩序”与刑法中的“无证经营侵害公共利益”的区分对待。①

二、前置行政程序规范行政依附性司法的具体问题

当然，如果前置行政程序规范行政依附性司法现象并不直接决定刑事违法性判断，前置行政程序规范如同前置行政不法规范，仅是对行为类型和基本概念的确立，那么，前置行政程序规范行政依附性司法现象也不足为奇，不至于干扰刑事司法对前置行政程序规范指引的行为类型和确立的基本概念进行再次筛选。但是一如前述，前置行政程序规范之所以具有“前置性”，就在于其前置于实体性犯罪构成要件和刑事责任的判断。这就意味着，一旦行为、结果等实体性规范要素符合前置行政程序规范，刑事司法者就可以完成犯罪成立的判断。所以，如果任意让前置行政程序规范行政依附性的具体缺陷侵入刑事司法过程中，那么无疑是无形中扩张犯罪成立的认定范围，不利于我国市场经济的创新和发展。

（一）直接将行政程序本身的问题带入刑事司法之中

行政程序本身属于行政法要素，所以不可否认的是，如果采用行政法规范作为前置行政程序认定的权威依据的行政依附性方法或观点，承认我国刑法中的“前置行政程序”是行政法中的行政程序，那么我们将面临一个不可回避的问题：行政法与刑法保护理念的差异将会影响前置

---

① 参见广东省广州市中级人民法院刑事裁定书，(2018) 粤01刑终994号。

行政程序成立条件的确立。以行政法规范为依据认定的前置行政程序，肯定存在部分程序性事项在刑法理论者和实务者看来是行政程序所存在的问题。具体而言：

1. 刑法直接依据行政程序的公定力和存续力确定犯罪构成要件效力

为了行政秩序管理职能的高效行使，大陆法系国家的行政法学者和实务者几乎一致认为，作出的行政行为原则上推定有效。① 因为，在他们看来，“服从行政权的支配是社会稳定的一个重要前提条件”。② 所以，行政程序维护的“法的安定性和后续行为的稳定性”应当是优先于实质正义的。③ 如果承认前置行政程序具有行政依附性，就表明刑法需要认可一经作出即为有效的行政程序的公定力和存续力，那么很显然刑法沦为了维护行政法秩序保障目的的工具。诸如，在非法行医罪和非法经营罪中，只要行为人突破行政许可或登记确立的营业范围、规模、地点，就违背行政程序性事项事先确立的公定力。如果刑法认可前置行政程序的行政依附性，就意味着刑法需要将这种一般行政违法行为推定为犯罪行为。但这显然不合理。

那么，行政程序的公定力和确定力在刑事司法体系当中是否具有构成要件效力？这需要首先从行政程序的公定力和存续力的概念和关系中寻求基本答案。行政程序的公定力概念最早由日本公法学家美浓部达吉提出，其继受德国学者奥托·迈耶的行政行为理论，认为如果行政程序没有被有关机关取消或者确认无效，那么在代表国家权力的行政程序实施时公民就应当全盘接受，否则国家机关的权力行为将得不到任何保障。对于有争议的行政程序性事项，公民可以通过申请异议、提起诉讼等途径来解决行政程序的效力问题。但在确定行政程序的效力之前，行政程

① 参见周伟：《行政行为成立研究》，北京大学出版社2017年版。

② 章剑生：《现代行政法基本理论》，法律出版社2014年版，第502页。

③ 参见王世杰：《论行政行为的构成要件效力》，载《政治与法律》2019年第9期。

序一经实施即为有效。① 因此，行政程序的公定力，是指行政行为程序一旦实施，就推定其合法有效，② 对任何组织、机构、集体或个人都具有约束力，他人必须遵照执行。③ 有的行政法学者在公定力概念之后再划分出“存续力”的概念，④ 还有学者划分出“确定力、拘束力和执行力”等概念。⑤ 其实，“存续力”或者“确定力、拘束力和执行力”均可以用“存续力”的概念来统一表述，行政程序存续力的概念，是指一旦行政程序具有公定力，除非被依法变更、撤销或宣告无效，否则行政程序效力将一直延续下去，被其他组织、机构、集体或个人遵照执行。⑥ 因此，公定力和存续力两者的关系只有行政程序的公定效力被存续下去，行政程序的认定才能在行政或司法实践中具有确立力、拘束力或者执行力。行政程序的存续力是公定力效力的保障，如果没有存续力，那么公定力的本质效力无从体现。

而由于行政程序存续力的效力存在，因而如果我们承认行政程序的公定力和存续力，前置行政程序规范作为刑法中的犯罪成立条件，相应地，在前置行政程序规范的行政依附性司法现象下，行政法上的行政程序又对刑法具有构成要件的效力。行政程序的构成要件效力，是指行政

---

① 参见刘善春：《行政实体法与行政程序法精要》，人民法院出版社 2019 年版，第 228～229 页。

② 参见戚建刚、关保英：《公民的拒绝权若干问题探析》，载《法商研究》2000 年第 4 期。

③ 参见刘善春：《行政实体法与行政程序法精要》，人民法院出版社 2019 年版，第 228～229 页。

④ 参见罗传贤：《行政程序法论》，台北，五南图书出版股份有限公司 2017 年版，第 214 页。

⑤ 参见罗豪才、湛中乐主编：《行政法学》，北京大学出版社 2016 年版，第 120～123 页。

⑥ 参见罗传贤：《行政程序法论》，台北，五南图书出版股份有限公司 2017 年版，第 214 页。

程序一旦成立，即构成其他国家机关判定行为违法性的基础和前提。① 在刑事司法体系当中，前置行政程序规范的行政依附性就意味着司法者对行政法的行政程序可以不加筛选直接将其作为犯罪构成要件。这就是行政犯的行政依附性现象。② 但即使行政法学者认可行政程序的构成要件效力，其也认为，行政程序的缜密性不如司法程序，程序性内容的正确性保障力度也远远不及司法程序强。③

由此，行政程序的公定力和存续力的直接效果就体现在执法、司法乃至立法环节中，即使行政程序违法，也不影响国家机关对行为人追究法律责任。换言之，“不因行政程序违法而免责”。④ 这在刑事司法中的具体表现就是只要是行政机关工作人员依职权行使的行政程序，无论其是否合法，法院均不具备司法审查能力。⑤ 纵使行为人在刑事审判中对行政程序存在合法性异议，也不影响刑事司法对前置行政程序的行政依附性判断。⑥ 下面笔者将结合妨害公务罪中的行政执法程序违法的案例进行深入探讨。

在“胡某甲、王甲妨害公务案”中，胡某甲的辩护人提出政府的强拆程序违法，政府部门执法主体不适格，且未以书面形式明确告知行政相对人违法行为具体内容等相关辩护意见。对此，法院认为，行政行为的公定力表明行政行为无论实质是否合法和妥当，都推定其具有有效性。该行为需要受到任何组织、个人的尊重，他人不得暴力抗拒。虽然《关

---

① 参见李惠宗：《行政程序法要义》，台北，五南图书出版有限公司2003年版，第292页。

② 参见李惠宗：《行政程序法要义》，台北，五南图书出版有限公司2003年版，第290页。

③ 参见余凌云：《行政法讲义》，清华大学出版社2019年版，第286页。

④ 张步洪：《行政处罚程序违法的实体化处理与法律责任》，载《国家检察官学院学报》2020年第5期。

⑤ 参见广东省深圳市中级人民法院刑事裁定书，（2010）深中法刑1终字第13号。

⑥ 参见江西省抚州市临川区人民法院刑事判决书，（2017）赣1002刑初109号。

于拆除淮河右岸马城段非法塔吊、码头的通知》的发布主体不适格、告知程序不合理且需要被确认违法，但这均属于程序瑕疵，无法阻却行政相对人的暴力抗拒行为的违法性。因此，法院以一名执法人员受轻微伤为由，而认定胡某甲、王甲的行为妨碍正常的行政执法工作，构成妨害公务罪。①

从该案中可以发现，其实法院已经意识到执法机关的行政程序违法，但是，法院却还是直接依据行政程序的公定力和存续力，认为违法的行政强拆程序亦属于妨害公务罪的犯罪构成要件。但在刑法理论中，一般人在面对不具有合法性的行政执行主体暴力强拆房屋且无法确认自己行为存在违法性时，均会对行政程序的公定力和存续力产生怀疑，这是正常人的反应。《宪法》第 13 条明确赋予公民合法私有财产不受侵犯的基本权利。在行为人未能通过正当行政程序了解自己行为的违法性时，很难期待行为人不对侵犯自己合法财产的行政公权力予以反抗。况且，反抗的结果也仅是一名行政执法人员受到轻微伤，而轻微伤并不是行为侵害公民身体健康权的刑法规制依据。在此种情况下，该案中违法的行政强拆程序被刑事司法所认可，在某种程度上说明了该案法官将刑法作为维护国家行政职权强制力的一种工具和手段。这显然违背了刑法规制的本质目的。而这种理解是出于对法秩序统一性原理的误解。② 在这种原因的持续引导下，出现了类似的“陈某武妨害公务案”③ “胡某付、王某等妨害公务案”④ “张某甲妨害公务案”⑤ 等案件。

---

① 参见安徽省蚌埠市禹会区人民法院刑事判决书，(2019) 皖 0304 刑初 157 号。

② 参见李惠宗:《行政程序法要义》，台北，五南图书出版有限公司 2003 年版，第 293 页。

③ 参见福建省莆田市中级人民法院驳回申诉通知书，(2020) 闽 03 刑申 15 号。

④ 参见安徽省蚌埠市中级人民法院刑事裁定书，(2019) 皖 03 刑终 621 号。

⑤ 参见安徽省铜陵市中级人民法院刑事附带民事裁定书，(2014) 铜中刑终字第 00100 号。

2. 刑法对于行政法效果中的瑕疵或违法的行政程序予以接收

在行政法中，违法的行政程序分为自始无效的行政程序、确认违法但不撤销的行政程序以及撤销或部分撤销且可判决重新作出行政程序 3 种类型。其中，按照《行政诉讼法》第 75 条的规定，行政程序只有在行政主体不具有实施资格以及没有实施依据的情况下，才是重大且明显违法的无效情形（简称为重大违法的行政程序）；按照《行政诉讼法》第 74 条的规定，撤销会对国家利益和社会公共利益造成重大损害以及程序轻微违法且对行政相对人权利不产生实际影响的情形属于确认违法但不撤销的行政程序（简称为一般违法的行政程序）；按照《行政诉讼法》第 70 条的规定，滥用职权，适用法律、法规错误，违反法定程序，超越职权作出的行政程序以及主要证据不足、明显不当的行政程序属于撤销或部分撤销且可判决重新作出行政程序的类型（包括“一般违法的行政程序”和“瑕疵违法的行政程序”）。对于瑕疵轻微违法程序，行政法规范并未明确规定具体情形，有学者在整理法院相关判例中发现 8 种情形，具体包括超过法定期限、文书记载错误、行政程序颠倒、未履行公告程序、未履行告知义务、未正确告知处罚事实、落款日期错误和未严格审查当事人的申请材料。①

由此可见，行政诉讼法上违法行政程序并非一律自始无效，只要行政程序不属于《行政诉讼法》第 75 条无效的行政程序，那么即使是部分违法的行政程序，在未撤销前亦具有公定力、存续力或者犯罪构成要件效力。甚至违反法定程序的行政程序也仅是应当撤销或部分撤销并且可以重新作出的程序性事项；虽为违法程序但是撤销会对国家利益和社会公共利益造成重大损害的也是不撤销的行政程序。不撤销的行政程序和可以撤销但还未撤销的行政程序都是有效的行政程序。在行政法理论

---

① 参见王玎：《行政程序违法的司法审查标准》，载《华东政法大学学报》2016 年第 5 期。

中，违法的可撤销行政程序在撤销前并不等于无效的行政程序。[①] 甚至在部分学者看来，撤销效果包括向前溯及的无效以及向后消除但向前不溯及的确认存在。[②] 还有学者直接单一地认为："现实中的'撤销'仅仅意味着停止侵害行为，而并未填补已有的损害。"[③] 由此可见，行政法上违法行政程序的撤销后果并不严重，甚至行政法理论对于撤销前的行政程序是予以认可的。这也解释了为何在刑事司法过程中对前置行政程序规范的认定会存在诸多问题。

此外，按照最高人民法院《关于适用〈中华人民共和国行政诉讼法〉的解释》第96条的规定，程序轻微违法且对行政相对人权利不产生实际影响的情形中的行政相对人的"权利"仅限于程序性权利，而并不包括前置行政程序规范紧密相关的刑法规定的实体性权利。对此，有学者批评道，这"切断了程序违法与实体权利受损害之间存在的关联"。[④] 并且，《行政诉讼法》第70条规定的部分"瑕疵违法的行政程序"是可补正的瑕疵。[⑤] 因此，两种可撤销的行政程序通过刑法实体性权利的解释理由以及行政瑕疵补正均可变为无须撤销的行政程序。这就意味着行政法原先的轻微违法以及瑕疵违法均可转变为刑法有效的前置行政程序，这显然并不合理。

退一步而言，即使承认违法行政程序均属于可撤销的行政程序，在前置行政程序规范行政依附性刑事司法的现象下，除无效的行政程序外，一般违法或者瑕疵违法的其他类型的违法行政程序在被撤销前都对刑事

---

① 参见闫尔宝：《行政行为的性质界定与实务》，法律出版社2010年版，第318页。

② 参见余凌云：《行政法讲义》，清华大学出版社2019年版，第290页。

③ 王贵松：《论行政处罚的制裁性》，载《法商研究》2020年第6期。

④ 章剑生：《再论对违反法定程序的司法审查基于最高人民法院公布的判例(2009—2018)》，载《中外法学》2019年第3期。

⑤ 参见姜明安等：《行政程序法典化研究》，法律出版社2016年版，第374页。

司法具有公定力、持续力和构成要件效力。① 诸如，有刑法学者认为，某一行政行为是合法还是违法的，根本不会对其在行政从属性犯罪中的角色产生任何影响，只有无效的行政行为才不具有任何意义。② 在该学者看来，行政法中的一般违法或者瑕疵违法的行政程序都是刑事司法在行政程序撤销前应当被认可的前置行政程序。

但是，细看对刑法具有公定力、持续力和构成要件效力的违法行政程序可知，诸如，没有书面形式的要式行政程序、程序性事项内容不明确的行政程序、欠缺公告或通知的行政程序、暴力实施的行政程序和随意涂改日期或名字、未明确标记送达时间或者标记日期时间错误的行政程序等，都混合一体地被作为了具有行政法效力的行政程序。因为行政法中行政程序的实施并不严格以行为人的主观过错为要件。③ 那么，按照行政依附性观点，刑法也要接受上述行政法认可的未撤销前有效的行政程序，这显然是不合理的。诸如，没有书面形式的要式行政程序、程序性事项内容不明确的行政程序、欠缺公告或通知的行政程序等违法行政程序情形，致使行为人不清楚行政程序要求的具体性事项，继而该种行政程序无法指导行为人积极配合程序来恢复法益。这是将形式化的行政程序引入刑事司法体系中的表现。同样，从表面上看仅是形式瑕疵的随意涂改日期或名字、未明确标记送达时间或者标记日期时间错误的行政程序，在刑事司法中很有可能会影响司法者对行为人积极配合行政程序的期限、行为人是否明确知悉具体行政程序性事项以及行政执法部门是否当场送达相关文书等程序性事项的判断。如此，对于行政法认定的程序的轻微违法或者瑕疵的情形，在刑法理论看来却是违背责任主义原则的，但刑法却还是要承认它。

---

① 参见姜明安等：《行政程序法典化研究》，法律出版社 2016 年版，第 275 页。

② 参见刘夏：《犯罪的行政从属性研究》，中国法制出版社 2016 年版，第 270 页。

③ 参见罗豪才、湛中乐主编：《行政法学》，北京大学出版社 2016 年版，第 348 页。

例如，在“张某消防责任事故案”中，消防机关以口头方式责令行为人改正，但并未送达责令改正通知书。法院却据此认为该形式瑕疵的行政程序仍符合《刑法》第139条消防责任事故罪中的通知改正程序。① 这不符合刑罚责任主义原则。又如，在部分案件中，行政执法机关所做的行政行为在程序上有瑕疵违法，但其对行为人入罪不存在任何消极影响，而瑕疵违法行政程序却被作为了认定行为人从轻处罚的情节。② 此类案件均反映了刑法对行政程序瑕疵性和违法性效果的隐忍。

3. 固守“一刀切”的程序操作并未考虑对刑法重大法益的周全保护

虽然，在我国行政法理论和实务中，部分无书面形式的行政程序并非无效行政程序，但其同样属于瑕疵违法的行政程序。因此，依据行政法的正当程序原则，一般而言，为了阻碍这种形式瑕疵违法的行政程序，行政程序需以“书面形式”作出，以保障行政相对人的权益。我国刑法学者在结合拒不履行信息网络安全管理义务罪时认为，在监管部门未正式发出书面的责令程序时，网络服务提供者不构成犯罪。③ 但是，正如前述，有时候行政程序维持的行政管制秩序中确实存在行为人严重侵害他人生命健康的紧急情形。此时，一味固守形式化的正当程序原则，则容易忽视对刑法重大法益的周全保护。诸如，在2018年“滴滴顺风车乘客遇害事件”中，网络服务提供者不及时提供行为人的具体信息，导致公安机关抓捕行为延迟，继而严重侵害乘客的生命安全的行为未得到刑法规制，就是因为拒不履行信息网络安全管理义务罪中“责令改正”程序的严苛认定条件的客观存在。④

当前，行政法理论和规范并未明确行政程序的“灵活性”实施规

① 参见山东省临沂市兰山区人民法院刑事判决书，(2019) 鲁1302刑初102号。

② 参见湖南省保靖县人民法院刑事判决书，(2020) 湘3125刑初51号。

③ 参见张明楷：《刑法学》，法律出版社2016年版，第1049页。

④ 参见熊波：《网络服务提供者刑事责任“行政程序前置化”的消极性及其克服》，载《政治与法律》2019年第5期。

则，在学界看来，“灵活性”就意味着“恣意性”和“随意性”。因此，为了防止行政执法程序存在灵活性空间而导致行政执法的恣意性和随意性现象出现，行政法理论和立法索性采取了“一刀切”的做法，完全杜绝行政程序的“灵活性”变通。但其实，行政法上的行政程序固守严格的正当程序操作是考虑公共利益现实损害或风险的预防性手段的适当性规制方法，而并未考虑刑法中前置行政程序可能面临的公民个体生命、健康等重大法益受侵害的现实紧迫情形。前置行政程序的正当性原则并不等同程序性事项的形式化、死板化，而是要考虑不同类型的法益保护需求来采取灵活变通程序形式。如此才可促使行政法体系中的行政程序在刑事司法中畅通无阻。

（二）行政性法规范中存在行政程序的具体操作规则漏洞

不同于行政法中的行政程序本身的问题，其是前置行政性法规范所规定的行政程序的一般违法和瑕疵违法的行政责任后果在刑法认定中的局限性，而行政性法规范中存在行政程序的具体操作规则漏洞，是指前置行政性法规范中根本就不存在与前置行政程序类型相对应的具体程序性事项规定。我国行政性法规范中存在行政程序的具体操作规则漏洞体现在两个方面。

第一，行政程序规范未规定操作规则。这种情况主要出现在前置行政命令程序类型当中，“行政命令在我国尚属于一种未形式化行政行为，对于行政命令的程序没有专门的规定”。[①] 因此，行政命令程序连一般的概括化规定都没有。行政命令程序同样是一种行政管制，行政管制较其他国家权力而言，具有自由裁量性、主动性和广泛性的特点；对个人或组织权利而言，其又具有强制性、单方性和优益性的特点。[②] 因此，行

① 胡晓军：《行政命令研究：从行政行为形态的视角》，法律出版社2017年版，第171页。

② 参见何精华主编：《现代行政管理：原理与方法》，上海社会科学院出版社2005年版，第125页。

政命令程序具有天然的扩张性。在行政命令程序尚无操作规定进行约束的情况下，仅凭抽象的正当程序原则来限定程序的操作，行政命令程序可能会不当地侵入刑事司法过程中，扩大经济犯罪的认定范围。

第二，制定概括化、宏观性的行政程序操作规则。对于部分行政许可、处罚程序而言，虽然，我国在未形成统一行政程序法的前提下，已经将行政许可、处罚的程序操作规则以章节的形式规定在《行政许可法》《行政处罚法》之中，但是，因为行政处罚程序以及行政许可程序涉及的行业领域过于复杂，因此，上述两部法律也只是行政程序的概括化规定，具体的程序操作一般都规定在省、市两级的地方性法规当中。①诸如，江苏省、山东省、宁夏回族自治区或者部分市已经制定出完整翔实的《行政程序规定》，但是，囿于地方性行政法规的效力过低，其制定的程序性事项也不具有类型化程序的针对性。况且，《刑法》第96条明确了刑事司法援用行政性法规范的层级效力仅局限于法律、行政法规、国务院命令或决定等。因而，地方性法规范规定的具体程序性事项很难成为刑法中前置行政程序规范的认定依据。此时，行政许可、处罚程序虽具有概括化规定，但是，在具体认定前置行政程序的过程中，刑法如果采纳行政依附性的观点，仍面临无法准确认定前置行政程序的难题。

在行政法理论中，行政性法规范中存在行政程序具体操作规则漏洞被学者认为是行政法理论和立法中的不明确概念或者相对不明确概念。不明确概念或不确定概念原本属于法理学和语言哲学的理论范畴。诸如，德国学者恩吉施将不确定概念理解为要素内容和范围的极其不确定。②

① 参见关保英：《新时代法治政府精神研究》，载《西南民族大学学报（人文社会科学版）》2019年第8期。

② 参见［德］卡尔·恩吉施：《法律思维导论》，郑永流译，法律出版社2014年版，第133页。

这种“不确定性”源于概念语词的多义性。① 后来，不明确概念被用来解释行政法中的部分规范现象。德国行政法学家耶利内克（G. Jellinek）认为，不确定性概念与确定性概念相对，其中，不确定性概念内部也存在相对不确定的盖然性判断或不确定性概念的肯定性判断。② 由此可见，不明确概念并不是单一类型的，行政性法规范概念的不明确性程度存在一定差异。行政命令程序的无规范操作以及行政处罚、许可程序的概括化、宏观性的规范操作规则均在不明确、不确定概念体系的范畴中。

虽然，出于对行政事务的复杂性和烦琐性的考虑，部分行政程序并未规定具体翔实的程序性事项规则；或者由于行政命令程序的类民事、中立司法判决的行政裁决性质，导致行政命令程序无法依附其他纯粹行政裁决程序规则，③ 但是，纵使是行政法学者，亦反对在行政法体系中直接援引法理学概念中的不明确概念，尤其反对运用在行政处罚程序当中。因为，行政处罚程序必须使民众清楚地了解义务违反的行为类型及其处罚后果，④ 这也是为何在一般情况下行政处罚需要以明确的书面形式作出的主要原因。而刑罚制裁是对公民最严苛的惩罚机制，也系最后的制裁手段。因此，相对其他制裁手段而言，刑法应当对前置行政程序规范要件的明确性作出最严格的要求，⑤ 而并不应当直接援引行政法规范体系中的不明确概念或者相对不明确的行政程序概念。

---

① 参见［德］卡尔·恩吉施：《法律思维导论》，郑永流译，法律出版社2014年版，第133页注释8。

② 参见王贵松：《行政法上不确定法律概念的具体化》，载《政治与法律》2016年第1期。

③ 参见林炎钟：《如何认定“经政府有关部门责令支付仍不支付”》，载《检察日报》2012年1月16日，第3版。

④ 参见陈清秀：《行政罚法》，法律出版社2016年版，第41页。

⑤ 参见黄俊杰：《行政程序法》，台北，元照出版有限公司2008年版，第258～259页。

2004年国务院将程序正当理念写入《全面推进依法行政实施纲要》，将其作为依法行政的基本要求之一，确立了程序正当原则在行政执法中的指导地位。虽然，正当程序理念和程序正义理念有助于适当弥补行政程序规则漏洞等不明确概念的缺憾。但在司法实践中，一般而言，在行政程序缺乏必要的法律、法规的具体规定时，即使明显有违上述理念，也难以认定违反行政程序。因此，正当程序理念仍是停留在学理概念体系中，由于概念的空洞、抽象，并且完全严苛遵照正当程序原则对行政机关要求过高，也不现实。因而，通过正当程序原则约束不明确的行政程序概念是过于理想的方法。诸如，1976年《德国联邦行政程序法》并未规定具体翔实或者分类明晰的程序性事项的操作规则，而仅是规定行政程序的一般性规则。① 但是，一般性的行政程序规则是对具体翔实程序规则的检验、指导和前置性约束，而非直接适用的依据。② 因此，在德国学者看来，行政程序法等一般性规定属于明确性缺乏（Fehlende Bestimmtheit）的行政程序，应当属于无效的行政程序。③ 所以，刑法直接通过这种不明确的行政程序概念或者抽象的正当程序理念来约束司法者对前置行政程序规范的认定，亦是行不通的。

日本《行政程序法》第12条为了确保行政程序的透明性和公开性而设定了不利益行政处分④的基准具体化规则。其中，具体特定领域的专业判断、未来难以预料事项以及社会发展的及时应对等行政程序规范，

① 参见皮纯协主编：《行政程序法比较研究》，中国人民公安大学出版社2000年版，第128页。

② 参见叶俊荣：《面对行政程序法：转型台湾的程序建制》，台北，元照出版有限公司2010年版，第252页。

③ 参见刘兆兴等：《德国行政法与中国的比较》，世界知识出版社2000年版，第212页。

④ 参见蔡茂寅等：《行政程序法实用》，台北，新学林出版股份有限公司2013年版，第236页。

可以由行政立法、行政厅的判断和选择来完成。① 由此可见，刑事司法中的行政犯认定同样会面临一般的行政程序性事项规则难以完全应对瞬息变化的社会情境、专业技术领域的具体判断等局面。此时，完全由行政法规定前置行政程序规范的适用规则并不严谨，也是刑罚权过度让位的消极表现。

刑法依附行政法规范的前置行政程序规范，虽然表面上看实现了“刑行规范衔接”，遵从了法规范的秩序统一性原则。但是“刑行衔接”并不是要求刑法规范对行政规范直接移植，而是刑法规制和行政规制需要衔接顺畅，存在层次性，法秩序统一性原理也仅是强调刑法需要在违法性判断的前提和基础概念层面实现统一性。否则，刑法将丧失违法性判断的独立品格。虽然，行政自由裁量权是行政法应对复杂生活所必要的基础手段。但是，在涉及被执行人的生命、健康、财产等重大法益紧密关联的行政程序时，行政法学者亦严格要求限制这种自由裁量权，甚至可以将其限制为零的状态。② 这就表明即使是代表国家公权力或公共利益的行政管制程序，在面临刑法所保护的重大法益对象时，亦需要让渡部分行政职能的强制力。这也启示刑事司法者在运用行政依附性理论认定前置行政程序规范时，面对行政性法规范中存在的行政程序具体操作规则漏洞，应当主动发挥填补功能。而不能将之直接交由一般行政违法阶段中行政执法者的程序性操作事项来决定。

此外，不可否认的是，部分行政执法部门为了弥补行政性法规范中存在的行政程序具体操作规则漏洞之缺陷，而制定了内部的行政程序性事项的操作规则。其中，部门规章就是国家行政部门填充行政程序规则漏洞的典型方法。诸如，对于《刑法》第 174 条第 1 款擅自设立金融机

---

① 参见［日］室井力、［日］芝池义一、［日］浜川清主编：《日本行政程序法逐条注释》，朱芒译，上海三联书店 2009 年版，第 121 页。

② 参见李惠宗：《行政程序法要义》，台北，五南图书出版有限公司 2003 年版，第 167 页。

构罪以及第174条第2款伪造、变造、转让金融机构经营许可证、批准文件罪的“违反金融机构行政许可”程序。原中国银行业监督管理委员会出台的《金融许可证管理办法》（已废止）就是对金融行政许可程序的具体性操作规则的规定。此外，行政性法规范并未再对金融行政许可制定过任何详细的程序性规则。虽然，在法理学概念和立法学方法中，内部的部门规章亦在行政法规范的涵盖范围之内。但是，出于刑法认定犯罪和刑罚启动工作的严谨性和最后手段原则，《刑法》第96条将内部的部门规章的行政程序性规则予以了排除。因为，这种内部性行政程序规则完全可能是出于纯粹的行政部门利益考量而予以规定的，这对行为人的基本人权保障毫无益处。

（三）混淆行政管制秩序和经济刑法法益的具体界限

如果按照行政管制秩序作为经济刑法保护的法益类型的行政依附性观点，“经济犯罪违法性认定应从属于前置性的行政违法，违法性的判断因而具有一定的从属性”。[①] 因为行政管制秩序本身就是行政法所需要维护的法益对象，同时其亦是刑事违法性认定的根本依据。那么，行政管制秩序就不属于行政法或刑法的专属法益。此时，就存在一个问题：在没有明确的行政管制秩序法益的“刑行界分”标准下，实务界较容易混淆行政管制秩序和经济刑法法益的具体界限。其实，不仅在实务界存在这个问题，当前立法界和学界亦未很好地区分行政管理秩序和刑法管理秩序。可以说，刑法体系中混淆行政管制秩序和经济刑法法益的具体界限是一个普遍性或共性的问题。因此，行政法中的行政管理秩序就容易被直接纳入刑事立法当中。

诸如，立法者在解释增设消防责任事故罪的“责令改正”程序的原因时，直接将对消防监督工作的大力支持以及强化消防监督的重要性作

---

① 孙国祥：《经济犯罪违法性判断具有从属性和独立性》，载《检察日报》2017年10月16日，第3版。

为了立法的基本理由之一。① 同样，《刑法修正案》增设的擅自设立金融机构罪，以及1997年《刑法》规定的伪造、变造、转让金融机构经营许可证、批准文件罪，逃避商检罪，也将反映行政权威的行政审批管理秩序直接作为了刑法秩序法益的重要组成部分。而基本上立法理由均是借用刑法的抽象性和概括性秩序法益来肯定此类刑法立法的正当性。② 这表面上是“刑行衔接”顺畅的体现，但实质是刑法对行政管理秩序的法益保护不假思索、毫无保留的一种不当移植方法。立法规范是指导司法实践的根本性规则，在这种行政管制秩序和经济刑法法益的具体界限混淆的立法或者理论状态下，我们很难期待刑事司法者具有足够勇气将纯粹的行政程序的管制秩序排除在犯罪成立的认定之外。

行政管制秩序直接等同经济刑法法益具体表现在，刑法可以借用预防刑法观，直接将行政义务提升为刑法义务。传统刑法观是一种结果导向刑法观，结果导向刑法观，是指现实危害结果应当属于犯罪成立、法益侵害的最终判断标准，而不包括抽象危险、具体危险或者可能性危险。在客观主义者看来，犯罪成立的判断重视的是“犯罪人通过他的具体行动给现实造成的危害”。③ 法益侵害的抽象危险或具体危险本质上源于风险社会机制的构建，德国社会学家乌尔里希·贝克认为，随着风险社会的侵入，“风险的确立并不公开断言某种道德标准，而是采用了量化—理论—因果的‘隐性道德’模式。相应地，传统的科学理解在研究风险时大多采纳‘客观化的因果道德’”。④ 也就是说，现代社会相较传统社

---

① 参见郎胜主编：《中华人民共和国刑法释义》，法律出版社2015年版，第182页。

② 参见郎胜主编：《中华人民共和国刑法释义》，法律出版社2015年版，第254页。

③ 马克昌主编：《近代西方刑法学说史》，中国人民公安大学出版社2016年版，第276～277页。

④ ［德］乌尔里希·贝克：《风险社会·新的现代性之路》，张文杰、何博闻译，译林出版社2018年版，第223页。

会，隐性或者不公开的风险模式更多地为现代科学所研究。预防刑法观采取了隐性或者不公开的风险立法模式，尤其在《刑法修正案（九）》出台之后，更多的帮助行为正犯化、预备行为实行化以及抽象危险犯或者具体危险犯逐渐出现在刑法规范之中。这似乎象征着风险预防刑法观开始取代传统的结果导向刑法观，逐渐占据刑法立法的主流地位。

在预防刑法观下，行政管制秩序是行政风险预防的强制性手段，具有快捷性、高效性的治理效果。对此，有学者认为，《刑法修正案（九）》增设的拒不履行信息网络安全管理义务罪将信息网络安全管理的行政义务直接作为刑法义务，是有效预防信息网络犯罪、督促网络服务提供者切实履行信息网络安全管理义务的有效手段。① 但是，最早提出“风险社会”概念的乌尔里希·贝克所认为的“风险”并不是具体能够识别的风险，而是一种对潜在危害的大概率识别。而行政管制秩序正好符合预防刑法观前置风险预防的最大化需求，但是预防刑法观却欠缺基于预防需要的对刑法义务与行政义务的差别研究。

其实，刑事司法者或理论者混淆行政管制秩序和经济刑法法益的具体界限的现象，反映的是在行政犯治理过程中刑法对行政法效果不加区分或者扬弃的负面做法。虽然刑法同行政法一样均是作为确保社会治理安全、国家安全平稳发展的一种手段和工具，但刑法更是社会个体公民合法正当权益和自由行为的制度保障。这就决定了如果刑法要引入行政管制秩序作为法益要素，就必须具备明确的界分标准来分隔行政法和刑法在行政管制秩序的庞大概念中的具体法益内容。但显然，基于行政管制秩序的抽象性、流变性及其掺杂因素的繁冗性，我们目前暂时还无法明确提出界分标准。具体而言：

第一，单纯的行政管制秩序具有极强的抽象性。秩序是有序性、稳

① 参见房慧颖：《预防刑法的天然偏差与公共法益还原考察的化解方式》，载《政治与法律》2020年第9期。

定性和连续性空间的反映，当前学界对其还未形成统一概念。① “社会管理秩序”概念评价的抽象化特点不仅在刑法学界中存在，在行政法理论中同样存在。行政法理论对于《行政处罚法（修订草案）》（二次审议稿）明确提出立法要保护的“行政管理秩序”亦是如此评价的。有学者在《行政处罚法》修订过程中建议，基于行政管理秩序的高度不确定性，根据国家法治原则，我们应当将“违反行政管理秩序”改为“违反行政法上的义务”。② 其实，在各国刑法理论中，“秩序理念”的空洞和抽象已经成为一个客观事实。③ 虽然我国《刑法》明确将秩序法益作为刑事司法的保护对象，但是这并不代表规范本身直接表达了法益要素，而是因为秩序法益背后蕴含的不特定多数公民个体的人身、健康法益需要刑法重点保护。行政管制秩序明显是一种行政强制力的表现，虽然不可否认行政管制的强制力反映了不特定多数公民个体的人身、健康法益危险或现实结果的预防性需要。但是，行政管制秩序具有极强的抽象性，司法者无法具体说明纯粹的文本化程序形式管理与不特定多数公民个体的人身、健康法益危险或现实结果的刑法法益不存在具体关联性。因此，如果将抽象的理念作为刑法法益类型，容易混淆行政管制秩序和经济刑法法益的具体界限，导致经济犯罪的扩张。

第二，行政管制秩序具有流变性。随着时代的发展变化，行政管制秩序的具体内涵和范围也会发生相应的骤变。诸如，市场经济管理秩序就是随着市场经济的建立而被纳入我国刑法当中的。此时，随着行政管制秩序内容的不断扩充，经济管理秩序中哪些是行政法独立保护的法益类型？哪些又是刑法独立保护的法益类型？我们无从得知。其实，在应

---

① 参见张明楷：《法益初论》，中国政法大学出版社2000年版，第172页。

② 李洪雷：《论我国行政处罚制度的完善——兼评〈中华人民共和国行政处罚法（修订草案）〉》，载《法商研究》2020年第6期。

③ 参见钱小平：《中国金融刑法立法的应然转向：从“秩序法益观”到“利益法益观”》，载《政治与法律》2017年第5期。

对行政管制秩序发展内容的流变性时，行政法相对于刑法而言是更及时的。因为行政管制秩序无论如何都是行政法可以评价的对象，行政机关并不需要对行政管制秩序的流变性内容予以选择性规制。因为，行政程序的管制秩序中包含公民人身、财产等重大法益侵害风险的预防性需求。在行政管制秩序的时代流变性特征下，行政管理秩序与公民人身、财产等重大法益侵害风险的预防性需求存在的关联性是否紧密，并不是行政法需要考虑的内容，行政规制时也没办法具体判定行政管制秩序与重大法益侵害风险预防的紧密程度。但是，与之不同的是，刑法规制必须思考行政管制秩序的流变性内容是否可能阻碍市场经济改革的发展，刑法直接保护所有的行政管制秩序是否符合现实紧迫的需求。只有刑法立法在传统行政管制无法应对市场经济快速发展，市场经济秩序严重受到扰乱是行政管制秩序不足以应对问题所致时，司法者才可将部分行政程序管制秩序纳入刑法之中。①

第三，行政程序的管制手段掺杂的因素过于繁冗。行政依附性导致刑法难以精准识别自身所要保护的法益。以非法经营罪的行政许可程序为例，其程序功能主要包括“尽可能控制危险、合理配置资源、提供公信力证明”。上述3类功能均是为了使市场经济能够有序运行和发展。其中，合理配置资源是行政机关对国家资源的一种公权力分配，使国家资源的有序开发受到监督和管理；提供公信力证明是被许可人的经营行为获得国家公权力认可的外在效力表现。由此可见，刑法中的行政许可显然不可能将上述两类功能划入刑法的保护范围之内。合理配置资源或者提供公信力证明完全是一种纯粹的行政管理效力。行政许可程序“尽可能控制危险”的方法已经表明，行政许可的管制程序并不反对将直接违反行政管理秩序的行为视为妨碍行政机关“尽可能控制危险”目标的行

① 孙国祥：《经济刑法适用中的超规范出罪事由研究》，载《南大法学》2020年第1期。

为。因为，在这一行政许可程序的目标设定下，行政机关不用说明行为违反行政管理秩序与控制危险现实需求之间的关系。但是，无论是抽象危险犯还是具体危险犯，经验性的风险危害与具体个案的风险危害均是一种现实紧迫的危险，刑法仅针对现实紧迫危险的控制，而并非行政法的行政许可程序中尽可能对存在的风险和危险进行控制。

因此，如果刑法采取前置行政程序的行政依附性方法，在行政管制秩序的抽象性、流变性以及行政管制手段掺杂因素的繁冗性的综合效果下，行政管制秩序和经济刑法法益的两者之间将难以有一个准确的界分标准。有学者评价，经济刑法犯罪化标准简单，40 余年我国经济刑法的发展表明，只要违反经济秩序，就具有一定程度的严重危害性。① 可以说，该种状态的出现在某种程度上源于前置行政程序的行政依附性方法。

（四）行政程序关联的公共利益容易影响个体自由发挥

行政法的制度目标或行政权的实施方向旨在促进公共利益的最大化保障或最高程度的实现。行政程序是行政权动态实施的外在表现形式，其维护的行政管制秩序是公共利益体现最直接的客体形式。如果认为行政管制秩序作为经济刑法法益的类型，这就意味着刑法也需要承认行政程序服务的对象——行政管制秩序代表的公共利益属于经济刑法法益所涵盖的基本内容或要素。但是，在现实案件中完全会出现个人利益与行政管制秩序代表的公共利益发生冲突的情况。当前，如何平衡个体利益和公共利益是法学界的一大难题。笔者承认本书暂时还无法提供精准的利益平衡方案，但这并不妨碍我们探讨两者冲突时刑法要不要优先选择的问题。按照行政管制秩序依附性的观点，刑事司法者需要优先选择行政管制秩序，要求公民个人或个体优先服从公共利益的实现。

当前，面对行政程序关联的行政管制秩序与个体自由冲突的情况时，

---

① 参见魏昌东：《经济刑法规制应当适度限缩》，载《检察日报》2018 年 9 月 12 日，第 3 版。

行政依附性刑法观优先保障的公共利益容易影响个体自由发挥。这主要表现在两个方面：

第一，行政管制秩序优先论。在“行政管制秩序优先论”的观点看来，众所周知，行政法是公共秩序法，因此，传统的行政管制理念认为，公民应当对行政主体实施的程序管制给予充分的尊重和服从，因为管制是出于维护公共秩序和公共利益的需要。如果个人利益与社会公共利益发生冲突时，应该无条件牺牲个人利益。① 在持“行政管制秩序优先论”的学者看来，个人只有在社会生活秩序和行政管制条件下才能够自主行动，这是行政国家的纪律要求、治安管理的约束机制要求。②

其实，行政法在利益衡量理念中采取“行政管制秩序优先论”主要源自两种哲学理念。(1) 政府功利主义原则。该原则认为，功利是政府的唯一原则，政府主要追求的功利在于大多数人的快乐增量，并做到私利和公利的结合。而对于公民，边沁提出可以借用刑罚手段促使人的行为契合政府功利主义。③ 在政府功利主义原则中，个人自由行动始终要怀揣“个人为私同时兼为公”的思想，所以在行政管制秩序与个体自由冲突的情况下，当然，个人只有牺牲私利来满足多数人的幸福，继而实现最大化的公共利益要求。(2) 平均正义主义的理念。该理念认为，所有的行政程序均是通过公益和私益的均衡维护实现平均正义，但是，平均正义无法确保具体个人的自由正义。因而，当行政程序代表的公共利益和个人自由利益冲突时，只能限制个人自由等权利，进行抽象的利益

① 参见陈桂生：《管制与均衡：中国经济行政法的制度分析》，经济科学出版社2010年版，第46页。

② 参见［法］让·里韦罗、［法］让·瓦利纳：《法国行政法》，鲁仁译，商务印书馆2008年版，第417页。

③ 参见吕世伦、谷春德编著：《西方政治法律思想史》（增订本），黑龙江美术出版社2018年版，第312页。

衡量。① 因此，在平均正义主义的理论者看来，每个公民真正的个体自由其实是不存在的，只能在牺牲部分个体公民自由的基础上，实现最大化公民自由，从而实现社会的平均正义。

但是，如果刑法采取“行政管制秩序优先论”，那么会存在一个很明显的弊端：经济刑法法益的行政化趋势凸显。刑法法益的“行政化趋势”，是指刑事司法对法益的保护不再具有专属性和多样性，随着行政管制或管理色彩潜移默化之影响，刑事司法保护公共利益的单一法益类型的取向逐渐取代公共利益和个人利益的双重法益类型保护目标。这也就意味着在法定犯时代，不仅行政违法行为类型将被刑法立法所吸收，而且行政违法行为的行政管制秩序的制裁依据也为刑事司法所采纳。刑法法益“行政化趋势”的最终结果将变为行政刑法的监管预防机制取代对刑法法益的判断。可想而知，随着行政犯立法趋势的不断加强，如果不及时转变“行政管制秩序优先论”的理念，那么，行政监管预防机制将成为刑事司法的主基调。在行政依附性的刑事司法观中，行政监管预防机制具有政府功利主义原则和平均正义主义等理念作为法理支撑，是合法且合理的。但是，“监管预防机制取代刑法是一个可怕的前景”。“一个正式的集体谴责机制可能会对为现有权力结构服务的边缘化群体造成难以言表的伤害……强制性预防的监管制度将对边缘化群体产生不同的影响。”② 也就是说，过于标榜公共利益优先于个人利益，最终换来的只能是部分边缘化群体利益的损害。

第二，个体自由实现的推定论。在“个体自由实现的推定论”的基本观点中，公共利益本身就是保障和促进个体自由利益的发展的，因此，只要是为公共利益服务的行政管制程序就已经被默认或者推定已经考虑

---

① 参见李惠宗：《行政程序法要义》，台北，五南图书出版有限公司2002年版，第5页。

② Sandra G. Mayson, *The Concept of Criminal Law*, Criminal Law and Philosophy, Vol. 14: 3, p. 461 (2020).

了个体自由之保障。① 在这种观点的支撑下，刑法接纳行政管制秩序就已经实现了公共利益和个体利益的权衡。但是，“个体自由实现的推定论”明显忽视了一个问题，既然公共利益的推定包含了个体的自由利益，那为何两者还会存在冲突的情形。如果两者存在冲突，按照“个体自由实现的推定论”的观点，刑法也还是应当选择代表公共利益的行政管制秩序作为保护对象，这就会致使刑法面临前述“行政管制秩序优先论”的同样问题。但是，个人自由的基础在于私人行为免遭国家权力的随意干涉。② 因此，刑法也就不允许通过刑罚手段来保护行政管制秩序的强制力，进而压制个体自由的发挥。

虽然，在当前主流的行政管制方式中，行政法学界也在努力尝试构建“平衡论”，而并非单纯的唯公共利益论。甚至，在部分学者看来，公共利益和个体利益的平衡论是有效公共行政的基本前提。但是，行政法理论中的“平衡论”构建始终无法摆脱公共行政的“公共性”根本宗旨的束缚。③ 同样，也有学者认为，行政法的主要任务也只能是将政府权力控制在法定限度之内，防止其滥用，以保障公民权利。④ 在上述论者看来，在刑事司法中，如果刑事司法者依据抽象化的行政管制秩序能前置预防或维护多数公民的基本人身权、健康权不受侵害，那么行政权就没有被滥用。此时，刑罚制裁个体就是正当的。由此可见，其实，“平衡论”只是巧妙地借助公共利益来排斥那些掺杂行政官员私心的行政管制程序对个体自由利益侵蚀的现象。但是，“平衡论’还是无法摆

---

① 参见李惠宗：《行政程序法要义》，台北，五南图书出版有限公司 2002 年版，第 137 页。

② 参见［英］约翰·埃默里克·爱德华·达尔伯格－阿克顿：《自由与权力》，侯健、范亚峰译，译林出版社 2011 年版，第 271 页。

③ See Zaim M. Nedjati & J. E. Trice, *English and Continental Systems of Administrative Law*, North-Holland Publishing Company, 1978, p. 7.

④ See H. W. R. Wade and C. F. Forsyth, *Administrative Law*, Clarendon Press, 1994, p. 5.

脱在两者发生冲突时，行政程序关联的公共利益压制个体自由发挥的情形。对此，行政法学者也妥协地认为，管理和控权两类要素在任何社会形态和历史阶段中都并存，两者仅是比重有所差别。但是，在不同的历史发展阶段和社会情境中，两者却总能寻求动态平衡。①

因此，如果刑法采取前置行政程序的行政依附性方法，那么其必然会吸收行政法的利益衡量理论。也就是说，刑法认可“强国家”理念，并能够借助刑罚维护公共政治生活，完全是因为个人必须面对“公共”的状态。② 从前述部分司法解释和案例中，可以发现，我国部分经济犯罪的认定采取的就是这种利益衡量理念。但是，在行为人没有对他人利益造成任何实质性严重损害及重大风险时，没有理由仅凭抽象的行政管制秩序理念就借用刑罚来维护政府功利主义。正如贝卡里亚所言：“没有一个人会为了公共利益而将自己的那份自由毫无代价地捐赠出来，这只是浪漫的空想。”③ 这是人之本性，照搬行政程序的行政依附性，忽视了刑法的期待可能性理念。在康德主义者看来，公共利益就是不特定多数公民的个体利益的集合，只不过其与个体自由利益的表现形式不同而已。自由法权是每个公民享有的基本权利，任何私人无义务服从其他个体的私人利益。当然，“任何私人都不能被迫服务于其他若干（或许多）私人的私人目标”。④ 在刑罚作为严苛惩罚机制时，刑法更不应当凭借行政程序关联的公共利益以压制个体自由发挥。

---

① 参见余凌云：《行政法讲义》，清华大学出版社2019年版，第48页。

② 参见贾健：《人类图像与刑法中的超个人法益——以自由主义和社群主义为视角》，载《法制与社会发展》2015年第6期。

③ ［意］切萨雷·贝卡里亚：《论犯罪与刑罚》（增编本），黄风译，北京大学出版社2014年版，第12页。

④ ［加］李普斯坦：《强力与自由：康德的法哲学与政治哲学》，毛安翼译，知识产权出版社2016年版，第257页。

第三章

刑法中前置行政程序贯彻正当原则的基本立场

在程序性规范与实体性规范明确区隔的传统理念影响下，一般而言，我国学者是将源于英美法系的正当程序原则与源于大陆法系的罪刑法定等刑法原则予以区分看待的，认为两者并无任何关联性。但是，在前置行政程序规范的立法现象下，程序法中的正当程序原则与实体法中的罪刑法定等原则需要明确区分的看法便不攻自破。甚言之，正当程序原则应当与刑法体系中的罪刑法定、责任主义、罪责刑相适应与法益保护等原则实现融会贯通。或者说，行政法体系中的正当程序原则的具体内容或子原则应当结合刑法体系中的罪刑法定等原则予以更新，从而适配前置行政程序规范的原理与实践。

第一节　程序充分参与原则

程序充分参与原则体现了国家公权力行使过程中保障个人权利的理念，其能够保障个人在行政程序事实过程中了解和掌握自己的违法事实，并对不存在的违法事实以及性质评定存在偏差或错误的事实予以抗辩、澄清，进而使个人能够自愿接受并承担与违法事实相对应的法律责任。在前置行政程序实施过程中，程序性规范事实作为刑事责任评定的关键性条件，程序参与的程度评判决定了行为人是否应当承担全部刑事责任以及对何种程序性事实要求承担刑事责任。在行政法的程序参与原则中，由于行政程序管制针对的是公共利益目标，所以程序参与过程侧重对公众利益的考察。虽然，在行政程序实施过程中，个人利益也是行政程序保护的内容之一。但正如前述，当个人利益和公共利益发生冲突时，行政程序侧重的还是对公共利益的保护。与此不同，刑法并不仅仅是公共利益的单一化法益保护法，其亦是个人权利的保护法。所以，刑法对行政法的行政程序参与原则应当予以更新，构建前置行政程序充分参与原则，协调刑法的法益保护原则和责任主义原则。

一、行政法与刑法体系的程序参与原则的冲突

行政法的行政程序参与原则在法规范上的体现是“听取意见”和“听证”两种程序，其中，听证程序是听取意见的发展阶段。听取意见即行政机关听取对方意见和观点，行政相对人向行政机关陈述和申辩。在听证程序中，有学者根据听证的对象不同，将听证分为“个人权利保护型听证”和“公众参与型听证”。其中，“个人权利保护型听证”针对的是行政处罚、行政许可和行政命令的具体行政行为程序；“公众参与型听证”针对的是涉及公众利益，需要体现公民参政权、知情权、表达权和监督权而制定的行政性法规范等重大行政决策的抽象行政行为程序。① 该学者将听取意见程序等同于听证程序。所以，无论是“个人权利保护型听证”还是“公众参与型听证”，都包含的程序环节有确定参加人、告知、阅览卷宗、听取专家意见、对席辩论、听证笔录、说明理

---

① 参见章剑生：《现代行政法总论》，法律出版社2019年版，第221页。

由、补充听证。① 但是，该学者显然是将听取意见程序和听证程序予以混淆。在听取意见程序中，上述规则并不是必须经历的程序环节，而是可能需要经历的程序阶段。诸如，听取专家意见、阅览卷宗以及对席辩论阶段在行政法理论通说中并不是必经的环节。有行政法学者认为，相对人参与原则仅指相对人在行政程序上被告知和了解自身权益。② 换言之，在通说观点中，相对人参与原则仅涵盖上述听取意见程序而不包含听证程序。

"听取意见"和"听证"两种程序的共同点在于，行政相对人的程序参与权利仅是被告知或被动了解涉及自己的权益信息，而并非每个程序发展阶段或步骤过程中行政相对人充分参与、主动了解行政程序管制的具体详情。而两种程序的不同点在于听证程序中行政程序相对人具有向行政程序执行机关的类（准）司法性质的对抗权，③ 这是"听取意见"程序中根本不可能存在的一种程序参与原则的体现。所以说，"听证"程序是"听取意见"程序的发展阶段。这从《行政许可法》第36条和第48条以及《行政处罚法》第45条和第63条规定的行政程序性具体事项对比中就可以发现。由此可见，在行政法理论中，程序参与原则中的行政相对人（"刑行交叉"过程中的行为人）④ 并不具有全程充分参与行政程序性事项的权利，仅在部分特殊的行政程序性事项中享有全程经历行政程序性事项的权利。

其中，行政相对人在部分特殊行政程序性事项中享有程序参与权，是指公民个人在行政程序性事项关涉重大公民或者个人利益时才享有程

---

① 参见章剑生：《现代行政法总论》，法律出版社2019年版，第221~226页。

② 参见罗豪才、湛中乐主编：《行政法学》，北京大学出版社2016年版，第328页。

③ 参见晏山嵘：《行政处罚实务与判例释解》，法律出版社2016年版，第541页。

④ 为考虑行政法和刑法学科概念的对接和协调，在行政法的行政程序适用过程中，本书采用"行政相对人"的概念。而在前置行政程序规范的刑法适用过程中，本书采用"行为人"的概念。下文亦同。

序听证的程序参与权，具体体现为：提出证据等事实材料，与行政程序涉及的第三方或者行政程序执行主体展开申辩和质证。诸如，行政许可程序中的公民个人享有的相对且不充分的程序参与权。根据《行政许可法》第36条的规定，只有许可关系其他人的重大利益时，行政机关才告知利害关系人。在此基础上，行政相对人才具有陈述和申辩的程序参与权，行政机关具有听取行政相对人在程序参与过程中发表意见的义务。而如果要实现“个人权利保护型听证”，则必须在行政相对人申请的行政许可程序性事项涉及重大公共利益时，行政机关才有举行听证的义务。此时，行政相对人在听证过程中发表的意见才属于行政程序执行主体应当制作的笔录内容，行政程序执行主体据此作出行政许可决定。

如果刑法中的前置行政许可程序采取行政法程序相对且不充分的程序参与原则。那么，前置行政许可规范则完全沦为公共利益保护的工具性手段，无法发挥刑罚阻断的人权保障机能。在前置行政程序规范运用过程中，行政许可程序的事实认识错误、瑕疵或者一般违法程序都将无法及时被排除在刑事司法之外。此时，基于行政程序的公定力、存续力和构成要件效力，在前置行政程序执行阶段，如果行为人未完全参与行政程序或者仅是有条件地参与行政程序，那么针对行为人不利的瑕疵或者一般违法的行政程序，我们将难以期待行政程序执行主体在实施或者实施后阶段乃至刑事司法审查阶段，能够主动自查排除违法或瑕疵的行政程序。此时，依据此种前置行政程序认定犯罪，必将违背刑法的责任主义原则和实质罪刑法定原则。

这种行为人的相对且不充分的程序参与现象同样在前置行政处罚程序中存在。虽然《行政处罚法》第45条规定了当事人的陈述和申辩的程序参与权，但是考虑行政处罚的惩戒性和权利减损性，行政处罚程序的参与原则并未如同行政许可程序一样仅局限于涉及重大公共利益时，行为人才具备程序参与权。这相对《行政许可法》第36条而言是一种进步和发展。但是，在行政处罚程序中，行政机关只有听取意见的义务，至于其采纳的事实、理由或者证据是否充分或者正确，行政相对人无法当场或者书面予以质证、对质。这就决定了在作为犯罪成立条件的前置行政处罚程序实施过程中，公民个体无法与行政程序执行机关面对面对抗或者平等对话。虽然，《行政处罚法》第63条规定有“个人权利保护型听证”程序，并且第64条第7项明确了行政处罚机关调查人员与当事人之间的质证或申辩的“面对面”对抗的程序参与原则。但是，该条还规定听证程序的适用前提是责令停产停业等严重的行政处罚。换言之，行政处罚的听证程序中行为人的程序充分参与原则亦体现为行政法体系中的一种特殊权利而并非普遍权利。

在刑法体系的前置行政程序规范中，前置行政程序作为犯罪成立条件并未被进一步确定为具体程序性事项的特殊适用条件，其是普遍适用的。诸如，《刑法》第225条非法经营罪的“未经许可程序”并未局限于涉及重大公共利益的经营行为，而是只要经营行为未经行政许可程序且经营数额较大即可构成犯罪。按照行政依附性原则，直接将行政法的程序参与原则照搬至刑法体系中肯定有违刑罚特殊预防功能，亦违背刑事处罚的可接受性原理。由此可见，行政法中的行政程序参与原则并非程序充分参与原则，而是程序部分参与原则，是一种不全面的、存在基本条件的程序参与理论。

二、前置行政程序充分参与原则的理解与适配

之所以认为行政法中的程序参与原则展现出一种不全面的、存在基本条件的程序参与特点，除要考虑行政程序涉及重大公共利益或者严重侵害个体利益等前提条件，还有一个重要原因就是行政程序缺乏司法审查机制。听证程序的性质被限定为一种事前程序性保障，这是一种特别

调查程序，而非事后的救济制度。① 因此，相对行政程序事前或事中的系统内部自我约束机制而言，法院的司法审查是一种事后司法监督。② 在行政程序执行主体看来，真正的事后救济就是行政诉讼程序的救济。在前置行政程序出现违法或瑕疵情况时，行政诉讼程序中程序执行机关是诉讼被告，行政相对人是原告。法院具有中立性，行政诉讼程序相较诉前的行政执法程序的“听取意见”和“听证”两种程序而言，显然是一种司法诉讼程序。虽然在行政诉讼程序中，行政机关代表的仍然是国家公权力，但是此时行政相对人和行政程序的执法机关具有完全平等性、“面对面”的质证对抗性等完全程序参与权利。这与行政机关控制下的“听取意见”和“听证”封闭性行政程序的内部审查机制体现的是完全不同性质的程序参与原则。

在前置行政程序规范的认定和适用中，刑事司法者无法依靠行政诉讼程序实现事后行政程序的救济。否则，在所有的前置行政程序规范的理解与适用过程中，刑事诉讼程序都将依赖行政诉讼的完全程序参与原则。这就容易造成前置程序型行政犯司法认定的滞后性和低效性。退一步而言，即使考虑行政程序部分参与原则产生的根本原因，依靠行政诉讼程序的事后司法救济程序，根据《行政诉讼法》的相关规定，在行政法实践侧重维护公共利益的情况下，法院一般也不会轻易否认瑕疵和一般违法行政程序的公定力和持续力。此时，前置行政程序对于刑事司法者而言还是具有构成要件效力。因此，当前最佳的选择还是由刑法独立确定前置行政程序的事前行政程序的全程参与或者充分参与原则。

不同于行政法的程序参与原则，刑法中前置行政程序的程序充分参与原则，是指公民能够在对自己权利和义务存在直接或间接影响的行政

---

① 参见罗传贤：《行政程序法论》，台北，五南图书出版股份有限公司 2017 年版，第 212 页。

② 参见杨寅：《中国行政程序法治化：法理学与法文化的分析》，中国政法大学出版社 2001 年版，第 77 页。

决策过程中充分、全程且独立地表达看法、意见的基本要求。程序充分参与原则的具体要求包含如下三个方面：

其一，程序参与地位的平等性。在涉及“刑行衔接”的行政程序规范认定时，由于此时的行政程序随时有可能转化为刑法中的前置行政程序，因而在前置行政程序的实施阶段，行政程序的执行机关应当转变公共利益代表者的主体身份，以公共利益和个人利益并重权衡的理念去要求行政相对人或行为人去积极配合程序性事项，而并非一味压制个体自由，要求行为人配合纯粹的行政管制秩序。刑法并不如同行政法仅是一种公共秩序维护法，公民个体自由的权利保障亦是刑法的重点保护对象。甚言之，在公共利益和公民个体自由发生冲突时，刑法基于谦抑性原则，更应该侧重对公民个体自由的维护，防止前置行政程序的执行主体借助刑罚来压制公民个体自由，潜在地创设行政程序实施阶段程序各主体参与地位不平等的状态。进言之，行为人在程序参与平等的前提下才有底气提出对抗。如此一来，即可使行政程序性事项越来越清晰，使刑事司法者掌握前置行政程序性事实的全貌，便于后续的犯罪认定。最终，行为人通过程序参与地位的平等性，督促行政机关及时转变纯粹行政管制力的强制性思维，使行政机关在实施前置行政程序时，将公共利益和个人利益并重权衡的刑法理念贯彻到“刑行交叉”违法行为管理的行政程序实践当中。

其二，程序参与的全阶段性。刑法在认定前置行政程序规范时，应当重点关注行政程序实施阶段行政相对人是否具备全程参与的条件。但在行政法的行政程序实施过程中，行政相对人的程序参与权仅在提出陈述和申辩的权利时，或者是行政机关审查后发现涉及重大公共利益时才被告知。这个问题体现在《行政处罚法》第 45 条和《行政许可法》第 36 条中。甚至，在《刑法》第 139 条消防责任事故罪的“责令改正”程序中，《消防监督检查规定》第 19 条仅规定了责令限期改正通知书的制发期限，在程序文书制发之前并不存在行政相对人或行为人主动加入程序的条件和空间。换言之，在前置行政许可或处罚程序中，行政相对人并非在行政程序发起阶段就具备程序参与的条件和权利，行政机关也不具备主动邀请行政相对人加入行政程序的义务。而在前置行政命令程序中，行为人根本就不具备主动参与行政程序的条件。在“Morgan v. United States 案”中，首席大法官休斯曾指出，公正的要求并没有在采纳或考虑证据时用尽，而是延伸到程序的开始和中间的部分步骤。①在程序参与的部分阶段性情况下，很难确保行政程序的管制效力能够完全保障行为人的基本权利，防止行为人轻易被认定为犯罪的实际效果。

因此，在前置行政程序规范的理解与适用中，刑法应当确立行为人在行政程序执行阶段参与的全过程性。并且，为消除当前行为人参与程序的被动性以及空白区，刑法还应当在前置行政程序规范的相关司法解释中，明确行政程序执行初始阶段行政机关主动邀请行为人参与程序的义务，而并非仅停留于行政程序的结果决策阶段，当然，有证据证明行为人明确拒绝全程参与程序的情况除外。这样才能确保行为人对自己的犯罪成立条件负责，以协调刑法的责任主义和罪责自负原则。

其三，程序参与的对抗质证性。在当前行政法程序参与原则的“听取意见”程序内容中，程序正义内容仅是通知和发表意见的程序参与机会，但这仅是最低限度的程序参与权。② 充分程序参与原则核心程序不应当仅局限于通知和理由陈述的申辩，还必须要有听证程序。③ 而之所以听证能够和通知、申辩等程序区分开来，就在于听证程序包含一项很重要的内容：质证。在刑事诉讼制度体系中，质证规则是一项重要规则，而听证程序的质证意味着公诉机关和行为人双方需要当面质询、相互诘

---

① See Morgan v. United States, 304 U. S. 19 – 20 (1938).

② See Lawrence B. Solum, *Procedural Justice*, Southern California Law Review, Vol. 78: 1, p. 191 (2004).

③ 参见皮纯协主编：《行政程序法比较研究》，中国人民公安大学出版社 2000 年版，第 93 页。

问，这样法院才能从双方的辩论和陈述中确认案件事实或分析证据的真伪。①

同样，行政程序中听证、质证也意味着在行政机关指定的非本案调查人员主持人的主持下，行政相对人、其他利益关系人、行政程序实施者三方可以就违法事实性质、证据、程序规则平等地对抗、申辩。然而，这种质证无论是在行政许可程序还是行政处罚程序中，都是有特殊条件的，这并不利于行为人在前置行政程序中的程序充分参与。并且，与司法质证程序存在显著差别的是，行政法中听证的质证仍然是行政机关内部系统的质证。虽然，主持人是非调查人员，但是，在同一行政机关内部利益的纠葛下，难免存在偏重行政程序执法者的现象。因此，有学者认为，在听证程序实施过程中，"甚至出现主持人与调查方联合一起纠问、质询当事人的现象，而当事人一方仅剩形式上的举证、质证权利"。②

因此，刑法中前置行政程序的具体认定应当改变原先行政法的行政程序的部分对抗质证权。在原先条件的基础之上，将对抗质证权扩展到前置行政程序的全过程当中。"在任何有争议的案件中，所有当事方均在收到合理通知后有机会进行听证。"③ 对于行政机关系统内部的程序参与的对抗质证性，可以考虑在前置行政程序中引入非行政程序执行机关内部的第三方主持人机制或者法官提前参与前置行政程序的听证机制，以纠正行政机关肆意实施前置行政程序的问题。这种程序充分参与原则体现出中立性特点。只有在确保程序参与的中立性基础上，国家机关才能尊重个人观点，以便公民完全充分地表达自己的意见，提出反

① 参见王霈：《完善刑事质证规则路径选择》，载《检察日报》2020 年 11 月 13 日，第 3 版。

② 晏山嵘：《行政处罚实务与判例释解》，法律出版社 2016 年版，第 547 页。

③ *Administrative Procedure Laws in the United States: A Comparative Study*, Austin: Texas Civil Judicial Council, 1957, at xix.

对证据。① 这才是前置行政程序充分参与原则真正需要实现的目标，而行为人充分了解前置行政程序性事实及其性质也符合刑法的责任主义原则。

第二节　程序形式灵活原则

程序形式灵活并不代表程序形式的随意性和自由化，而是表示行政程序的灵活变通。“灵活”是褒义词，程序形式的灵活性亦是指程序形式的变通性，其强调的是行政机关依据特殊情况来改变固定程序形式，防止因固化程序形式导致目标利益保护缺位。程序形式灵活原则体现的是一种程序效率导向，但是程序效率在刑法和行政法体系中具备不同的解释方法。在行政程序过程中，行政程序的治安管理或管制通常并不具备重大法益受侵害的突发性和紧急性。此时，程序形式灵活可能就仅局限于或服务于纯粹的行政机关利益。② 但是，在前置行政程序规范的认定中，刑法并不关注，也不可能关注纯粹的行政机关利益，刑法重点关注的是现实个体法益侵害的结果。当然，随着刑法修正越来越关注重大公共利益的现实紧迫性法益侵害危险，公共利益的危险也成为刑法关注的法益侵害内容之一。而在现实的犯罪行为进行过程中，法益侵害的危险与结果随时可能出现紧急情况。此时，与行政法中的行政程序形式灵活性原则不同的是，在前置行政程序规范的单一化立法模式之下，刑法强调的程序形式灵活原则能够发挥重大法益及时保护原则的功效。由此可见，转换对行政法中行政程序形式灵活性原则的刑法解读，是基于行政法和刑法保护法益目标的内容不同而进行的。

---

① See Stefan Machura, *Procedural Justice*, Law & Policy, Vol. 20: 1, p. 6 (1998).

② 参见姜明安：《行政程序法典化研究》，法律出版社 2016 年版，第 74 页。

一、行政法与刑法体系的程序效率原则的矛盾

在处理与行政法的行政程序灵活原则相关的问题时，行政机关更多关注的是行政程序的行政效率问题。因而，在行政法理论中，行政程序的形式灵活性原则又被简称为行政效率原则。甚至在《行政诉讼法》的立法过程中，立法者将行政效率视为行政程序效力认定的一种独立价值予以衡量。① 这种现象在部分国家的《行政程序法》的规定中同样存在，行政效率原则与国民权益保障原则并列作为程序正当原则的立法体现。诸如，《意大利行政程序法》将行政程序的简洁高效原则和民主程序原则作为立法宗旨。② 在上述规定下，有部分学者认为，行政程序的终局目的在于确保人民权益、提升行政程序效率，并且两者处于同等重要的地位，③ 其中的提升效能包括程序民主原则的效率以及较少管制成本的效率。④

但是，与程序形式灵活性相关的行政效率与刑法规定的前置行政程序形式的民主性原则显然是毫不相干的。行政程序面对复杂社会生活及其处理对象的繁杂性，行政效率原则考虑的是在“化繁为简”的同时能够兼顾对公共利益或者个人利益的保护；或者说，行政效率本身就是一种行政利益的内容。那么，这种行政效率具体考虑的对象是否可以为刑法法益保护原则所包容？其立基的问题根源是否可以与刑法具有某种程度的关联？我们在具体考究行政程序的效率原则时发现，无论是从行政

---

① 参见李烁：《论美国行政程序违法的法律后果》，载《比较法研究》2020 年第 2 期。

② 参见皮纯协主编：《行政程序法比较研究》，中国人民公安大学出版社 2000 年版，第 134 页。

③ 叶俊荣：《面对行政程序法：转型台湾的程序建制》，台北，元照出版有限公司 2010 年版，第 62 页。

④ 叶俊荣：《面对行政程序法：转型台湾的程序建制》，台北，元照出版有限公司 2010 年版，第 119 页。

效率的具体内容还是从根源上去考察，行政法关注的行政效率原则都无法契合刑法关注的重大法益的及时保护原则。具体而言：

第一，行政法的行政程序效率代表的是一种形式管理效率，刑法无法接受并将其作为前置行政程序形式灵活性原则的基本内容。在行政法的规范实践中，行政程序的形式灵活有时候代表的是一种形式管理的效率。形式管理效率，是指行政程序性事项决定的弹性、便利与迅速，形式管理效率针对的是行政程序形式展现于外的一种状态。行政程序效率越高，意味着行政程序执行者可以突破原先固有程序形式的束缚，在原先同等的时间内和在同一行政程序类型中处理更多复杂的行政事务。对比之下，行政机关在同一行政程序性事项的实施过程中所耗费的人工和时间的总成本下降，最终行政执法程序的总成本下降。因此，在行政法学者看来，程序灵活性原则所带来的形式管理效率最终实现了实质意义上的行政效率，实现了行政程序的真正成本效益。① 而在行政法理论中，行政程序总体成本的下降也是程序正义或正当原则的一种体现。在贝尔斯（M. D. Bayles）看来，“经济和道德上的花费低”也是法律程序正义的一项基本原则。② 与此相对，程序理性主义的代表学者菊伯特·西蒙（H. Simon）甚至给公共行政下了一个经典性的论断，其认为：“公共行政是有关如何建构与操纵行政组织，以便有效率地完成工作的理论。”③ 在上述理论中，行政程序形式管理效率被作为行政效率最终的考察标准。

与此同时，在行政法理论中，程序成本效益的提升与程序正当原则的关联点在于公共利益和个人利益实现平衡。诸如，有学者认为：“从事后的角度来看，公平的程序至少也必须在准确结果的好处和程序系统

---

① 参见罗传贤：《行政程序法论》，台北，五南图书出版股份有限公司 2017 年版，第 16 页。

② Michael Bayles, *Principles for Legal Procedure*, Law and Philosophy, Vol. 33：5, p. 41 – 57（1985）.

③ H. Simon, *Administrative Behavior*, Macmillan, 1957, p. 38.

强加的成本之间取得公平或合理的平衡。”① 虽然，在该学者观点中，形式管理灵活性原则所带来的行政程序效率是一种公平性和合理性的权衡正义。但是，在行政程序借用公共利益实现纯粹的行政程序形式管理的成本利益，而公民个体利益并未遭受刑罚的显著创伤时，行政机关仍然可以说行政效率下的程序形式灵活是一种权衡正义。这一点在违法行政程序效力的撤销问题上体现得淋漓尽致。在行政法理论中，对于行政相对人个人无实质影响的可撤销行政程序是可以不予以撤销的。一旦撤销原先的行政程序，就意味着原先耗费行政机关时间和精力的行政程序要么自始无效，要么对后续行政事务无约束力。撤销行政程序后的实际效果与行政程序实践对行政相对人无实际影响相对比，前者实质上是行政效率严重低下和程序经济严重损耗的一种表现。② 虽然，行政程序面临的行政事务繁杂是行政程序管理成本降低和程序性灵活原则的立基点，但是，这并不是刑法中的前置行政程序行政效率所需要考察的重点内容。不可否认，在行政法理论中，一般违法或者瑕疵的可撤销行政程序不对行政相对人产生实质影响。但并不意味着在前置行政程序的“刑行交叉案件”中，其对行为人构成犯罪无实质影响。基于此，刑法无法将行政程序形式的管理效率予以接受，也无法将其作为前置行政程序形式灵活性原则的基本内容。

第二，行政程序形式灵活所带来的行政效率提升了行政机关的工作运转速度和行政权力的权威性。一般而言，在行政程序相关的前置行政性法规范中，都会设置严谨正式的书面形式等一般程序的具体形式规定与程序形式的灵活性规定相对应。例如，《江苏省行政程序规定》（已失效）第46条规定了行政执法程序的书面原则形式和紧急的口头例外程序

---

① Lawrence B. Solum, *Procedural Justice*, Southern California Law Review, Vol. 78, No. 1, p. 185 (2004).

② 参见赵宏：《法治国下的行政行为存续力》，法律出版社2007年版，第149页；李烁：《论美国行政程序违法的法律后果》，载《比较法研究》2020年第2期。

形式。又如，该规定第69条规定了事实简单、当场可查实的简易程序，对应的就有第四章“行政执法程序”的一般行政程序。此外，第75条还规定了行政执法程序的可补正或可更正的灵活程序；同时，该规定第72条、第73条设置有无效或者可撤销的行政程序规定。但是，对于“紧急情况”和“事实简单、当场可查实”以及部分可补正、更正的行政程序情形的理解，主要还是取决于行政职权的自由裁量，因为上述概念更多是行政法的不确定性概念。此时行政程序灵活即意味着行政机关在实施行政程序时，可以通过主导控制程序性事项，在正式程序和灵活程序两种程序模式选择中进行自由切换。这实质上是行政程序执行主体在机关工作运转过程中发挥行政权力强制性或权威性的一种表现。

因此，有学者认为，虽然在现代法治国家，行政权力强制性或压制性理念在行政控权理念的倡导下有所削减，“但是行政效率仍然是行政行为自然倾向的本质选择。而且为了维护行政机关的运转与国家主权权威，现代民主法治国家仍然必须保持基本的效率”。① 同样，有学者将这种行政程序形式灵活性和正式严谨形式的自由选择模式称为行政程序职权主义模式的体现。该模式是行政机关主导的制度性安排，可以高效提升行政管理活动的效率，也可以保障私人权利。② 但是，正如前述，一般而言，从行政法实践效果来看，对行为人权利并无多大实际影响的行政程序灵活性规定，实际上在前置行政程序的刑事司法认定中可能有违刑法的基本原则。还以《江苏省行政程序规定》（已失效）为例，该规定第75条设置的日期载明缺陷或者轻微程序瑕疵和遗漏的可补正或可更正的灵活程序形式情形，虽然在不涉及行政犯“刑行衔接”情况下，行政权力主导控制的程序性形式确实不会影响行为人的实质权利；但是，

---

① 姜明安：《行政程序法典化研究》，法律出版社2016年版，第80页。

② 参见刘善春：《行政实体法与行政程序法精要》，人民法院出版社2019年版，第181页。

在刑法适用前置行政程序规范时，此种程序形式灵活原则一旦被带入刑事司法将极有可能违背刑法的责任主义原则。因为，在行为人积极配合行政程序性事务的刑事司法认定中，未明确的期限和遗漏的程序性事项是刑法重要的程序规则。

二、前置行政程序形式灵活原则的理解与更新

在前置行政程序的认定过程中，刑法同样需要倡导程序形式灵活性原则。但是，在程序形式灵活原则的具体理解和适用方面，刑法与行政法关注的行政程序的效率或效能提升存在显著差异。刑法作为公民个体（含不特定多数公民个体）的重大法益保护的后盾法，前置行政程序形式的灵活原则的确立和具体内容的理解必须以法益保护为核心。但是，与行政法的行政程序形式管理效率、行政机关运转以及行政权力权威性相关的程序形式灵活的规定，并不是刑法细化前置行政程序规范的适用所需要考虑的内容。

虽然，刑法的前置行政程序与行政法的行政程序均是行政机关或者行政授权主体实施的程序性事项。但是，根据前述行政程序的“客观程序性事实说”的基本概念界定，具体行政程序性事项内容的正当性判断和规定可以由刑法直接依据基本原则予以确定，这一方法在程序形式灵活性原则的不同内容理解方面同样可以适用。从行政法与刑法体系的程序效率原则的矛盾中可以发现，行政程序的形式管理效率、行政机关的工作运转以及与行政权力权威性相关的程序形式灵活的基础目的，均是行政法根据自身体系的实践具体设计的程序形式。刑法是公民个体的法益保护法，两者规范的体系实践目的不同，因而刑法的前置行政程序的形式灵活性原则的具体内容理应与行政法不同。

行政法和刑法体系的基础目的不同在部分学者看来是同一程序类型的具体内容设计的一个难点问题，“相同的程序可能服务于不同的目的，

而相同的目的可能会有显著不同的目的程序”。① 程序形式灵活性不是程序形式的随意性和自由化，这就意味着其需要与正当程序的基本原则的精神相契合。正当程序的内容判断需要具体规则来指引，但是，行政程序规则的正当性理念同样需要确定支持程序正当的合理理由。前置行政程序的认定需要契合刑法的公民个体的重大法益保护原则，这与行政法的行政程序维护的重点内容和目的是不同的。这决定了在行政法中符合正当程序原则的程序形式灵活性原则的内容在刑法体系中完全有可能是不正义的。法律原则本身具有一定的包容性，其允许根据不同特殊情况具体界定特定规范的实践目标，这与法律规则的固定性和教义性指导作用是不同的。在法律规则中，我们无法确保立法者、法官和行政官员制定或适用的同一套法律规则在任何情况下均是最好的规则。② 作为具体规则指引的程序正当原则可以结合不同学科体系的价值判断予以更新。也就是说，我们需要在行政法的程序形式灵活原则的具体内容的基础上作出调整或者更换，以适配前置行政程序形式灵活原则的实践指导功能。

结合前置行政程序规范在刑法体系中展现出来的立法模式的问题，前置行政程序形式灵活原则要求前置行政程序应当结合刑法的基本原则来确定灵活性的程序形式要件。法律原则本身具有一定的包容性，其中，程序形式灵活原则同样可以展现刑法效率，只不过刑法效率应当具体结合程序民主性进行理解。换言之，程序形式灵活原则体现的程序正当原则的判断标准在于前置行政程序的认定是否直接考量了公民的生命、自由、财产等重大法益。③ 因此，程序形式灵活原则并非为了给行政机关

---

① D. J. Galligan, *Due Process and Fair Procedures: A Study of Administrative Procedures*, Oxford University Press, 1996, p. 21 – 22.

② See D. J. Galligan, *Due Process and Fair Procedures: A Study of Administrative Procedures*, Oxford University Press, 1996, xviii.

③ See John H. Reese & Richard H. Seamon, *Administrative Law Principles and Practice*, West Group, 2003, p. 265.

实施行政程序提供便捷、迅速的执行规范，而是需要体现行政控权理念，防止行政权急速扩张，从而保护私人权益。① 具体而言：

其一，依据重大法益保护原则独立确定紧急状况下的程序灵活形式。在刑事立法中，前置行政程序规范作为一种单一化行政程序模式，如果在司法实践中其指向的法益保护对象是公民个体的生命、健康、财产等重大法益，那么在紧急情况下，固守书面文本形式化程序将很有可能不利于保护他人生命、健康等重大法益。诸如，前述的“滴滴顺风车乘客遇害事件”即为典例。此时，行政机关采取口头明确的危险排除的程序性义务的程序形式亦可满足程序正当原则要求。

但是，需要注意的是，刑法采取紧急状况下的程序形式灵活原则，并不意味着刑法和行政法实践一样侧重对他人利益的保护而限制了公民个体的自由。之所以采取紧急情况的程序灵活形式原则并不是说行政机关可以根据公共利益来任意压制公民的个体自由，而是指在公民个体并未造成任何刑法法益侵害的现实结果及紧迫危险时，行政机关不得以公共利益的过度前置预防或间接损害为借口侵犯公民个体的自由。当然，在公民个体自由行为现实侵害了公共利益时，就不存在行政管制程序压制公民个体自由的情况。同样，刑罚制裁手段需要符合罪责刑相适应原则，不得采取不恰当的刑罚制裁方式和手段，刑法需要权衡公共利益保护和个体利益的保护。当然，在紧急情况过后，行政程序外在形式的灵活性条件便不复存在。此时，行政机关还需要视损害事实危险情形，及时补救原先的程序形式灵活导致的责任主义原则缺失的情况。

其二，依据刑法谦抑性原理独立确定次数和时限的程序形式灵活性。在前置行政程序的现实执法过程中，对于程序性次数和时限等事项，刑法无法同行政法实践一样只确定经过一次行政程序性事项或者明确规定

---

① See United States v. Moton Salt Co., 338 U. S. 632, 644 (1950); Kenneth Culp Davis, *Administrative Law*, West Publishing Co., 1977, p. 4.

一定时间的程序性事务配合期限。前置行政程序规范作为犯罪成立条件，刑法对其的认定应当更严苛，或者尽可能给予行为人积极配合行政程序的最大化宽限条件，以符合前置行政程序积极督促行为人及时恢复法益的可行性条件。此外，对于现实中行为人的不同情况，固定程序次数和时限的特定形式也没办法体现行为人的期待可能性理念。在不同案件中，行为人排除先行行为创设的危险和结果的能力是不同的。此时，采取次数和时限的程序形式灵活原则，方便行政机关根据具体情况确定前置行政程序的固定次数和时限形式。这样可以要求行为人最大化配合程序性事项，以恢复法益、减少犯罪事实的存在。当然，为了排除程序形式灵活性带来的行政执法肆意性和强权性，刑事司法者同样需要具体考察行政机关是否以刑法谦抑性原则确定固定程序次数和时限形式。反之，直接采取行政法中的行政程序，不符合前置行政程序规范的刑法适用原则，司法者应当予以排除。

其三，依照行政程序性事项的繁杂性灵活设置行政程序执行主体。即使是同一罪名的同一行政程序类型，在行政执法程序所处的概括化和复杂化行政事务中，刑法当然也不可能忽视行政程序执行主体的灵活设置。当然，在行政法理论和实践中，行政程序执行过程可能存在交叉性，并且只要行政程序执行结果并非同一种类，亦可对结果合并执行。所以行政程序中允许出现多重执行主体。但是，与行政法不同的是，刑法重点关注特定罪名的违法行为及其危害结果，因而前置行政程序执行主体的程序形式灵活原则，并不意味着刑法将所有行政程序执行主体的过程性事项均视为行政犯的成立条件，而仅是将与罪名规定的特定危害行为和结果领域直接相关的行政主体执行的程序性事项视为行政犯的成立条件。因此，在立法灵活设置概括化前置行政程序规范之后，刑事司法者在理解行政程序执行主体的程序形式灵活性原则时，需要将程序性事项限定在与罪名直接关联的行政领域，以此确定行政程序的执行主体。

第三节 程序适用比例原则

程序正当原则中的“正当性”包含了正义或者合理等理念，其与正确、公平、公正等词义相通或者相似；此外，甚至可以将妥当性视为程序正当原则的基本内容之一。① 程序正义中的妥当性并不反对法律制裁，而是强调国家制裁手段的合理性和相当性。在法学理论中，比例原则通常被视为公法领域权力滥用的限制性原则，是制裁手段程序合理性和相当性的综合体现。在欧盟国家中，“比例原则既是欧盟法律的基石，也是欧洲法院（the European Court of Justice，ECJ）判例法的基石”。② 由此可见，比例原则在司法裁判中的重要地位。同样，在前置行政程序规范的理解与适用中，比例原则的援用对于行政犯的认定同样应当是举足轻重的。比例原则突出的是手段和目的的妥当性、相称性 在部分学者看来，惩罚手段的成本耗费和权力目的的实现是一种经济效益的表现，因而可以借用法律和经济学的角度去解读比例原则；③ 继而在收益和成本的权衡中具体体现比例原则发挥价值最大化目标的作用。④ 换言之，在该观点中，比例原则其实可以归为行政效率原则的一个子原则。

但是，依本书来看，刑法确立程序适用的比例原则的独立价值，将远远大于将比例原则作为行政效率原则的子原则的程序价值。行政效率

---

① 杨寅：《中国行政程序法治化：法理学与法文化的分析》，中国政法大学出版社2001年版，第57页。

② Aurelien Portuese，*Principle of Proportionality as Principle of Economic Efficiency*，European Law Journal，Vol. 19：5，p. 612（2013）.

③ See Aurelien Portuese，*Principle of Proportionality as Principle of Economic Efficiency*，European Law Journal，Vol. 19：5，p. 612（2013）.

④ See Aurelien Portuese，*Principle of Proportionality as Principle of Economic Efficiency*，European Law Journal，Vol. 19：5，p. 614（2013）.

的成本与收益的考量注重的是结果的实质价值判断和权衡，而程序适用比例原则并不仅仅具有程序正义结果的价值，还发挥着行政程序过程中的行政手段和目的两个方面的单独限制或指引功能。因此，程序适用比例原则对于前置行政程序规范的立法设置、司法适用和原理确立都具有显著价值。不仅如此，比例原则在其发展渊源中甚至早于行政效率原则被立法规范确立下来，并成为行政程序的一项独立性指导原则。由此可见，程序适用比例原则应当是一项独立原则，理应将其单独置于前置行政程序规范当中。

一、行政法与刑法体系的程序比例原则之失衡

比例原则最早起源于19世纪的德国警察法学，起初用于约束警察权力的滥用，之后随着行政事务在工商、交通、环境等各项领域的延伸，比例原则开始在行政权力行使的合理性评价方面发挥标准构建的功能。① 比例原则并不是警察法学理论发展的产物，而是由立法实践衍生而来的。按照1794年《普鲁士一般邦法》的规定，警察为维护公共秩序、保障公共安全、预防潜在公共危险可以采取必要性措施，其中，“必要性措施”被学界认为是最早体现比例原则思想的立法规范，② 后来，比例原则被直接扩展用于行政法立法实践当中。1931年6月1日公布的《普鲁士警察行政法》规定，警察机关在可以利用多种行政手段消除破坏公共安宁、公共安全与公共秩序的行为或者有效防御危险时，应当尽可能选择对行政相对人和一般大众权益造成损害最小的手段。③ 其中，“损害最小手段原则”被学界普遍理解为是一种必要性的比例原则。这种“损害

---

① 梅扬：《比例原则的适用范围与限度》，载《法学研究》2020年第2期。

② 参见潘璐：《比例原则的起源及特点》，载《人民法院报》2020年10月30日，第8版。

③ 参见潘璐：《比例原则的起源及特点》，载《人民法院报》2020年10月30日，第8版；杨临宏：《行政法中的比例原则研究》，载《法制与社会发展》2001年第6期。

最小手段原则”的比例性思想在行政程序立法当中体现得最为显著。在现代法治国家和我国部分地区，这种程序适用比例原则的理解被直接应用在行政程序立法当中。诸如《葡萄牙行政程序法》第5条第2款之规定①以及《西安市行政程序规定》第9条之规定。②

从比例原则的立法渊源和现在国内外行政程序的内容规定来看，“比例性”强调的是行政手段、公共利益和行政相对人、一般大众的损害权益的三者评价关系。比例的评价对象是行政手段。换言之，只有行政手段才有比例大小的评价问题。再结合行政执法程序而言，刑事立法中的行政执法手段是通过前置行政程序规范展现在立法文本之中的，因而行政手段的比例原则在刑事立法的动态前置行政程序规范之中是指行政程序的适用比例原则。但是，行政执法程序的适用比例原则是对行政手段的整体评价，需要通过公共利益的行政目的与行政相对人或一般大众的损害权益进行衡量或比较来体现。因此，行政程序适用的比例原则强调的并非行政目的和手段间的权衡，③ 而是行政目的和行政损害利益的均衡，最终确定行政程序进行管制或干预时的必要限度，这才是行政程序适用比例原则的具体过程。但是，行政程序适用比例原则侧重评价或者利益权衡的方法并不适合刑法中的前置行政程序规范的理解与适用。

在行政程序适用的比例原则的具体理解中，一般而言，比例原则又可细分为“妥当性、必要性、相称性”3个子原则④或者“适当性、必

---

① 该款规定：“行政当局的决定与私人权利或受法律保护的利益有冲突时，仅可在对拟达至的目标系属适度的情况下，损害这些权利或利益。”

② 该条规定：“行政机关实施行政管理可以采用多种措施实现行政目的的，应当选择对公民、法人或者其他组织权益损害最小的措施。”

③ 参见李惠宗：《行政程序法要义》，台北，五南图书出版有限公司2003年版，第120页。

④ 参见［德］哈特穆特·毛雷尔：《行政法学总论》，高家伟译，法律出版社2000年版，第238～239页。

要性、均衡性”3 个子原则①。其中，妥当性和适当性原则是意思相同的两种不同表述，均要求行政机关在诸多种执法程序当中选择可以实现利益侵害最小目的的手段；必要性原则要求选择后的行政手段需要真正实现利益侵害最小目的；相称性和均衡性原则亦是同一种意思的两种不同称谓，均要求行政手段实施后最终损害的利益与实现的行政目的——公共利益保持均衡或者相当，相称性或者均衡性原则被视为狭义的比例原则。② 3 个子原则是层层递进的关系，而并非彼此并列的关系。③ 由于比例原则并非一种整体性评价，还具体包括手段、目的的评价要素，因而，其在许多国家被普遍视为一项宪法原则。④ 但是，比例原则可以作为一项宪法原则，并不代表比例原则的 3 个子原则的内容可以原封不动地直接运用在前置行政程序规范当中。

因为，无论是在比例原则的最早立法文本中，还是在当前比例原则的子原则的概念理解中，行政程序适用的比例原则均强调的是对公共利益与行政相对人和一般大众造成权益损害的比较。这也就意味着在个体利益和公共利益发生矛盾和冲突时，行政程序执法主体可以借用比例原则来尽可能降低或者减少对个体利益和一般大众利益的损害。因此，行政法学界一般认为，狭义比例原则强调在公共利益和个人、其他组织合法利益的权衡中，行政程序侵害个人或其他组织合法利益越大，相应地，行政执法程序实现的公共利益也应当越大，如此才能均衡、相当。⑤ 也就是说，行政程序的比例原则并不反对行政执法程序侵害他人个体或者

---

① 参见梅扬：《比例原则的适用范围与限度》，载《法学研究》2020 年第 2 期。

② 参见［德］哈特穆特·毛雷尔：《行政法学总论》，高家伟译，法律出版社 2000 年版，第 239 页。

③ 参见翟翌：《比例原则的中国宪法规范基础新论——以宪法第 33 条为中心》，载《新疆社会科学》2012 年第 5 期。

④ 参见张明楷：《法益保护与比例原则》，载《中国社会科学》2017 年第 7 期。

⑤ 参见罗豪才、湛中乐主编：《行政法学》，北京大学出版社 2016 年版，第 34 页。

其他一般民众的合法利益，只要其实现的公共利益目的等于或者远超于受损利益即可。虽然这种损害是最小化的损害，但是这是立足较缓和的行政处罚等行政管制程序而言的，在刑法体系当中，借用严苛的刑罚会造成不同性质利益的不平等保护。

因此，这种最小化损害是通过比较诸多行政手段的程序选择后得出的，并不包括行政手段执行后的刑罚制裁手段。换言之，行政机关可以以公共利益的风险预防为由，通过行政责令或者行政处罚程序实现最小化的行政制裁。但是，在“刑行衔接”的相关罪名当中，一旦启动该种行政程序，也就意味着行为人已经符合部分犯罪成立条件。这对行为人来说显然超出行政程序适用比例原则的正常理解范围。

二、前置行政程序适用比例原则的理解与调适

在行政法体系中，行政程序适用比例原则的正当性根基在于对人民自由的限制需控制在公益维护的合理范围之内。① 在一般轻缓化的行政管制和行政处罚等管理和制裁手段中，因为行政相对人和一般公众并未受到实质性权利的严重影响，因而此时的行政执法程序的实施才具有正当性和合理性。但是，一旦在前置行政程序规范的原理和实践中，不加更换直接采取行政法的行政程序比例原则的基本立场，那么，最终的制裁手段便是严苛刑罚。正如前述，比例原则同样还是宪法的一项基本原则，宪法是跨学科运用的，所以比例原则亦需要跨学科理解。② 显然，对于前置行政程序适用比例原则，需要在行政程序的比例原则基础上进行调适，以使程序适用比例原则与刑法的人权保障和法益保护原则实现共存。

---

① 参见皮纯协主编：《行政程序法比较研究》，中国人民公安大学出版社2000年版，第96页。

② See A. V. Dolzhikov, *The Constitutional Principle of Proportionality: An Interdisciplinary Approach*, Perm University Herald Juridical Sciences, Vol. 47: 6, p. 8 (2020).

在讨论比例原则是否可以作为刑法规范适用的一项基本原则时，我国学者存在“否定论”和“肯定论”两种观点。“否定论”认为，刑事立法已经规定了法益保护、罪刑法定、罪责刑相适应、刑法面前人人平等的原则；并且在刑法理论上和实践中也已经形成了刑法谦抑性原则的共识。上述刑法专属的基本原则相较比例原则而言，对刑事制裁启动的限制更加严格，此时，刑法已无再引入比例原则的必要。此外，刑法相较行政法更注重责任主义原则，但是，显然比例原则的 3 个子原则都无法包容责任主义原则。① 而“肯定论”认为，比例原则无法替代刑法的法益保护原则，但是其可以在刑法领域发挥刑事立法过程中基本原则适用正确与否的评价机能，并且需要注意的是，“在将比例原则引入刑事法领域时，必须避免简单的话语转换或者机械的套用现象”。② 同样，还有学者基于行政法限制公民自由的比例原则认为，既然在行政法中限制公民自由需要受到比例原则的限制，那么“举重以明轻”，刑法更需要引入比例原则，以此审视行政犯设置和刑罚权启动的合理性。③

对比“否定论”和“肯定论”两种观点，其实，“否定论”借刑法现已存在的基本原则排除刑法对比例原则的引入和改造，是一种较封闭的观点。刑法现已存在更严格的基本原则并不代表不可以引入比例原则。相反，我们还应当在援用行政法的比例原则时更加严格规范程序适用比例原则的具体内容。此外，“否定论”的比例原则对责任主义原则的背离并不是刑法引入比例原则所致，而是比例原则本就不应承担责任主义原则的功能，两种原则本身就分属于不同的基本原则。正如刑法法益保护原则在阶层论犯罪构成体系中也仅是客观层面的法益保护，不包含责任主义原则的内容，但并不代表两种原则不可以并存于刑法体系之中，

---

① 参见梅扬：《比例原则的适用范围与限度》，载《法学研究》2020 年第 2 期。

② 张明楷：《法益保护与比例原则》，载《中国社会科学》2017 年第 7 期。

③ 参见田宏杰：《比例原则在刑法中的功能、定位与适用范围》，载《中国人民大学学报》2019 年第 4 期。

由此看来，“肯定论”的基本思路是正确的。

但是，在前述第二种“肯定论”的理解中，该学者简单地以传统刑法理念中不存在比例原则的概念为由，而直接误认为比例原则的3个子原则——适当性、必要性以及均衡性（狭义的比例原则）原则其实就是对应着刑法的法益保护原则、刑法谦抑原则以及罪刑均衡原则。① 其中，在刑法法益保护原则中比例原则体现在法益评价的递进性层面，亦即行政法作为第一保护性法益，而刑法作为第二保护性法益。② 这种支撑理由与第一种“肯定论”的比例原则的改造观点是不同的。第二种“肯定论”相对第一种“肯定论”的支撑理由而言，前者实质上是行政法比例原则的一种简单植入方法，而并未结合行政法比例原则在刑法体系的不协调之处予以改进或者调整。虽然第一种“肯定论”的支撑理由提出了行政法比例原则的改进观点，但其对于如何改进亦是语焉不详，而且由于探讨主题的限制，持该类观点的学者也仅是局限于法益保护原则来调整比例原则，这大大限缩了比例原则在前置行政程序规范的适用和指导功能。

而对于刑法中前置行政程序比例原则的具体内容理解，可以从立法方法确立、程序性事项认定、程序类型选择、行为类型选择以及法益顺畅衔接等方面来改造比例原则。具体而言：

第一，前置行政程序规范立法适用的比例原则。刑法法益保护原则的评价机能应当根据法益类型和性质进行灵活理解。在行为人并未最终实际造成法益侵害的现实结果时，刑法不可直接借用前置行政程序规范认定行为人造成了法益侵害的抽象或具体危险而构成犯罪。尤其是在涉众型可恢复性法益专有罪名或者涉众型公共利益侵害危险的相关罪名中，

---

① 参见田宏杰：《比例原则在刑法中的功能、定位与适用范围》，载《中国人民大学学报》2019年第4期。

② 参见田宏杰：《刑法法益：现代刑法的正当根基和规制边界》，载《法商研究》2020年第6期。

刑法重心不在于惩罚而在于恢复涉众法益。因而，如果行为人已经恢复法益，我们便有理由认为，行为人可以不受任何政治意图的侵犯。① 此时，刑法不能依据原先行政法比例原则的公益保护目的这一理由随意侵犯行为人和一般民众的合法利益。此外，前置行政程序类型选择的适当性也可以契合程序适用比例原则。刑法不仅需要依据所保护法益类型和性质的不同设置前置行政程序规范，而且，还可以针对同一罪名设置不同类型的前置行政程序规范，使不同行为要件对应的行政程序类型契合法益保护原则。在危害结果方面，为了控制法益受侵害的危险和监督危害行为，我们可以设置前置行政许可程序；为了消除法益受侵害的危险，我们可以设置前置行政命令、处罚程序；为了补救法益受到的损害，我们可以设置前置行政命令程序。

第二，行政程序性事项司法认定的比例原则。在行政法的比例原则中，因为强调的是法益结果实现的不同目的或性质的对比，所以容易忽视行政程序性事项的不同规定也会对法益保护产生不同的影响。程序适用的比例原则也应当包括行政程序性事项规定的比例性要求。在行政法的一般轻缓化行政制裁手段当中，行政程序只需经历一次或者短暂的许可期限，在行政效率原则下，程序适用形式可灵活设置，行政程序执行主体亦可重复交叉。但是，在前置行政程序规范中，基于刑罚的严苛制裁，行政程序性事项的比例性要求应当予以严格规定。诸如，增加程序的适用次数、延长程序性期间、限定行政程序执行主体的范围、严格限定程序的送达方式、限定援引参照前置性行政法规范的位阶效力等形式来体现前置行政程序适用的比例原则。

第三，程序适用比例原则在法益类型衔接方面的具体运用。在特定"刑行衔接"罪名的法益类型保护方面，前置行政程序适用的比例原则

---

① See Aurelien Portuese, *Principle of Proportionality as Principle of Economic Efficiency*, European Law Journal, Vol. 19：5, p. 613 (2013).

体现在法益类型衔接的明确区分中。在当前行政管制秩序作为刑法保护的集体法益类型之一的情形下，前置行政程序的执行目的也被刑事司法者视为了“情节严重”的一种类型，诸如，司法解释多处制定的“多次行政处罚”的程序规定。在这种情况下，行政程序的管制秩序也属于刑法法益类型，行政法保护的行政程序管制秩序所涵盖的范围，对于司法者来说是不明确的。这同样是不符合比例原则的。因此，需要刑法明确将行政程序代表的行政管制秩序排除在刑法体系之外。

第四，在宪法规定的行为类型中加入对程序适用比例原则的考量。宪法在赋予公民基本权利的同时，还明确了公民基本权利行使的界限。但是，在公民行使基本权利逾越宪法边界时，刑法还是应当尽量避免直接将越界行使宪法基本权利的行为类型作为犯罪处理。即使公民在行使宪法基本权利的同时侵害了国家、其他公民的合法利益，也应当审慎适用刑法予以规制。对此，刑法可以借助前置行政程序规范来缓和刑罚的适用。通过行政程序的前置适用给予公民改过自新的机会。因为，宪法维护的秩序价值能够评判法益保护的有无与强弱。① 在前置行政程序发起前，公民行使基本权利所造成的法益侵害相较其他一般危害行为的法益侵害，其在情节危害程度的评价方面较弱，因而该行为应当不具有强烈的非难可能性或者可谴责性。在公民行使基本权利时，只要不侵害他人实质的自由、财产、身体、生命安全或者造成重大侵害风险，一切就应当被刑法所允许，这都是符合刑法比例原则的手段。

第四节 程序平等开放原则

在近现代法治思想的发展历程中，法律平等理念是思想斗争和解放

---

① 参见田宏杰：《刑法法益：现代刑法的正当根基和规制边界》，载《法商研究》2020 年第 6 期。

的基本武器之一。平等原则作为启蒙法治思想的重要内容，为理性主义者鼓励公民摆脱中世纪封建思想和教会权威的束缚，从而使个人得到自由解放提供了思想工具。① 法律平等理念在刑法中存在立法规定，《刑法》第 4 条就明确规定了刑法适用平等的原则。但在行政法中，行政程序是以维护公共利益为核心目标的，所以在行政法体系中普遍存在“公共利益优先论”的基本观点。在“公共利益优先论”的观点下，虽然个人利益和公共利益在行政执法程序中可以被同等保护，但是，同等保护并不意味着平等保护。在利益冲突情形下，个人利益和公共利益是无法实现平等保护的。这在行政许可程序中体现得尤为明显。

在刑事立法体系中，前置行政程序规范有时被充当部分特许行业垄断的保护工具。在未明确前置行政许可程序和刑法法益保护原则之间的紧密关系的情况下，司法者有可能将严重扰乱单纯的行政许可管制秩序视为刑法法益的侵害形式。这在前述“连云港药神案”和“陈某菊租用烟草专卖零售许可证案”等案件中有所体现，其与《刑法》第 4 条规定的刑法适用平等原则存在冲突。行政许可管制秩序的法益定位还可能违背《宪法》相关条款赋予公民的自由劳动权。因此，在前置行政许可程序规范的理解和适用中，应当秉持程序平等开放原则来认定行政犯。

一、行政法与刑法体系的程序开放原则之抵触

在我国多数设置行政程序的地方性行政法规中，行政执法程序的平等性原则均被视为一项基本原则。诸如，《湖南省行政程序规定》第 4 条第 1 款、《江苏省行政程序规定》（已失效）第 5 条第 1 款、《山东省行政程序规定》第 5 条第 1 款等行政性法规范均规定有“行政机关在行政执法程序中应当平等对待公民、法人和其他组织”等类似条款。其

① 参见马克昌主编：《近代西方刑法学说史》，中国人民公安大学出版社 2016 年版，第 46 页。

中，行政执法程序中“平等对待”最为基本且重要的衡量标准就是行政相对人是否具有加入行政执法程序的申请资格，并且在申请程序中能否被平等对待。这就是程序平等开放原则。不同于依职权启动的行政命令程序和行政处罚程序，行政许可程序属于依申请而启动的行政程序。因而，程序平等开放原则是否得到贯彻落实，在很大程度上取决于行政许可程序的申请条件及违反后的制裁措施。

由于行政许可程序允许特定行为人的经营行为直接面向不特定多数公众，因而在行政许可程序中，行政机关出于对公共利益的维护，基本上为所有经营行为设定了行政许可程序的相关条件限制。行政许可分为一般许可和特殊许可。在行政法学界中，一般许可属于解禁性许可；而特殊许可属于赋权性许可。① 解禁性一般许可的程序性事项规定在《行政许可法》第 12 条第 1 项和第 3 项至第 6 项之中，其是指行政相对人需要符合法定条件，获得行政机关的禁止性解除，并准许从事特定领域活动或行业的行政许可。② 诸如，涉及公共安全、环境保护、金融安全以及关乎公民生命、健康、企业信誉等职业的行政许可程序。而赋权性行政许可的程序性事项范围规定在《行政许可法》第 12 条第 2 项之中，其是指“行政机关代表国家赋予相对人资源使用权或排他经营权的许可行为”。③ 诸如，在有限自然资源开发利用、公共资源配置以及直接关系公共利益的特定行业中设定市场准入的行政许可程序。

由此可见，无论是在一般许可还是特殊许可程序当中，程序平等开放原则都并未得到真正落实。《行政许可法》第 80 条规定了具体违反行

---

① 参见王克稳：《行政许可中特许权的物权属性与制度构建研究》，法律出版社 2015 年版，第 3 页。

② 参见王克稳：《行政许可中特许权的物权属性与制度构建研究》，法律出版社 2015 年版，第 3 页。

③ 王克稳：《行政许可中特许权的物权属性与制度构建研究》，法律出版社 2015 年版，第 3 页。

政许可程序行为的行政处罚和刑事责任。① 甚至，立法者还在《行政许可法》第 81 条中规定了概括化未取得行政许可经营行为的行政处罚和刑事责任。相应地，《刑法》第 174 条第 1 款擅自设立金融机构罪，第 174 条第 2 款伪造、变造、转让金融机构经营许可证、批准文件罪，第 225 条非法经营罪，以及第 336 条非法行医罪、非法进行节育手术罪等罪名设置了对应的罪刑规定，通过明确的罪状设置或者间接的兜底条款将《行政许可法》第 80 条、第 81 条涉及的行为类型涵盖在刑法中。因此，刑法通过上述罪名向公众表明，一旦违反前置行政性法规范规定的行政许可程序，那么行为人就有可能构成犯罪。也就是说，刑法将行政法以保护公共利益为目的的行政许可程序的管制秩序全部纳入了保护范围。因此，在前置行政许可程序中，其实，程序平等开放原则也没有得到彻底的遵循。

当然，与行政法相同，公共利益也是刑法保护法益的类型之一。但是，公益与私益的边界模糊是导致两种法益冲突的直接原因之一。② 在行政法和刑法同时规制行为人对公共利益的法益侵害危险时，行政许可程序保护私益也可能被认为是在保护公益。因此，在部分违反行政许可程序的行为类型中，存在部分违法行为侵害的法益并非属于前置行政许可程序真正关注的公共利益的情况。

第一，行政许可程序的设置目的繁杂，并未完全体现公共利益保护的目的导向。在行政法理论中，行政许可程序存在的主要理由有 4 类：一是保护公众免因未经严格审查的经营行为而受伤害，这是首要理由；二是创建特定行业知识和能力共同体；三是培养并建构消费者和经营者

---

① 诸如，涂改、倒卖、出租、出借、转卖行政许可证件，超越许可范围、隐瞒情况、提供虚假材料等行为。

② 参见孔令滔：《现代行政裁量与比例原则的适用》，载胡建淼主编：《公法研究》第 11 辑，浙江大学出版社 2012 年版，第 80 页。

之间的信任关系；四是通过限制市场准入来缓和部分生产商的冲击。① 由此可见，第一类理由才属于刑法应当重点关注的理由，而其他 3 类理由并非基于纯粹的公共利益导向。甚至，第四类理由被部分学者认为是"解决许多经济问题的办法"。有学者认为："在对一些政府监管效果的研究成果进行回顾时，我们发现监管和职业许可通常是为了提高价格、限制准入、提高行业或职业的回报率而运作的。"② 因此，第四类行政许可程序的设置理由违反程序平等参与原则。而第二类、第三类设置理由也远不足以成为刑罚规制的基本理由。反之，刑法依据前置行政许可程序的后 3 类理由容易滋生职业经营的保护主义，限制职业经营的自由流通。

第二，行政许可程序的管制实效并未真正有利于公众利益。不可否认，行政许可程序设置的出发点是为了维护公共利益。这在《行政许可法》第 12 条规定的 5 项许可事项范围关涉的公共利益中得以体现。其中，最显著的就是许可管制对价格方面的控制，防止特许的垄断行业制定过高的价格继而产生对民众的经济剥削。③ 但在现实运行效果中，行政许可程序的管制实际效果不尽如人意。在某种程度上，垄断企业的特许准入与确保公众的健康、安全以及职能安全能力几乎没有任何关系。相反，行政机关人为设置经营门槛会限制竞争对手，进一步导致特许服务成本高于服务公众的成本。④ "市政条例通过繁重的许可证申请程序有效地提高了准入成本，（但是）这些程序通常会授予这些行业额

---

① See Nick Robinson, *The Multiple Justifications of Occupational Licensing*, Washington Law Review, Vol. 93：4, p. 1935 – 1936（2018）.

② Jeffrey Pfeffer, *Administrative Regulation and Licensing：Social Problems or Solution*, Social Problems, Vol. 21：4, p. 468（1973）.

③ See Jeffrey Pfeffer, *Administrative Regulation and Licensing：Social Problems or Solution*, Social Problems, Vol. 21：4, p. 469（1973）.

④ See John Blevins, *License to Uber：Using Administrative Law to Fix Occupational Licensing*, UCLA Law Review, Vol. 64：4, p. 856（2017）.

外的权利。"① 因此，被特许行业不得不提高经营价格，以弥补过高的特许程序的成本。此外，还有学者认为："即使监管对企业或行业的回报率没有影响，也可能会增加消费者付出的代价，因为监管本身就有成本。监管的成本在于监管过程中的程序、延迟和不确定性。"② 从综合特许成本与行政许可的监管成本来看，行政许可程序的实际效果是否真正有利于民众，是存疑的。行政许可监管实际效果的实证研究亦是表明："监管和许可的结果往往不符合消费者或公众的利益。"③ 如果刑法的前置行政许可程序全部移植行政法的行政许可程序的设置目的，那么，刑法将很有可能成为垄断行业损害公众利益的"保护伞"，与刑法法益保护原则相背离。

第三，行政许可程序管制容易滋生保护主义，不利于程序参与的公平竞争。在行政许可程序中，程序平等开放原则的正义性理解应当是"正义（或不公正）不能以财富的整体分配为前提，也不能以某个想象中的单一经营者包揽经济内容的行为为前提"。④ 如果认为特许程序属于政府的行政授权，一旦行为人违反特许程序即可构成犯罪，那么，就意味着行为人违背行政授权即可构成犯罪。在这种情况下，行政许可程序的管制效果反而容易抑制经济创新，使不受竞争威胁的少数企业故步自封。⑤

对此，在部分案件中法官明确反对国内保护主义保护的对象属于合

---

① John Blevins, *License to Uber*: *Using Administrative Law to Fix Occupational Licensing*, UCLA Law Review, Vol. 64: 4, p. 861 (2017).

② Jeffrey Pfeffer, *Administrative Regulation and Licensing*: *Social Problems or Solution*, Social Problems, Vol. 21: 4, p. 473 (1973).

③ Jeffrey Pfeffer, *Administrative Regulation and Licensing*: *Social Problems or Solution*, Social Problems, Vol. 21: 4, p. 474 (1973).

④ Gary Chartier, *Economic Justice and Natural Law*, Cambridge University Press, 2009, p. 48.

⑤ See John Blevins, *License to Uber*: *Using Administrative Law to Fix Occupational Licensing*, UCLA Law Review, Vol. 64: 4, p. 859 (2017).

法国家利益的观点，反对行业保护对应的国家利益可以成为许可证限制的正当理由。诸如，在“Craigmiles v. Giles 案”、“St Joseph Abbey v. Castille 案”和“Merrifield v. Lockyer 案”等案件中，法官明确驳回了“保护主义”作为职业许可证的理由，并根据第十四修正案取消了行政许可要求。其认为，行政许可程序不应被视为地方主义的复活，而应被视为使赤裸裸的保护主义失效以及表明不合理行政许可的要求。① 程序平等开放原则意味着政府利益和个体利益在行政许可程序中属于平等主体的利益。不存在行政法体系中的“公共利益优先论”等诸如此类的观点。在行为人只违反特许行政程序的情况下，很难说行为人违反政府授权的特殊许可程序就致使公共利益遭受了现实紧迫的、不可控制的法益侵害风险和现实结果。此时，仅以行为人违反前置特许行政程序为由，就直接或间接认定行为人构成犯罪，恐怕刑法就有可能沦为行业经济保护主义的工具。

二、前置行政程序平等开放原则的理解与引入

刑法作为严苛的制裁措施，不应当直接援用行政法体系中的行政许可程序的部分参与原则或者排除平等参与程序原则。甚言之，刑法应当鼓励前置行政程序平等开放原则作为前置行政许可程序司法认定的指导原则。程序平等开放原则是程序正当原则的一部分，要求社会政治、经济、文化等资源的分配正义。其中，分配正义应当是在平等主体和平等机会中实现的，反对市场经济活动资源集中在收入财富权衡的特权之上。② 在行政许可程序中，程序平等开放原则意味着行为人和其他经营

---

① See St. Joseph Abbey v. Castille, 712 F. 3d 215, 227 (5th Cir. 2013); Merrifield v. Lockyer, 547 F. 3d 978, 992 (9th Cir. 2008); Craigmiles v. Giles, 312 F. 3d 220, 229 (6th Cir. 2002).

② 参见皮纯协主编：《行政程序法比较研究》，中国人民公安大学出版社 2000 年版，第 40~42 页。

者均具备平等和自由竞争的能力和条件，行为人违反行政许可程序的管制秩序或者违反行政许可程序造成的法益侵害的一般性或前置性危险均不是刑法进行规制的基本理由。

刑法在前置行政许可程序中引入程序平等开放原则契合宪法规定的基本劳动权。《宪法》第14条明确规定了国家提高劳动者的积极性、技术水平以及劳动生产效率和经济效益。正如前述，行政许可程序的政府管制会在无形中增添了经济保护主义色彩，这不利于经济生产效率和效益提升。也就是说，完全通过行政许可程序排斥其他公众的竞争加入，从表面上看，可以防止重大民生行业的相互竞争导致的经济效率低下、资金外流等问题出现；消除过度性、破坏性和不健康的竞争；并且实现稀缺资源的合理再分配。① 但实际上，这种公共利益的维护同样会造成单一行业发展滞后和创新力低下等问题，这也违背宪法的经济发展效率和创新的基本要求。同时，《宪法》第42条规定，国家应当通过完善就业条件和就业前培训制度加强对劳动权利的保障。行政许可程序通过不公开的行政授权和一般经营者难以达到的特许条件进行约束，实质是违背了宪法赋予公民在各行各业的基本劳动权。

因此，对于宪法受到保护且无害的合法经营职业，国家权力必须排除禁止行为人侵入行政程序的基本理由。② 虽然行政法排斥所有人加入特许行政程序，但是在行政法"公共利益优先论"的观点中，程序开放参与原则的排斥也确实是基于维护公共利益的基本出发点考虑的。这也是行政程序实施的基本任务和主要目标。刑法作为法益平等保护的后盾法，亦是保障宪法基本权利实现的最有力措施。确定前置行政程序的基本原则或适用基本立场必须具有充分的现实理由。

---

① 部分学者持有此类观点，see Stephen G. Breyer & Richard B. Stewart, *Administrative Law and Regulation Policy*, Litlle Brown, 1985, p. 14 – 20。

② Roller v. Allen, 245 N. C. 516, 525, 96 S. E. 2d 851, 859 (1957).

在本书看来，前置行政程序平等开放原则并不意味着刑法允许任何经营行为均可平等参与到前置行政许可程序当中。在前置行政程序规范启动刑罚规制时，刑法必须具备充分的现实理由——被许可的行业或者职业的特定领域应当与经营行为会对公众的生命、健康、福利造成实质性侵害结果或者现实紧迫且不可控性危险紧密关联。诸如 1940 年，法院在“State v. Harris 案”中裁定行政许可是违宪的，其基本理由就在于：行政权力的程序监管必须基于被许可行业或业务本身具有“如果不加以行政许可管制，那么可能的后果就是公众的生命、健康或福利遭遇实质性损害”等显著特征。① 同样，在著名的“德国药房案”中，宪法法院依据巴伐利亚政府对新药房设立的行政许可限制不足以证明其可以保护公众健康利益不受任何侵害这一理由，判定被告不能依据“优先于个人自由的重大公共利益”的观点对职业自由选择的限制，从而排除行为人开设新药店并继续从事药剂师的职业选择。因此，宪法法院判定行政当局侵害了行为人职业自由选择的基本人权。②

“长期以来，公共利益选择理论一直是经济学家和其他学者看待职业许可的主要视角”。③ 具体而言，“职业许可最常见和最广泛援引的理由是行政机关能够通过许可程序确保从业人员具有一定程度的专业知识

---

① Herbert T. Mitchell, *Administrative Law-Constitutionality of Statutes Licensing Occupations*, North Carolina Law Review, Vol. 35: 4, p. 474 (1957).

② 参见蒋红珍：《论比例原则：政府规制工具选择的司法评价》，法律出版社 2010 年版。

③ See Ryan Nunn & Gabriel Scheffler, *Occupational Licensing and the Limits of Public Choice Theory*, Administrative Law Review Accord, Vol. 4: 2, p. 25 (2019); Marc T. Law and Sukkoo Kim, *Specialization and Regulation: The Rise of Professionals and the Emergence of Occupational Licensing Regulation*, Journal of Economic History, Vol. 65: 3, p. 723 -724 (2005).

或能力来保护消费者和公众免受伤害”。① 此外，刑法必须排除与公共利益遭受现实损害及其紧迫危险无关的商业经营信誉、经济垄断、商业知识和能力共同体构建等因素作为行政机关限制行为人平等参与程序或者程序平等开放的基本理由。因此，在程序平等开放原则的理念指导下，公民如果仅是因为上述 3 类行政许可程序实施的基本理由而违反了前置行政许可程序，那么即使非法经营行为涉及的经营数额或者盈利数额再大，刑法也不得涉足。如此看来，《刑法》第 225 条非法经营罪部分司法解释单纯将经营数额、违法所得数额以及经营对象的数量作为“情节严重”的认定情形，② 实则是将不平等的行政程序参与作为了刑法保护对象。因此，刑法应当尽量去除类似违反程序平等开放原则的规定。

第五节　程序规则明确原则

程序规则明确原则源自法律明确性原则的启发。法律明确性原则要求法律规定的概念和条件必须明确具体。但是，在行政法的部分教科书中，法律规则明确性原则基本上不是行政法的一项独立基本原则，而是被纳入依法行政或者行政法定原则的内容当中。③ “正义” 通常被用作评

---

① See Thomas v. Collins, 323 U. S. 516, 545 (1945); Dent v. West Virginia, 129 U. S. 114, 122 (1889); Nick Robinson, *The Multiple Justifications of Occupational Licensing*, Washington Law Review, Vol. 93, No. 4, p. 1936 (2018).

② 诸如，最高人民法院、最高人民检察院《关于办理非法从事资金支付结算业务、非法买卖外汇刑事案件适用法律若干问题的解释》(法释〔2019〕1 号) 第 3 条；最高人民法院、最高人民检察院《关于办理非法生产、销售烟草专卖品等刑事案件具体应用法律若干问题的解释》(法释〔2010〕7 号) 第 3 条；最高人民法院《关于审理非法出版物刑事案件具体应用法律若干问题的解释》(法释〔1998〕30 号) 第 12 条；等等。

③ 参见周佑勇：《行政法原论》，北京大学出版社 2018 年版，第 53 页；余凌云：《行政法讲义》，清华大学出版社 2019 年版，第 84 页。

价社会制度的一种道德标准,① 是抽象的概括性要求。因而,“程序正义作为独立的公平性标准概念,其本身是空洞的”。② 这需要我们具体明确规则的指引方向。在刑法中,法律概念规则明确原则同样涵盖于罪刑法定原则之中。因此,无论学界如何界定依法行政或者行政法定原则,其首要前提均是要求行政执法的规则明确性。在行政程序正当性原则的理解中,具体就是指程序规则明确原则。前置行政程序作为刑法体系的新概念,确立程序规则明确原则相较其他概念而言显得更具紧迫性和必要性。

一、行政法与刑法体系的程序明确原则之龃龉

行政法的依法行政原则,是指对于违反行政法义务的违法行为,行政机关惩治行为人时必须要以法律明文规定的内容为依据,从而满足民众对行政处罚的可评估性和明确性,保护公民免受国家恣意决定之侵害,③ 这在刑法体系中就类似罪刑法定原则的内容。而无论是依法行政原则还是罪刑法定原则,两者存在的前提均是法律体系存在具体明确的适用规则。结合行政程序而言,程序规则明确原则具有两个方面的要求:一是行政程序实施的法定依据,即行政程序执行或实施必须具有明确具体的法定权限;也就是依法行政原则中的职权法定原则,这是程序规则存在的前提依据。二是行政程序规则的具体明确,即行政程序执行或实施必须具有明确具体的操作规则或方法。

诸如,《行政处罚法》第4条规定,对于行政处罚的执行程序,行

---

① See P. P. Craig, *Public Law and Democracy in the United States of America*, Clarendon Press, 2008, p. 251.

② Lawrence B. Solum, *Procedural Justice*, Southern California Law Review, Vol. 78: 1, p. 184 (2004).

③ 参见尹培培:《双重面向之处罚法定原则的困境及其出路——基于法的明确性原则》,载《法律科学(西北政法大学学报)》2017年第5期。

政机关依照本法规定的程序实施。同样，在部分地方性行政法规中，行政程序立法亦是将行政程序规则明确原则作为行政执法程序公开和行政程序的标准、条件、种类、幅度、方式、时限等程序性事项细化、量化的前提条件。诸如，《宁夏回族自治区行政程序规定》第 5 条、第 32 条即是如此。有学者形象地将上述程序规则明确原则归纳为两种内容：第一种是行为可罚性依据的明确性原则，其是面向行政相对人或者违法行为人的。诸如，有学者认为，程序法定规则也是正当法律程序法律化条款的明确性反映。在法律未明确具体程序性规则要求或者规则不甚全面时，程序法定规则亦发挥了法律条款化依据的作用。① 第二种是处罚职权行为的明确性原则，其是面向行政机关的。"处罚的主体、依据和程序法定"等程序性事项属于第二种处罚职权行为的明确性原则。②

但是，在行政程序的 3 种程序类型的具体规则制定中，程序规则明确原则并未得到很好的遵循。通常而言，行政程序立法采取"行为可罚性依据的明确性原则 + 处罚职权行为的概括化原则"的双重标准，抑或直接采取了"行为可罚性依据的明确性原则"的单一化标准。前者诸如行政许可程序和行政处罚程序；后者诸如行政命令程序。这在前文的相关论述中已经得到充分展现。在行政依附性原则的刑法认定方法下，行政法侧重行为可罚性依据的程序规则明确性原则对刑法认识前置行政程序规范是极为不利的。因为当前行政法的行政程序的立法规则实际上是完全不明确或者相对不明确的，属于行政法中的完全不明确或者相对不明确的概念。而这一概念出现的根本原因在于行政自由裁量权的存在。但是，这并不是刑法需要关注的基本原因。因此，在行政程序规则的明确性原则方面，行政法与刑法体系存在龃龉。

---

① 参见李烁：《论美国行政程序违法的法律后果》，载《比较法研究》2020 年第 2 期。

② 参见尹培培：《双重面向之处罚法定原则的困境及其出路——基于法的明确性原则》，载《法律科学（西北政法大学学报）》2017 年第 5 期。

行政程序自由裁量权主要体现在不明确的行政程序概念或者操作规则中。同样，在行政法理论中，行政程序维护的公共利益、公共秩序等公益概念亦是不明确行政概念。① 因此，行政当局才能够在公共利益的社会服务评价中发挥自由裁量权。② 德国学者巴霍夫在《行政法中的自由裁量权和不确定的法律概念》一文中指出，立法规定的不明确行政概念为行政机关的价值判断留有余地。③ 基于此，法院在具体审查不明确行政概念时，以不明确行政概念涉及高度属人性、经验性与技术性为依据，认为行政机关具有一定的判断余地，继而排除自身独立的司法审查权。④ 结合行政程序而言，如果在刑法体系中认可行政程序属于不明确行政概念，那么刑事法官将无法也无权对仅具有可罚性依据的前置行政程序作进一步限定或解释等司法审查，最终行政机关自由裁量的行政程序亦是刑法中的前置行政程序。这显然是刑法直接移植了行政法不明确概念的表现。

行政程序自由裁量权的存在是在一定行政目的基础上衍生的产物，因此，行政自由裁量又被称为“行政目的裁量”。⑤ 但在目的裁量中，行政目的有可能并非刑法中前置行政程序所需要重点考虑的要素。在行政法理论中，一般而言，行政程序的自由裁量权考虑的事实理由有 3 类：

第一，便于行政机关应对复杂多变的行政事务。在复杂多变的现代行政事务的快速发展中，立法者不可能对所有行政程序的范围、种类、

① 参见余凌云：《行政法讲义》，清华大学出版社 2019 年版，第 174 页。

② See Szczepaniak, Rafal, Figueiras & Claudia Sofia Melo, *Editors Szczepaniak, Contemporary Challenges in Administrative Law and Public Administration*, ADJURIS International Academic Publisher, 2018, p. 26.

③ Vgl. Otto Bachof, Beurteilungsspielraum, Ermessen und unbestimmter Rechtsbegrif in Verwaltungsrecht, JZ, 1955, S. 97.

④ 参见余凌云：《行政法讲义》，清华大学出版社 2019 年版，第 175 页。

⑤ 参见［日］藤田宙靖：《日本行政法入门》，杨桐译，中国法制出版社 2012 年版，第 41 ~ 42 页。

期限、方式等都作出详细规定。此时，法律便为大量的行政程序执法留下自由裁量的空间。① 其中，行政程序的灵活性和机动性有助于最大化地实现行政程序维护公共利益的目的。因此，行政程序的自由裁量或者不明确概念便是行政法普遍采行之做法。② 第二，立法者无法具体预测未来行政程序面临事务的特殊性。行政程序的执行或实施强调的是动态执行过程，行政程序在可罚性依据规则确立后就直接面对着未来不特定的诸多行政事务，这就要求行政程序的具体方案或规则的选择需要考虑多种复杂且不可预测的因素。③ 但是，即使是在程序正当原则的指引下，立法者也不具备足够的经验和想象力设定适合未来特定行政事务个案的行政程序规则。④ 第三，在不确定的未来行政事务中，行政程序的自由裁量权为行政机关作出最为适宜的行政决定提供基本条件，从而能够提升行政效率。⑤

对于行政法学界提出的行政效率提升的第三种理由，按照前述对程序形式灵活原则的理解，其直接用于刑法体系中肯定是不合适的，此处不再赘述。而对于第一种、第二种理由，无论是在行政法的行政程序还是刑法的前置行政程序中，两者都会面临此类问题。毕竟立法规定的行政程序是以文字而不是数字表达在法律文本之中的。对此，美国最高法院法官瑟古德·马歇尔（Thurgood Marshall）认为："我们永远不能指望我们的语言具有数字确定性。"⑥ 相较行政程序自由裁量权所带来的行政

---

① 参见姜明安等：《行政程序法典化研究》，法律出版社 2016 年版，第 109 页。

② 参见蔡茂寅等：《行政程序法实用》，台北，新学林出版股份有限公司 2013 年版，第 35 页。

③ Cass R. Sunstein & Adrian Vermeule, *The Morality of Administrative Law*, Harvard Law Review, Vol. 131: 7, p. 1976 (2018).

④ See Massachusetts v. EPA, 549 U. S. 497, 527 (2007); Cass R. Sunstein and Adrian Vermeule, *The Morality of Administrative Law*, Harvard Law Review, Vol. 131: 7, p. 1977 (2018); Joel Samaha, *Criminal Law*, Wadsworth Cengage Learning, 2014, p. 45.

⑤ 参见章剑生：《现代行政法基本原则之重构》，载《中国法学》2003 年第 3 期。

⑥ Grayned v. City of Rockford, 110, U. S. (1972).

权力滥用的现实危害，如果刑法同样依据行政事务的发展和复杂、立法者无足够经验制定行政程序规则等理由直接认可行政程序自由裁量权，那么由刑法自由裁量权所致的危害将远超于行政法所致的危害。

在行政法体系中，行政程序自由裁量权最多致使行政程序的执行主体依据的不再是权威的立法规则，而是允许不同行政机关自行创设不同行政程序的执行标准。① 并且，行政司法诉讼还不能独立对不同的行政程序的新标准进行司法审查，对不明确的行政程序概念进行再解释。但是，行政程序自由裁量更广泛的实施要求显然符合了公共利益的执行目的。② 据此启动的行政制裁结果对行政相对人来说也较轻微。而在前置行政程序中认可自由裁量权，将产生更多的严苛刑罚。并且，不明确的行政程序概念也不利于行为人积极配合行政程序、及时恢复法益，不利于行为人判断行为违法的"刑行边界"，这违背刑法的责任主义原则。况且，行政事务的发展和复杂化、立法者无足够经验制定行政程序规则等理由与刑法参考现有的行政程序执行情况、细化行政程序的可操作性或普遍性规则并不冲突。在刑法责任主义原则和严苛的刑罚制裁措施下，程序规则明确原则必然是遵循刑法谦抑性原则的。即使前置行政程序的明确性规则无法满足或适应未来行政事务的特殊个案，继而牺牲特殊个案的正义，亦是值得的。

二、前置行政程序规则明确原则的理解与确立

固然，在没有前置行政程序具体认定规则的前提下，程序充分参与原则、程序形式灵活原则、程序适用比例原则以及程序平等开放原则的理念和精神可以为法院规范或者审查行政自由裁量权的不明确性行政程

---

① See D. J. Galligan, *Due Process and Fair Procedures: A Study of Administrative Procedures*, Oxford University Press, 1996, p. 26.

② See Kenneth Culp Davis, *Administrative Common Law and the Vermont Yankee Opinion*, Utah Law Review, Vol. 3: 1, p. 3 (1980).

序概念适用提供坚实基础。① 再或者法的目的、原则、精神可以作为控制自由裁量的主要手段。② 诸如，在行政法不充分的行政程序规则明确原则下，法院审理行政程序瑕疵呈现“二分审查法”：一是行政程序正当性原则的指导审查；二是法定程序具体规则的合法性审查。程序正当原则是法定程序具体规则的补充性审查。③ 由此可见，程序正当原则在行政程序的立法和实践中，是司法控制行政程序自由裁量权的一种独立审查方法。但是，这仅是迫不得已之策，而并非万全之策。能够真正为法院审查前置行政程序是否发挥行为人入罪评价标准功能提供判断依循的具体依据，必须回归到前置行政程序的明确性规则当中来找寻。因此，在行为可罚性依据的程序明确性原则基础上，刑法再次明确前置行政程序的“执行主体、形式和时限”等程序性事项规则是极为必要的。

罪刑法定原则的形式要求是在法律已经规定某种行为是犯罪时，司法机关必须依照刑法对行为人定罪处罚。罪刑法定原则不仅是立法限制公民行为，亦是立法权限制司法权的体现。④ 罪刑法定原则的实质要求是刑法必须存在明确性犯罪成立条件，否则犯罪认定必然是随意的。既然前置行政程序属于犯罪成立的基本条件，就意味着前置行政程序的执行规则必须是明确的。因此，在刑法体系中，程序规则明确原则要求前置行政程序不应仅局限于前述第一类行为可罚性依据的程序明确性原则，还必须再次明确前置行政程序的具体性规则或事项。而至于行政程序的法定具体规则，可以根据前置行政程序概念包含的程序性事项的因素来展开。正如前述，前置行政程序规范是指行政主体为行使行政职权所实

---

① Jack M. Beermann, *Common Law and Statute Law in US Federal Administrative Law*, in Linda Pearson, Carol Harlow and Michael Taggartm, Administrative Law in a Changing State: Essays in Honour of Mark Aronson, Hart Publishing, 2008, p. 67.

② 参见姜明安等：《行政程序法典化研究》，法律出版社 2016 年版，第 110 页。

③ 参见李烁：《论美国行政程序违法的法律后果》，载《比较法研究》2020 年第 2 期。

④ 参见陈兴良：《刑法的价值构造》，中国人民大学出版社 2017 年版，第 431 页。

施的方式、步骤、时间和次数等前置于犯罪成立的时空性程序事项的规范总称。由此可见，第二类处罚职权行为的明确性原则需要围绕“方式、步骤、时间和次数”等时空性程序事项逐一展开。

但是，需要注意的是，第二类行政程序规则的明确性原则并非不考虑行政程序面对的具体复杂情况。在前置行政程序规范及时促成法益恢复的激励效果下，具体固定的时间、期限等程序性事项在某些特殊刑事案件中反而不利于前置行政程序规范对行为人的激励效果，对此，我们可以采取幅度性程序规则的方法来缓和这种矛盾。而对于程序形式的规定，程序形式灵活原则也需要程序规则明确原则予以配合，即前置行政程序的执行规则必须明确程序形式灵活原则适用的基本条件，如此才可防止程序形式灵活原则随意突破犯罪认定标准。至于行政程序性事项的具体操作规则以及规范确定形式，笔者考虑章节主题限制，为防止该节与下文第六章第三节讨论的相关内容重复，此处便不展开对前置行政程序具体规则的论述。

第四章

程序性犯罪构成要件的类型提倡与体系定位

法官依据犯罪构成要件判定某一行为是否成立犯罪,① 因此,要发挥前置行政程序规范的实践功效,或者是同等甚至超越于实体性构成要件的性能,首先必须承认其属于犯罪构成要件。② 虽然前置行政程序规范在形式上是静态法律文本的表达,但是不同于前置行政不法规范,行政程序是以动态的程序性过程展现在静态的法律文本当中的。前置行政程序规范动态的程序性过程尤其注重现实的司法运用效果,所以承认规范的犯罪构成要件的体系定位是契合前置行政程序规范的程序性过程的事项特征的。但问题在于:即使承认前置行政程序规范属于犯罪构成要件,我们还面临其为何属于犯罪构成要件,属于何种犯罪构成要件,及如何对待此类犯罪构成要件等诸如此类的问题。

① 最高人民法院刑事审判第一、二、三、四、五庭主办:《刑事审判参考》(总第110集),法律出版社2018年版,第32页;中华人民共和国最高人民法院驳回申诉通知书,(2018)最高法刑申445号。

② 本书所指的"犯罪构成要件"并未明确区分德国、日本阶层犯罪论体系的"构成要件"概念,两者在客观的犯罪构成要件方面指向同一概念。

第一节　程序性犯罪构成要件的类型提倡

当前，学界和实务界谈及犯罪构成要件，一般都联想到行为、结果、罪过、因果关系等实体性犯罪构成要件要素。但是，前置行政程序规范是以具体的程序性事项展现在刑法规范当中的。因而，要承认前置行政程序规范对犯罪成立的决定性重大影响，就首先需要确立其作为犯罪构成要件的体系定位。因为由前置行政程序规范组成的犯罪构成要件与行为、结果等规范组成的实体性犯罪构成要件在事项的内容和性质上存在巨大差异，因而，有必要单独塑造“程序性犯罪构成要件”的新类型，以类型名称明确区分实体性犯罪构成要件。当前，我们需要解决如下问题：第一，犯罪构成要件是刑法理念的传统概念，其是否明确排斥程序性规范？第二，由程序性规范组合而成的犯罪构成要件属于何种类型的构成要件？第三，程序性犯罪构成要件的引入与纯粹实体性犯罪构成要件组合而成的罪名的实践认定有何不同？

一、程序性规范内容可作为客观犯罪构成要件的依据

按照前置行政程序性事项的客观属性，程序性规范的内容可以作为客观的犯罪构成要件。而程序性犯罪构成要件之所以可以作为构成要件的类型，原因就在于前置行政程序规范具有与实体性犯罪构成要件相同的效果，并且犯罪构成要件并不排斥程序性事项。虽然违法阻却事由同样具有刑罚阻却功能，但是前置行政程序规范无法被纳入违法阻却事由的概念当中。与前置行政程序规范的功能不同的是，提倡程序性犯罪构成要件的新类型能够帮助其发挥出与实体性犯罪构成要件不同的独特功效。所以，在规范概念的基础上，再单独塑造程序性犯罪构成要件的新类型是很有必要的。

（一）前置行政程序具有与实体性犯罪构成要件相同的效果

虽然前置行政程序规范完全由程序性内容构成，但其具有行为、结果等与实体性构成要件相同的效果。在相关刑法理论中，构成要件发挥的实体性效果主要存在“行为类型说”和“犯罪类型说”两种理论。具言之：

在日本，部分学者将构成要件理解为一种揭示“行为类型”的概念，其认为，构成要件主要用于“描述犯罪轮廓的观念形象”，并涵盖任何性质的行为，而故意、过失等实体性主观内容是排斥在构成要件符合性之外的，仅作为主观责任要素。① 我国亦有持该观点的学者，如有论者指出，作为违法类型的构成要件是客观要素。从而，将故意和过失等主观要素排除在构成要件之外。② 由此可见，在犯罪构成要件的“行为类型说”理论中，只有行为才是构成要件要素，其他规范要素都被排斥在犯罪构成要件之外。但无论如何，犯罪评价的是危害行为，行为要件之所以能够在“行为类型说”中发挥价值，就在于行为要件能够解释刑罚评价的依据和来源。犯罪构成要件理念确立的最终目标其实也是为了解决刑罚评价的问题，所以，在“行为类型说”中，犯罪轮廓的形象勾勒并不是其主要的目的。既然犯罪轮廓的形象勾勒不是犯罪构成要件“行为类型说”的主要目的，那么结果、罪过等实体性要件当然就无法被纳入犯罪构成要件体系当中，更何况是与行为类型要件无关的前置行政程序性事项。当前，“行为类型说”因为无法完全提供刑罚评价的全部依据，而逐渐被学界摒弃。

在德国，部分持有“犯罪类型说”的学者认为，“最广义的构成要件包括可罚性的所有实质前提，也就是说，所有能够说明成立或排除不

---

① 参见［日］曾根威彦：《刑法学基础》，黎宏译，法律出版社 2005 年版，第 194～195 页；［日］山口厚：《刑法总论》，付立庆译，中国人民大学出版社 2018 年版，第 32 页。

② 参见张明楷：《刑法学》，法律出版社 2016 年版，第 115～116 页。

法、罪责以及处罚必要性的事实（与纯粹的，决定刑事诉讼程序合法性的诉讼要件不同）”就是犯罪构成要件。① 并且，其是甄别可罚举止的要素之和，只有同时符合犯罪构成的所有要素，才可证立行为的不法性。② 在我国刑法学界，在犯罪构成理论的构建方面，多数学者持“犯罪类型说”。诸如，通说观点认为，犯罪构成要件是“刑法所规定的、决定某行为的社会危害性及其程度而为该行为构成犯罪所必须具备的一切客观要件和主观要件的有机统一”。③ 因此，只有犯罪客观要件和主观要件两者统一、结合起来，才能准确认定某一行为是否构成犯罪。由此可见，与“行为类型说”不同的是，“犯罪类型说”主张所有的实体性要素均是刑事违法性评价和犯罪成立的要素，其共同决定了行为的刑事违法性，行为类型的单一要件无法自证犯罪行为的刑事违法性。因为结果、罪过都能够为司法机关给予行为人的否定性刑事违法性评价提供依据，所以不仅是行为要件，结果、罪过等其他实体性要件均能成为犯罪构成要件。按照“犯罪类型说”的观点，前置行政程序规范同样可以为否定性刑事违法性提供判断依据。依上述推论，前置行政程序是可以作为犯罪构成要件的。

笔者认为，单从德国、日本刑法理论中犯罪构成要件涵盖的要素层面来看，相较“犯罪类型说”，“行为类型说”认为重在强调故意、过失等反映责任、非难可能性的内容不属于构成要件要素，因为故意和过失等主观罪责规范无法为客观的刑事违法性评价提供任何依据。但本质上，无论是“行为类型说”还是“犯罪类型说”，其论述所涵盖的要素均属

① 参见［德］冈特·施特拉腾韦特、［德］洛塔尔·库伦：《刑法总论Ⅰ——犯罪论》，杨萌译，法律出版社2006年版，第77页。

② 参见［德］乌尔斯·金德霍伊泽尔：《刑法总论教科书》，蔡桂生译，北京大学出版社2015年版，第61页。

③ 高铭暄、马克昌主编：《刑法学》，北京大学出版社、高等教育出版社2016年版，第50页；王作富主编：《刑法》，中国人民大学出版社2016年版，第36页；黎宏：《刑法学总论》，法律出版社2016年版，第55页。

于实体性要素。前置行政程序性规范内容，仍无法被纳入行为、结果、对象、主观等主、客观构成要件之中。但是，实体性规范的重要性就在于其发挥出的构成要件效果。从上述认为构成要件是行为类型或犯罪类型学说的观点表述来看，构成要件效果其实可以归纳为以下3点：第一，实体性构成要件具有犯罪轮廓的观念形象的识别效果；第二，构成要件反映了法益的严重侵害性；第三，构成要件不仅可以观察犯罪行为的外部轮廓，还可具体甄别行为的可罚性效果。具体结合前置行政程序规范而言，仅从其内容组成的性质来看，程序性规范的事项内容与上述实体性规范的内容确实格格不入。但是按照程序性规范在司法实务中发挥的作用来看，最终其反映出的效果与实体性构成要件相差无几。具言之：

如果在含有前置行政程序规范的罪名之中，除去前置行政程序规范，那么仅靠实体性犯罪构成要件，并不能直接刻画出犯罪轮廓的观念形象。以拒不支付劳动报酬罪为例，考虑劳动报酬争议案件一般属于劳动合同纠纷，属于民事纠纷，因此如果单纯只是有能力支付却转移财产、逃匿支付，那么行为人并不构成犯罪。换言之，仅有不支付劳动报酬的行为，并不能够提供给司法机关甄别行为可罚性效果的充足条件。只有加上在政府有关部门责令支付后行为人仍不支付的不作为行为，才能完全刻画出拒不支付劳动报酬罪的观念形象。在劳动监察等行政责令程序难以遏制行为发生的情况下，适用了刑事制裁手段，就已然表明该行为具备严重的社会危害性和法益侵害性。① 基于此，可以发现，前置行政程序规范完全具备前述三种实体性犯罪构成要件的实际效果。

第一，前置行政程序具有犯罪轮廓的观念形象的识别效果。如果缺乏前置行政程序性事项，即使行为人造成了严重的法益侵害结果、具有较大的主观恶性，并且不作为行为事实与严重法益侵害结果之间具有因

① 参见黄太云：《刑法修正案解读全编——根据〈刑法修正案（九）〉全新阐释》，人民法院出版社2015年版，第152页。

果关系，符合一般的纯粹实体性犯罪构成要件，这种纯粹的实体性要件要素的组合也不是含有前置行政程序规范罪名所揭示的犯罪轮廓的观念形象的犯罪构成体系。换言之，相较实体性犯罪构成要件，在含有前置行政程序规范的罪名当中，前置行政程序同样能够勾勒出犯罪轮廓的观念形象，其亦可以作为犯罪构成要件。

第二，前置行政程序能够反映法益的严重侵害性。法益原则属于犯罪构成要件的解释工具，而并不是决定犯罪构成要件成立的判断工具。诸如，刑法分则各章节的排布就是以同类法益的性质为依据的，而对于构成要件要素的符合性判断，取决于各个要件是否能够体现出法益的关联性。① 在纯粹的实体性犯罪构成要件当中，一般而言，司法机关可以直接依据危害结果来推定实体性犯罪构成要件。但是，在含有前置行政程序规范的罪名中，法益侵害的判断并不是直接依据危害结果来进行的，而是要看是否属于行为人对前置行政程序不积极配合所导致的危害结果。因此，如果脱离前置行政程序规范，那么刑法法益侵害的评价便不复存在。因而，无论是前置行政程序还是实体性犯罪构成要件，两者均能反映法益的严重侵害性。既然，法益的严重侵害性表征了犯罪事实，而犯罪事实需要通过前置行政程序性事实和实体性犯罪构成要件的组合形式展现在大家面前。那么，前置行政程序可以作为犯罪构成要件。

第三，前置行政程序可具体甄别行为的可罚性效果。甄别行为的可罚性效果其实就是刑事违法性的判断。在“阶层论”犯罪论体系中，刑事违法性的判断是根据行为、结果等除故意、过失等责任要素后的构成要件符合性予以推定的。因而，“阶层论”刑事违法性是客观属性的违法性，与传统“四要件”犯罪论体系的“主客观相统一”的刑事违法性完全不同。但无论如何，缺乏前置行政程序，司法机关无法进行具体的刑事违法性评价。前置行政程序均不是主观证明要素，所以不是责任要

---

① 高巍：《刑法教义学视野下法益原则的畛域》，载《法学》2018 年第 4 期。

素。因而，在“阶层论”和传统“四要件”犯罪论体系中，前置行政程序同时能够决定刑事违法性评价，所以其应当归为客观性犯罪构成要件。

最终，通过对比分析前置行政程序和实体性犯罪构成要件发挥的作用可以发现，前置行政程序规范与实体性规范之间的差异仅限于内容性质的差异，并不包括犯罪构成要件司法适用效果的差异。如此看来，前置行政程序是可以作为犯罪构成要件的。

（二）犯罪构成要件并不排斥程序性事项

仅依据前置行政程序能够发挥与实体性犯罪构成要件同样的司法效果，还不足以直接断定前置行政程序可以直接作为犯罪构成要件。还需要进一步判断犯罪构成要件的概念是否排斥程序性事项的加入，这对于本书塑造“程序性犯罪构成要件”概念是极为必要的。

根据前文所述可知，前置行政程序性事项内容是可以在实体部门法的刑法体系中存在的，因而，前置行政程序规范属于刑法规范的一种新类型。但是，这是否可以直接推断出前置行政程序性事项内容可以作为犯罪构成要件？在未具体论证之前，恐怕我们还不能直接下定论。要解决这一问题，首先需要具体剖析犯罪构成要件的涵盖内容，这离不开犯罪构成要件的概念研究。

在德国学者贝林首次提出构成要件概念之前，犯罪事实的形象和观念是不具体的。因为人们认为犯罪就是一种“以刑罚威慑的违法的、有责的行为”。① 因此，在只有行为是评价犯罪的唯一要素的情况下，犯罪构成要件的体系化功能并不显著。但是，仅有行为要件还无法区分不同案件的刑事违法性，因而，除行为外的结果、对象、因果关系等开始受到学界的关注，并被作为评价犯罪性质差异的关键要素。此时，在应用多个要素同时评价犯罪时，如何连接零散化的行为、结果、对象、因果关系等规范要素与犯罪的关系便成为学界关注的一个话题。对此，贝林

---

① 张明楷：《刑法学》，法律出版社2016年版，第115页。

提出“构成要件”概念。但是，贝林并未将“结果、对象、因果”等要素作为构成要件类型，而是认为构成要件是一种犯罪类型的纯粹记述性的指导现象，是类型化、特征化的行为。① 由此可见，结果、对象、因果关系等都被作为不同行为要件的类型化、特征化的分类工具。这也就是前面“行为类型说”所主张的犯罪构成要件理论。这一基本概念的确立影响了后面的“违法类型说”“违法有责类型说”，上述理论均认为犯罪的实质是违法性行为，构成要件就是一种类型化行为，只不过对行为属于中立的、违法的，还是违法且有责的定性不同。②

从上述观点中可以看出，虽然犯罪构成要件理论针对的是行为要件，但其实，在现代刑法理论中，行为要件并非具体的危害行为，而是行为对象、行为客体、犯罪行为、行为方式、行为人、行为故意或过失（“主、客观构成要件要素论”）③ 类型化的行为要素总和。因此，德国学者乌尔斯·金德霍伊泽尔在原有的犯罪构成概念基础上，单独将结果、对象、因果关系等作为不同行为要件的类型化、特征化的分类工具同时视为了犯罪构成要件。乌尔斯·金德霍伊泽尔认为，犯罪的构成要件是可罚性、类型性举止的要素之总和，④ 进而在此基础上，其区分出客观构成要件和主观构成要件。⑤ 犯罪构成要件其实就是指导行为成立犯罪的所有要素。这一见解和我国通说观点中的犯罪构成概念是一致的。⑥

① 参见［德］恩施特·贝林：《构成要件理论》，王安异译，中国人民公安大学出版社2006年版，第7、14页。

② 参见张明楷：《外国刑法纲要》，法律出版社2020年版，第60～65页。

③ 甚至在持“主、客观构成要件要素”观点的论者看来，行为故意（过失）也是构成要件要素。

④ 参见［德］乌尔斯·金德霍伊泽尔：《刑法总论教科书》，蔡桂生译，北京大学出版社2015年版，第61页。

⑤ 参见［德］乌尔斯·金德霍伊泽尔：《刑法总论教科书》，蔡桂生译，北京大学出版社2015年版，第71～72页。

⑥ 参见高铭暄、马克昌主编：《刑法学》，北京大学出版社、高等教育出版社2016年版，第50页。

当然，在区分构成要件的违法类型、故意和过失的责任类型的“阶层论”观点中，构成要件仅是判断行为成立犯罪所需要识别的违法类型，揭示行为的法益侵害性的客观要素。① 但是，其实这里所需的“违法类型”并不是我们通常理解的行为要素的违法性质，也并非结果、对象等表征违法性事实的实体性要件；而是行为满足分则特定罪名所规定的表明刑事违法性的各种要素。② 按照“阶层论”犯罪构成理论，只要要素能够表明行为的刑事违法性，即使中立的要件要素、客观的规范要素也都可以作为犯罪构成要件。直至现在，犯罪构成理论已经成型，“犯罪构成要件，顾名思义，就是构成犯罪所需要的要件，即成立犯罪所需要的要件，即成立犯罪所需要的一切主客观要件的总和”。③ 前置行政程序性事实亦是成立犯罪所需要的要件，也是表征刑事违法性的规范，其可以作为程序性犯罪构成要件。

此外，从犯罪构成要件的起源和法规范的类型划分标准来看，也可发现，犯罪构成要件并不排斥程序性事项内容。

在历史沿革上，构成要件理论本身起源于德国诉讼法中的证据规则，其原本是指纠问程序中的“待证犯罪事实”（corpus delicti）的概念，其作为“指示已被证明的犯罪事实的东西”，后被刑法学家施蒂贝尔和费尔巴哈赋予了实体法意义。④ 因此，在德国学者布伦斯（Bruns）看来，构成要件事实“这种程序的、定位于证明的犯罪构成概念同刑事诉讼的发展有直接联系。它也属于同法定规则相联系的证据法，是对于权威法官的自由裁量的反应”。⑤ 由此可知，构成要件事实的起源本身就是诉讼

① 参见张明楷：《刑法学》，法律出版社 2016 年版，第 115 页。

② 参见张明楷：《刑法学》，法律出版社 2016 年版，第 115 页。

③ 付立庆：《刑法总论》，法律出版社 2020 年版，第 100 页。

④ 贾济东：《外国刑法学原理》，科学出版社 2013 年版，第 139 页。

⑤ Hermann Bruns，Kritik der Lehre vom Tatbestand，1932，S. 11. 转引自喻海松：《德国犯罪构造体系的百年演变与启示》，载《中外法学》2012 年第 3 期。

程序中一种被证明了的犯罪事实，属于诉讼程序法中的内容。认为构成要件不可能包含程序性内容，完全是出于刑法是实体法的体系定位所得出的结论。

但正如前文所述，刑法是实体法、诉讼法是程序法的划分是按照法规范所起的作用进行的。换言之，实体法起到划分权利和义务的作用；程序法起到保障划分的权利和义务实现的作用。但具体结合法规范的内容性质来看，如果刑法规范中的程序性内容，同样能够发挥出权利和义务的划分作用，并且具备前述3种构成要件的效果，那么前置行政程序性事项可以作为刑法这一实体部门法中的犯罪构成要件。犯罪构成要件本身并不排斥程序性内容，不能因为刑法是实体法的功能定位，而认为刑法规范的内容也均属于实体性内容。

而前置行政程序规范的性质可以归属为一种客观方面的犯罪构成要件。“客观性”指代规范涵盖的具体内容的客观性，该规范的内容是一种客观外在的事实形态。以拒不履行信息网络安全管理义务罪为例，立法专家认为责令改正程序同不作为行为与特定危害结果一样，均属于犯罪客观方面的构成要件，① 是一种客观犯罪构成要件。

（三）阻却事由不足以否定犯罪构成要件的定位

前文述及，在持有“客观处罚条件说”或“阶层论”犯罪论体系的学者看来，前置行政许可程序可作为犯罪构成要件符合性阻却事由和刑事违法阻却事由。但笔者认为，将前置行政程序视为一种构成要件符合性或违法阻却事由，虽然也能够发挥出判断犯罪成立与否的作用，但其并不具备构成要件的全部功能。因此，在体系定位方面，程序性刑法规范并不属于构成要件符合性或违法阻却事由，阻却事由也并不是一种“阶层论”的体系构造，不足以否定规范的犯罪构成要件性。具体而言：

---

① 参见郎胜主编：《中华人民共和国刑法释义》，法律出版社2015年版，第497页。

第一，构成要件符合性和违法阻却事由的区分前提比较单一、模糊。在德国刑法通说中，《德国刑法典》第326条垃圾处理罪中的“未经许可”前置行政程序，被视为一种违法阻却事由，其既可能阻却构成要件符合性，也可能阻却违法性。① 但该学说并未明确提出前置行政程序规范作为阻却构成要件符合性事由与作为阻却违法事由的具体区分标准。因此，该观点也不得不妥协地承认“这种区分在具体情况下也可能比较模糊”。② 那么，在前置行政程序作为违法阻却事由或者构成要件符合性阻却事由的模糊性标准下，断然接受这种体系定位，会加剧前置行政程序规范体系定位的混乱。并且，在德国刑法通说中，需要区分构成要件符合性阻却事由和违法阻却事由的程序性规范类型较单一，目前仅有前置行政许可程序。而如何对前置行政处罚程序以及前置行政许可程序进行体系定位的问题，德国刑法学界尚未涉及。

第二，违法阻却事由仅是对构成要件符合性基础上的违法性进行排除。以对待违法阻却事由的方式对待前置行政程序规范并不契合规范的“前置性”内涵。违法阻却事由是解释已经具有构成要件符合性行为的一种消极违法性的评价事由。换言之，其表明符合构成要件的行为不具有违法性。因此，在我国学者看来，违法阻却事由又被称为正当化事由，是排除刑法分则规定的犯罪构成要件违法性的法规与超法规阻却事由。③ 但问题是，在前置行政程序规范的“前置性”内涵实效下，被行政许可程序的行为、结果等要素始终停留在一般违法性的概念阶段，其并非构成要件符合性要素，那么，又何来犯罪构成要件符合性基础上的违法性

---

① 参见［德］冈特·施特拉腾韦特、［德］洛塔尔·库伦：《刑法总论Ⅰ——犯罪论》，杨萌译，法律出版社2006年版，第189～190页。

② ［德］冈特·施特拉腾韦特、［德］洛塔尔·库伦：《刑法总论Ⅰ——犯罪论》，杨萌译，法律出版社2006年版，第190页。

③ 参见李洁：《中日犯罪成立理论体系的特征比较研究》，载《法制与社会发展》1996年第5期。

阻却？因此，将前置行政程序界定为构成要件符合性阻却事由后的违法阻却事由并不符合“前置性”的具体内涵。

第三，违法阻却事由仅是一种构成要件符合性基础上的实质化判断。构成要件的功能并不仅局限于犯罪成立与否的价值判断，其还能反映犯罪事实类型的形态和本质。① 从我国学者对违法阻却事由在我国《刑法》规范定位中的评价来看，前置行政程序规范并无立足之地。在部分学者看来，前置行政程序是一种刑法规范，其对于犯罪成立的判断是一种规范的形式判断，而不是实质判断。② 纵使是刑法总则规定的正当防卫、紧急避险，其亦是一种实质判断，并不是分则罪名的形式出罪事由之规定。因此，有论者才会提出相较构成要件符合性判断，违法阻却事由的判断是一种实质判断，是一种刑法例外的允许行为。③

第四，构成要件符合性阻却事由的体系定位过于狭隘。在表面上，前置行政程序前置于实体犯罪构成要件的成立，因而，前置行政程序的事实符合确实能阻却实体性犯罪构成要件的成立。但是，构成要件符合性阻却事由的体系定位较狭隘，将前置行政程序的犯罪构成功能排除出去。一般而言，阻却事由包括正当防卫、紧急避险等法定阻却事由，以及职务行为、法令行为等超法规阻却事由。④ 从上述阻却事由的规范性质来看，其均不可能作为犯罪成立的要件，所以主张阻却事由定位的学者只能在构成要件符合性之外为其另寻体系定位。但是，前置行政程序是以犯罪事实的形象塑造、犯罪成立条件的外在形式表达在刑法当中的。诸如，《刑法》第 225 条非法经营罪的“未经许可”程序；第 139 条消

① 参见陈伟、蔡荣：《刑法立法的类型化表述及其提倡》，载《法制与社会发展》2018 年第 2 期。

② 当然，不排除立法者在设置前置行政程序规范时具有实质判断的立法方法，但就刑法规范具体适用过程，前置行政程序对犯罪成立的影响是一种形式化判断。

③ 参见张明楷：《刑法学》，法律出版社 2016 年版，第 193 页。

④ 参见邓正伟：《犯罪构成理论对刑事诉讼的制约及完善》，载《中国刑事法杂志》2008 年第 7 期。

防责任事故罪的“责令采取改正措施”程序等。当然，其也可以构成要件符合性阻却事由表达在刑法当中，诸如，《刑法》第201条逃税罪的“追缴和行政处罚”程序。因此，仅以构成要件符合性阻却事由作为所有前置行政程序的体系定位过于狭隘。即使按照构成要件符合性阻却事由的前置行政程序的体系定位来理解，构成要件符合性阻却事由亦可以被转化为犯罪构成要件。还是以《刑法》第201条逃税罪为例，“追缴和行政处罚”程序经过后，行为人消极配合前置程序，那么，该程序亦是一种犯罪构成要件。

综上，“构成要件”是指刑法规范中能够承担判断犯罪成立与否功能的规范要素，之所以前置行政程序属于程序性犯罪构成要件要素，原因就在于程序性规范的内容在刑事司法运作中同样可以发挥实体性犯罪构成要件的实际效果。而且，从构成要件的发展起源来看，构成要件事实本身就属于程序法的内容。当前，与构成要件符合性密切关联的阻却事由的体系定位不足以驳斥前置行政程序的“程序性犯罪构成要件”的体系地位。

二、程序性规范作为犯罪构成要件所具有的独特功效

本书之所以不将前置行政程序置于实体性犯罪构成要件当中，不仅是因为程序性事项与实体性犯罪构成要件存在性质差异，还因为其发挥着不同于实体性犯罪构成要件的独特功效。因为程序性规范作为犯罪构成要件的“独特性”是相对实体性犯罪构成要件而言的，所以不同于前文所述的行政程序作为刑法规范新类型的独特功能，此处只论述前置行政程序作为程序性犯罪构成要件所具有的独特功能，而与前置行政程序规范重合的功能（诸如犯罪阻却、限制刑罚扩张功能、法条竞合的区分）就不再赘述。

（一）犯罪事实的形象塑造功能

在最早提出构成要件概念的学者贝林看来，犯罪构成就是对犯罪事

实的整体形象的塑造。① 发展到现代犯罪构成要件理论，一般学界认为犯罪构成要件是表明刑事违法性的犯罪事实要素。② 因此，程序性犯罪构成要件与实体性犯罪构成要件均具有犯罪事实的形象塑造功能。但是，由于两种犯罪构成要件包含的事项内容存在本质上的差别，所以程序性犯罪构成要件和实体性犯罪构成要件在犯罪事实的形塑作用方面也存在较大差异。犯罪事实的形象塑造，是指犯罪构成要件对不同犯罪成立的状态、构造方面的具体评价和勾勒。因而，在国内外刑法立法和理论体系中，程序性犯罪构成要件和实体性犯罪构成要件在犯罪成立的形态和构造上的差异主要体现在“犯罪未完成形态”和“犯罪参与体系的共同犯罪”两个方面。

其一，程序性犯罪构成要件和实体性犯罪构成要件的着手起算点存在差异，导致对犯罪未完成形态的判断也存在差异。

在犯罪既遂方面，因为由程序性犯罪构成要件和实体性犯罪构成要件确定的罪名在判定行为人构成犯罪时都需要结果或危险要件的存在，所以不需要判断着手起算点，探讨两者起算点也无任何实际意义。在犯罪未遂和犯罪中止的未完成形态方面，两者的着手起算点存在显著差异。

按照《刑法》第 23 条的规定，着手实施行为且犯罪未得逞是犯罪未遂形态的判断标准。其中，除犯罪既遂外，按照刑法主流观点，“着手点”是犯罪未遂、中止成立的最初标准。在“客观未遂论”理论中，“着手点”于刑法法益存在现实、紧迫的侵害危险状态时，也是未遂犯的处罚依据。③ 而在犯罪未遂形态中，程序性犯罪构成要件的着手起算点在程序性犯罪构成要件成立时；实体性犯罪构成要件在行为实施时。

---

① 参见［德］恩施特·贝林：《构成要件理论》，王安异译，中国人民公安大学出版社 2006 年版，第 7 页。

② 参见张明楷：《刑法学》，法律出版社 2016 年版，第 129 页；高铭暄、马克昌主编：《刑法学》，北京大学出版社、高等教育出版社 2016 年版，第 50 页。

③ 张明楷：《外国刑法纲要》，法律出版社 2020 年版，第 229 页。

但同时，需要注意的是，在“数额较大”为现实结果等数额犯中，程序性犯罪构成要件便不存在着手起算点的问题。因为，不作为行为的数额状态发生在前置行政程序性事项之前，所以，只要符合程序性犯罪构成要件，犯罪即既遂。此时，着手起算点的认定便不存在任何意义。诸如，《刑法》第276条之一的拒不支付劳动报酬罪，着手的起算点并不是行为人不支付劳动报酬的逃匿行为，而是“责令支付程序”，此时，不可能存在行政程序经过后出现的外在因素，影响行政程序前的逃匿行为时不支付数额较大工资的情形。但是，同样在数额犯中，实体性犯罪构成要件组合的犯罪事实可以存在未遂形态。诸如，《刑法》第264条规定的盗窃罪，因为盗窃行为的着手起算点在盗窃行为实施时，因而在盗窃财物未结束前完全可能存在行为人因外在环境和人物的影响导致盗窃行为未得逞的情形。

在犯罪中止的未完成形态中，起算点判断的情形更复杂，起算点判断是否存在必要，需要根据前置行政程序规范的不同类型来认定。具言之，在前置行政命令、处罚的程序规范中，因为法益恢复或者排除危险是法规范设置的主要目的。因而，在程序性犯罪构成要件符合后，行为人主动停止或者消除了法益侵害危险或者及时恢复法益损害结果，此时中止的起算点认定已无任何实际意义，行为人不具备刑事违法性。诸如，《刑法修正案（十一）》第4条的危险作业罪与第37条妨害传染病防治罪增设的前置行政命令程序。

但是，在法益侵害危险或结果预防性的前置行政许可程序规范中，判断重大法益侵害危险的存在就是法规范评价的主要目的。只要程序性犯罪构成要件符合后，行为对法益侵害的一般或抽象危险可以转化为重大或具体危险时，即使行为人中止行为促使重大法益侵害危险得以消除，也不足以否定中止行为的刑事违法性评价。诸如，《刑法》第225条非法经营罪以及《刑法修正案（十一）》第7条妨害药品管理罪增设的行为脱离药品许可监管程序。两者均以重大或者现实危险的存在为既遂的判断标准。此时，程序性犯罪构成要件和实体性犯罪构成要件的着手起算点存在差异：实体性犯罪构成要件个罪的犯罪中止可发生在行为要件实施后的整个过程中；但是程序性犯罪要件与实体性犯罪构成要件组合成的个罪的犯罪中止在前置行政程序之后。

其二，程序性犯罪构成要件和实体性犯罪构成要件的共犯与正犯的危害性评价不同。

在“共犯从属性”理论中，正犯构成犯罪需要符合程序性犯罪构成要件，狭义的共犯（相对“正犯”而言）同样需要符合程序性犯罪构成要件。在“共犯独立性”理论中，狭义的共犯不需要符合程序性犯罪构成要件，同样可以构成犯罪。① 在实体性犯罪构成要件的犯罪事实中，“共犯从属性”较合理。因为，犯罪成立针对的核心要件是行为要件，在只有共犯和正犯行为要件的对比情况下，正犯行为都不构成犯罪，那么，狭义共犯的行为当然也不应当构成犯罪。

但是，在程序性犯罪构成要件的犯罪事实中则不同，此时，犯罪成立所针对的核心要件并不单单是行为要件，还有程序性犯罪构成要件。有学者认为，应当按照“共犯从属性”同等对待。② 当前，前置行政程序规范因类型差异致使立法目的具有复杂性，所以共犯与正犯的危害性评价不同。具体而言：第一，在法益恢复或者排除危险作为前置行政程序法规范设置的主要目的中，既然行为人已经恢复受损法益或者排除法益侵害危险，那么，无论是主犯还是共犯，司法者无须追究两者的刑事责任。第二，在前置行政许可程序中，程序性犯罪构成要件是一种法益恢复的鼓励性和刑罚预防性要件，具有针对对象的专一性，一般仅针对正犯行为人。在现实中，程序性犯罪构成要件一般也仅针对正犯发出，在共同犯罪中，行政执法部门不可能对多个共犯发起前置行政程序。因

① 参见张明楷：《刑法的基本立场》，商务印书馆2019年版，第406页。

② 参见高磊：《论犯罪成立的行政程序性条件》，载《东方法学》2020年第3期。

而，对于帮助犯、教唆犯完全没必要设置程序性犯罪构成要件。因此，在前置行政许可程序中，与实体性犯罪构成要件不同的是，程序性犯罪构成要件的共同犯罪事实认定，对狭义共犯应当适用“共犯独立性”原理。换言之，在以行政许可程序为内容的程序性犯罪构成要件的事实中，虽然，正犯构成犯罪需要符合程序性犯罪构成要件，但是共犯无须满足程序性犯罪构成要件即可构成犯罪。

（二）刑事责任的再次指引功能

刑事责任的再次指引功能，是指程序性犯罪构成要件的成立，不一定完全指向刑事责任的承担，其具有刑事责任的再次指引功能，这和实体性犯罪构成要件的刑事责任的指引功能是不同的。在行政犯的实体性犯罪构成要件中，一般实体性犯罪构成要件成立，就等同刑事责任的承担。但是，在程序性犯罪构成要件中并非如此。即使满足了程序性犯罪构成要件，行为人仍可能再次受到程序性犯罪构成要件的刑事责任指引。诸如，最高人民法院《关于审理拒不支付劳动报酬刑事案件适用法律若干问题的解释》第6条规定，即使满足了程序性犯罪构成要件和实体性犯罪构成要件，但在没有造成严重后果的情况下，行为人在刑事立案前支付了劳动报酬的，就可以作出罪处理。在最高人民法院、最高人民检察院《关于办理妨害信用卡管理刑事案件具体应用法律若干问题的解释》第10条中亦有类似规定，只要行为人在提起公诉前全部归还恶意透支金额，公诉机关就可以不起诉。并且，在概括化的程序性犯罪构成要件认定的司法实践中，完全存在通过多次的程序操作来督促行为人恢复侵害的法益的情形。诸如，在消防责任事故罪的责令整改程序中，程序性事项经历的次数不一致，有先后3次的、[①] 也有2次的。[②] 这些均是在

---

① 参见山西省晋中市榆次区人民法院刑事判决书，(2015) 榆刑初字第57号。

② 参见湖南省临湘市人民法院刑事判决书，(2017) 湘0682刑初272号；河南省商丘市梁园区人民法院刑事判决书，(2017) 豫1402刑初623号。

利用程序性犯罪构成要件来发挥刑事责任的再次指引功能。而这在实体性犯罪构成要件中是很少出现的一种出罪事由。诸如，同样属于行政犯的生产、销售伪劣产品罪，只要行为人满足销售金额5万元以上不满20万元的情形即构成犯罪。

为何会出现如此大的反差？根本原因在于立法者之所以设置程序性犯罪构成要件，是为了尽可能为行为人及时恢复法益、限制刑罚扩张提供有效途径，并且，法益保护才是此类罪名规制的真正目的，而惩罚完全是次要的。而在实体性犯罪中，在行为无价值论者看来，行为法规范的秩序维护功能亦是刑法的保护目的之一，① 司法者不敢轻易在立法并未明确出罪事由的前提下作无罪处理。因此，在刑事实务中，司法者在适用程序性犯罪构成要件时，不能因为程序性和实体性犯罪构成要件的全部形式符合，就轻易认为行为人不存在任何出罪事由可直接构成犯罪。

第二节 程序性犯罪构成要件的具体理解

程序性犯罪构成要件的体系定位具有重大的实践指引价值，前置行政程序规范排除构成要件性或违法阻却事由等正当化事由的性质定位，即可要求司法者严格遵守罪刑法定原则，防止通过创设各项司法解释和人为自由裁量解释来设置前置行政程序。因此，如何具体理解程序性犯罪构成要件，或者如何指引理论者和实务者认识程序性犯罪构成要件，以及程序性犯罪构成要件是否属于选择性构成要件等问题需要进一步理清。

---

① 参见周光权：《行为无价值论的中国展开》，法律出版社2015年版，第26页。

一、程序性犯罪构成要件应是刑法明文规定的条件

虽然，一般刑法理论认为，存在部分规范性犯罪构成要件，需要通过规范性刑法解释才能确定其具体的含义。但无论如何，构成要件的解释内容都必须契合罪刑法定功能。① 换言之，刑法立法规范及其理论，虽然允许规范性构成要件的现象存在，但最基本的前提是：严格按照罪刑法定原则对犯罪构成要件进行规范性解释。我们不能在立法概括化的犯罪构成要件基础上，通过规范性解释肆意扩大其包容的要件要素。这就表明承担犯罪类型轮廓的揭示功能及其刑事违法性判断的犯罪构成要件，必须是刑法立法“明文”规定的规范要素。前置行政程序规范作为程序性犯罪构成要件亦是如此，其应当是刑法立法明文规定的犯罪构成要件，而不包括隐性的、默示的构成要件要素。

（一）刑法立法规范不存在隐性、默示的程序性犯罪构成要件

前置行政程序规范属于犯罪构成要件，又是刑法规范的一种类型。这表明犯罪构成要件应当是刑法规范的一种要素，而并非纯粹的刑法理论学说。这和日本学者山口厚提出的构成要件法定性概念是一致的。② 犯罪构成要件是刑法规范描述的要件，对于法规范，黑格尔认为法只有是客观现实的，才具有普遍的现实效力，才能为公众知悉。③ 因此，犯罪构成要件应当也是客观现实存在的，这是指引司法实践操作的基础要素，也是必要要素。前置行政程序规范虽然属于刑法规范的一种类型，但并不排斥其具有行为规范和裁判规范的双重价值。犯罪构成要件作为

---

① 参见［日］佐伯仁志：《刑法总论的思之道·乐之道》，于佳佳译，中国政法大学出版社 2017 年版，第 30 页。

② 参见［日］山口厚：《刑法总论》，付立庆译，中国人民大学出版社 2018 年版，第 26 页。

③ 参见［德］黑格尔：《法哲学原理》，范扬、张企泰译，商务印书馆 1961 年版，第 248 页。

犯罪外在形态、轮廓，以及行为人刑事责任的认定依据，表明一旦将前置行政程序规范作为构成要件进行理解，就必须承认只有明文规定的要素才是构成要件，如此才可发挥出国民行为和司法裁判的指引功能。对此，拉兹认为："诉诸规范语言意味着人们接受了法律规则的有效性，即接受了有关规则的约束。避免使用规范语言则往往表明不相信法律规则的有效性。"① 因而，规范语言表达的法律规则应当是明确的、明文的，并不存在隐含、默示的程序性规范要素可以作为程序性犯罪构成要件。

但是，有学者提出，在部分罪名的罪状表述中，有些程序性犯罪构成要件并不需要明示、显性的立法规范形态，刑法也可以存在部分隐含、默示的程序性犯罪构成要件，诸如，在首次提倡程序性犯罪构成要件的学者看来，《刑法》第270条侵占罪的前置民事程序就是一种隐性、默示的程序性犯罪构成要件，其认为："根据刑法规定，必须是在被告人拒不退还或拒不交出的情况下才可以构成，其隐含、默示的程序性要素是被害人或司法机关必须先向被告提出归还的要求。只有在被害人或司法机关向被告提出归还或退还要求后，被告人拒不退还或拒不交出的，方可构成犯罪。"② 笔者认为，该观点有待商榷。首先，暂且不论该论者提出的隐含、默示的程序性要素可以作为构成要件的观点是否有悖于刑法规范的"明文性"价值指引和罪刑法定的要求。

其次，《刑法》第270条侵占罪中的"拒不退还"，也并非隐性的前置程序规范。因为，"拒不退还"也有可能存在根本不需要前置程序性事项内容的经历性和过程性的情形。换言之，侵占罪的成立，在没有前

---

① ［英］约瑟夫·拉兹：《法律体系的概念》，吴玉章译，商务印书馆2017年版，第290页。

② 卢勤忠：《程序性构成要件要素概念的提倡》，载《法律科学（西北政法大学学报）》2016年第6期。其实，这也是我国刑法的通说观点，参见高铭暄、马克昌主编：《刑法学》，北京大学出版社、高等教育出版社2016年版，第510页。

置程序规范的明文规定下，只要自诉人证明对方具有拒不退还的客观外在表现即可，无须先经历“被害人、司法机关向被告提出归还或退还要求”这一前置程序。依据《刑法》第270条之规定，具体表现为：行为人明显违背保管人的意思，将受害者的财物置于并不符合正常“代为保管他人财物”的手段行为之下，即可成立“拒不退还”。诸如，行使保管物所有权人的权利，将保管物出卖、借与第三人，从而收取费用，或者赠与、销毁、随意处置的行为，便足以表明行为人具有非法侵占的目的，构成侵占罪；而并非首先需要经历上述学者所认为的隐性前置程序后，行为人才符合全部犯罪构成要件。否则，这显然不利于及时排除、阻断犯罪行为的发生。

虽然，首次提出程序性犯罪构成要件的学者提出的“隐含、默示的程序性犯罪构成要件”概念，是结合前置民事程序规范的相关罪名来论述的。但是，可以直接推断出，其并不否认前置行政程序规范可以通过隐含、默示的程序性犯罪构成要件来间接表达。

此外，如果承认存在隐含、默示的程序性犯罪构成要件的概念，还会导致很多不应当设置前置程序规范的罪名，被普遍强加上前置程序，进而导致程序性犯罪构成要件的滥用，不利于刑法法益保护。例如，同属于不作为犯罪的丢失枪支不报罪，不报、谎报安全事故罪，拒不执行判决、裁定罪等罪名，其并无“责令履行”的前置程序规范的明文限制，只要行为符合不作为行为状态即可成立犯罪。以《刑法》第313条规定的拒不执行判决、裁定罪为例，“有能力执行而拒不执行”并未明文规定“人民法院的司法执行”的前置程序。因此，全国人大常委会《关于〈中华人民共和国刑法〉第三百一十三条的解释》、最高人民法院《关于审理拒不执行判决、裁定刑事案件适用法律若干问题的解释》第2条对“情节严重”的情形认定，虽然将不协助人民法院执行和暴力、威胁阻碍或者冲击执行等程序性内容，视为罪名“情节严重”的司法认定的情形之一，但此外，还包括只要存在“被执行人隐瞒、转移、故意毁损财产或者无偿转让财产、以明显不合理的低价转让财产，致使判决、裁定无法执行”等的现实状态，行为人即可构成犯罪的情形。因此，此类程序性犯罪构成要件的情形认定并非符合刑法规范的“前置性”“必经性”要求。

结合前置行政程序规范来讲，虽然《网络安全法》第 62 条对于《刑法》第285 条第1 款的非法侵入计算机信息系统罪等规定的犯罪行为类型，亦附加了行政程序，但是刑法并未将其作为隐性、默示的程序性犯罪构成要件。因此，在上述罪名中，只要危害行为符合最高人民法院、最高人民检察院《关于办理危害计算机信息系统安全刑事案件应用法律若干问题的解释》（法释〔2011〕19 号）第 1 条、第 3 条、第 9 条规定的违法所得、财产损失的相应数额、侵入计算机的相应台数以及获取的信息数量、行为次数、服务人数等入罪标准即可构成犯罪，并不需要再次经历《网络安全法》第 62 条的行政程序规定。但是，如果按照隐性、默示的程序性犯罪构成要件的观点理解，即使行为人造成严重法益侵害，符合刑法规定，但只要未经过前置行政程序就不构成犯罪，这显然有违罪刑法定原则和法益保护原则。

（二）司法解释等规范性文件不得设置任何程序性犯罪构成要件

在第一章表 1 - 1“刑法中前置行政程序规范的类型划分”中，有部分罪名包含的程序性犯罪构成要件是通过司法解释增设的。具体以前置行政处罚程序规范的立法模式为例，我国刑法规范只存在 4 个罪名明文规定了此类模式。但在现存有效的司法解释等规范性文件之中，将前置行政处罚程序作为入罪标准之一的罪名已达 30 多个。司法解释等规范性文件存在随意或大量增设程序性犯罪构成要件的现象。具体而言：第一，行政处罚程序作为“情节严重”的具化情形。例如，《刑法》第 222 条的虚假广告罪，2010 年 12 月 13 日最高人民法院《关于审理非法集资刑事案件具体应用法律若干问题的解释》第 8 条就将“2 年内利用广告作虚假宣传，受过行政处罚 2 次以上的”程序性内容，作为了虚假广告罪

"情节严重"的判断标准。第二，行政处罚程序作为"数额较大"的折算认定情形。例如，《刑法》第175条的高利转贷罪，按照2010年5月7日最高人民检察院、公安部《关于公安机关管辖的刑事案件立案追诉标准的规定（二）》第26条第1款第2项之规定，其将行政处罚程序性内容视为数额折算的一种入罪标准。但程序性内容表征的是一种程序经过和发展历程，无论如何，我们无法将其与数额犯的数额情节联系起来。此外，骗取贷款、票据承兑、金融票证罪，抢夺罪，盗窃罪，组织传销罪，非法经营罪，提供虚假证明文件罪，诽谤罪，侵犯公民个人信息罪，扰乱无线电通讯管理秩序罪等罪名，亦存在此种问题。这些问题均可视为司法解释等规范性文件设置程序性犯罪构成要件的情况。

同样，在部分学者看来，"行政许可本身就是一种超法规的正当化根据"。① 在前述阻却事由的体系定位的观点中，同样存在超法规的违法阻却事由。因此，按照该论者"超法规性"的性质来理解，司法解释增设程序性犯罪构成要件是被允许的。但是，由于程序性犯罪构成要件是对犯罪成立起着重大决定性影响的要件，亦是在法益保护和人权保障之间予以权衡的立法产物。在不存在严格或者明确的程序性犯罪构成要件的立法标准时，司法解释等规范性文件不得设置任何程序性犯罪构成要件。

司法解释等规范性文件不得设置任何程序性犯罪构成要件源于罪刑法定的基本原则。罪刑法定原则的基本内容是危害行为及其评价状态符合刑法规定才构成犯罪，② 其中，罪刑法定的"法"仅限于现行《刑法》本身，并不包括刑事司法解释规范。当然，本书并不是否认司法解释在刑事司法中的规范指导性地位，而是提醒司法解释制定者认清司法

---

① 车浩：《行政许可的出罪功能》，载《人民检察》2008年第15期。
② 参见王世洲：《现代刑法学（总论）》，北京大学出版社2011年版，第87页。

解释作为一种“实施细则”的定性。① 意大利刑事古典学派创设人贝卡里亚曾对立法者和司法者的法律判断和适用职能作出清晰的划分。立法者划定行为性质和类型，立法属于应然判断；司法者认定行为人的性质，司法属于实然判断。立法者无法判定行为是否违背法律；司法者也无权决定行为是否应当被纳入刑法规制范围。如果将行为类型的立法判断交由司法者，那么司法者将完全不受约束，就有可能依据自己的喜好和厌恶来决定公民的命运。② 因此，在程序性犯罪构成要件的理解和适用过程中，司法解释等规范性文件并非法官判决的渊源。司法过程的作用也被部分学者理解为法院将未删加的、编纂的规范内容，精确置于待决案件中的精确传递功能。③ 因此，纵使是司法解释等规范性文件，也只能起着法律方法论的作用，向司法者“传达”法典中存在的精确化裁判规则，而并非随意“创设”。程序性犯罪构成要件既然作为犯罪成立的决定性因素，那就意味着前置行政程序规范本就属于一种立法的应然判断，司法解释等规范性文件不得设置任何程序性犯罪构成要件。

当然，否认司法解释等规范性文件创设程序性犯罪构成要件的根本理由还在于程序性犯罪构成要件的立法程序是严谨、审慎的。在此基础上，前置行政程序规范还必须具备现实充分、科学合理的立法条件或标准才能够设立。但是，司法解释的制定过程相较立法过程而言，仅是辅助性的解释工作，因而其制定程序相对较简单。如果轻易肯定司法解释创设程序性犯罪构成要件的做法，那么法益保障的刑法功能或将有所偏废。

---

① 参见陈兴良：《刑法定罪思维模式与司法解释创制方式的反思——以窨井盖司法解释为视角》，载《法学》2020 年第 10 期。

② 参见黄风：《导读：贝卡里亚及其刑法思想》，载［意］切萨雷·贝卡里亚：《论犯罪与刑罚》（增编本），黄风译，北京大学出版社 2014 年版，第 182～183 页。

③ 参见［德］阿图尔·考夫曼、［德］温弗里德·哈斯默尔主编：《当代法哲学和法律理论导论》，郑永流译，法律出版社 2013 年版，第 272 页。

（三）“明文”并不否认可直接推断出的程序性犯罪构成要件

根据前置行政程序规范的概念界定可知，前置行政程序并非行政法意义上的行政程序，程序性犯罪构成要件是一种需要解释的规范性犯罪构成要件要素。刑法解释在解释技巧方面，存在“平义解释、宣言解释、限制解释、扩大解释、类推解释、反对解释以及补正解释”等解释方法。① 虽然，在部分学者看来，现实案件的规范解释过程中解释主体具有复杂性或多元性，这表明不可能存在一套尽善尽美的规范运用思维。因此，刑法规范的位阶解释是一种谬论。② 但在现实案件中，刑法规范的解释方法多种多样，在依据不同的解释方法得出不同的结论时，我们还是必须回归到刑法解释方法或技巧的阶层论。虽然在刑法解释方法的位阶排序中存在部分争议，但是刑法属于制定法，解释需要遵循罪刑法定原则和公民行为规范指引的要求，一般而言，要准确了解法规范的立法目的和体系位置，就必须首先从法条文字的字面含义进行理解。③ 换言之，无论位阶排序存在何种争议，文义解释始终是优先适用的解释方法。既然文义解释是规范用语正常范围之内的理解，那么“明文”就要求我们直接依据规范的文字内容推断出程序性犯罪构成要件。这和隐性、默示的程序性犯罪构成要件不同，直接推断出的程序性犯罪构成要件是规范基本文字用语中的正常理解，是一种客观的当然解释，并未掺杂主观的扩张解释或限制解释的规范理解过程。

以《刑法》第 277 条的妨害公务罪为例，刑法只规定了“国家机关工作人员依法执行职务的行为”，而并未明确设置“经国家机关工作人员的执行职务”的行政程序。但是，很显然该立法规定的罪状就揭示了

---

① 参见张明楷：《刑法学》，法律出版社 2016 年版，第 39 页。

② 参见刘俊杰：《刑法解释方法位阶性否定论》，载陈兴良主编：《刑事法评论》第 39 卷，北京大学出版社 2016 年版，第 443、447～448 页。

③ 参见［德］英格博格·普珀：《法学思维小学堂：法律人的 6 堂思维训练课》，蔡圣伟译，北京大学出版社 2011 年版，第 80 页。

程序性犯罪构成要件，并且妨害公务罪的程序性犯罪构成要件并不是隐性、默示要件。

二、程序性犯罪构成要件应是刑事司法的必经条件

（一）前置行政程序不是选择性犯罪构成要件

按照“主观证明要素说”对前置行政程序规范的体系定位，前置行政程序在刑事司法过程中并不是司法者必须适用的一种犯罪构成要件。那么，前置行政程序是否为一种选择性犯罪构成要件？在刑法通说观点中，存在选择性罪名，其产生的原因在于某些罪名罪状所包含的犯罪构成要件的具体内容较为复杂，所以立法者将其并列表述在刑法规范当中。① 而选择性罪名的多个并列犯罪构成要件既可以概括化使用、也可以分解拆开使用。② 由此可知，选择性罪名其实就是通过不同行为方式等其他犯罪构成要件表达出来的。因为选择性罪名是选择性犯罪构成要件组合后形成的整体形态。因此，有学者也将犯罪构成要件分为单纯的犯罪构成和混合的犯罪构成，其中，混合的犯罪构成又包括复合的犯罪构成和择一的犯罪构成，③ 而择一的犯罪构成要件就是选择性罪名的具体表现形式。

诸如，《刑法》第179条规定的擅自发行股票、公司、企业债券罪以及第174条第2款规定的伪造、变造、转让金融机构经营许可证、批准文件罪。前者是对不同行为对象的犯罪构成要件的选择；后者是对不同危害行为的犯罪构成要件的选择。前置行政程序规范同样作为一种犯罪构成要件，其和实体性犯罪构成要件并行设立在同一罪名当中。程序性犯罪构成要件也是和实体性犯罪构成要件的具体内容性质不同的犯罪

---

① 参见高铭暄、马克昌主编：《刑法学》，北京大学出版社、高等教育出版社2016年版，第317页。

② 参见张明楷：《刑法学》，法律出版社2016年版，第663页。

③ 参见赵秉志主编：《刑法总论》，中国人民大学出版社2016年版，第113页。

构成要件，如果按照选择性罪名或者选择性构成要件的基础理念理解，程序性犯罪构成要件也是一种选择性适用的构成要件。

但其实并不尽然。虽然程序性犯罪构成要件是和实体性犯罪构成要件一起并行设立在某些罪名罪状之中的，但是这并不表示程序性犯罪构成要件属于选择性犯罪构成要件。其实，对比不同选择性构成要件，可以发现，构成要件的“选择性”在于同一种类的构成要件。诸如，不同类型的行为方式或者不同类别的行为对象的构成要件。又如，《刑法》第179条规定的擅自发行股票、公司、企业债券罪的选择性要件均属于行为对象要件，而《刑法》第174条第2款规定的伪造、变造、转让金融机构经营许可证罪的选择性要件均属于行为方式要件。而程序性犯罪构成要件与实体性犯罪构成要件本来就属于两种类别的犯罪构成要件，因此，虽然程序性犯罪构成要件和实体性犯罪构成要件并行设立在同一罪状中，但其实两者是可以并行且必须并行在同一案件事实的犯罪构成要件。所以，程序性犯罪构成要件与实体性犯罪构成要件并非选择性并存在同一案件事实当中的犯罪构成要件。由此可见，在犯罪构成要件的分类中，程序性犯罪构成要件与实体性犯罪构成要件属于复合型犯罪构成要件。①

（二）必经程序性犯罪构成要件的具体理解

在现有的“主观证明要素说”“附属性规定说”“客观处罚条件说”等学说体系定位观点的具体影响下，再加上相关罪名保障的法益类型存在巨大差异，现实中确实存在前置行政程序规范的立法设置阻碍法益最大化保护的功能实现的现象。因此，有部分学者认为，我们应当取消程序性犯罪构成要件，② 或者将其视为一种可选择性的

---

① 参见赵秉志主编：《刑法总论》，中国人民大学出版社2016年版，第113页。

② 参见安文录、李睿：《恶意透支行为刑事司法认定问题研究》，载赵秉志主编：《刑法论丛》第23卷，法律出版社2010年版。

要件。① 部分案件在立法者并未删除程序性犯罪构成要件的情况下，直接跳过程序性犯罪构成要件。诸如，在“海南众信房地产开发有限公司逃税案”中，法院认为，被告单位海南众信房地产开发有限公司自2011年9月开始就未向税务机关进行纳税申报及缴纳相关税费，且隐匿、擅自销毁账簿、记账凭证，被告人王某胜作为该公司直接负责的主管人员，不仅将商铺一铺二卖，还因其经营不善欠债而关门跑路，隐匿、销毁账簿、记账凭证，主观上存在逃税的故意，客观上也实施了逃税行为，对此种逃税行为无须经税务机关下达追缴通知。② 换言之，在该案中，“追缴通知”和“行政处罚”的程序性犯罪构成要件并不是必经性条件。在符合逃税罪实体性犯罪构成要件的情况下，即使行为人未经过程序性犯罪构成要件，也同样构成犯罪。

但是，在刑事立法未作任何修正前，既然前置行政程序规范客观存在，那么就必须依照罪刑法定的原则，结合程序性犯罪构成要件来具体认定犯罪行为。换言之，程序性犯罪构成要件应当是司法适用的必经条件，司法者不可选择性适用程序性犯罪构成要件。因为，规范的应用标准在于具体个案中法律应用标准的确保与实现。③ 程序性犯罪构成要件不仅是一种单纯的刑法规范，其更是犯罪成立的判断标准，司法者应当保证每个具体案件中程序性犯罪构成要件的符合性。

从反面进行立论，我国刑法中部分罪名虽然属于行政犯，但是罪名的罪状表述中并不存在程序性犯罪构成要件。因此，刑法也仅是将行政部门的执法程序视为非必要条件。以《刑法》第176条的非法吸收公众

---

① 参见隋卫东、李祥金：《恶意透支及其刑法规制》，载《法学论坛》2009年第4期；冯涛：《恶意透支信用卡诈骗罪的认定及立法完善》，载《中国刑事法杂志》2004年第1期。

② 参见海南省琼海市人民法院刑事判决书，（2016）琼9002刑初232号。

③ 参见［德］阿图尔·考夫曼、［德］温弗里德·哈斯默尔主编：《当代法哲学和法律理论导论》，郑永流译，法律出版社2013年版，第376～377页。

存款罪为例，其属于典型的行政犯。因此，最高人民法院《关于审理非法集资刑事案件具体应用法律若干问题的解释》第1条就认为非法吸收或者变相吸收公众存款的行为，是指“违反国家金融管理法律规定，向社会公众（包括单位和个人）吸收资金的行为”。但《刑法》第175条并未将“行政部门对非法集资的性质”的认定程序，作为非法吸收公众存款罪的程序性犯罪构成要件。因而，纵使非法吸收公众存款罪属于行政犯，最高人民法院在制定相关司法解释性规范文件时，亦提出非法集资行为性质的行政认定不是必经程序，亦不是刑事审判的前置程序的观点。① 相反，这也表明：如果刑法规范明确设置了程序性犯罪构成要件，那么该要件就应是刑事司法适用过程中的必经条件。如果没有明文设置程序性犯罪构成要件，那么相关程序仅可以作为危害行为性质判断的基本工具或手段，并不具备独立的体系定位。

“必经性”条件，是指前置行政程序的经历性和过程性必须要有刑法认定，因而“必经性”包括行政主体执行前置行政程序的积极或消极过程的必经性。换言之，同不作为与作为皆属于犯罪行为的类型一样，刑法独立判断的过程包含了前置行政程序的积极经历和消极经历。诸如，在“未经许可”的程序性犯罪构成要件中，只有行为人不经历行政许可程序（行政程序的消极经历），刑法对行为人不经历行政许可程序的事实进行具体认定后，判定符合消极的程序性犯罪构成要件时，行为人才构成犯罪。同样，如果不符合刑法独立判断的行政许可程序，则行政许可程序即使是形式化经过，也不是刑法独立认定的必经性要件。此时，行为人消极配合行政程序，同样有可能不构成犯罪。

---

① 参见最高人民法院《关于非法集资刑事案件性质认定问题的通知》（法〔2011〕262号），最高人民法院、最高人民检察院、公安部《关于办理非法集资刑事案件适用法律若干问题的意见》（法〔2014〕16号）。

第五章

前置行政程序规范刑法设置模式的立法优化

随着法定犯时代中危害行为类型呈现的多元化趋势以及“刑行体系”衔接配合紧密度的增强，前置行政程序规范逐渐被引入刑法规范体系当中。此时，如何塑造前置行政程序规范的立法方法和规则，应当是理论界和立法界不可回避的重点话题。

第一节　疏通“权利主体 + 行政主体”的双向救济程序

刑法不同于民法，刑法体系较封闭，刑罚惩戒也较严苛，因而行为人的刑事责任追究的程序启动一般是由国家公权力推动的，很少有罪名由受害者直接启动刑事责任追究。在学理界，前者为公诉案件；后者为自诉案件。面对单一化前置行政程序规范立法模式的完全排他性和片面性的问题，受害者等相关权利主体是否具有直接启动刑事责任追究的权利，较少受到学者关注。此时，疏通“权利主体 + 行政主体”的双向救济程序，便能够真正化解前置行政程序规范单一化立法模式带来的问题。

在“权利主体+行政主体”的双向救济程序中，受害者的直接责令改正程序并非自诉案件中的受害者直接追诉程序。受害者的直接责令改正程序本质上仍是公诉案件，只不过在双向救济程序中受害者对行为人刑事责任追究的责令程序是犯罪事实中的重要组成部分。

一、双向救济程序的基本解读与两种立法方案的展开

双向救济程序，是指立法者应当在原有的前置行政程序规范的基础上，再另外增设相关权利主体主动启用刑事责任追究的规范机制。从而形成“权利主体+行政主体”的相互补充的权利救济程序。“权利主体+行政主体”的双向救济程序是为化解原有的前置行政程序规范的单一化立法模式的完全排他性和片面性的问题而提出的。在双向救济渠道的基本概念的理解中，前置行政程序不再是唯一能够启动行为人刑事责任追究的前提条件，受害者及其家属也能够在生命、健康、财产等重大法益受侵害的紧急或者迫不得已的情况下，直接向公安机关报案或者向行政机关申请发出前置行政程序，以启动刑事诉讼程序。

提出“权利主体+行政主体”的双向救济程序的概念，正是考虑到前置行政程序规范立法模式的独立性、前置性、法定性和单一性，导致相关权利主体无法及时借助私力救济排除现实紧迫性的重大法益侵害的境地。刑法的基本任务之一就是法益保护，虽然保护的对象是社会秩序中公民的共同生活，但是刑法的出发点在于“保护个人的生命、身体、自由、名誉、财产等法益”。① 其中，生命、健康、财产属于刑法应当重点保护的法益对象。因而，立法者在具体设计前置行政程序规范时，应当将刑法的法益保护原则和基本任务纳入立法规则当中。

以拒不履行信息网络安全管理义务罪为例，随着网络空间和现实空

① ［日］高桥则夫：《刑法总论》，李世阳译，中国政法大学出版社2020年版，第10页。

间交互性的加强，网络空间完全有可能只承担交易媒介的功能，而实际的网络服务却发生在现实空间中，网约车服务便是如此。在这种情况下，整个网络服务管理过程就不仅涉及信息和数据安全等法益保护问题，还涉及线下实际运行过程中的生命、健康、财产等重大法益的保护问题。因此，拒不履行信息网络安全管理义务罪的“责令采取改正措施”程序就不能仅考虑信息和数据安全等法益保护问题，而设置单一化权利救济路径，排斥相关权利主体主动向网络服务提供者提出改正要求。为了充分保障网络用户利益，德国《网络执行法》确立了网络服务提供者和网络用户之间的快速投诉提交机制，该投诉提交机制必须确保途径的可识别性、快速访问性以及建立投诉反馈情况的接收程序。① 因此，该投诉管理机制细化了网络服务提供者处理违法内容的流程，建立了有效的法益保护的辅助性义务体系。② 由此可见，德国在要求履行信息网络安全管理义务的主体方面，并未将主体仅限于行政监管部门，反倒增加了信息网络平台参与主体的多元性。

考虑我国行政执法的强制效力，在具体设计“权利主体 + 行政主体”的双向救济程序时，有两种具体立法方案可供执行。方案一，刑事立法者可以通过权利相关主体和行政主体的双向互动并仍以行政主体的程序性事项发出的方式，消除重大法益保护滞后性导致的行为人刑事责任追究的问题。方案二，刑事立法者可以通过加入相关权利主体直接向公安机关报案的方式，启动刑事制裁程序。具体而言：

其一，刑事立法者通过建立网络服务平台交易信息的实时联动机制，促进相关权利主体和行政主体的双向互动，并仍以行政主体的程序性事项发出的方式，祛除重大法益保护滞后性所致的行为人刑事责任追究的

① Vgl. Netzwerkdurchsetzungsgesetz § 3 abs. 2. Nr. 1.

② 参见孙禹：《论网络服务提供者的合规规则——以德国〈网络执行法〉为借鉴》，载《政治与法律》2018 年第 11 期。

问题（以下简称“双向救济的行政程序”）。在网络服务平台交易信息的实时联动机制中，权利相关主体也掌有拒不履行信息网络安全管理义务罪“责令改正”程序的启动权，并对行政主体有约束力，只不过具体程序执行权还由行政机关等主体行使。该联动机制能够实现如下5种机能：(1) 确保对网络服务提供者、网络用户以及行政监管部门实时信息交流的全程掌握，以此强化行政监管部门的积极作为，并为网络用户及时反馈犯罪行为的发展过程提供可行路径。(2) 督促网络服务提供者及时排除现实紧迫的法益侵害，警示网络服务提供者及时阻断业务可控范围内的结果扩大化，实现处置流程的高效性。(3) 消除前置行政程序规范立法模式“责令改正”对法益保护的滞后性，并为监管部门实施口头或者线上的责令改正提供机会，紧密契合排除信息网络犯罪危害结果扩散化的宗旨。(4) 为网络用户等相关权利主体直接向行政监管部门申请权利救济提供快速便捷的渠道。(5) 行政主体与权利主体的实时联动机制确保了前置程序的严肃性和正式性，在提供重大法益类型保护的同时，还可以实现“刑行衔接”平稳过渡，最大限度遵守刑法谦抑性原则。

其二，刑事立法者通过直接加入权利主体向公安机关报案的方式，来启动行为人的刑事制裁程序（以下简称“双向救济的并行程序”）。在这种立法方案中，立法者不需要删除前置行政程序规范，只需要直接消除单一化前置行政程序规范的刑事责任追究阻碍效果，单独设置权利主体直接面向网络服务提供者的权利救济程序即可。由此，最终构建直接面向网络服务提供者的“权利主体+行政主体”的双向救济程序。虽然，在刑事案件中，第二种方案的权利主体“通知改正”的刑事责任追究的启动程序并非相对严谨的行政执法程序，但这并不影响权利主体的通知改正程序和行政主体的责令改正程序的并重性、双向性，因为刑事司法者仍可设置相对严格的程序性事项。但应当注意的是，这种严格也仅是相对而言的。设置直接面向网络服务提供者的权利主体的救济程序，是基于现实空间中可能存在的生命、健康、财产等重大法益侵害的紧急或者迫不得已的情况作出的考虑。其实，这就相当于刑法中早已存在的前置民事程序规范。① 只不过，不同于既存的单一化前置民事程序规范立法，“双向救济的并行程序”是前置“民事+行政”程序权利救济的并行立法模式。如此一来，权利主体在面对行政机关执法程序不作为或者不审慎作为的情况时，就可有直接的权利救济渠道来消除单一化前置行政程序规范立法模式的完全排他性和片面性的问题。

二、双向救济程序的方案对比与并行程序的关系界定

在立法者面对“双向救济的行政程序”和“双向救济的并行程序”这两种立法方案时，其该如何选择也是需要解决的一个问题。其实，两种方案各有优缺点，并不存在好坏之分。因此，笔者并不打算强行建议立法者应当采取哪种方案，而是建议立法者结合时代发展的情势和行政犯的司法实践来合理选择相应的立法方案。具体而言：

第一种“双向救济的行政程序”的立法方案在实现权利主体的救济渠道扩充的情况下也能保证执行程序的严肃性和审慎性。立法者通过权利相关主体和行政主体的双向互动并仍以行政主体的程序性事项发出的方式，能够在保护生命、健康等重大法益时，权衡刑法谦抑性原则，最大限度地贯彻宪法的技术中立和支持原则。但是，即使在构建网络服务平台交易信息的实时联动机制的情况下，依旧较难避免行政不作为、行政不审慎作为以及信息实时联动技术不成熟下联动滞后等问题。

第二种“双向救济的并行程序”的立法方案在保持现有前置行政程序规范的基础上，再单独增设权利主体的救济途径，能够最大限度地排除紧急情况下的重大法益侵害危险。但是，直接面向网络服务提供者的“权利主体+行政主体”的双向救济程序毕竟属于两类不同的前置程序，由权利主体启动的前置民事程序存在形式简化概括以及证明难的情况。

---

① 网络用户等相关权利主体与网络服务者在网约车服务合同中是一对民事主体。

这极易致使网络服务提供者游离于犯罪边缘，因此，需要刑事司法严格规定该种立法模式的适用条件。

需要注意的是，在“双向救济的并行程序”立法方案中，由于存在“权利主体 + 行政主体”两种并行的程序执行主体，因而，必须厘清两种程序性事项的关系。具体而言：(1) 塑造两种救济渠道并不排除相关权利主体采取更具有强制力的公力救济方式来保障法益，只不过相关权利主体可以自愿选择更为便利或者更契合重大法益保障实效的前置程序。(2) 就本质而言，“权利主体 + 行政主体”两种并行程序对于权利主体来说是可以自由切换的。但是，对于行政主体来说，作为国家权力象征的行政机关需要主动承担公民个人重大法益保护的重任。因而，行政主体不得随意切换执行程序，对危险排除程序的执行重任不能懈怠。(3) 两种救济程序是相互独立的，即第二种立法方案也赋予行政监管部门责令改正程序的主动性。如果行政监管部门在网络平台的联动机制中，发现网络用户的法益正在遭受不法侵害，并且权利主体无法实现自力救济程序，行政监管部门亦可主动启动行政责令程序。(4) 个人只能启动私人法益的责令改正程序，而不能启动公法益受到不法侵害时的程序，如网络恐怖犯罪组织的平台违法行为。在上述情况下，公法益的侵害排除也只能依靠行政监管部门的“责令改正”程序，个人自力救济渠道无法主动启动涉及公共利益保护的前置程序。

三、单一化前置行政程序立法的理论替代方案之介评

其实，在本书重点探讨如何化解前置行政程序规范的单一化立法模式的完全排他性和片面性的问题之前，我国学界已经提出了部分替代方案。但是，现有的理论替代方案，要么基于推动社会主体主动承担排除现实危险的行政义务的考虑，建议立法者完全删除所有罪名的前置行政程序规范（以下简称“规范废除论”）；要么基于前置行政程序规范体系定位错误的原因，建议立法者改变前置行政程序规范在罪名罪状中的位

置，进而更新规范在司法过程中的性质认定（以下简称“性质变更论”）；再要么基于可恢复性法益的罪名性质，概括地在其他罪名中拓宽单独执行程序启动的权利主体（以下简称“主体拓宽论”）。但无论是“规范废除论”、“性质变更论”还是“主体拓宽论”，都不适合当前所有罪名的前置行政程序规范的立法规则。

首先，“规范废除论”忽视前置行政程序规范的特殊功能，对行政程序性事项对重大法益刑法保护的阻碍效果一概而论。“规范废除论”的基本观点认为前置行政程序规范的立法设置会限制刑法规制范围，如果改变以危害结果为刑罚评价中心的传统刑法治理理念，将不利于对罪名法益的保护。在“规范废除论”基本观点主张的基础上，例如，有学者结合拒不履行信息网络管理义务罪“责令改正”的程序要件认为，即使废除前置行政程序规范，我国刑法现已存在的“情节严重”的定量标准、行政义务的背离等严苛要求，并不会导致刑罚的肆意扩张。① 又如，有学者结合拒不支付劳动报酬罪的责令支付的程序要件认为，现实中“政府其他有关部门”类型多，司法实践难以确定，这会带来程序规范运行的不确定性等问题。另外，责令支付程序复杂，不利于高效解决劳动报酬的支付问题，会增加讨薪者的司法救济难度。因而，该论者建议立法者删除前置行政程序规范。② 还有学者认为由于行为人逃避支付劳动者劳动报酬行为本身就是一种积极的不作为行为，因而认为拒不支付劳动报酬罪根本就不需要“政府有关部门责令支付”的前置性条件。③ 还有学者同样主张“规范废除论”，但是其在废除前置行政程序规范的

① 参见李本灿：《拒不履行信息网络安全管理义务罪的两面性解读》，载《法学论坛》2017 年第 3 期。

② 参见陈松然：《拒不支付劳动报酬罪宜删除“责令支付”要件》，载《中国检察官》2015 年第 12 期。

③ 参见李瑞生：《论拒不支付劳动报酬罪的主观构成及其完善——从孙晨亮塔吊讨薪坠亡案切入》，载《河北法学》2013 年第 10 期。

基础上，增加时间条件等限制。例如，在立法符合的时间条件规定下，行为人超过规定期限，就属于拒不支付劳动报酬的犯罪行为。如此一来，便可解决前述“规范废除论”欠缺刑法谦抑性原则考量的问题。①

但是，“规范废除论”完全忽视了前置行政程序规范的特殊功能。第一，“规范废除论”不利于实现刑罚的阻断功能。在法定犯时代，一般行政违法的行为类型将逐步转变为“刑行交叉”的行政违法行为和犯罪行为，这一趋势在《刑法修正案（十一）》中就体现得淋漓尽致。前置行政程序规范具有的再次刑罚阻却功能，能够在实体性犯罪构成要件的认定基础上，再次设置严格的入罪标准。如果废除前置行政程序规范，那么仅靠实体性犯罪构成要件，并不能与自然犯的刑法规制作出实质区分。第二，“规范废除论”不利于鼓励行为人及时恢复法益损害。在部分罪名中，立法设置前置行政程序规范的最终目的在于通过此类规范明确提示行为人限制刑罚扩张功能，以促进行为人及时恢复损害的重大财产法益，因而，惩罚并不是立法者的主要目的。例如，持有“规范废除论”的学者所援用的拒不支付劳动报酬罪的立法目的即是如此。② 因而，“规范废除论”观点并不符合立法目的。

其次，“性质变更论”误读了前置行政程序规范的体系定位特点，过于弱化前置行政程序规范的构成要件功能。“性质变更论”不同于“规范废除论”，前者的基本主张是前置行政程序规范不应当充当入罪标准，而是一种量刑指引规范。例如有学者结合拒不支付劳动报酬罪认为，前置行政程序规范具有实质上的合理性，但其仅能够表征人身危险性。按照刑法的主流观点，人身危险性并不能作为单独的入罪标准，而仅是一种量刑情节。否则，立法者设置的前置行政程序规范就不是劳动者权

① 参见彭国强：《拒不支付劳动报酬罪的前置程序可以取消》，载《检察日报》2014年2月12日，第3版。

② 参见黄太云：《刑法修正案解读全编——根据〈刑法修正案（九）〉全新阐释》，人民法院出版社2015年版，第153页。

益的保护性规范，而沦为了用人单位开脱罪责的规范性工具。①

但是，从本书第二章第二节“前置行政程序规范的立法模式缺陷之多维审视”以及第四章“程序性犯罪构成要件的类型提倡与体系定位”的内容论述中可知，“性质变更论”所依据表征的人身危险性仅是强化主观恶性证明的一种附加性功能，并且，在立法者看来，该种附加功能始终无法和前置行政程序规范具有的限制刑事处罚扩张、及时促成法益恢复等独具一格的功能相提并论。因此，我们不能本末倒置，仅因为前置行政程序规范具有强化主观恶性证明的附加性功能，就忽视其限制刑事处罚扩张、及时促成法益恢复的主要功能。否则，从前置行政程序规范的现有立法体系定位来看，持有“性质变更论”的学者将永远忽视规范类型的独立地位，将其附属于刑法的实体性规范之中。

最后，“主体拓宽论”将根本不可能具有不可恢复性重大法益侵害的紧急情况的罪名纳入“权利主体＋行政主体”的双向救济程序当中。“主体拓宽论”的基本主张是只要受害者因为前置行政程序规范的存在导致权利救济受到阻碍，就需要将受害者等权利主体纳入责令支付的程序启动主体之中。例如，有学者结合拒不支付劳动报酬罪认为，该罪的受害者均为社会底层的建筑工人，知识文化水平较低、法律维权意识淡薄，前置行政程序规范的立法设置为劳动者维权增加了程序阻碍。因而，该论者建议立法放宽有权启动责令支付程序的主体，② 或者拓宽受害劳动者转请人社局启动责令支付程序的条件。③

但是，“主体拓宽论”的观点跳过民事或行政救济途径，直接动用

---

① 参见李梁：《拒不支付劳动报酬罪的行政附属性规定研究》，载《政法论坛》2017年第5期。

② 参见桂林：《四方面完善拒不支付劳动报酬罪前置程序》，载《检察日报》2018年7月9日，第3版。

③ 参见王蓓、刘淼：《法律大数据视角下的拒不支付劳动报酬罪研究》，载《中国刑事法杂志》2017年第2期。

刑法路径，并不符合刑法经济效益原则。在法律实用主义者看来，法律要达到惩罚目的，其手段并不一定要具有相同的结构，只有惩罚规则具有最佳效果，并不累加或比较痛苦时，该惩罚手段才是正确的。① 但是，“主体拓宽论”并不契合法律实用主义效果。第一，在拒不支付劳动报酬罪中，劳动者通过申请劳动仲裁或者通知劳动监察部门申请责令支付手段，并不会较劳动者直接动用刑法手段更累加痛苦。如果劳动者也能够通过民事或行政救济途径获得应付劳动报酬，就不应直接动用刑法路径。第二，不特定劳动者叠加的财产法益虽然也是刑法所保护的重大法益，但是，疏通“权利主体+行政主体”的双向救济程序具有基本的适用条件，不仅有存在法益侵害的现实基础，另外还有两个主要条件，即重大法益的不可补救性、不法侵害的紧急性和迫不得已性。如此可充分体现“刑行衔接”过程中刑法手段动用的经济效益。在拒不支付劳动报酬案件中，一般而言，并不会存在危及生命、健康等重大法益侵害的紧迫性。行为不具有直接因果关系。

综上所述，立法者疏通“权利主体+行政主体”的双向救济程序的前置行政程序规范规则并不适用于所有罪名。我们应当根据侵害法益的重大性、紧迫性和不可恢复性，在前置行政程序规范的限制刑罚扩张、促进行为人及时恢复损害等特殊功能的基础上适时考虑增设程序性规范。

第二节　确立刑法增设前置行政程序规范的立法条件

在对前置行政程序规范立法问题的具体探讨中，可以得知，当前规

① 参见［美］波斯纳：《法律、实用主义与民主》，凌斌、李国庆译，中国政法大学出版社2005年版，第62页。

范立法标准还并未系统化和体系化地建构起来，立法条件的理论探讨也并不完善。但是，可以肯定的是，现行《刑法》并非在所有罪名中都设置了前置行政程序规范，也并非所有的行政犯都需要设置前置行政程序规范。那么，立法者在《刑法》中援用行政程序规范时，就必须确立刑法增设前置行政程序规范的前提条件。

截至 2023 年 12 月 29 日，我国已发布十二个刑法修正案。当前，前置行政程序的规范类型尚未得到充分重视，我国学界或立法界也并未对前置行政程序的立法领域和背景作出归纳、总结。但是，前置行政程序规范日后必将成为一种普遍的立法现象。此时，研究前置行政程序规范的立法领域和背景将有利于学界和立法者掌握该规范的立法规律和动向，促进前置行政程序规范的科学立法。

一、行为性质条件

犯罪行为是犯罪构成体系中的核心构成要件，甚至在部分“阶层论”的犯罪构成体系中，行为类型要件是一个单独的阶层。① 由此可见，行为类型对犯罪成立的判断起到的指引效果是非常显著的。前置行政程序规范作为犯罪成立的裁判和指引规范，其主要目的还是在于实现行为的不法评价功能。因而，确认增设前置行政程序规范的行为性质条件，是刑法立法者的首要任务。

（一）与宪法保护的公民基本权利关联的行为类型

论及刑法和宪法的关系，多数学者是从刑法体系解释和合宪性控制角度来展开论述的。② 但是，宪法作为“母法”，是各部门法的立法根据，《刑法》第 1 条开宗明义，“根据宪法……制定本法”。据此，合宪

① 参见蔡桂生：《构成要件论》，中国人民大学出版社 2015 年版，第 173 页。

② 参见张明楷：《宪法与刑法的循环解释》，载《法学评论》2019 年第 1 期；劳东燕：《刑事政策与功能主义的刑法体系》，载《中国法学》2020 年第 1 期。

性控制也应当是具有刑法立法批判功能的，这将有利于贯通“李斯特鸿沟”，使刑法更好地发挥罪刑法定原则对潜在犯罪人的权利保障机能。①《宪法》作为国家根本大法，确立了我国国民的基本权利，并且任何个人和组织都不能随意侵犯基本权利。但是，《宪法》第51条又同时规定，“中华人民共和国公民在行使自由和权利的时候，不得损害国家的、社会的、集体的利益和其他公民的合法的自由和权利”。这就意味着，刑法需要维持的最好状态在于最大化实现个人基本权利，而并非随意突破宪法底线、践踏国民基本权利，也并非任由个人借用基本权利践踏他人基本权利。因此，前置行政程序规范的立法必须要将国民基本权利的最大化保障考虑进去。

在现存含有前置行政程序规范的相关罪名中，与国民基本权利密切相关的罪名有《刑法修正案（九）》增设的《刑法》第286条之一拒不履行信息网络安全管理义务罪和第290条第3款扰乱国家机关工作秩序罪。此外，还有第296条非法集会、游行、示威罪等罪名。此类前置行政程序规范立法体现了宪法对保护的公民基本权利关联的行为类型的价值考量。具体而言：

第一，基于宪法的技术中立原则，利用前置行政程序规范促使技术向善。《宪法》第14条规定，国家通过提高劳动者的技术水平，推广先进的科学技术；第20条规定，国家奖励技术发明创造；第47条规定，国家鼓励技术创造工作；第122条第1款规定，国家在技术方面帮助少数民族。从《宪法》的多个条款中可以发现，宪法确立了公民技术创造和使用的基本权利，并且国家还承担技术鼓励、支持和帮助工作。但是，《刑法》第286条之一拒不履行信息网络安全管理义务罪是对网络服务提供者技术服务和支持的严格限制，明确规定了网络服务提供者对违法

① 参见张翔：《刑法体系的合宪性调控——以“李斯特鸿沟”为视角》，载《法学研究》2016年第4期。

信息的筛选、剔除、阻止等义务。在某种程度上，可以说，用刑法对其进行规制将对中立网络服务经营管理者的技术创造、服务、流通形成一定的阻碍。直接将违法信息的筛选、剔除、阻止等义务强加于网络服务提供者，容易导致网络技术服务者、管理者对技术的创造和支持停滞不前,① 也无助于国民通过互联网媒介参与国家治理、政治参与,② 有违宪法规定的技术中立原则。但是，技术网络服务又确实是违法信息传播的主要途径。基于此，刑法巧妙运用“经监管部门责令采取改正措施”程序规范，将前置行政程序后拘拒不改正导致情节严重的情形，作为犯罪处理，以此最大化保障国民使用技术的基本权利。同时刑法还可通过行政程序引导网络服务提供者合规、技术向善，朝正确、科学的方向进行技术创新。

第二，基于宪法规定的对公民政治参与和批评建议权的最大化保障，利用前置行政程序限制刑罚权的启用。《宪法》第 2 条规定了国家权力的人民属性；第 27 条第 2 款规定了国家权力与人民联系、监督、服务的关系；第 35 条规定了公民享有言论、出版、集会、结社、游行、示威的自由；第 41 条规定了公民对国家机关和国家工作人员的批评和建议权。上述规定是宪法赋予公民的政治参与和批评建议权。为最大化保障公民的上述权利，刑法通过设定前置行政处罚程序以及前置行政许可程序明确国民基本权利的介入边界。在扰乱国家机关工作秩序罪中，司法机关只有在行为人恶意扰乱国家机关工作秩序的情形下，才能动用前置行政程序，并且只有在恶意扰乱造成严重后果后，刑法才予以规制。而对于行为人表达诉求、提出批评建议的情况，即使行为不符合正当途径，也不得通过前置行政程序对行为人动用刑法规制。因此，前置行政程序的

---

① 参见周光权：《转型时期刑法立法的思路与方法》，载《中国社会科学》2016 年第 3 期。

② 参见罗昕：《美国网络中立规制研究：脉络、实质与启示》，华中科技大学 2012 年博士学位论文，第 17 页。

设置属于立法者基于宪法对刑法进行调控后的审慎立法。① 同样，非法集会、游行、示威罪的前置行政程序规范立法也是基于此种考虑作出的设定。

按照宪法保护的公民基本权利关联的行为类型的立法条件，《刑法》第291条之一第2款的编造、故意传播虚假信息罪的部分行为类型以及第246条侮辱罪、诽谤罪也与宪法赋予的公民政治参与和批评建议权密切相关。为了防止刑法将行为人为引起官员对一些存在潜在发生可能性的警情、险情、灾情重视而对其夸大后的信息编造、传播行为以及针对官员工作作风问题的信息传播行为认定为犯罪，立法者完全可以增设前置行政命令程序规范，发挥刑法对宪法规定的公民基本权利的保护作用。并且，相关政府部门还可以在前置行政程序性事项中，通过纠正编造、传播的虚假信息，以维护官员的合法形象，最终实现一举两得的立法功效。

（二）无法具体发出前置行政程序的潜藏性和隐蔽性行为

一般而言，在刑法立法方法论中，学界将刑法立法称为“修改、补充、更换或者增补”等工作过程，而并未单独强调“删减”。② 但是，立法是条文规范有进有出的一个动态全过程，包括删除、增加、修订等手段。与前述《刑法修正案（十一）》不同的是，《刑法修正案（八）》和《刑法修正案（九）》基于社会风险预防和控制的需要，对部分罪名的前置行政程序规范予以了删除。例如，《刑法修正案（八）》在《刑法》（2009年修正）第343条第1款非法采矿罪的罪状基础上，删除了“经责令停止开采后拒不停止开采”的前置行政命令程序；同样，《刑法修正案（九）》在《刑法》（2001年修正）第288条扰乱无线电通讯管

---

① 参见黄太云：《刑法修正案解读全编——根据〈刑法修正案（九）〉全新阐释》，人民法院出版社2015年版，第61页。

② 参见赵秉志：《刑法立法研究》，中国人民大学出版社2014年版，第115页。

理秩序罪的罪状基础上，删除了责令停止使用的前置行政命令程序。

就删除非法采矿罪的前置行政程序规范而言，立法者认为，现实中非法采矿地一般都较隐蔽，行政执法机构难以逐一排查，无法按照执法程序针对具体人员发出责令停止开采程序。另外，非法采矿地通常由多人集中负责私开矿口，因此一矿主被责令停止开采后，另一矿主又重蹈覆辙，以负责人不断流转的方式来适应前置行政程序，继而躲避刑事处罚。但是，非法开采矿地容易导致矿产资源受到严重破坏，致使国家资源严重流失。① 上述问题的主要归因在于前置行政程序规范的设置。并且，无证开采矿地并未受到行政监管，矿地作业安全性较差，较易存在重大安全隐患，且随意开采容易致使环境资源遭到严重破坏。基于此，为提升非法采矿行为刑法规制的可操作性，立法者取消了非法采矿罪的前置行政程序规范。

就删除扰乱无线电通讯管理秩序罪的前置行政程序规范而言，立法者认为，随着无线电技术的快速发展，通常来说，使用无线电频率的个人和组织都较为隐蔽，“伪基站”设备体积小、易携带、费用低廉，因而人员和地点流动性较强，通讯设备的远程操控性也较强。如果在现实案件侦查中，公安机关发现行为人在利用无线电进行诈骗、贩卖非法物品等非法活动后，还需要再经过行政责令停止使用的程序才可由刑法进行规制，那么，第一，有时群发短信数量很多，此时已经造成严重后果的行为便无法规制。第二，公安机关或者电信管理部门也确实难以针对具体行为人作出前置行政程序性事实，这致使非法使用无线电通讯的行为人无法被追究刑事责任。② 基于此，立法者取消了前置行政程序规范。

从上述立法理由来看，立法者删除两个罪名的前置行政程序规范均

---

① 参见黄太云：《刑法修正案解读全编——根据〈刑法修正案（九）〉全新阐释》，人民法院出版社 2015 年版，第 172 页。

② 参见黄太云：《刑法修正案解读全编——根据〈刑法修正案（九）〉全新阐释》，人民法院出版社 2015 年版，第 90 页。

是因为考虑到了程序事项发出过程的艰难性，继而导致行政机关或者司法机关难以提出程序性事项的证据证明，也降低了打击犯罪的效率，不利于刑法法益保护。因此，基于以往的立法习惯，在后续规制行政犯的立法活动中，如果某些行为类型较具隐蔽性和潜藏性，依据现有的行政执法条件确实无法针对危害行为发出具体行政程序性事实，立法者可考虑删除或者不予增设前置行政程序规范。例如，在《刑法修正案（十一）》第4条增设的危险作业罪中，前置行政程序有时也会面临生产、作业地较偏僻、隐蔽、流动性大且单位负责人轮流更换的情况。面对这种情况，在后续立法中立法者完全可以通过设置“明显躲避前置行政命令程序除外”的但书条款，以弥补前置行政程序规范立法未能解决的问题。一味删除前置行政程序规范反而不利于发挥限制刑罚扩张和危险预防必要手段的功能。

（三）前置行政程序性事实是危害行为认定的前提形式

前置行政程序规范作为重要的“刑行衔接”节点，其立法必然是出于行政犯有所增设的原因。除“违反国家（有关）规定”等前置行政不法规范，前置行政程序规范也来源于行政法概念，因此，其必然也承担保障“刑行衔接”顺畅的立法任务。在前置行政程序规范立法设置关联的行为类型选择上亦是如此。在部分罪名中，部分前置行政程序性事实本身就属于危害行为认定的基础前提。前置行政程序性事实是危害行为认定的前提形式就意味危害行为必须在前置行政程序规范性事实下才能存在，两者相伴相随。①“犯罪首先是行为，无行为则无犯罪。”② 换言之，无行为则无刑事立法。因而，行为类型是犯罪论的核心，也是立法评价的重点要件。在这种情况下，立法者不可能脱离前置行政程序规范

---

① 需要注意的是，前置行政程序性事实是危害行为认定的前提形式，其与前置行政程序规范的“前置性”特点不同，前者是前置行政程序规范与危害行为在立法上相伴相随，而并非危害行为的构成要件成立需要前置行政程序规范性事实的成立。

② 周光权：《刑法总论》（第3版），中国人民大学出版社2016年版，第102页。

设置，单独将行为类型表达在罪状表述中。例如，《刑法》第277条规定的妨害公务罪，以暴力、威胁方法阻碍国家机关工作人员依法执行职务行为的前提形式是国家机关工作人员在依法执行职务程序。如果不存在国家机关工作人员依法执行职务的行政程序，那么，也就不存在所谓的妨害公务的犯罪行为。① 同样，《刑法》第376条规定的战时逃避征召罪亦是如此，只有在国防部门发出征召程序时，才存在拒绝征召的不作为行为。

但是，不同于前面两种行为类型的立法条件包含的罪名，部分罪名即使不存在前置行政程序规范，也同样可以直接将行为类型规定为犯罪。例如，《刑法》第286条之一拒不履行信息网络安全管理义务罪，立法者如果不考虑与宪法保护公民基本权利关联的行为类型，网络服务提供者不履行法律、行政法规规定的信息网络安全管理义务，而造成了违法信息大量传播等危害结果的，立法者完全可以直接将这种情况规定为犯罪。因为，行政监管部门责令改正的程序性事项本来就不属于不履行网络安全管理义务不作为行为认定的前提形式。因而，前置行政程序性事实作为危害行为认定的前提形式可以单独成为一种立法条件。

当然，随着一般违法行为性质发生变更，逐渐演变为犯罪行为后，就完全可能出现前置行政程序与危害行为相伴相随的情况，基于此，前置行政程序规范与行为类型规范就需要一并被立法者引入刑法规范当中。例如，按照2021年修订的《动物防疫法》第29条、第97条之规定，该法新增了特殊情形的动物产品②未依法检疫或者检疫不合格的一般行政违法性。在重大公共卫生安全事件的特殊情势下，如果特殊动物产品未

---

① 参见郎胜主编：《中华人民共和国刑法释义》，法律出版社2015年版，第466页。

② 按照《动物防疫法》第29条的规定，包括封锁疫区内与所发生动物疫病有关的、疫区内易感染的、依法应当检疫而未经检疫或者检疫不合格的、染疫或者疑似染疫的、病死或者死因不明等特殊动物产品。

依法检疫或者检疫不合格，便被行为人屠宰、经营、加工、贮藏、运输，导致引起甲类传染病以及依法确定采取甲类传染病预防、控制措施的传染病传播或者有传播严重危险的，该类行为就完全有可能被立法者引入妨害传染病防治罪中。此时，未经依法检验和检验不合格的行政程序规范就是屠宰、经营、运输或者生产、经营、加工、贮藏等危害行为认定的前提形式。

二、结果类型条件

犯罪是法益受到严重侵害的一种违法现象，其中，法益是通过具体危害结果的抽象化得出的一种价值判断，危害结果是法益表现在案件事实中的具体状态和外在形式。① 刑法规范的主要任务在于保护法益，前置行政程序规范作为刑法规范的新类型，其当然也承载法益保护的重任，前置行政程序规范的特殊功能之一就是及时促成可恢复性法益。由此可见，在确立刑法增设前置行政程序规范的立法条件时，结果类型同样也对前置行政程序规范的类型选择和确立具有重大影响。危害结果不同于实害结果，其不仅包括法益侵害的实害结果，还包括法益侵害危险。笔者通过梳理前置行政程序规范类型对应的具体罪名后发现，首先，刑法立法确立的多数罪名集中分布在《刑法》分则第六章“妨害社会管理秩序罪”和第三章“破坏社会主义市场经济秩序罪”中；其次，呈零散化的数罪分布在《刑法》分则第二章“危害公共安全罪”中；最后，单独个罪分布在《刑法》分则第五章“侵犯财产罪”、第七章“危害国防利益罪”、第九章“渎职罪”中。

上述前置行政程序规范在《刑法》分则章节中的分布反映的便是立法者增设此类规范所关注的危害结果的分布情况。刑法通说认为，类罪

---

① 参见张明楷：《刑法学》，法律出版社2016年版，第166页。

中的不同罪名反映的均是同一类型客体反映的不同危害结果。① 所以，虽然前置行政程序规范分布在不同罪名当中，但是其关联的不同危害结果均具有同一性质。这也就为本书明确刑法增设前置行政程序规范的结果类型条件提供了理论基础。

（一）预防和控制社会风险的结果现实化

刑法是现代社会治理的重要手段，任何立法都必须要有一定的现实依据，对此，“法律实证主义强调社会来源是法律有效性的唯一必要决定因素”。② 前置行政程序规范的立法也必然遵循了现代工业和科技社会的发展趋势，体现出与时俱进的先进性。例如，《刑法修正案（十一）》第4条增设的行政责令、危险排除和行政许可、批准等前置程序的立法目的在于，针对现代社会工业生产、作业等实践不规范的问题，将现实中多发易发的安全生产违规情形，转化为前置行政程序规范立法。③ “安全生产大于天”，但是，现实发生的部分生产安全事件严重侵害公民的人身和财产安全。根据应急管理部对事件发生原因的具体剖析，大部分案件发生主要源于生产、作业不规范，风险管控措施不完备，潜在危险认知较差，单位监管流于形式等原因。④ 而在重大安全事故罪中增设前置行政程序规范，通过行政许可、责令、处罚等程序方式予以管控，可以将工业或科技生产、作业过程中的风险降至最低。

具体而言，《刑法修正案（十一）》第7条增设的“未取得药品批准

① 参见高铭暄、马克昌主编：《刑法学》，北京大学出版社、高等教育出版社2016年版，第312页。

② Jonathan Crowe & Lucy Agnew, *Legal Obligation and Social Norms*, Adelaide Law Review, Vol. 41: 1, p. 218 (2020).

③ 参见王爱立主编：《中华人民共和国刑法释义》，法律出版社2024年版，第236～239页。

④ 参见《应急管理部公布2019年全国应急救援和生产安全事故十大典型案例》，载中华人民共和国应急管理部官网，http://www.mem.gov.cn/xw/bndt/202001/t20200111_343398.shtml。

证明文件”程序以及“骗取的药品申请注册”程序，是基于实践中“黑作坊”生产、销售药品的严重危害以及长春长生疫苗事件等案件的发生原因,① 从中吸取了教训，继而引入前置行政程序规范。

上述罪名增设的危害结果均有一个共性：危害结果涉及公民的不特定性且多数性。行为侵害的法益性质和程度在刑法中均存在不同的定罪标准和量刑幅度。毫无疑问，刑法是评价严重侵害法益的犯罪行为，但是，何为“严重侵害性”？在刑法规范中采用的是“情节严重”“严重后果”等字词，这是规范的构成要件要素，需要法官在适用具体规范时补充自己的价值判断，从而使其具体化。② 按理来说，公民的不特定性且多数性反映的是危害结果涉及的公民数量和范围，不特定性且多数性就已经反映了危害结果的严重性。前置行政程序规范具有违法阻却性，那为何此类规范会在含有涉及公民数量和范围的危害结果类型中存在呢？从表面上看，前置行政程序规范的立法与公民的不特定性且多数性的法益保护存在矛盾。但是，需要注意的是，部分前置行政程序规范一般设置在公民的不特定性且多数性的法益侵害风险出现时，而并非法益侵害实害结果确定时。换言之，预防和控制公民的不特定性且多数性法益侵害的重大风险转为实害结果，是前置行政程序规范在危害结果类型选择上的立法标准。虽然，公民的不特定性且多数性的法益侵害风险结果，确实会因为风险涉及的范围和数量而存在情节严重的性质评价，但是这种法益侵害的结果风险显然和实害结果存在层级和程度的区分关系。因此，立法者出于预防和控制社会风险的目的设置前置行政程序规范，也符合危害结果层级性区分的评价机制。

---

① 关于《中华人民共和国刑法修正案（十一）（草案）》的说明，载自贡市人大常委会网，http：//www. zgsrdcwh. gov. cn/UpLoadFile/20200716/20200716105255470001. pdf。

② 参见张明楷：《犯罪构成体系与构成要件要素》，北京大学出版社 2010 年版，第 185 页。

（二）可最大化恢复受损法益的结果类型

在行政刑法立法中，基本只有当行政管制无法发挥应有的惩戒效果之时，才动用严苛的刑法予以规制。例如，《刑法修正案（八）》增设的拒不支付劳动报酬罪的“经政府有关部门责令支付”程序以及《刑法修正案（七）》增设的逃税罪的“下达追缴通知”和“已受到税务机关行政处罚”程序。对于拒不支付劳动报酬罪，行为人在经过劳动监管部门的责令支付程序之后，仍没有实际行动，就已经表明行政管制程序无法发挥应有的威慑力。此时，国家只能动用刑罚强制力督促行为人支付劳动报酬。但是，动用刑法规制并不是拒不支付劳动报酬罪的立法基点，威慑行为人支付劳动报酬才是刑法的最终目的。① 同样，逃税罪亦是如此，督促行为人补齐应缴税款和滞纳金才是前置行政程序的目的。如果跳过前置行政程序规范，反而会打击行为人积极配合程序事项的积极性。

由此可见，不同于前述预防和控制社会风险的结果现实化的立法条件，此处前置行政程序规范关涉结果类型的立法标准必须是可恢复性实害结果，而对于生命、健康、国家安全等不可替代、不可恢复性法益侵害结果，前置行政程序规范是不存在立法空间的。因而，在《刑法》分则的第一章“危害国家安全罪”、第二章“危害公共安全罪”以及第四章“侵犯公民人身权利、民主权利罪”中，几乎鲜有前置行政程序规范，这种立法规范罪名分布的设置标准就在于实害结果的法益类型是否具有可恢复性。责令程序实现的效果具有补救性，处罚程序实现的效果具有惩罚性，这刚好符合可最大化恢复受损法益的结果类型。

但是，可恢复性的法益侵害现象不能是多发且会被其他公民所效仿的侵害结果类型。这就解释了为何《刑法》仅在分则第五章“侵犯财产罪”的一个罪名中设置前置行政程序规范。一是因为第五章“侵犯财产

---

① 参见黄太云：《刑法修正案解读全编——根据〈刑法修正案（九）〉全新阐释》，人民法院出版社2015年版，第153～154页。

罪”中盗窃罪、诈骗罪、敲诈勒索罪等罪名是自然犯，前置行政程序规范属于“刑行衔接”的产物，前置行政程序规范当然无法在自然犯的结果类型中有所存留。自然犯在加罗法洛看来属于“在一个行为被公众认为是犯罪前所必需的不道德因素是对道德的伤害”，是对怜悯和正直这两种基本利他情感的伤害。① 基本法感情表明其在刑法存在之前就已经出现，是一种自然多发且被人们一直憎恨的犯罪类型。因而，在此类罪名中，增设前置行政程序规范不仅容易激发此类犯罪现象的发生，也与人们的基本法感情不相容。此外，在《刑法》分则第五章“侵犯财产罪”中，通常而言，侵害财产利益行为会伴随着人身利益的伤害。诸如，抢劫罪、抢夺罪等罪名以及入室盗窃行为。而人身利益的伤害也是不可恢复的法益侵害，所以，立法者也无法在此类犯罪中增设前置行政程序规范。

反观之，《刑法》第 176 条非法吸收公众存款罪等纯粹扰乱市场经济秩序的金融犯罪罪名关涉的也是纯粹的可恢复性经济利益。此时，司法解释增设的前置行政程序规范完全可以由立法者直接在立法罪状中表述出来，如此可缓解司法解释立法化的尴尬境地。

三、违法性认识条件

刑事近代学派从刑事古典学派的关注行为发展到关注行为人，因而，刑事近代学派提出的自然犯和法定犯②的区分重点就在于行为是否违背了怜悯和正直等基本利他情感和基础道德，如果违背了便是自然犯；如

① 参见米传勇：《加罗法洛自然犯与法定犯理论研究》，法律出版社 2017 年版，第 41 页。

② 按照加罗法洛提出的犯罪类型区分学说或理论，其实，法定犯的范围广于行政犯（参见米传勇：《加罗法洛自然犯与法定犯理论研究》，法律出版社 2017 年版，第 99 页）。但是，本书并不旨在探索两者的关系和具体涵盖的范围，所以本书中暂且将法定犯局限于行政犯的范围内进行探讨。

果仅是违反法规范规定的义务或准则，却不涉及利他情感的伤害行为，则属于法定犯。按照这种理念进行区分，行政犯的成立并不需要考察行为人是否具备对事物的怜悯和正直这两种基本道德感受的认识，便可成立犯罪。因为，基本道德的感受或认识是人们自然而然形成的，不需要人们先认识再违反才构成犯罪。所以，在自然犯中，以基本道德的违反为主要内容的法规范也不需要行为人具体认识。因而，在古典和近代刑法学派时期，以自然犯为主的刑法规范当中，“违法性认识不要说”一直被全体社会所认可。

后来，随着近年行政犯开始逐渐地被引入刑法规范当中，“违法性认识不要说”也被我国传统理念“顺手拈来”。该观点认为在行政犯中行为人是否认识到义务和规范的违反也不是构成犯罪的必要条件，只需要行为人认识到这种客观事实情状及其外在危害后果即可。这就是“不知法者不免责”“知法推定”的理论来源。“基于这种立场，我国司法机关在处理案件时经常忽视对行为人违法性认识的考察。”① 后来，随着一系列疑难案件的出现，司法实践的这种立场开始受到人们质疑。例如，与行政犯“违法性认识不要说”相关的争议案件有“大学生掏鸟案”“卢氏兰草案”“赵某华非法持枪案”“五道古火会烟花案”“王某出售鹦鹉案”等。随着行政犯逐渐被立法者引入刑法规范之中，诸如此类的奇案开始出现在人们视野中，并产生争议。其实，违法性认识错误不被司法实践普遍认可的主要原因在于：在实践中，法定犯违法性认识错误的证明问题异常复杂和烦琐，甚至是司法实践中一项基本不可能完成的任务。

但是，按照现代法治国的责任主义和规范责任论的要求，对行为人进行非难不仅需要故意和过失的心理要素，还需要期待行为人能够实施适法行为，否则责任非难的理论基础便不存在。这与罪刑法定原则是相

① 王钢：《非法持有枪支罪的司法认定》，载《中国法学》2017 年第 4 期。

通的，只有行为人认识到前置行政不法规范的具体违法性事实时，才能够期待自己积极履行前置行政不法规范要求的义务，继而作出适法行为。① 因此，无论是在自然犯还是法定犯中，按照现代先进的法治国理念，责任主义要求都是“从不知法不免责到不知法不为罪”的积极转变。②

在具体认定“违法性认识”时，首先要区分犯罪和过失的心理意志因素与违法性认识的规范责任因素的两个概念。在行政犯中，前者属于行为人对客观存在的犯罪事实情状的认识，即对“外在的事实及其社会意义”的认识。③ 而后者则属于行为人对“违反国家（有关）规定”等前置行政不法规范中具体禁止性事项的认识。所以，在“卢氏兰草案”中，我们不能以行为人知道自己采摘的是一种兰草植物，就直接推定行为人认识到兰草为蕙兰，其属于国家二级重点保护野生植物。

那么，应该如何解决“违法性认识”的难题？有学者提出了违法性认识可能性理论。该理论认为司法机关在具体个案中，不能以行为人认识到了或者能够认识到自己的行为就推定其符合前置行政法规范的禁止性事务的认识，还必须具体考察行为人违法性认识的可能性。④ 虽然该理论认可行政犯违法性认识判断的重要性，但是囿于“违法性认识”证明难的困局，其还是被迫妥协地采取了“可能性”的概括化认定。笔者认为，违法性认识可能性理论只不过是缓和化的主观推定，仍可能存在不可能认识的部分情形。因此，该理论方案还是无法解决行政犯“违法性认识”认定过程中的真正难题。

---

① 参见［日］甲斐克则：《责任原理与过失犯论》，谢佳君译，中国政法大学出版社2016年版，第77页。

② 参见赵运锋：《违法认识可能性理论的检讨与反思》，载《东方法学》2020年第6期。

③ 参见王钢：《非法持有枪支罪的司法认定》，载《中国法学》2017年第4期。

④ 参见王钢：《非法持有枪支罪的司法认定》，载《中国法学》2017年第4期。

其实，在司法实践普遍认为的行政犯"违法性认识"证明难的部分罪名中加入前置行政程序规范，就可以完美解决这个问题。正如前述，前置行政程序规范具有强化主观证明效果的附随功能，其可以在模糊化、概括化的主观证明要件的基础上更加明确行为人的主观要件。以下面涉及2017年《刑法》第344条非法采伐国家重点保护植物罪部分内容的"非法采取兰草案"为例。

王某民非法采取兰草案：2011年3月，被告人王某民到洛宁县陈吴乡沙坡岭村八百坡林坡内采挖野生兰草2株，后王某民将该2株兰草种植在自家院内。经县林业调查规划设计队鉴定，王某民所采挖兰草为蕙兰，属国家二级重点保护野生植物。法院认为，被告人王某民违反国家规定，采伐行为已触犯我国刑法，构成非法采伐国家重点保护植物罪，遂判处被告人王某民犯非法采伐国家重点保护植物罪，管制6个月，并处罚金2000元，并禁止其在管制期限内从事林业相关活动。①

笔者认为，虽然在案件审理过程中被告人及其辩护人并未提出行为人是否认识到兰草属于国家二级重点保护野生植物的主观证明问题，但是法院在阐述裁判依据时，也仅依据王某民客观的采挖行为，便直接认定行为人构成犯罪，并未重点考察行为人的违法性认识有无的问题。笔者在梳理同类的"非法采取兰草案"时，发现违法性认识几乎未作为法院裁判说理的重点，反而在兰草是否属于国家重点保护植物的问题上产生了争议。例如，在"秦某非法采取兰草案"中，原审法院认定行为人在家乡林坡采挖兰草的行为构成非法采伐国家重点保护植物罪。② 但是，在该案再审期间，秦某辩称，其采挖的蕙兰属国家重点保护野生植物的事实错误，采挖的野生蕙兰系地生草本植物，并未列入国家重点保护的野生植物名录，不属于非法采伐国家重点保护植物罪的犯罪对象。再审

① 参见河南省洛宁县人民法院刑事判决书，(2017) 豫0328刑初6号。
② 参见河南省卢氏县人民法院刑事判决书，(2016) 豫1224刑初209号。

法院采取了辩护意见判定行为人无罪。①

暂且不论行为人是否有违法性认识错误问题。在对比“王某民非法采取兰草案”和“秦某非法采取兰草案”的一审、二审的裁判依据时，可以发现，法院对于兰草是否属于国家重点保护的野生植物是不清楚的。同样，“王某非法采取兰草案”中亦存在类似的情况。② 因此，对于“兰草”是否属于国家重点保护野生植物，专业鉴定机构和司法机关前后的结论尚不一致，一直居住在乡村山区的农民更难以判断。如果刑法对普通公民直接施加刑罚，期待行为人不去做不具有违法性认识的危害行为，并不合理。基于此，法院如果跳过行为人对随手采挖野兰草的行为是否具有违法性认识这一关键性问题进行审判，裁判结论可能是存疑的。

司法裁判前后不一致的情况源于行政犯“违法性认识”证明难的部分罪名涉及高度专业的技术和事物的判断过程。如果在这些罪名中设置前置行政程序规范，至少刑法可以通过前置行政程序的专业判断，警示或启动行为人对高度专业性行为对象的危害认识，以缓冲违法性认识存疑的问题。换言之，在行为人首次采摘需要高度专业性判断的植物时，公安机关邀请专业鉴定机构进行鉴定，在行为人经过明确提示或者行政机关责令行为人不能采摘等前置行政程序后，行为人还继续采摘的，则毫无疑问，行为人是构成犯罪的。而且，此类罪名的前置行政程序规范的设置并不存在程序性事项所面向对象的潜藏性和隐蔽性情形。此外，不仅《刑法》第 344 条危害国家重点保护植物罪可以引入前置行政程序规范，涉及专业性判断的《刑法》第 341 条第 1 款危害珍贵、濒危野生动物罪以及第 128 条非法持有、私藏枪支、弹药罪和第 125 条非法制造

① 参见河南省卢氏县人民法院刑事判决书，(2018) 豫 1224 刑再 1 号。
② 参见河南省卢氏县人民法院刑事判决书，(2020) 豫 1224 刑再 4 号。

爆炸物罪的部分情形①均可设置前置行政程序规范，以化解司法实践中行政犯“违法性认识”证明难的问题。

第三节　厘清前置行政程序规范与实体性规范的立法关系

前置行政程序规范旨在提倡学界和实务界注重此类程序性规范的理论研究和程序性犯罪构成要件的司法适用效果。而实现这一效果的前提又在于明确此类程序性规范的独立性立法地位。这意味着，立法者在创设此类程序性规范时必须明确以独立性规范的立法地位指引学者和司法者排除其他实体性构成要件对前置行政程序规范施加的依附性影响。

一、构建前置行政程序规范与危险类型的并行例示性立法

前置行政程序规范与危险类型的并行例示性立法，是指立法者在设计前置危险犯行政程序规范时，必须在程序性规范后附随具体性的抽象危险和具体危险的情节或类型，继而使罪名罪状表达呈现前置行政程序规范与危险类型并行列举情节的现象。并行例示性立法是为了解决当前以前置行政程序规范取代具体和抽象危险判断，直接作为结果判断入罪标准的附随性现象的问题。因为，在具体危险犯和抽象危险犯中，先前不作为行为及其导致的具体或者抽象危险已经存在，一旦前置行政程序规范的符合性达成，司法者便可直接依据实体性构成要件和程序性构成要件的双重要件符合性认定行为人构成犯罪。因此，要化解前置行政程

① 诸如，非法持有、私藏枪支、弹药罪涉及的类似“赵春华持枪案”关涉的情形；非法制造爆炸物罪涉及的类似“河北省‘五道古火会’非遗继承人杨某申制作烟花案”的情形；等等。立法者都可以通过罪名设置前置行政程序规范化解司法实践中行政犯“违法性认识”证明难的问题。

序规范取代抽象或具体危险情节判断的问题，立法者就必须明确以前置行政程序规范与危险类型的并行例示性立法来设置罪状。

二、贯彻前置行政程序规范与具体实害的因果指引性立法

前置行政程序规范与具体实害的因果指引性立法，是指立法者应当在厘清前置行政程序规范与具体实害结果类型两者关系的基础上，利用因果关系的判断确立行为人违反前置行政程序规范后所引起的实害结果类型。因果指引性立法是实害犯中以危害结果取代行为人对前置行政程序积极配合的错误现象。不同于前述前置行政程序取代抽象或具体危险的判断，此处的"取代"是实害结果对前置行政程序规范运用的取代，完全忽视行为与结果立法的因果关系指引性。例如，《刑法》第 286 条之一拒不履行信息网络安全管理义务罪的第 1 款第 3 项"致使刑事案件证据灭失"的实害结果类型。该实害结果将网络安全监管部门对网络服务提供者的程序性配合事项取代了。按照前置行政程序规范的立法功效，其本意之一在于促使行为人积极履行网络信息监管义务，排除网络信息平台中的违法现象。但是行为人对程序性要求事项的积极配合与"致使刑事案件证据灭失"具有结果一致性，这致使积极配合行政程序性事项的立法指引与防止危害结果出现的评价自相矛盾，也致使前置行政程序规范无法发挥行为人的指引效果。

缺乏立法因果关系考量的原因在于两点：第一，一般而言，哲学上的因果关系强调的是世间万物处于普遍联系和相互制约的因果链条中，可以合理解释个体不是单独个体而是社会个体的现象。但是，刑法上的因果关系被我国学者引入后仅被用于司法实践的行为与结果归责的理论探讨中。① 因而，在刑法理论和实务中，刑法中的因果关系就是刑事司法中的一项理念，鲜有学者将因果关系理念放入刑事立法中加以探讨。

① 参见黎宏：《刑法总论问题思考》，中国人民大学出版社 2016 年版，第 135 页。

在刑法主流观点中，刑法中的因果关系是指“危害行为与危害结果之间的一种引起与被引起的关系”①。从基本概念来看，刑法中的因果关系不应仅局限于司法环节的行为与结果的归责，立法阶段的行为对结果类型的确立也是一种行为与结果的归责。立法者同样也应当加以考虑。第二，通常而言，因果关系被认为是隐含于犯罪行为当中的一个潜在要件。②因而，因果关系属于行为与结果之间的附属性问题，不属于独立的犯罪行为要件，当然，也不属于独立的犯罪结果要件。③既然因果关系不具有与行为、结果等实体要件同等的独立要件效果，自然而然，立法因果关系的判断相较于行为和结果立法规范的选择和确立而言就显得微不足道、无关宏旨。

但是，正如前述哲学观的因果关系概念所示，世间万物处于普遍联系和相互制约的因果链条中，行为与结果的关系必然是复杂多样的。正因如此，刑事司法才会出现“一因多果”“多因一果”，以及“偶然必然因果关系说”“高概率因果关系说”等复杂理论。此时，立法者在缺乏贯彻前置行政程序规范与具体实害的因果指引性立法时，就容易将本不是行为人消极配合程序性事项要求所导致的危害结果纳入刑法立法当中。刑法增设前置行政程序规范的目的之一在于及时促成行为人的法益恢复，这需要行为人的积极配合，而不是将积极配合后的客观事实确立为实害结果，如此反而会打消行为人对前置行政程序性事项积极配合的意愿。

那么，立法者在面对行为与结果立法归责的诸多因果关系时，如何利用因果指引性立法来确立与前置行政程序规范的消极配合密切相关的实害结果类型？笔者认为，立法者在选定实害结果类型时，必须明确罪名重点评价的行为类型是什么。一般而言，在选定和危害结果相关的危

---

① 张明楷：《刑法学》，法律出版社2016年版，第174页。

② See Harvey Wallacen & Cliff Roberson, *Principles of Criminal Law*, Longman Publishers, 1996, p. 42.

③ 参见夏勇：《英美刑法：五国刑法论要》，法律出版社2020年版，第110页。

害行为时，可以直接将该行为看作引起结果的原因。① 而在含有前置行政程序规范的罪名中，存在两类风险创设的危害行为类型。此时我们就不能如前述一样一概而论。其实，其中刑法真正要评价的犯罪行为类型只有一个，那就是前置行政程序规范消极配合的不作为行为。因此，实害结果的选定也只能是因消极配合前置行政程序规范的不作为行为而导致的实害结果。显然，《刑法》第 286 条之一拒不履行信息网络安全管理义务罪的第 1 款第 3 项“致使刑事案件证据灭失”的实害结果类型恰好是网络服务提供者积极配合程序性事项的行为而导致的客观结果，其与前置行政程序规范不具有关联性。因此，笔者建议立法者可以在后续刑事立法中删除类似的实害结果的罪状表达。

第四节　塑造前置行政程序规范的精细化立法模式

面对前置行政程序规范的立法类型的混同化、立法表述的粗疏化、立法用语的概括化等问题。笔者认为，在前置行政程序规范的基础原理已经明晰时，规范新类型的独特地位已经不言而喻。对此，立法者在设置此类程序性规范时应当采取一种精细化立法模式，以更加科学合理的方式实现“刑行衔接”。

一、强化前置行政程序规范类型立法的多元性和开放性

强化前置行政程序规范类型立法的多元性和开放性分别是针对前置行政程序规范立法类型的混同化和立法表述的粗疏化而提出来的问题化解方案。其中，规范类型立法的多元性是指立法者应当结合具体罪名的前置行政程序，在行政法实践中，对存在的多种危险和实害排除的类型

① 参见黎宏：《刑法总论问题思考》，中国人民大学出版社 2016 年版，第 139 页。

进行多元性类型立法，防止“刑行衔接”的不顺畅以及法益保护的不周全。规范类型立法设置的开放性是指开放刑法的封闭立法体系，使行政程序规范的立法用语也能够合理地被援用于刑事立法过程当中。由此可以发现，行政法体系中行政程序的基本用语和基本类型是可以在刑法体系中立足的。但是，首先需要明确的是，前置行政程序规范类型的确立和程序性规范用语的行政法依附，并不代表前置行政程序规范在刑事司法实践中具体认定和法律效果的行政法依附。两者属于部门法律体系中的不同基础概念，需要被合理区分开来。

第一，立法者应当强化前置行政程序规范类型设置的多元性，防止“刑行衔接”的不顺畅以及法益保护的不周全。

在前述多个章节中，其实可以发现立法者在多数单个罪名中仅设置唯一的前置行政程序规范类型（包括单个罪名内部不同规范对同一前置行政程序规范类型的表达），有时不能完全做到对刑法法益的周全保障，也不能很好地实现行政法和刑法体系在程序类型上的完美衔接。例如，《刑法》第286条之一拒不履行信息网络安全管理义务罪即是如此，该罪仅设置了“责令改正”程序规范。但是，按照《网络安全法》第68条的规定，相关行政主管部门可以对未采取措施处置违法信息的行为，进行责令改正、警告、没收违法所得；行为人拒不改正或者情节严重的，还可以责令网络服务提供者暂停相关业务、停业整顿、关闭网站、吊销其业务许可证或者营业执照。按照2021年修订的《行政处罚法》第9条之规定，责令暂停相关业务、停业整顿、关闭网站、吊销业务许可证或者营业执照，均属于行政处罚的种类。换言之，《网络安全法》对于网络服务提供者拒不履行信息网络安全管理义务行为处置的实际过程，存在两种不同类型的行政程序。但是，在《刑法》第286条之一前置行政程序规范的程序设计中仅有前置行政命令程序的单一化类型，这显然无法满足刑事处罚的需求。

那么，《网络安全法》第68条后半段规定的行政处罚程序是否不值得加入《刑法》第286条之一的立法规定当中？笔者认为，并非如此。虽然《刑法修正案（九）》增设拒不履行信息网络安全管理义务罪的立法本意在于引导正常经营的网络服务提供者切实履行网络安全义务。但其实由于“网络服务提供者”概念的不确定性，其包含的类型是需要随着网络技术的日新月异不断更新的。[①] 此时，我们更需要采取广义的网络服务提供者概念的客观解释，[②] 只要是网络服务提供行为的个人或组织均应属于网络服务提供者，而并不需要限定为合法经营的网络服务提供者。因为，在现实实践中完全有可能存在非法经营网络平台的行为，行政执法部门仅对其采取责令改正的行政命令程序并没有任何实际效果，而只能按照《网络安全法》第68条后半段的规定，采取责令关闭违法网站、责令停产停业的行政处罚程序。例如，在前述的“胡某制作并出租翻墙软件案”中，制作并出租“翻墙”软件的胡某并不符合立法者对正常经营的网络服务提供者的类型限定，也不符合《刑法》第287条之一的非法利用信息网络罪第1款第1项的行为类型。但是，其产生的实际危害结果又比合法经营的网络服务提供者更严重。在能够利用广义的网络服务提供者的概念去适用拒不履行信息网络安全管理义务罪时，我们应将行政处罚程序加入罪状表达之中，以更好地实现“刑行衔接”的顺畅以及对刑法法益的周全保护。

第二，立法者应当破除封闭性刑法立法体系，使行政程序规范的立法用语也能够合理地被援用于刑事立法过程当中。

无论是前置行政处罚程序、前置行政命令程序还是前置行政许可程序，在行政法和刑法领域中，其均是一种概括化的程序类型。例如，前

---

① 参见杨彩霞：《网络服务提供者刑事责任的类型化思考》，载《法学》2018年第4期。

② 违背立法原意（不是立法解释）的客观解释，亦是符合罪刑法定原则的。客观解释本质上应属于文义解释的一种方法。参见张明楷：《罪刑法定与刑法解释》，北京大学出版社2009年版，第91页。

置行政处罚程序在刑法体系中的规范表达仅有“行政处罚”字样；但是，其在《行政处罚法》第 9 条当中，具有 13 种不同类型的具体规范表达。① 又如，前置行政命令程序，其在刑法体系中包括“责令停止、责令整改、通知改正、下达通知、处理”等多种多样的规范表达；但是在行政法规范中，一般而言，“责令退回、责令消除安全隐患、责令排除妨碍、责令拆除”等属于“责令改正”程序的立法用语。② 再如，前置行政许可程序在刑法规范中的表达有“许可、批准、检验、许可证、资格”等；但在《行政许可法》等其他行政法规范中其更有多种多样的表达。对比 3 种前置行政程序规范在刑法和行政法体系中的规范表达可以发现，不仅刑法规范表达的程序类型用语不及行政法规范贴切、严谨，而且刑法中还存在不易让人理解的程序规范。其实，前置行政程序规范在本质上也应当是行政法规范的行政程序规范，规范的执行主体仍为行政执法部门，所以立法者仅在静态的规范立法用词方面采取依附性立法的方式，刚好可以为“刑行衔接”奠定规范基础。这样也并不会导致刑事司法整体依附行政法规范。正如前述，两者完全属于不同的行政法概念。

基于此，笔者建议，对于刑法规范体系中前置行政程序规范立法与行政法规范的行政程序规范立法用语不一致的地方，立法者应当尽可能地予以修改，以实现法秩序规范用语的统一化适用。例如，前述非法种植毒品原植物罪的“经公安机关处理”程序，按照《禁毒法》第 19 条的规定，应当是“制止、铲除”程序，而并非口语化、概括化的“处理”程序。立法者采取概括化的“处理”程序类型，无法解释其与第 2

---

① 分别是警告、通报批评；罚款、没收违法所得、没收非法财物；暂扣许可证件、降低资质等级、吊销许可证件；限制开展生产经营活动、责令停产停业、责令关闭、限制从业；行政拘留。

② 参见胡晓军：《行政命令研究：从行政行为形态的视角》，法律出版社 2017 年版，第 71 页。

款“责令铲除”程序之间的关系。所以，立法者需要更改《刑法》第351条中的前置行政程序规范的部分规定。

二、具化主体性、次数性、期限性等行政程序规范立法

前置行政程序规范零散化立法模式的欠妥性还体现在部分概括化程序规范术语并不明确的问题上。对于前述前置行政程序规范类型不明确的问题，我们可以通过“刑行衔接”的途径予以解决。但是，对于诸如拒不支付劳动报酬罪的“政府有关部门”、拒不履行信息网络安全管理义务罪的“监管部门”的主体性事项过于宽泛、繁杂；扰乱国家机关工作秩序罪的“多次行政处罚”与走私普通货物、物品罪的“一年内二次行政处罚”的期限和次数不一致性问题，仅直接照搬行政法规范的行政程序设计并不妥当。主体性、次数性、期限性等前置行政程序性事项内容属于具体微观的本体认定，从本书第二章第三节“对前置行政程序规范行政依附性司法现象的反思”的相关论述中可知，在具体认定行政程序性事项时，直接照搬行政法规范，容易使刑事司法实践依附于行政法，使刑法丧失违法性判断的独立性功能。因此，与前置行政程序类型规范的立法用语不同，刑法需要独立地具体化设置主体性、次数性、期限性等行政程序规范要素。

立法者在具体设置行政程序性事项内容时应当遵从如下基本方法：第一，期限和次数的结合性立法。综合性立法方法意味着立法者需要在部分罪名罪状表述中以直接明确的规范指引司法者审慎适用行政程序规范作为入罪标准。如果单独采取期限性立法，仅凭一次性程序直接作为入罪标准并不利于体现“情节严重”情形所应启动刑事责任追究的严谨性；如果单独采取次数性立法，这反而会暗示行政执法部门一天内多次实施程序性事项，也同样不利于前置行政程序规范立法的严谨性。而期限和次数的结合性立法既可以体现刑事责任追究的严谨性，还可以发挥行为指引和刑罚的可预测功能。第二，程序执行主体的单一化与专业化。

也就是说，立法者应当明确将与要求行为人对危害结果履行排除义务直接相关的专业化行政部门作为行政程序性事项的执行主体。第三，程序性事项规范的立法具化应当保留一定的适用空间。不同于后文第六章第三节“刑事司法独立确定前置行政程序规范的具体要素”中论及的主体性、次数性、期限性等行政程序规范司法解释适用规则，此处的精细化立法模式涉及的是行政程序性规范事项的基本立法方法，而不论及特定罪名行政程序性事项的具体判断规则。立法者应当在明确精细化立法方法的基础上，依据前置行政程序规范针对的不同情形，保留必要的司法裁量空间。

第五节 注重行政效果规范向犯罪构成要件的立法转换

虽然，行政犯相对自然犯而言，是一种仅可以采用单处罚金刑或者较短刑期刑罚裁量的轻刑犯罪。① 但是，这也仅是相对于刑法法益侵害程度而言的，并不意味着我们可以将表征行政效果的要件放置于刑罚规范的保护范围内。前置行政程序规范作为一种程序性犯罪构成要件，立法者需要将诸如文本形式化程序等表征纯粹的行政管理秩序的行政效果规范向犯罪构成要件进行转换。

一、立法区分纯粹的行政管理秩序和刑法管理秩序

毫无疑问，行政管理秩序也是社会管理秩序的重要组成部分。我国《刑法》在分则第三章的“破坏社会主义市场经济秩序罪”和第六章的

① 参见［意］切萨雷·贝卡里亚：《论犯罪与刑罚》（增编本），黄风译，北京大学出版社2014年版，第135页。

"妨害社会管理秩序罪"，以及第二章的"危害公共安全罪"的部分罪名中，直接将秩序法益纳入立法规范，承认秩序法益或集体法益在刑法中的核心地位。因此，集体法益也成为刑事立法者重点关注的对象。① 这是因为，行政管理秩序本质上是公共管理秩序，而公共管理是公平行政的主要手段，公共行政的主要活动在于组织、管理与调控公共利益的公平分配和有效提升等行为。② 其中公共管理或公共行政的目标对象——公共利益，本身也是《刑法》分则第二章"危害公共安全罪"、第三章"破坏社会主义市场经济秩序罪"以及第六章"妨害社会管理秩序罪"等类罪的重点保护对象。所以，只有当行政管理秩序中的公共行政对象与刑法管理秩序保护的法益对象重合时，前者才有资格进入刑法调控的视野当中。这便是刑法增设前置行政程序规范的结果类型的基础条件。例如，之所以非法经营罪的"扰乱市场秩序"以及扰乱国家机关工作秩序罪的"多次扰乱国家机关工作秩序"均将本属于行政法管控的市场管理秩序以及国家机关工作秩序纳入刑法立法规范当中，就是因为市场管理秩序本身包含着潜在不特定消费者的人身、财产安全，国家机关工作秩序本身包含着机关正常服务于人民群众生产、生活和工作的职能。

那么，立法者应当如何具体识别前置行政程序规范表征的仅是纯粹的行政管理秩序还是与刑法管理秩序保护的法益对象重合的行政管理秩序？"严格（形式）规范主义论"认为，刑法规范或规则所要求的均是法律义务，需要我们去遵循，无论其意愿如何，人们必须遵守。③ 但是，"严格（形式）规范主义论"观点存在的基础前提在于刑法规定的是纯粹刑法义务。显然在行政犯的相关罪名中，尤其是存在"刑行衔接"规范的罪名中，我们很难具体判定刑法规范表达的就是纯粹刑法义务。例

① 参见孙国祥：《集体法益的刑法保护及其边界》，载《法学研究》2018年第6期。

② 参见余凌云：《行政法讲义》，清华大学出版社2020年版，第5页。

③ See H. L. A. Hart, *The Concept of Law*, Oxford University Press, 2012, p. 27.

如，同样是行政法和刑法维护的对象——“社会管理秩序”，其在公法和政治理论中就存在内部社会秩序和外部社会秩序的区分理论。哈耶克在考察社会秩序时提出内、外部秩序区分理念，其中，“外部秩序是一种人为制造并且从外部强加进来的秩序，它是一个组织的秩序”。而“内部秩序是指一种慢慢成长的、来源于内部建立起来的均衡的秩序。内部秩序是一种自生自发秩序”。外部秩序依赖命令和服从的等级关系得以维护，内部秩序依赖人类自觉遵守。① 外部社会秩序成为法律时，其就被转化成一种行使权力的工具。② 联系与前置行政程序规范相关的文本形式化程序，事实上单纯的“未取得行政许可证、未取得行政授权书、未登记注册”等文本形式化程序就是内、外部社会秩序区分理论中的一种外部秩序的表现，是行使行政权力的一种强行命令性工具。

正如行政法学者所言，行政程序目的具有复杂性，因为其涉及众多环节，所以程序目的包含了保障当事人合法利益、提升行政效率、规范行政管理流程等。③ 前置行政程序规范在类型和用语上和行政法的行政程序一脉相通，因此，刑事立法者必须对前置行政程序相关的行政效果规范有所取舍，将其积极转化为犯罪构成要件。虽然法律和司法需要铁面无私，但是，“立法者应当是温和的、宽大的和人道的”④。刑法在立法层面不应当成为政府管理职能的“行政管理法”，⑤ 因而，刑事立法并不处理纯粹程序性义务的违反，例如，违反备案、通知、登录相关的形

---

① 参见［英］马丁·洛克林：《公法与政治理论》，郑戈译，商务印书馆2013年版，第120页。

② 参见［英］马丁·洛克林：《公法与政治理论》，郑戈译，商务印书馆2013年版，第125页。

③ 参见梁凤云：《新行政诉讼法讲义》，人民法院出版社2015年版，第461页。

④ ［意］切萨雷·贝卡里亚：《论犯罪与刑罚》（增编本），黄风译，北京大学出版社2014年版，第124页。

⑤ 参见刘艳红：《当下中国刑事立法应当如何谦抑？——以恶意欠薪行为入罪为例之批判性分析》，载《环球法律评论》2012年第2期。

式程序性义务规定。单纯性程序秩序的义务违反与直接侵害的社会法益并无任何关联,① 其应当直接被排除在刑事立法之外。

二、行政管理秩序转换为刑法管理秩序的立法方法

正如前述，在当前刑法规范中，与行政管理秩序存在交叉重合的是“社会管理秩序”，其一般在罪名中承担犯罪客体的重任，例如，《刑法》第225条非法经营罪的“市场管理秩序”。但是，非法经营罪的“未经行政许可”程序并非仅仅是排除市场或行业竞争而实现垄断的法律工具，其还关乎国民的健康和财产等重大法益的安全性。正如丹尼尔·卡彭特（Daniel Carpenter）和大卫·A. 莫斯（David A. Moss）两位学者所言，“如果许可证的存在主要是为了增强从业人员的（垄断）市场力量，如果没有正当的公共利益理由，那么为什么不干脆取消许可证呢?”② 行政许可对于职业自由的限制，只有在“更为重要之公共利益存在，且属必要时，方得为适当之限制”。③ 因此，行政许可程序并非如同“未取得行政许可证、未取得行政授权书、未登记注册”等文本形式化程序，而是与公共利益完全无关的纯粹行政管理秩序。前置行政程序本质上是一种“客观程序性事实说”的行政程序，因而，程序性事项发挥的作用可以与公共行政和公共管理目标达成一致。既然前置行政程序规范中也同样存在刑法相关的公共利益的法益对象，那么该规范何时可以在行政刑法立法所保护对象为公共利益结果时被引进刑法规范?

有学者认为，与行政许可程序相关的提高公信力证明和合理配置资源，也是刑法保护的对象之一，因此只要行为人取得行政许可，即阻却构成要件违法；如果与行政许可程序相关的是危险控制，那么行为人取

---

① 参见［日］南博方：《行政法》，杨建顺译，商务印书馆2020年版，第126页。

② Daniel Carpenter & David A. Moss, *Introduction to Preventing Regulatory Captuer: Special Interest Influence and How to Limit It*, Cambridge University Press, 2014, p. 10.

③ 黄俊杰：《行政程序法》，台北，元照出版有限公司2008年版，第42页。

得行政许可，即阻却违法性。① 换言之，该论者将公信力证明和合理配置资源也作为了刑法保护的公共利益对象。虽然，行政许可程序的公信力证明和合理配置资源的作用与防止重大法益侵害危险有关，以颁发行政许可证的文本形式化程序为例，有学者认为，颁发执照的传统法律依据是，有必要保护公众不受不称职或欺骗性从业者的伤害，② 或者防止信息不对称导致存在的信息瑕疵或不完整可能给消费者公众健康与安全带来伤害；③ 但是，该种可能性危险对现实公民的生命、健康、财产等法益来说，不具有普遍经验性，也不是具体特定的危险，而是一般化、抽象化的。这种遥不可及的、不具备现实紧迫性的可能性危险不是刑事立法者所需要考虑的、转换的犯罪构成要件。

其实，无论是抽象化、一般化的行政管理秩序还是具体化的刑法中的社会管理秩序，两者本质上都是部门法体系中的秩序法益观的体现。而秩序法益观在刑事立法中虽有积极的引导效果和最大范围的社会治理和安全维护的效能，当前中国刑事立法呈现功能主义刑法观以及立法活性化方法论，以便顺应我国现代社会的高速发展，使人民群众在社会秩序安全状态下安居乐业；但是，刑法过于低估了秩序法益观体系的包容性和概括性，这容易致使秩序和自由两者价值之间的不可调和性被不断放大。④ 而前置行政程序规范本身就具有很强的行政管控性和管制性，因此，立法者必须放弃前置行政程序规范被肆意纳入刑法规范中这一无规律现象，确立将秩序法益观转换为个体法益观的刑事立法方法。

换言之，不是仅在行政管理秩序中的公共行政对象与刑法管理秩序

---

① 参见张明楷：《刑法学》，法律出版社 2016 年版，第 237 页。

② See Dent v. West Virginia, 129 U. S. 114, 122 (1889).

③ See Hayne E. Leland, *Quacks, Lemons, and Licensing: A Theory of Minimum Quality Standards*, Journal of Political Economy, Vol. 87, No. 6, December 1979, p. 1328, 1339, 1342.

④ 参见吴亚可：《当下中国刑事立法活性化的问题、根源与理性回归》，载《法制与社会发展》2020 年第 5 期。

保护的法益对象重合时，前置行政程序规范才可以被引入刑法体系当中，还要同时考虑重合的法益对象能够保护个体自由的权利保障。如此规范立法，便可使两者的利益在刑事司法实践中实现最大化平衡。显然，仅依据未取得许可证或者未登记注册取得资格等文本形式化程序，无论行为人盈利多少或者经营期限多长，在并未出现因行为人未经许可、未取得资格相关的职业缺陷所导致的公民个人健康、财产重大法益损失的情形时，至少在刑法规范层面，立法者需要作出明确的排除指引。对此，可以仿照《刑法修正案（十一）》第4条增设的危险作业罪完善规范，只有行为人未经许可、批准或者被采取行政责令整改程序，继而导致了立法规定的“具有发生重大伤亡事故或者其他严重后果的现实危险”时，前置行政程序规范才具有犯罪构成要件的法律效果。

第六章

前置行政程序规范的独立性刑事司法的路径构建

对于前置行政程序规范存在的行政依附性司法的主要表现及其具体缺陷，其中部分问题可以通过改变行政依附性立法方法得以化解。但是，“远水解不了近渴”，“司法不能进行批判性的重建工作，但它也不可能把正义看作是法律之外的东西”①。因此，当务之急是解决前置行政程序规范的行政依附性司法适用的问题。本书认为，在“客观程序性事实说”的概念特征下，刑事司法可以构建出前置行政程序规范刑事司法判断的独立性方法和规则。

第一节　前置行政程序规范刑法判断的独立性方法与来源

为了化解前述前置行政程序规范行政依附性司法现象的具体问题，

① Austin Sarat, *Situating Law Between the Realities of Violence and the Claims of Justice: An Introduction*, in Austin Sarat, Law, Violence, and the Possibility of Justice, Princeton University Press, 2001, p. 7.

刑事司法应当塑造前置行政程序规范刑法判断的独立性方法。前置行政程序或前置行政不法规范，是指引司法者对行政犯类型认定的基本依据，因此，前置行政程序规范以及前置行政不法规范的对比及其对刑事违法性判断的指引，必须回归到前置程序型行政犯以及前置不法型行政犯的对比研究当中进行。

前置行政程序规范刑法判断的独立性方法是相对前置行政不法规范刑法判断的从属性方法而言的。那么，在探讨前置行政程序规范刑法判断的独立性方法和具体规则设置之前，我们首先需要解决两类关键性问题：第一，前置行政程序规范与前置行政不法规范划分的依据是否充分且合理？第二，在前置行政程序规范类型划分的基础上，前置行政程序规范刑法判断的独立性方法是否有必要？其相对于前置行政不法规范刑法判断的从属性方法而言，是否具备刑事司法的指引价值？其能否帮助前置程序型行政犯的司法认定摆脱行政依附性的困扰？在具体探讨前置行政程序规范刑法判断的方法和规则时，我们应当结合行政犯的两种类型来发挥不同前置行政性规范对刑事违法性判断的指引功能。

一、前置行政程序与前置行政不法规范的不同外在形式与内容表达

当前，我国学界并未将前置行政程序或前置行政不法规范的类型区分与两者对行政犯司法认定的影响关联起来，导致前置行政程序规范附随在前置行政不法规范当中，最终两者被混为一谈。如此一来，行政犯的类型区分就无现实必要价值。但是，依据罪刑法定的基本原则，前置行政程序与前置行政不法规范在刑法立法中本来就存在两种不同的外在形式与内容表达。对此，要确定前置行政程序规范的独立性方法，首先应当将前置行政程序规范从前置行政不法规范中抽离出来。

（一）行政犯类型区分缺乏行政程序规范的指引功能

确立前置行政程序规范在刑事司法过程中的独立性方法，最终是为了服务于前置程序型行政犯的刑事违法性判断。当前，前置行政程序规

范行政依附性司法现象主要源于行政犯类型的实质一体化判断现象，而忽视了前置行政程序规范对行政犯类型区分的指引功能。

我国早期研究行政犯的学者当以张明楷教授为代表，其主编的《行政刑法概论》一书首次提出行政犯的类型区分理论，并建构了相应的区分标准。第一，按照犯罪主体标准，将行政犯罪分为国家工作人员犯罪和一般公民犯罪；第二，按照行政犯罪行为违反的罪刑规范的性质，将行政犯分为直接违反《刑法》中罪刑规范的行政犯和违反行政性法律中罪刑规范的行政犯。① 有的学者还仅持有“主体区分论”的观点。② 之后，有学者在前者观点的基础上将划分的标准扩散至其他 3 类犯罪构成要件，依据犯罪客体、主体、主观以及犯罪客观方面的不同对行政犯进行分类。③ 还有学者在犯罪构成要件的区分基础上另行创设新标准，“根据行政犯刑法规范是否需要委任行政规范的补充，将行政犯分为空白规范行政犯与完全规范行政犯”④。但是如何理解“空白”和“完全”的具体含义和相关类型，该学者并未深入探讨。

由此可以发现，该种划分方法仍然是以犯罪构成要件的不同为主要标准的。而依据“四要件”犯罪构成体系的分类方法，我们很容易脱离不同规范类型对立法实践的指导作用，也不容易突显行政犯类型划分的特殊性。换言之，按照“四要件”犯罪构成体系的分类方法，自然犯的划分也同样可以根据不同的实体性犯罪构成要件内容进行。也就是说，以不同的犯罪构成要件为标准的分类方法仅能够帮助国民识别出该类行

---

① 参见张明楷主编：《行政刑法概论》，中国政法大学出版社 1991 年版，第 108～109 页。

② 参见刘艳红、周佑勇：《行政刑法的一般理论》，北京大学出版社 2020 年版，第 85～87 页。

③ 参见黄河：《行政刑法比较研究》，中国方正出版社 2001 年版，第 103～105 页；程凡卿：《行政刑法立法研究》，法律出版社 2014 年版，第 76～116 页。

④ 黄明儒：《行政犯比较研究——以行政犯的立法与性质为视点》，法律出版社 2004 年版，第 136 页。

政犯罪的大致形象。而由于行政犯属于刑法与行政法交叉的犯罪类型，单纯从封闭的犯罪构成要件的单一标准中探求行政犯的特点，容易忽视前置行政性法规范的不同外在形式。这对于行政犯的刑事违法性判断以及行政违法行为与犯罪行为的界分并无太多助益。

基于此，有学者开始摒弃犯罪构成要件这一简单化、形式化的划分标准，依据行政犯立法规范的不同，梳理了刑法立法援引的行政规范的不同方式，将行政犯分为了肯定式表达的行政犯和否定式表达的行政犯。其中，肯定式表达强调行政性法规范在犯罪构成要件要素或者与犯罪成立有关的其他要素中的积极参照作用。例如，《刑法》（2017 年修正）第 141 条、第 142 条对假药、劣药的界定。否定式表达强调行为在受到行政性法规范的否定性评价时才可被认定为犯罪行为。例如，以“违反国家规定”“不符合行政标准”为表达形式的行政犯。①

虽然，相较以犯罪构成要件为行政犯类型的划分标准，根据援引的行政性法规范的不同方式来划分行政犯的方法，有助于发现前置行政性法规范在刑事司法过程中对实体性犯罪要件要素的决定性或参照性作用，促进行政法与刑法规范的衔接适用。但我们也可以发现，该类划分标准仅将前置不法型行政犯（包含独立型行政犯）视为行政犯的唯一类型，而仍然忽视行政程序性法规范的外在形式。② 仅依据前置不法规范这一抽象行政行为来划分行政犯，将极易导致部分学者断然得出行政犯刑事违法性判断可以不区分规范类型而直接依据行政从属性方法的结论。③这显然和程序性犯罪构成要件的类型提倡以及前置程序型行政犯刑事违

---

① 参见高永明：《刑法中的行政规范：表达、功能及规制》，载《行政法学研究》2017 年第 4 期。

② 参见熊波：《行政犯的类型与违法性判断的区分》，载《政治与法律》2020 年第 5 期。

③ 参见李梁：《拒不支付劳动报酬罪的行政附属性规定研究》，载《政法论坛》2017 年第 5 期。

法性判断的独立性方法是相违背的。近来，我国有学者虽然将前置行政程序规范和前置行政不法规范统称为“法定犯（行政犯）构成要件的规范要素”的两种不同表现形式。但可惜的是，该学者仍未进一步提出两种规范要素区分的理念及规范要素区分对行政犯刑事违法性判断的具体影响。因此，其才会认为：“法定犯是指以违反行政法规为前置条件的犯罪，如果没有违反行政法规，也就不存在法定犯。”①

（二）前置行政程序和前置行政不法规范的区分依据

行政法体系中不同类型的规范概念及其具体性事项内容是否可以直接被刑法体系援用，需要根据原先学科的体系概念和结构是否可以被用于刑事违法性判断来决定。很显然，在“刑行规范衔接”的司法适用中，对于犯罪成立起着决定性作用的前置行政程序规范，正面对着与原先行政程序所发挥的行政管制秩序不同的刑事违法性判断的指引功能。正如葡萄牙行政法学家苏乐治教授所言，在“刑行规范衔接”的司法适用过程中，虽然行政法和刑法的违法性结构的形式相同，但是两者的法益保护归属和程度不同。② 也就是说，虽然行政法规范的概念同样评价着刑事违法性，但是其仅针对行政法益的保护，而并未包含对刑法法益的保护。因此，虽然刑法直接援引了行政法体系的规范要素，但是该要素应当发挥着刑法法益保护或者行政犯刑事违法性认定的特殊功能，也就是本书所提倡的前置行政程序规范的刑事司法的独立性判断的功能，或者前置程序型行政犯刑事违法性判断的独立性方法。

正如前述，刑法直接援引的行政法体系的规范要素包含两个方面的内容：第一，前置行政程序规范；第二，前置行政不法规范。当前，学界将前置行政程序规范作为前置行政不法规范的组成部分。那么，行政性法规范的两类要素在刑法体系中发挥的司法指引作用是否相同？是否

① 陈兴良：《法定犯的性质和界定》，载《中外法学》2020 年第 6 期。

② 参见［葡］苏乐治：《行政法》，冯文庄译，法律出版社 2014 年版，第 21 页。

有必要将两者划分为不同的规范类型？是否前置行政程序和前置行政不法规范均可以直接作为行政法体系的同一种规范要素，而采取行政依附性方法来进行认定？答案显然是否定的。前置行政程序和前置行政不法规范具备刑法区分的现实依据，这可以从两类规范在刑事司法的功能、外在形态、不同类型规范关系三个方面来明确规范类型区分的现实必要性。

1. 前置行政程序和前置行政不法规范具有不同的要素评价功能

我国现行刑法中直接关涉行政性因素的规范有两类：一类是以“违反国家规定”“不符合行政标准”“违反相关管理规定”“本法所称的……依照……规定确定”等规范形式表达在刑事立法规范当中的。有学者将前置行政不法规范称为“行政犯前置法”，并认为我国刑法分则使用了“非法、违反国家规定、违反规章制度、违反环境保护法、矿产资源法、森林法、土地管理法”等字样来描述犯罪客观要件，就表明该罪名属于行政犯。而表达的行政性要素就是刑事立法中的“行政犯前置法”。① 此类行政性规范实际上就是刑法学界所公认的“空白罪状”。“行政犯前置法”将前置行政不法规范置于行政犯之中予以探讨，以此直接表明规范与行政犯违法性判断的关联性。为便于将此类前置行政性法规范与前置行政程序规范予以对照论述，本书将其简称为“前置行政不法规范”。前置行政不法规范表明的是前置不法型行政犯必须要先以行为符合行政性法规范的静态不法评价后司法者才能进一步作出刑事违法性判断。因而，前置行政不法规范并非所有行政性法规范的前置适用，而是对行为、结果等实体性犯罪构成要件的认定起着行政不法的前置指导作用的行政性法规范。所以，本书确立“前置行政不法规范”概念是较为合适的。

---

① 参见邵维国：《行政犯前置法认识错误问题研究》，载《法商研究》2020 年第 1 期。

另一类是本书所重点探讨的前置行政程序规范。由于本书第一章已经对前置行政程序规范的概念、类型、功能等基本原理进行过详细探讨，此处便不再赘述。

前置行政不法规范作为刑法单独确立某一行政犯行为概念和类型的从属性依据，并不具备刑事违法性的从属性。例如，《刑法》第253条之一侵犯公民个人信息罪的行为类型与《网络安全法》第64条第2款（行政性条款）规定的侵犯行为的类型是一样的。① 又如，《刑法》（2017年）第141条对生产、销售假药罪的“假药”概念的直接援引。因此，就这两方面而言，刑法可以直接援用前置行政不法规范所包含的行为概念和类型，再或者从中选取特定的行为类型予以规制。但刑法对前置行政不法中的行为概念和类型的从属，并不会体现出强烈的行政管制秩序的理念。因为，行为概念和类型两者本身就无法包含行政管制秩序，两者仅是对行为的外在形态和性质的描述。② 因此，前置行政不法中的“行政不法”仅是刑法为了表征法秩序统一性而设定的一般违法性。③ 再以《刑法》第285条非法侵入计算机信息系统罪为例，其涵摄的《网络安全法》第27条“任何个人和组织不得从事非法侵入他人网络”的前置行政不法规范并不是在表达行政管制秩序，而是强调对他人计算机信息系统的保护。

但与前置行政不法规范不同的是，前置行政程序规范本身就属于行

---

① 当然，对于《民法典》第1035条第2款规定的个人信息的处理行为来说，刑法是选择性规制的。

② 需要注意的是，在前置行政不法和前置行政程序规范的双层刑法立法模式下，前置行政不法规范可能包含违反行政管制秩序的行为，但这并非完全体现的是前置行政程序的行政命令力和行政强制力。例如，《刑法》第225条非法经营罪、第286条之一拒不履行信息网络安全管理义务罪。但是，不可否认的是，前置行政不法规范本身可以作为前置行政程序规范的启动依据（并非认定依据）。

③ 参见熊波：《行政犯的类型与违法性判断的区分》，载《政治与法律》2020年第5期。

政管制秩序的直接体现，其具有显著的行政命令力和行政强制力。例如，《刑法》第225条非法经营罪的“专营、专卖物品或者其他限制买卖”的前置行政许可程序。此时，如果将前置行政不法与前置行政程序混同，误将行政性法规范也作为前置行政许可程序认定的权威依据，那么，在刑法与行政法的制定理念存在差异时，一味以行政性法规范作为前置行政程序规范司法认定的权威依据，就等于刑事司法者间接地将行政程序的公定力、强制力毫无保留地带入刑法体系当中。这就相当于前置行政程序规范对行政犯刑事违法性判断起到了行政依附的作用。

因此，为防止行政性法规范成为前置行政程序认定的权威依据，首先要做的就是区分对待刑法规范中的前置行政不法与前置行政程序。如此，才有可能为刑法独立认定前置行政程序规范提供机会。当前，我国学者多集中探讨前置行政不法规范在刑法中的适用情况，而较易忽视前置行政程序规范在刑法中的独立地位及其适用情况，以至于部分学者直接将前置行政程序依附在前置行政不法规范之上一同探讨。笔者认为，前置行政程序与前置行政不法本身就是两种不同的规范类型。具体理由如下：

第一，刑法对前置行政程序和前置行政不法规范进行了明文区分。以《刑法》第286条之一的拒不履行信息网络安全管理义务罪为例，如果该罪不存在“经监管部门责令采取改正措施”的前置行政命令，那么只要网络服务提供者违反静态的行政性法规范的信息网络安全管理义务，造成严重情节即构成犯罪。此时，在仅有前置行政不法规范的立法模式当中，刑法并不要求行为人先前的一般行政违法行为必须要经过行政执法程序的处理阶段才可构成犯罪。但是，在拒不履行信息网络安全管理义务罪存在前置行政程序时，只要行为人未经过前置行政程序或者前置行政程序性事项不符合刑法具体规定的，纵使行为人造成了情节严重的后果，行为人也不构成犯罪。反而，为了强调法益保护原则而忽视前置行政程序规范是明显违背罪刑法定原则的。基于刑法规范的明确指引功能，罪刑法定原则是优于法益保护原则的。如此一来，可以发现，前置行政程序并不依附在前置行政不法规范之上，其具有独立的程序性事项的刑罚阻断价值。

第二，前置行政程序是动态规范，刑法无法进行选择性使用；前置行政不法是静态规范，刑法可独立选择行为类型。前置行政不法规范在我国刑法学界也被称为“空白罪状”，但其实，绝对的“空白罪状”是不存在的。因为，即使在“空白罪状”之下，刑法也是对行为类型进行了选择和界分的。例如，《刑法》第253条之一侵犯公民个人信息罪同样规定有“违反国家有关规定”的前置行政不法规范。但是，该条并未将前置行政不法规范设定的所有侵犯行为均作为犯罪处理，而只是将出售、提供、窃取、非法获取等行为视为侵犯公民个人信息的犯罪行为。其实，按照2020年10月21日全国人大常委会发布的《个人信息法（草案）》第4条第2款的规定，个人信息的违法处理行为包括“收集、存储、使用、加工、传输、提供、公开等活动”，并且《个人信息法（草案）》第67条同样规定有“刑行衔接”的法律责任条款。由此可见，刑法对静态的前置行政不法规范中包含的行为类型可以选择性规制，以凸显刑法谦抑性原则。但是，在前置行政程序规范中，行政程序是整套的、动态的决策、执行、协调、监督和控制等一系列行政管理的活动过程。①刑事立法者或者刑事司法者无法像静态的前置行政不法规范一样对前置行政程序规范进行选择性适用。在动态、静态规范的性质识别方面，前置行政不法规范涉及的内容是“权利义务的静态立法分配”；而前置行政程序规范涉及的内容是“行政权力的动态行使过程”。② 所以，有学者

---

① 参见何精华主编：《现代行政管理：原理与方法》，上海社会科学院出版社2005年版，第3页。

② 参见余凌云：《行政法讲义》，清华大学出版社2019年版，第47页。

认为，“程序公正是一种动态意义上的公正。”① 由此可见，两种规范的性质也是存在差异的。

第三，前置行政不法规范是行为等实体性犯罪构成要件的认定依据，前置行政程序是独立的程序性犯罪构成要件。虽然，在刑法立法规范的类型表达上，前置行政程序与前置行政不法规范分别作为一种独立的刑法规范类型。但其实，前置行政不法规范完全是对行为、结果、行为对象等实体性犯罪构成要件内容的表达，其在刑法体系中是为实体性犯罪构成要件服务的。或者说，前置行政不法规范本身就是实体性犯罪构成的重要组成部分。但是，与前置行政不法规范不同的是，前置行政程序规范本身就具有独立的体系定位，是一种独立的程序性犯罪构成要件。此外，按照前文对前置行政程序的概念界定，笔者已经在概念界定时就援用了尽可能较小受到行政性因素影响的“客观程序性事实说”的行政程序概念。亦即，刑法中的前置行政程序的成立只需要满足“行政主体＋行政权”的两个象征性行政标准来表达“行政性”即可。详言之，刑法中的前置行政程序是在表达一种行政程序性过程或客观状态，而又因为前置行政程序的成立与有效是两个概念，所以在认定具有决定犯罪成立与否作用的前置行政程序的有效性时，刑法当然可以独立判断。而这也就是前置行政程序规范相较前置行政不法规范可以作为独立的程序性犯罪构成要件类型的根本原因所在。

2. 前置行政程序和前置行政不法规范具有不同的行政职权外在形式

首先，需要说明的是，刑法中前置行政性法规范的外在形式是相对于内在属性而言的，前者在于前置行政性法规范在行政法中的认定方法，行政犯作为刑法与行政法衔接评价的一种独特犯罪现象，前置行政性法规范外在形式的认定必然离不开行政法的具体影响；而后者在于特定行

① 章剑生：《行政程序正当性之基本价值》，载《法治现代化研究》2017 年第 5 期。

为的刑事违法性最终判断，这是立足刑法自身的封闭体系而言的。一般来说，刑法实务界和学界侧重将关注点聚焦于后者，而较易忽视前者对后者的具体影响。而这是本书需要重点解决的问题。

根据行政犯类型区分的现有标准利弊权衡，可以发现，其实学界的第二种划分标准“刑法立法援引的行政规范的不同方式”，更契合行政犯的法规范交叉性质。但与该种划分标准不同的是，不管是前置程序型行政犯还是前置不法型行政犯，实际上两者规范的外在形式分属于行政行为的不同类型，而不应当将两者等同视之。① 而在独立型行政犯中，刑法并未直接在立法规范中表明行为类型的选择需要受到前置行政性法规范要素的影响。因此，在刑法将一般行政违法行为直接设置为犯罪行为之后，独立型行政犯在罪状表达中并未利用任何行政行为的相关原理和技术。因此，无论是在行为概念、类型还是在违法性判断方面，刑法均可独立地进行评价。所以，本书涉及的行政犯的刑事违法性判断问题，仅存在于前置程序型行政犯和前置不法型行政犯之中。

在行政法原理中，行政程序是行政行为实施的动态过程表达，行政行为是行政执法主体展现于外的单向性职权形态的认知。但是，诸如前文对行政程序与行政行为两者关系所述，两者是相伴相随的，行政程序又可以被称为行政行为程序。其中，前置行政程序规范指向实施具体行政行为的程序要素，前置行政不法规范指向抽象行政行为的行政不法评价规范，两者在行政法领域中衔接的是公共事务的不同管理职能。② 具言之：

---

① 行政法学界通说将行政行为明确划分为抽象行政行为、具体行政行为以及双方行政合同、行政指导行为。参见罗豪才、湛中乐主编：《行政法学》，北京大学出版社2016年版。

② 为方便表述，无特殊说明，下文中的前置行政规范所指向的行政行为原理和方法均是从前置行政不法规范和前置行政程序规范的外在形式而言的，并不指向刑事违法性判断。

其一，前置行政程序规范的行政职权外在形式是具体行政行为。在行政法概念中，具体行政行为，通常是指“具有行政权能的组织运用行政权，针对特定相对人直接设定、变更或消灭权利义务所作的单方行政行为”①。具体行政行为的“具体性”则是指行为对象的特定性和具体性。根据2004年最高人民法院颁布的《关于规范行政案件案由的通知》(已失效)，行政法学界一般将具体行政行为分为27种类型（26种明示情形，1种兜底性的“其他情形”)，主要的行政行为包括行政命令、行政许可、行政处罚、行政强制、行政确认等类型。② 具体行政行为包含的事项内容又可细分为：“行政职权、行政事实、行政依据、行政程序”四大要件。③ 但上述4个要件并非均是刑法规范重点关注的内容，对于前置行政程序规范，刑事司法者重点关注的是行政行为的程序要件。对应到刑法规范中的具体行政行为类型进行说明，例如，最高人民法院发布的《审理拒不支付劳动报酬刑事案件适用法律若干问题的解释》第4条就对《刑法》第276条之一拒不支付劳动报酬罪“责令支付”的行政命令程序的执行主体、期限、适用对象和适用形式等事项进行了详细规定。因此，前置行政程序规范的行政职权外在形式就在于具体行政行为。

其二，前置行政不法规范的行政职权外在形式是抽象行政行为。在行政法概念中，抽象行政行为通常是相对于具体行政行为而言的，与行政法学界重视具体行政行为相反，在刑法学理论和实务研究中抽象行政行为通常较受重视，刑法学者还单独将其称为“空白罪状”。抽象行政行为是指“国家行政机关针对不特定的人和不特定的事制定的具有普遍约束力的行为规则，包括行政法规、行政规章和其他具有普遍约束力的决定和命令等”④。可以发现，“违反国家（有关）规定”等前置行政不

① 叶必丰：《行政行为原理》，商务印书馆2019年版，第166页。
② 参见胡建淼：《行政法学》，法律出版社2015年版，第159页。
③ 参见胡建淼：《行政法学》，法律出版社2015年版，第138~140页。
④ 罗豪才、湛中乐主编：《行政法学》，北京大学出版社2016年版，第145页。

法规范本身就是抽象行政行为在刑法规范中的具体表现。更有甚者，部分罪名直接将具体违反的抽象行政行为规范置于罪状表述之中。例如，《刑法》第133条交通肇事罪的“违反交通运输管理法规”。因此，前置行政不法规范的“抽象性”，是指规范适用对象的不特定性。静态的前置行政不法规范评价的行为对象是同一类型构造的行为、结果、对象等；而动态的前置行政程序规范评价的行为人对象是行政程序实施过程中的特定且具体的个体对象。两种行政规范要素所针对或评价的对象属性也是不同的。

3. 前置行政程序和前置行政不法规范评价的基础事实不同

虽然前置行政程序规范和前置行政不法规范同是作为犯罪构成要件的违法性评价要素。但是，两者评价的基础事实不同。具言之，前置行政不法规范中义务违反的基础事实是指由行为人主动发起的刑事违法性评价要素。在前置不法型行政犯中，行为、结果或者行为对象均是指行为人在主观罪过的支配下自己主动或者被迫①实施的犯罪行为。但是，在前置程序型行政犯中，前置行政程序规范的程序性事实认定是由行政机关主动发起、行为人被动接受的刑事违法性评价要素。正是因为前置行政程序和前置行政不法规范评价的基础事实不同，所以司法者在具体认定前置程序型行政犯时，只认定行为人主动发起的违法性评价要素并不能直接判定行为人构成犯罪，因为还另外存在行政程序性事项内容这一类与行为人实施的实体性犯罪构成要件不同的刑事违法性评价事实。同样，正是因为前置行政程序和前置行政不法规范评价的基础事实不同，刑法可以指引行为人了解到在自己主动实施行政不法评价的事实后，如果能够根据行政机关主动发起的程序性事项，积极配合恢复受损法益，

① 在胁从犯中，行为人并非主动实施犯罪行为，胁从犯的犯罪事实在于其虽然因被胁迫而参加犯罪，但是这并不意味着行为人在具体犯罪过程中不能主动实施犯罪行为。刑法评价的是受胁迫参加犯罪后主动实施或者有机会不主动但依旧实施的犯罪行为。

自己同样可以不构成犯罪。因此，并非法益侵害的基础事实发生后行为人就必须要承担刑事责任。

当然，不排斥在行政刑法立法中一个罪名同时出现前置行政程序规范和前置行政不法规范的现象。此时，因为前置行政程序和前置行政不法规范评价的基础事实不同，所以两者应当是互不影响的。换言之，此时前置行政不法规范具体评价的对象是实体性犯罪构成要件，而前置行政程序规范评价的对象是程序性犯罪构成要件。根据前置行政程序规范的“前置性”概念解读，只有在程序性犯罪构成要件成立后，前置行政不法规范表征的实体性犯罪构成要件才能成立。因此，在明确两者属于互相独立的刑法规范类型之后，前置行政程序规范的认定才不会受到前置行政不法规范的影响。

综上所述，前置行政程序与前置行政不法规范是两种不同外在形式与内容表达的刑法规范，刑事司法者不能直接依附前置行政不法规范来认定前置行政程序规范。在前置行政程序规范的独立类型下，行政犯的类型划分标准也应当随之扩充。依据前置行政性法规范概念的不同，可以将行政犯划分为前置程序型行政犯和前置不法型行政犯。并且，刑法不能如前置行政不法规范一般直接援引行政性法规范来认定前置行政程序规范。此时，在“客观程序性事实说”的概念基础上，刑事司法可以独立判断前置行政程序规范的具体事项内容。如此一来，刑法既可以做好规范层面的“刑行衔接”，又可以实现刑法对前置行政程序规范的独立认定。

二、前置行政程序与前置行政不法规范刑法判断的独立性和从属性

在刑事司法适用过程中，前置行政程序与前置行政不法规范刑法判断的独立性和从属性是在行政犯的认定过程中进行的。刑法规范制定的目的在于适用，刑法制定的目的决定了刑法规范不仅应当发挥公民的行

为指引功能，还应当具有法官的裁判指引功能。① 简言之，刑法规范就是一种行为规范和裁判规范。在前置行政程序规范的司法适用中，刑法裁判规范的功能定位意味着刑事司法者必须要将前置行政程序规范置于犯罪类型认定的指导过程中进行理解。也就是说，前置行政程序与前置行政不法规范刑法判断的独立性和从属性解决的就是前置程序型行政犯和前置不法型行政犯的刑事违法性判断问题。

行政犯刑事违法性判断的主要学说和具体方法有3类：严格违法一元论指导下的"绝对从属性说"、缓和违法一元论（量的差异论）指导下的"相对从属性说"、违法多元论（质的差异论和质量差异论）指导下的"相对独立性和绝对独立性说"。其中，严格违法一元论几乎一致地被学界指摘过于忽视刑法和行政法之间的质的差异性，导致一般行政违法行为极易被认定为犯罪行为，其"立论基础过于理想、绝对且形式化，几乎完全否定各法领域在性质、目的和机能等方面固有的差异，业已为学界所抛弃"②。而当前学界的主流观点是违法性判断相对论，即行政犯违法判断应当具有相对独立性或者相对从属性。③ 但是，依据刑法实体性规范、前置行政不法规范以及前置行政程序规范展开的行政犯类型的划分对刑事违法性判断的影响是否显著鲜有学者涉及。

（一）前置行政程序和前置行政不法规范对一般违法性前提的认识不同

无论是前置不法型行政犯还是前置程序型行政犯，行政犯的违法性

---

① 参见刘明祥主编：《刑法的基础理论》，中国人民大学出版社2015年版，第161页。

② 高铭暄、曹波：《保险刑法规范解释立场新探——基于缓和违法一元论的展开》，载《中国应用法学》2019年第3期。

③ 参见高铭暄、曹波：《保险刑法规范解释立场新探——基于缓和违法一元论的展开》，载《中国应用法学》2019年第3期；简爱：《从"分野"到"融合"刑事违法判断的相对独立性》，载《中外法学》2019年第2期；孙国祥：《行政犯违法性判断的从属性和独立性研究》，载《法学家》2017年第1期。

判断都是指判断一个行政违法行为是否构成犯罪的具体方法、规则和路径。在具体了解两类行政犯的违法性判断的具体方法之前，我们必须理清一个问题：行政犯违法性判断到底是什么的判断？当前，行政犯的违法性判断的主要学说和具体方法有3类：

第一，严格违法一元论指导下的“绝对从属性说”。按照绝对从属性的观点，违法行为在任何法领域和法秩序中均应具有否定性评价。① 按照绝对从属性的判断方法，“从属”等同于违法性的“同等”或“类推”。

第二，缓和违法一元论（量的差异论）指导下的“相对从属性说”，该学说的“从属”不同于严格违法一元论下的“从属”，其是指“行政不法与刑事不法行为法益侵害的同质性”②。而“相对”则是指犯罪行为类型的数量、罪过形式和内容，有别于行政违法行为的构成。“所以，刑法对于犯罪的规制，虽在质上从属于前置法之调整性规则的规制，但在量上却相对独立于前置法之保护性规则的调整。”③ 再或者“相对”是指刑法和行政法规制行为概念和类型的不同、④ 规范保护目的的不同。⑤ 因此，相对从属性的“相对”标准在内部观点中显得较为混乱，并未形成一致性结论。

---

① 参见陈少青：《法秩序的统一性与违法判断的相对性》，载《法学家》2016年第3期。

② 孙国祥：《行政犯违法性判断的从属性和独立性研究》，载《法学家》2017年第1期。

③ 参见田宏杰：《行政犯的法律属性及其责任——兼及定罪机制的重构》，载《法学家》2013年第3期；龚义年：《刑行衔接机制研究》，法律出版社2017年版，第12~16页；吴镝飞：《法秩序统一视域下的刑事违法性判断》，载《法学评论》2019年第3期。

④ 参见田宏杰：《行政犯的法律属性及其责任——兼及定罪机制的重构》，载《法学家》2013年第3期。

⑤ 参见于改之：《法域冲突的排除：立场、规则与适用》，载《中国法学》2018年第4期。

第三，违法多元论（质的差异论和质量差异论）指导下的“相对独立性说”和“绝对独立性说”。“相对独立性说”和“绝对独立性说”的相同点在于两者均认同犯罪行为和行政违法行为在量和质的方面存在显著差别，但“相对独立性说”还折中地认为刑法规制的行为并未完全独立，还需要适当地参照前置行政不法规范。①

在3类违法性判断的具体方法中，相对独立性和相对从属性形成的“相对论”是刑法学界的主流观点。从“相对论”的判断方法内容来看，无论是“相对独立性说”还是“相对从属性说”，两者均认为行政犯的违法性判断就是指行政性罪刑规范在司法中的最终适用。因为行政犯违法性判断最终适用的是罪刑规范，在规制的行为类型、概念等方面，适用的规范类型都不同了，那么“相对”的标准也自然而然地随之产生。

但毋庸置疑的是，行政犯的违法性判断最后必然是依据罪刑规范来认定的，但这是否就顺畅地得出行政犯的违法性判断具有独立性或者相对论的结论？如果说，依据行政犯的违法性判断环节中的行政性罪刑规范的最终适用，就得出独立性或者相对论的结论，那么行政犯违法性判断方法的持续争议，按理来说本就不应该存在，绝对独立性才最契合罪刑规范适用的理解。但如此理解对行政犯的违法性判断的实际意义在哪里？其反而割裂了两类行政行为的基本属性。因此，行政犯的违法性判断肯定不是指罪刑规范的最终适用。那么其是指什么？

结合两类行政犯规范的外在形式来看，其实，行政犯违法性的判断在本质上应当是指刑事违法性的前提和依据的判断——一般违法性判断，而并非刑事违法性本身的最终判断。在前置不法型行政犯中，刑事违法性的前提就是指抽象行政行为所涵盖的具体违法行为的概念和类型。而在前置程序型行政犯中，刑事违法性的前提和依据就是指具体行政行为

---

① 参见简爱：《从“分野”到“融合”刑事违法判断的相对独立性》，载《中外法学》2019年第2期。

的成立要件，而不包括法律效果要件。如此就完美契合了前置不法型行政犯和前置程序型行政犯中的行政不法和程序规范的“前置性”特征。否则，如果将刑事违法性判断直接定为罪刑规范本身的最终适用，那么不容置喙的是，刑事违法性判断的从属性便极易被扭曲为严格违法一元论所认为的“一般行政违法行为一定属于犯罪行为”的观点。如此一来，行政犯违法性判断的从属性方法就必然会遭遇当前学界的诸多指摘。

以前置不法型行政犯的违法性判断为例。例如，在“陆某销售假药案”中，陆某购买和帮助他人购买未经批准进口的抗癌药品后销售的行为，违反了《药品管理法》（2015 年修正）的相关规定。因此，陆某销售“假药”的行为按照现有的刑事违法性判断方法——从属性判断的理解相当于直接肯定了陆某销售“假药”的行为属于《刑法》（2017 年修正）第 141 条销售假药罪的实行行为。但是，按照本书的观点，刑事违法性判断仅限于刑事违法性的前提和依据的判断。那么，陆某购买“假药”的行为，按照《药品管理法》（2015 年修正）第 48 条第 2 款的规定，仅是属于《刑法》（2017 年修正）第 141 条销售假药罪所认定的犯罪行为的前提和依据，适用该条规定并不直接等同于罪刑规范本身的最终适用，而仅是表明其销售行为属于《刑法》（2017 年修正）第 141 条第 2 款规定的销售假药的行为类型。因此，湖南省沅江市人民检察院所认为的虽然行为违反国家规定，但其并不具有销售属性，因而不构成销售假药罪①的观点是不成立的。其反而会让国民产生一种错觉：如果他人下次同样销售了必须批准而未经批准生产、进口的假药，但该种销售行为并未如同陆某的行为一样帮助了他人，而是销售质量不合格且造成了诸多安全隐患的假药，这种销售行为也无法被刑法评价为犯罪行为。②

---

① 参见湖南省沅江市人民检察院沅检公刑不起诉决定书，不诉〔2015〕1 号。

② 参见张明楷：《避免将行政违法认定为刑事犯罪：理念、方法与路径》，载《中国法学》2017 年第 4 期。

这显然是不合理的。

同样，在前置程序型行政犯中，前置行政程序规范的适用也要以一般违法性判断为前提和依据。毕竟前置行政程序规范本质上仍属于行政法体系上的行政程序概念。行政程序作为一种执法程序，其必须以行为人存在一般行政违法性为依据，才可进一步启动。否则，动态的行政程序规范不可能存在于罪刑规范当中。但是，与前置不法型行政犯不同的是，前置行政程序规范的一般违法性是动态的违法性，而前置行政不法规范的一般违法性是静态的违法性。前置程序型行政犯动态的一般违法性是指在动态的前置行政程序规范中，一般违法性评价旨在强调不仅危害行为属于行政法调整的范围，并且其还需要经过行政执法程序的过程管制。前置不法型行政犯静态的一般违法性是指在静态的前置行政不法规范中，一般违法性评价旨在强调行为的概念和类型必须首先在行政法规范中有所认定，而不能直接跳过前置行政不法规范的行为类型和概念的静态界定，将前置行政不法规范根本不存在的行为概念和类型作为刑事司法的认定标准。

由此可见，在前置程序型行政犯中，前置行政程序指示一种动态的违法性评价，虽然动态的一般违法性也作为刑事违法性的前提，但这仅是一般违法性的行为性质作为刑事违法性的前提和依据。在前置不法型行政犯中，不仅行为性质属于行政性法规范所评价的一般违法性，而且行为概念和类型也属于行政性法规范所评价的一般违法性的具体内容。所以，虽然一般违法性均是行政犯的前提和依据，但是一般违法性评价的具体内容显然是前置不法型行政犯广于前置程序行政犯。正是两者对一般违法性作为行政犯刑事违法性判断的前提和依据的理解不同，才能得出前置不法型行政犯刑事违法性的从属性和前置程序型行政犯刑事违法性的独立性两种截然相反的结论。

综上所述，当前刑法学界主流观点“相对论”所持有的行为类型的“质的独立”或“量的相对”观点对其立论的前提基础——刑事违法性判断存在误读。将行政犯的违法性判断视为罪刑规范的最终适用，对司法实务而言并不具备任何的实际意义，反而会误导国民对违法行为性质的不同认知。对此，陈兴良教授就直接反对将刑事违法性作为犯罪行为的判断。因为刑事违法性的“违法”，是指违反其他法律，规范人的行为并不是刑法的专利，还包括行政法等其他部门法。因此，其建议取消刑事违法性这一概念，用刑事法定性取而代之。①

（二）前置行政程序和前置行政不法规范适用前提和依据的不同方式

既然，行政犯的违法性判断并非罪刑规范的最终适用或能够突显行政犯罪行为的质的差异。那么，在前置不法型行政犯中，刑事违法性判断的从属性或者相对从属性，便不存在将行政违法行为直接等同于犯罪行为等诸如此类的弊端。如此看来，刑事违法性判断的从属性承担了本不该有的批评和指责。但是，仅凭前文将刑事违法性判断局限于一般违法性的前提和依据的判断，还不足以体现前置不法型行政犯违法性判断具有从属性较前置程序型行政犯的优势性。因为，正如前述，在前置程序型行政犯中，刑事违法性判断也同样是以一般违法性为前期和依据的。那么，为何前置程序型行政犯不能采取从属性判断？真正的原因在于，前置行政程序和前置行政不法规范对一般违法性前提和依据适用的不同方式决定了前置程序型行政犯刑事违法性判断的独立性方法。

在前置不法型行政犯中，从前文归纳的前置行政不法规范的类型来看，不管是“违反国家规定”、“违反行政管理制度”还是“不符合行政标准”，其均是行为或者行为对象的一般违法性在刑法规范中的具体体现。概言之，刑事司法者只有在具有一般行政违法性的行为或者行为对象的概念和类型的前提下，才能进一步考虑刑事违法性有无的问题。那么接下来的问题在于：一般违法性在前置不法型行政犯的行为概念和类

① 参见陈兴良：《违法性的中国语境》，载《清华法学》2015年第4期。

型的哪些方面得到体现？持“相对论”观点的学者之所以反对从属性的判断方法就在于其将“静态层面的一般违法类型的确立”与“刑事个案行为类型的动态选择”予以混淆。相对独立性除将一般违法性概念和类型的突破作为其立论的基础外，还将刑事司法对一般违法性涵盖的行为类型的选择作为规范保护目的的差异性。① 而相对从属性之所以妥协地承认“相对”的模糊标准，也正是因为其将“量”的程度变化之于行为类型的选择，作为刑法相对独立于前置法之保护性规则调整的具体表现。② 同样，这也是严格违法一元论坚守“从属”等同于违法性的“同等”或“类推”的根本原因。在其看来，刑事司法在个案适用中选择了相应的行为类型，所以就不存在一般违法性的概念和类型的从属性判断，只能选择刑事违法性对一般违法性的从属判断。由此看来，“相对”和“独立”或者“严格违法一元”标准的问题产生，部分或者全部源于“静态层面的一般违法类型的确立”和“刑事个案行为类型的动态选择”两者的混淆。

正如前述，前置行政不法规范的外在形式在于抽象行政行为，其代表的是行政性规范文件对不特定人或事项的静态约束力。再加上，行政行为的目的在于广泛性、复杂性公共事务的管理。③ 因此，其包括的行为概念和类型必然是多样的，不可能如刑事个案的司法预判的动态过程一样，而是必须细致入微到特定犯罪行为的概念和类型。正是由于前置不法规范的静态层面的抽象属性，《刑法》才要求司法者在具体个案中选择前置不法规范中相应的行为模式。而行为类型的具体选择并不代表

① 参见简爱：《从“分野”到“融合”刑事违法判断的相对独立性》，载《中外法学》2019 年第 2 期；王强军：《行政监管实质刑法化及其限制研究》，载《政治与法律》2019 年第 5 期。

② 参见田宏杰：《行政犯的法律属性及其责任——兼及定罪机制的重构》，载《法学家》2013 年第 3 期。

③ 参见章剑生：《现代行政法总论》，法律出版社 2019 年版，第 22 页。

行政违法行为和刑事违法行为在“质”的层面上存在差异，因为这是刑事司法对抽象行政行为涵盖的行为类型具体化、特定化的一种必然的动态过程。

除上述“行政行为与犯罪行为类型重合”的照应式行为模式①能够为刑事司法的选择提供前提外，刑事立法上还存在一般违法性行为类型的模式选择，即区别式的行为模式，其也是一般违法性概念和类型从属的基本表现。区别式的行为模式是指前置行政性法规范所表述的行为模式与刑法的行为罪状有所区别，刑法仅是将部分一般违法行为作为了犯罪构成要件。② 例如，《刑法》第262条之二的组织未成年人进行违反治安管理活动罪，刑法立法明确对“违反治安管理活动”进行了限缩，仅局限于组织未成年人进行盗窃、诈骗、抢夺、敲诈勒索等违反治安管理活动。刑事立法在一般违法性概念和类型基础上选择性地对行为进行规制的原因就在于：刑法具有补充性、法益保护的辅助性和不完整性，这也是德国、日本刑法学界通说对谦抑主义基本原则的具体诠释。③ 因此，区别式的行为模式并没有反对“行为人构成特定行政不法行为是其构成犯罪的必经阶段和必要步骤”④，反而固守了行政犯刑事违法性判断的依据是行政法规范的一般违法性的概念和类型。而持相对独立性观点的学者却据此认为，刑法和行政法的两类不法行为类型并非完全重合，就这一点来看，刑事违法性的判断具有相对独立性。⑤ 该种解读在某种程度

---

① 对此，纵使是持相对独立性观点的学者也承认照应式行为模式是客观存在的。参见简爱：《我国行政犯定罪模式之反思》，载《政治与法律》2018年第11期。

② 参见谭兆强：《论行政刑法对前置性规范变动的依附性》，载《法学》2010年第11期。

③ 参见贾济东：《外国刑法学原理（大陆法系）》，科学出版社2013年版，第85～88页。

④ 陈瑞华：《行政不法事实与犯罪事实的层次性理论》，载《中外法学》2019年第1期。

⑤ 参见孙国祥：《行政犯违法性判断的从属性和独立性研究》，载《法学家》2017年第1期。

上放大了刑事立法对一般违法行为类型选择的作用。前置不法型行政犯刑事违法性的从属性在于一般违法性的概念和类型的从属性。这种从属性既包括了刑法规范静态层面对行为类型和概念的从属或者是类型的选择，也包括了刑法规范动态适用层面刑事案件对行为类型的选择，其均是前置不法型行政犯一般违法性概念和类型从属性的表现。

但是，在前置程序型行政犯中，如果刑事司法者按照前置不法型行政犯的一般违法性从属的依据来对前置行政程序规范进行适用，那么其无法摆脱行政性法规范对前置行政程序规范认定的具体影响。具体而言：

第一，前置行政程序规范无法对行政程序的类型进行选择。前置行政程序规范是一个独立的程序性犯罪构成要件。程序性犯罪构成要件是过程性或经历性表现于外的一套程序性事项，其并不如同静态的实体性行为要件规范一样，是以概念或情形、类型等要素展现在规范之中的。因而，刑事司法者无法对行政依附性方法下的前置行政程序的概念和类型进行选择性适用。如果要消除行政依附性缺点，在整套行政程序性事项中，刑事司法者只有两个选择：要么将行政性法规范确立的行政程序规定直接引入刑事司法体系当中；要么将程序性犯罪构成要件视为一种选择性犯罪构成要件。在刑法依据行政依附性方法适用前置行政程序规范时，如果司法者发现最终结果与刑法基本原则相冲突，那么就可以采取“主观证明要素说”“客观处罚条件说”等观点，直接跳过前置行政程序规范的适用。但是，按照程序性犯罪构成要件的具体理解，程序性犯罪构成要件是刑事司法适用必经的环节。因此，与前置不法型行政犯可以直接采取一般违法性概念和类型的行政从属性方法不同，前置程序型行政犯只能确定刑事司法判断的独立性方法。

第二，前置行政程序规范认定无法进一步阻断刑事违法性判断。按照前文所述，前置不法型行政犯直接采取一般违法性概念和类型的行政从属性方法，与刑事违法性判断的独立性方法并不冲突。因为，一般违法性的概念和类型是针对危害行为而言的。“违反国家（有关）规定”

或“违反行政性法规范”的前置行政不法规范均是指行为要件违反了行政性法规范，而不可能包括法益侵害结果的实体性犯罪构成要件。否则，如果认为前置不法型行政犯的司法认定除行为要件的从属性外，还包括行政法益侵害结果的从属性，那么，刑事违法性判断便不存在独立的司法适用空间，其完全被一般的行政违法性所取代。

基于此，在前置不法型行政犯中，刑事司法者还可以在前置行政不法规范的行政从属性方法适用后，再依据刑法法益的保护原则对危害行为作进一步的刑事违法性评价。但是，在前置行政程序规范作为程序性犯罪构成要件的体系定位时，“前置性”是指前置于实体性犯罪构成要件的成立。换言之，只有在前置行政程序规范成立后，实体性要件要素才能被称为实体性犯罪构成要件，继而作为犯罪成立的判断标准。也就是说，一经前置行政程序，原先待定的实体性要件要素就满足刑法规范继而成为实体性犯罪构成要件。此时，一般而言，司法者便不具备刑事违法性的选择余地。① 如果采取行政依附性方法，那么，瑕疵违法和一般违法的前置行政程序均会决定刑事违法性的判断，这显然是不合理的。因此，在上述情况下，刑法要想独立发挥对前置行政程序规范认定的约束机能，就必须在现有罪状的设置下建立自身规范的判断体系或指导原则，使犯罪认定能够呈现类型化、阶梯化特点。② 由此可见，与前置不法型行政犯可以直接采取一般违法性概念和类型的行政从属性方法不同，刑事司法者对前置行政程序规范的认定只能采取独立性方法。

综上，行政犯刑事违法性判断应具体限定在一般违法性的前提判断之下。但是，前置不法型行政犯刑事违法性判断的前提和依据在于行政法规范的一般违法性的概念和类型的从属。“从属”并不意味着允许司

---

① 当然，不排斥在根据法益恢复性目的设置的前置程序型行政犯中，司法者可以延长程序性事项的时间和期限。

② 参见黄风：《导读：贝卡里亚及其刑法思想》，载［意］切萨雷·贝卡里亚：《论犯罪与刑罚》（增编本），黄风译，北京大学出版社 2014 年版，第 186 页。

法者轻易将一般违法性行为直接“同等”或“类推”为刑事违法行为，因为，行政从属性方法并不排斥具体个案中行为类型的动态选择，也不排斥刑事立法选择性规制一般行政违法行为。由于上述两种判断方法均是在静态前置行政不法规范的基本范围内进行的，因而，前置不法型行政犯可以采取行政从属性方法。但是，前置程序型行政犯刑事违法性判断的前提和依据在于行为的一般违法性，并不包括行政法规范中的行政程序的概念和类型。因为，刑事司法者无法直接援引或选择性适用行政法中的行政程序的具体概念和类型。因此，前置程序型行政犯刑事违法性判断只能采取独立性方法。

第二节 刑事司法确定前置行政程序指引的法益类型

针对前置行政程序在经济刑法中的第二类法律效果行政依附性现象及其缺陷，我们必须解答前置行政程序规范指引或表征的行政管制秩序到底是否是经济犯罪认定的根本依据的问题。这一基本问题又牵涉如下3类具体问题：第一，纯粹的行政程序管制秩序以及能够还原的行政程序管制秩序可否作为独立的刑法法益类型？如果行政程序管制秩序可以被还原，那么，其是否还有必要再单独作为一种法益类型？第二，如果第一个问题答案为“否”，那么，在前置程序型行政犯中，程序性管制事项是否是刑法应当关注的重点事实？如果是，程序性管制事项是否均为纯粹的行政管理秩序理念之体现？刑法完全不可过多干涉？第三，随着现代社会的转型和刑法的扩张，经济刑法风险化特征开始显现，应该如何认识抽象危险情节中的实质性个体法益？

一、将行政程序管制秩序排除在经济刑法体系之外

首先，针对第一个问题，纯粹的行政程序管制秩序以及能够还原的行政程序管制秩序可否作为独立的刑法法益类型？笔者认为，纯粹的行政程序管制秩序以及能够还原的行政程序管制秩序均不应作为独立的刑法法益类型。

按照前文所述，行政程序之所以能够被规定在刑法当中，从表面上看，除刑罚阻却功能外，还在于其表征的行政管制秩序是社会主义市场经济秩序乃至社会管理秩序的一部分。因此，我国《刑法》引入行政程序规范能更好地体现罪名编排的逻辑性和体系性。但问题在于，引入行政程序规范，是否就意味着行政程序管制秩序应当作为刑法法益的独立类型？笔者认为，尚不能如此简单化理解。其实，行政程序管制秩序能否作为一项独立的经济刑法法益类型，学界早有争议，并且是当前学界争议较为激烈的一个话题。其涉及的是“一元法益观”和“二元法益观”的博弈问题。

法益观的博弈主要是在经济刑法体系中进行的。其中，“一元法益观”又可以分为“个体主义的一元法益论”和“集体主义的一元法益观”。“个体主义的一元法益论”起源于德国学者迈克尔·马克思 1972 年出版的《法益概念之定义》一书中的一元论法益概念。① 顾名思义，其认为个人利益才是刑法法益类型确立的宗旨，集体法益的概念②需要与个人的直接或间接利益相关联才能成立。而“集体主义的一元法益

① 参见钟宏彬：《法益理论的宪法基础》，台北，元照出版公司 2012 年版，第 230～231 页。

② 在法益理论中，集体法益通常又被称为“超个人法益、公众法益、集合法益、普遍法益、非个人法益、共同体法益、抽象法益”等，为统一概念，笔者采取我国学界通用的“集体法益”之称谓。只有本书在直接援引学者观点时，为尊重他人的学术观点，才会直接采取其他称谓。

观”则认为，“所有的法益以国家为起点来建构，也就是说，法益是全体或国家的财（笔者注：利益）”。① 对此，黑格尔认为：国家和公民是两个不同的概念，国家的使命并不在于保证或保护个人自由。否则，成为国家成员将是一件任意的事。国家是客观精神的存在，“个人本身只有成为国家成员才具有客观性、真理性和伦理性”，并且，“人是被规定着过普遍生活的；他们进一步的特殊满足、活动和行动方式，都是以这个实体性的和普遍有效的东西（笔者注：国家）为其出发点和结果”②。因此，在持集体主义一元法益观的学者看来，国家和集体是一个超越公民个体自由的独立概念。有学者将黑格尔的个人与国家、集体关系的观点视为一种“个人自由的国家绝对至上”的观念。③ 在其看来，个人自由被视为国家的客观存在服务的物，如果脱离了国家，个人自由将无法独立存在。在刑法学界，早期宾丁的法共同体、麦耶的文化规范秩序以及耶塞克和魏根特的人类共同生活秩序，④ 都是集体主义一元法益观的体现。

由此可见，其实，“个体主义的一元法益论”并非纯粹的一元主义，只有“集体主义的一元法益观”才是纯粹的一元主义法益观。因为，在前者看来，集体法益亦可以作为独立的刑法法益类型，只不过需要“被推导、被证明”，也就是当前我国学者普遍认同的：集体法益需要具备

① 参见钟宏彬：《法益理论的宪法基础》，台北，元照出版公司2012年版，第236～237页。

② ［德］黑格尔：《法哲学原理》，范扬、张企泰译，商务印书馆1961年版，第253～254页。

③ 参见许纪霖：《家国天下——现代中国的人、国家与世界认同》，上海人民出版社2017年版，第132页。

④ 参见［德］汉斯·海因里希·耶塞克、［德］托马斯·魏根特：《德国刑法教科书》，徐久生译，中国法制出版社2017年版，第1页。

"可还原性"。① 当前，"集体主义的一元法益观" 容易极度压制个体自由而不被认可，并逐渐被学界淘汰。

"个体主义的一元法益论" 的法理依据在于，国家是人民组合而成的外在状态。起源于18世纪的康德哲学思想总体上认为，"国家是自由得到充分保障以制约政府和过分理想化的民众安全之所"②。国家权力（包括行政权）是基于社会成员的全体同意而存在的，所以国家必须更好地保障个体的权利和自由发展。因此，康德的法权理论的基点是个人法权，而并非集体、国家法权。个人法权把每个人当作自身的主人，在现有的静态行动自由状态下，每个人都享有对外扩展个体自由的权利。但是，国家是每个公民个体组合而成的外在状态。因此，每个人向外扩展个体自由及其保障的唯一方式就是和他人的自由联合起来，共同进入一个私人法权或个体法权的合法性状态。使普遍法则下每个个体公民的扩展自由得以协调化、系统化实现。而国家就是所有人私有法权得以整合后实现的最佳状态。在这个状态下，每个公民的自由都是可以得到充分实现或保障的。③ 而国家保障的手段具有强制力，对于对外扩展个体自由而严重侵害他人法权的犯罪行为而言，集体公民通过共同自我立法来维护各自自由的法权。④ 基于此，有学者对康德哲学构建起来的"人、社会与国家的理论"进行高度总结，并认为，人是一种目的存在而不是

---

① 参见时方：《我国经济犯罪超个人法益属性辨析、类型划分及评述》，载《当代法学》2018年第2期；孙国祥：《集体法益的刑法保护及其边界》，载《法学研究》2018年第6期；李文吉：《我国刑法中管理秩序法益还原为实体性法益之提倡》，载《河北法学》2020年第5期。

② ［英］约翰·埃默里克·爱德华·达尔伯格－阿克顿：《自由与权力》，侯健、范亚峰译，译林出版社2011年版，第285页。

③ 参见［加］李普斯坦：《强力与自由：康德的法哲学与政治哲学》，毛安翼译，知识产权出版社2016年版，第373页。

④ 参见［加］李普斯坦：《强力与自由：康德的法哲学与政治哲学》，毛安翼译，知识产权出版社2016年版，第332页。

工具性手段，国家和社会都由“个体人”组成。①

由此可见，“个体主义的一元法益论”的理论基础在于国家是人民组合而成的外在状态的性质定位，“现代国家是以尊重个人权利和自由为基础的”②。在合法国家状态中，并不存在国家高于个人或者集体高于个人的强权理念。当前，我们更需要超越民族国家的体系概念，需要认真对待公民意识的现代世界的中心地位。③

二元法益观是基于对一元法益观的驳斥而产生的。以哈斯默为代表的法兰克福学派承继了马克思的“个体主义的一元法益论”，但很快在1993～1995年就遭遇“二元法益观”支持者的彻底反击。④ 以德国经济刑法学家克劳斯·梯德曼为代表的个人利益和集体利益并存的法益观是一种“实质主义的二元法益论”，其认为：在经济刑法中多个人的利益（集体法益）无法还原为具体、特定个体的法益。例如，行政许可秩序能够预防犯罪和金融风险、确保金融交易和资本市场的有效运作状态、稳固公众对行政业务的可靠和信任。⑤ 同样，在我国，绝大多数学者也认可“实质主义的二元法益论”。在刑法学者的绝大多数观点中，国家利益和个人利益均是行政刑法重点保护的利益。例如，有学者认为，法定犯的规制是对秩序类国家和社会利益以及个人私利的双重保障。⑥ 这

① 参见董炯：《国家、公民与行政法：一个国家—社会的角度》，北京大学出版社2001年版，第38～39页。

② Reza Banakar, *Rights in Context: Law and Justice in Late Modem Society*, MPG Books Group, 2010, p. 44.

③ See B. Turner, *Outline of a Theory of Human Rights*, Sociology Vol. 27, No. 3, 1993, pp. 489－512.

④ 参见钟宏彬：《法益理论的宪法基础》，台北，元照出版公司2012年版，第243页。

⑤ 参见［德］克劳斯·梯德曼：《德国经济刑法导论》，周遵友译，载赵秉志主编：《刑法论丛》第34卷，法律出版社2013年版，第7、8、13页。

⑥ 参见刘艳红：《人性民法与物性刑法的融合发展》，载《中国社会科学》2020年第4期。

一基本思想被学者普遍运用于前置程序型行政犯的司法认定过程当中。例如，有学者认为，“非法经营罪的客体是国家对特殊商品、特种经营业务实行的专营、专卖和许可制度”①。行政程序管制秩序作为集体法益是因为存在单纯侵犯经济秩序而无具体被害人的经济犯罪,② 例如，脱离行政监管程序的走私类犯罪与税收类犯罪。并且，有些经济犯罪是对市场交易的公正有序运作状态的侵犯，其具有不可平均分配性。③

二元法益观的法理基础在于人类共同体的团体价值论。该论者认为，人类共同体也是一个需要被关注的具有组织性、独立性的功能单位或者制度单位，它们可以单独享有自己的自治团体利益。因为在人类共同体的团体价值论者看来，团体利益并非每个个体公民利益的简单集合，而是一种对利益的理想整合和优化。同时，该论者还认为，人类共同体的团体价值与具体成员的利益是共同并存的，两者不可能单独脱离存在。④由此可见，之所以二元法益观有别于一元法益观，原因就在于国家利益和个体利益均是值得保护的两种独立利益类型。

对比上述各种类型的法益学说可以发现，其实，我国目前还不存在纯粹的“个体主义的一元法益论”。而纯粹的“集体主义的一元法益论”一般只有在强权国家中才会出现，至今因其无任何现实价值已被淘汰。而“个体主义的一元法益论”与“实质主义的二元法益论”的共同支撑点和争议点分别在于：集体法益的非独立性和可还原性。笔者认为，基于自由人权保障和公民政府的基础理念，我国应当构建纯粹的“个体主

---

① 高翼飞：《从扩张走向变异：非法经营罪如何摆脱“口袋罪”的宿命》，载《政治与法律》2012 年第 3 期。

② 参见时方：《我国经济犯罪超个人法益属性辨析、类型划分及评述》，载《当代法学》2018 年第 2 期。

③ 参见马春晓：《中国经济刑法法益：认知、反思与建构》，载《政治与法律》2020 年第 3 期。

④ 参见［德］汉斯·J. 沃尔夫、［德］奥托·巴霍夫、［德］罗尔夫·施托贝尔：《行政法》（第 1 卷），高家伟译，商务印书馆 2002 年版，第 325 页。

义的一元法益论”。这对于激发市场经济的创新动力尤为重要。换言之，本书并不认可集体法益的独立性和可还原性。具体理由如下：

第一，可开放分配性的集体法益不具有独立的外在形式。在“实质主义的二元法益观”看来，集体法益的独立性，不仅是因为确实有抽象性内容的存在，更关键的是其本身具有不可平均分配性。但是，个体法益并不排斥能够直接危害不特定多数个体的法益，该种法益危害是能够直接分配至不特定多数人中的个体之上的。并且，该分配并不要求“平均分配”，因为法益侵害的程度与个体特质和行为环境的两类因素是紧密联系的，所以刑法无法做到平均分配。例如，《刑法》第201条逃税罪的税收行政处罚程序的目的对象——“国家税收”，就无法做到平均分配，但最终其还是“取之于民、用之于民”。因此，刑法可以将受损集体法益中无法直接分配至个体的法益类型排除至刑法体系之外。例如，与行政许可、行政命令等紧密相关的文本形式化程序管理等单纯的行政管制秩序。在排斥该类纯粹行政法益类型之后，刑法就应只认可个体法益。

其实，“实质主义的二元法益观”的利益可分配性理论源于罗尔斯的分配正义原则。但罗尔斯强调的是“分配的开放性”而并非“分配的平均性”。罗尔斯引入经济分配原理时强调：“机会的公正平等意味着由一系列的机构来保证具有类似动机的人都有受教育和培养的类似机会；保证在与相关义务和任务联系的品质和努力的基础上各种职务和地位对所有人开放。”① 而对于集体法益的外在形式存在的目的，其结合国家税收制度认为：“征税和调节（财产权）的目的不是要提高财政收入（把资金让与政府），而是逐渐地持续地纠正财富分配中的错误并避免有害

① ［美］约翰·罗尔斯：《正义论》，何怀宏、何包钢、廖申白译，中国社会科学出版社2009年版，第219页。

于政治自由的公平价值和机会公平平等的权利集中。"① 制度的正义基础和背景在于分配原理，虽然刑法并不过多关注权利或正义的分配，而更关注法益的侵害现状，但是分配原理的适用是一致的，刑法法益的分配也必须以人为中心。其中，"人"包括"特定的单个个体"和"不特定的多数个体"。据此，纵使是不特定多数个体的利益，其仍可以为纯粹的"个体主义的一元法益论"所涵盖。

第二，可还原性的集体法益并不具有独立存在的必要性。"实质主义的二元法益观"总体上是偏向个体主义的。但其之所以还认可集体法益的独立性，主要依据是集体法益的可还原性。例如，有学者认为，集体法益必须还原为个体法益，此时，集体法益才会不被空心化、抽象化。② 但问题在于：

（1）在集体法益需要全部还原的前提下，集体法益的称谓即名存实亡，其存在的必要性欠缺。否则，反而会使集体法益和个体法益两者关系始终纠缠不清。在集体法益还原论的观点持有者看来，集体法益具有保护的必要性，当行政秩序与个体利益具有关联性且能够被还原为个体法益时，其才是刑法独立保护的秩序法益。③ 由此看来，集体法益只要与公民个体的自由和财产法益存在关联性且能够被解读为两者的包容关系，其就可以被直接视为刑法保护的法益类型。但是正如前述，行政程序管制秩序并非完全与公民个体的自由、财产无关，只不过两者的关联性在于对公民个体自由、财产潜在风险的前置预防。在行政法中，风险是否现实紧迫并不是行政程序管制秩序所需要考虑的内容。但刑法肯定

---

① ［美］约翰·罗尔斯：《正义论》，何怀宏、何包钢、廖申白译，中国社会科学出版社 2009 年版，第 218 ~ 219 页。

② 参见姜涛：《社会风险的刑法调控及其模式改造》，载《中国社会科学》2019 年第 7 期。

③ 参见姜涛：《社会风险的刑法调控及其模式改造》，载《中国社会科学》2019 年第 7 期。

无法将规制触角延伸至一般潜在风险的前置预防，这种预防必然只能存在于行政法体系当中。“实质主义的二元法益观”直接认可集体法益的独立类型，会因为集体法益和个体法益关联紧密程度论证的欠缺，导致还原论视角的模糊，最终司法者极易直接将行政法中的集体法益作为刑法法益。德国学界已经证实，集体法益是原先超个人法益的变更概念。虽然，这是近十多年来德国学界为了改变法益的抽象化而作出的努力，但是，经济刑法法益的类型区分标准依然混杂，单纯的称谓变化并未改变混杂的局面。①

（2）在行政管制秩序和经济刑法法益两者界限不明的情况下，刑法承认集体法益的概念独立性容易阻碍公民自由经济行为的创新发展。诸如，现存的“市场参与者经济利益说”“市民经济生活说”“经济结构要素集合说”“经济运行信任原则破坏说”等不同观点②虽然表面上均在不同程度牵涉个体法益，但其实，后三者假借个体法益之名，实则维护纯粹的经济管制秩序。

（3）集体法益具有抽象性和流变性。目前为止，其是否可以还原为个体法益，如何还原为个体法益以及还原后的个体法益是否还属于集体法益的范畴等问题本身就存在诸多争议。

而至于我国《刑法》中存在的“社会管理秩序”以及“市场经济管理秩序”，我们完全可以将其理解为经济犯罪的行为对象或行为空间，或者理解为属于法益保障的必要条件（并不等于法益本身）。③ 并且，按照实质的犯罪概念，犯罪除在“形式上违反法律规范之外，实质上也必

① 参见魏昌东：《中国经济刑法法益追问与立法选择》，载《政法论坛》2016 年第 6 期。

② 魏昌东：《中国经济刑法法益追问与立法选择》，载《政法论坛》2016 年第 6 期。

③ 在行政法学界，“秩序”被认为是保障国民生命、财产安全的外在必要条件，而不是利益本身。参见何精华主编：《现代行政管理：原理与方法》，上海社会科学院出版社 2005 年版，第 241 页。

须损害或危害法律规范所要保护的利益”①。换言之，法益其实是规范背后所保护的利益，其并非一定要体现在刑法条文之中。这是区分“法律的实际”与“法律的应当”所决定的，立法涵盖的范围应当具有相当的广泛性，立法者并不考虑司法适用的针对性。② 例如，虽然行政管理秩序完全可以包容公民个体自由的现实侵害及其侵害危险，但是不能直接认为秩序是一种法益。这就需要司法者在法律适用时必须结合具体案件来认定社会、行政管理秩序具体包含的法益内容。如此，便可妥当解释为何我国刑事司法将前置行政程序表征的行政程序管制秩序完全排除在刑法体系之外，还能完全贯彻实质犯罪观和罪刑法定原则。

需要注意的是，其实“个体主义的一元法益论”并不反对国家、社群、集体等人类共同体概念，个体主义与国家治理的关系是相辅相成的。当前，与“集体主义的一元法益观”一同被摒弃的还有极端主义的“无政府主义论”的观点，后者认为：“国家仅有理由做一些国家通常做的事情，如颁布和执行（某些种类的）法律。”③ 但是，“个体主义的一元法益论”强调，国家充分尊重个体自由的发展，这不但会使个人的自我价值得到充分张扬，还会使个人在自由发展中为国家社会的整体发展创造更多的财富。而正是因为国家为个体自由地发挥提供了社会自主地位的保障，所以国家客观存在的概念才会受到公民广泛的支持。④ 对此，康德认为：“因为当大自然在这种坚硬的外壳之下打开了为她所极为精心照料着的幼芽时，也就是要求思想自由的倾向与任务时，它也就要逐步地反作用于人民的心灵面貌（从而他们慢慢地就能掌握自由）；并且

---

① 王皇玉：《刑法总则》，台北，新学林出版股份有限公司 2019 年版，第 24 页。

② 参见刘星：《西方法律思想史：传说与学说》（增订版），广西师范大学出版社 2019 年版，第 287 页。

③ Fabian Wendt, *Against Philosophical Anarchism*, Law and Philosophy, Vol. 39: 5, October 2020, p. 536.

④ 参见章剑生：《行政程序正当性之基本价值》，载《法治现代化研究》2017 年第 5 期。

终于还会反作用于政权原则，使之发见按照人的尊严——人并不仅仅是机器而已——去看待人，也是有利于政权本身的。”① 相反，如果按照二元法益观，国家或集体法益的概念与个体法益的概念共存，那么，个人和国家利益的冲突将永远存在。当个体自由利益与国家整体利益产生矛盾时，国家一般会利用强制力来保障自身利益并强调个人应当忠诚于国家共同体。那么，此时个体公民便不具备作为国家成员对国家政权进行批评反省的自由权利。②

因此，可以得出结论：刑事司法者采取“个体主义的一元法益论”，将行政程序管制秩序排除在经济刑法体系之外，并不会制造出极端主义的“无政府主义论”的无秩序状态，也不会导致不特定公共利益的现实紧迫的重大风险被刑事司法所忽视。反而，在刑法中不承认行政程序管制秩序，容易将本就抽象模糊的集体法益类型从刑事司法体系中彻底排除出去，防止司法者将纯粹的行政管理秩序或者与公民个体的重大法益侵害风险关联性非常微弱的行政秩序利益误读为前置行政程序规范保护的刑法法益类型。

二、区分行政程序管制中的经济性管制和社会性管制

针对前述第二项问题，既然行政程序性事项规定在我国刑法当中，并且在经济犯罪的认定中，前置行政程序规范发挥入罪指引或刑罚阻却功能，那么，其理所应当是刑法重点关注的事实。但这并非意味着笔者认同将行政程序管制秩序作为刑法法益，而是因为行政程序的管制手段除具有掺杂风险的过度前置性预防功能和纯粹的行政性法秩序的维护功能外，还包含对不特定多数公民个体的生命、健康、财产等重大法益的

① ［德］康德：《历史理性批判文集》，何兆武译，商务印书馆1990年版，第30～31页。

② 参见谭安奎：《政治哲学：问题与争论》，中央编译出版社2014年版，第170页。

保障功能。行政管制程序的干预或管理有时与确保公民的自由意识形态、消费者权利的保护期待以及遏制大型组织权力的扩展，最终实现良好的市场经济效益密切相关;① 有时又能发挥防止恶性竞争、促进重要公共消费信息公开、资源再分配的作用;② 再有时又能解决失业、确保医疗健康服务水平、提高职业安全质量等。③ 由此来看，行政程序管制秩序体系之所以庞大且抽象，就是因为程序管制对象的繁杂性和目的的多样性。因此，刑法既不能一味地排斥前置行政程序在刑法体系中的法益指引机能，也不可一味地将前置行政程序的行政法效果纳入刑事司法当中。而是需要在区分行政程序管制手段的基础上，精确识别与纯粹的“个体主义的一元法益论”紧密关联的行政程序性事项。

行政程序管制一般被认为是政府借助法律的强制力和威慑力来限制个体自由选择，以达到社会和经济方面的政策目标的一种经济行政手段。④ 由此而言，“程序管制”一词本身就带有强烈的个体权利或经济自由的限制或剥夺的意思，刑法应当理性对待。当前，我国有学者为了能够将行政程序性事项的负面效果尽快从经济刑法中排除出去，强调经济刑法要从“金融管制”到“金融监管”,⑤ 从而全盘否定行政管制的作用。但笔者认为，该观点显然忽视了行政管制的分类功能。“金融管制”强调经济运行危害的事前效应和事后效应；但“金融监管”仅强调经济运行危害的事前效应。所以，“金融监管”忽视了经济运行过程中的刑

① See Jeffrey Pfeffer, *Administrative Regulation and Licensing: Social Problems or Solution*, Social Problems, Vol. 21: 4, 1973, p. 468.

② See Stephen G. Breyer & Richard B. Stewart, *Administrative Law and Regulation Policy*, Litlle Brown, 1985, pp. 14 – 20.

③ 参见董炯:《国家、公民与行政法：一个国家—社会的角度》，北京大学出版社2001年版，第145页。

④ See Alan Stone, *Regulation and Its Alternatives*, Congressional Quarterly Press, 1982, p. 10.

⑤ 参见钱小平:《中国金融刑法立法的应然转向：从“秩序法益观”到“利益法益观”》，载《政治与法律》2017年第5期。

法重大法益的保护，显得过于滞后；但一味强调“金融管制”又显得过于前置预防，凸显纯粹的行政管制秩序。因此，最终结论的得出还是得回归到行政程序管制的类型区分立场上来。

在行政管制经济学理论中，一般而言，行政程序管制手段依据管制领域的不同可以分为“经济性管制”和“社会性管制”。经济性管制通常是指政府通过价格、产量、进入与退出等方面而对企业或个人的经济决策所实施的各种强制性制约，① 其在我国《刑法》中体现的前置行政程序有擅自设立金融机构罪、非法经营罪以及非法吸收公众存款罪等罪名的特定许可和一般许可。经济性管制手段通常用于经济领域的监管或者许可程序，一般是为了“提高价格、限制进入、提高行业或职业的回报率而运作的”②。

经济性管制的出发点原本是服务于广大公众利益、确保经济流通领域的公平性和收益性。例如，体现最紧密的即是，保护消费者免受可能垄断定价的行为影响，防止销售者受到经济剥削。③ 但是，行政监管过程通常会被扭曲，偏离其原本目标。④ 诸如有学者调研发现，经济监管的最终效果是实现或建立了一个有效的“卡特尔模式”，卡特尔模式真实的目的在于通过垄断行业的多个组织在商品价格、销售定位以及销量方面订立同盟，最终形成潜在地提高产品价格、控制产量或销售量的一种经营模式。⑤ 政府的经济管制只能在制定垄断企业向政府交纳费用的

---

① 参见王俊豪：《政府管制经济学导论：基本理论及其在政府管制实践中的应用》，商务印书馆2017年版，第34页。

② See Jeffrey Pfeffer, *Administrative Regulation and Licensing: Social Problems or Solution*, Social Problems, Vol. 21: 4, 1973, p. 468.

③ See Jeffrey Pfeffer, *Administrative Regulation and Licensing: Social Problems or Solution*, Social Problems, Vol. 21: 4, 1973, p. 469.

④ See Stigler G. J., *The Theory of Economic Regulation*, Bell Journal of Economicsand Management Science, Vol. 2: 1, 1971, p. 3 -21.

⑤ See Jonathan Crowe and Barbara Jedlickova, *What's Wrong with Cartels*, Federal Law Review, Vol. 44: 3, 2016, p. 403 -404.

费率以及限制进入特定行业时可能发挥作用，但在企业真正运作的过程中，经济管制无法确保垄断企业向消费者收取较其他企业的最低价格。例如，摩尔通过计算居民用户购买电力的理论垄断价格发现，经济管制对于公益事业的价格并无多大影响，反而实际上提高了垄断行业的销售价格。①

此外，经济监管不仅对企业或行业的回报率没有影响，甚至还可能会增加消费者付出的代价，“因为监管本身就有成本。监管成本在于监管过程中的程序、延迟和不确定性”②。另外，经济管制还有可能剥夺公民从事职业或者选择职业自由的权利。③ 因此，越来越多的经济学家通过实证研究发现：“（行政）监管和许可的结果往往不符合消费者或公众的利益。”④ 因此，行政管制因其并没有解决经济交易的核心问题，反倒是经常采取行动保护和经济上加强该行业或职业的垄断而受到质疑。⑤ 由此可见，如果刑法将经济性管制保护的市场经济秩序作为法益类型，那么这和刑法保护公共利益的基本定位是完全相反的。如此，刑法会沦为少数经济交易主体牟取暴利的刑罚工具。

总体而言，经济性管制的目的在于提高成本运行的生产效率、控制

---

① See Jeffrey Pfeffer, *Administrative Regulation and Licensing: Social Problems or Solution*, Social Problems, Vol. 21: 4, 1973, p. 470.

② Jeffrey Pfeffer, *Administrative Regulation and Licensing: Social Problems or Solution*, Social Problems, Vol. 21: 4, 1973, p. 473. 同种观点, see Nick Robinson, *The Multiple Justifications of Occupational Licensing*, Washington Law Review, Vol. 93, No. 4, 2018, p. 1960。

③ See Gerald S. Kerska, *Economic Protectionism and Occupational Licensing Reform*, Minnesota Law Review, Vol. 101: 4, 2017, p. 1747.

④ Jeffrey Pfeffer, *Administrative Regulation and Licensing: Social Problems or Solution*, Social Problems, Vol. 21: 4, 1973, p. 474; Ryan Nunn and Gabriel Scheffler, *Occupational Licensing and the Limits of Public Choice Theory*, Administrative Law Review Accord, Vol. 4: 2, 2019, p. 34.

⑤ See Jeffrey Pfeffer, *Administrative Regulation and Licensing: Social Problems or Solution*, Social Problems, Vol. 21: 4, 1973, p. 478.

价格和效益的社会分配效率、增加垄断行业的个体利益等。① 以烟草的行政许可程序为例，世界绝大多数国家通过实行重税制度来保障广大公民免受吸食烟草所致的潜在健康危害，并从客观上获取更多财政税收收入以及确保烟草产业的经济效益。② 但问题在于，行政机关为何不实行全面禁烟，或者通过逐渐取消烟草专卖制度、引导建立第三方烟叶评级机构、鼓励更多优质企业创建创新健康发展的烟草产业等途径来实现上述目的，③ 而一定得动用刑法来遏制烟草行业的经营。行政机关实施行政许可的前置程序，恐怕更侧重烟草行业实际运行的生产收益和垄断行业的个体利益。

而如果是为了防止生产、销售的假烟、劣烟进入市场流通环节，损害消费者的身体健康，我们采取《刑法》第 140 条生产、销售伪劣产品罪就足以应对。如果刑法一味认可经济性管制，那么无疑是对垄断行业的个体暴利的过度前置性保护。但对于可恢复性财产利益的刑法保护是完全没必要的，这采取行政秩序罚足矣。其实，最高人民检察院在 2020 年 3 月 27 日废止《关于办理非法经营食盐刑事案件具体应用法律若干问题的解释》的决定就表明司法机关已经意识到食盐业领域的许可程序可能存在上述同种问题，但可惜的是司法解释仅局限于食盐业，这显然是不够的。

但是，我们并不能据此就完全排除所有行政程序的管制效果。因为，从前述的行政程序管制秩序包含的多元化法益类型中可以看出，行政程

---

① 参见［美］W. 基普·维斯库斯、［美］小约瑟夫·E. 哈林顿、［美］约翰·M. 弗农：《反垄断与管制经济学》（第 4 版），陈甬军、覃福晓译，中国人民大学出版社 2010 年版，第 5 页；张卿：《行政许可：法和经济学》，北京大学出版社 2013 年版，第 15 页。

② 参见喻保华、景延秋：《中国烟草产业管制经济学分析》，知识产权出版社 2015 年版，第 45 页。

③ 参见喻保华、景延秋：《中国烟草产业管制经济学分析》，知识产权出版社 2015 年版，第 145 页。

序管制手段并非全部都是为特定行业的经济监管和许可服务的，其还关涉职业安全、环境安全、卫生安全、消费者人身健康安全等诸多与个体公民自由发展直接相关的法益类型保护。上述与“个体主义的一元法益论”紧密关联的行政程序性事项属于行政程序管制秩序中的社会性管制。

社会性管制，是指“以保障劳动者和消费者的安全、健康、卫生、环境保护、防止灾害为目的，对产品和服务的质量和伴随着提供它们而产生的各种活动制定一定标准，并禁止、限制特定行为的管制”①。其在我国《刑法》中体现的前置行政程序有消防责任事故罪、拒不支付劳动报酬罪、拒不履行信息网络安全管理义务罪等罪名的行政命令；以及部分走私犯罪的行政处罚。在社会性管制中，行政程序管制是直接面向不特定多数公民个体的人身、财产安全法益的。诸如，对于医生职业的许可，符合许可条件的医生具备内部和外部独特的专业知识的认可依据，以及确保其能够遵守一套职业规范和义务。这两种方法都能帮助处于生命中最脆弱阶段的人。② 因此，职业安全的社会性管制能够突出“强制性的职业责任规则”③。对此，美国立法交流委员会——一个由支持自由市场的州立法者组成的有影响力的成员团体，促进了行政监管标准的示范性立法，其要求各州只有在能够证明许可程序可以防止公众健康安全的现有和可识别的损害时才允许政府发放许可证。④ 由此可见，美国对

---

① 王俊豪：《政府管制经济学导论：基本理论及其在政府管制实践中的应用》，商务印书馆2017年版，第37页。

② Allie Winkle, *New Physician Licensing and Reporting Regulations: Just What the Doctor Ordered*, Texas Tech Administrative Law Journal, Vol. 19: 1, Fall 2017, p. 234.

③ Allie Winkle, *New Physician Licensing and Reporting Regulations: Just What the Doctor Ordered*, Texas Tech Administrative Law Journal, Vol. 19: 1, Fall 2017, p. 236.

④ See The Occupational Licensing Defense Act, American Legislative Exchange Council (August 18, 2020), https://www.alec.org/model-policy/the-occupational-licensing-defense-act-2/.

于行政管制具有明确的目标，即以公众健康安全直接现实损害或可识别的损害风险来进行行政程序监管。

从社会性管制的基本概念界定和运行目标中，可以明显发现，其主要目的是以关乎“劳动者和消费者的生命健康、环境安全、自然灾害、公共危机”等领域的行政管制手段，来切实保障不特定多数个体的集合利益或者防止出现重大法益侵害风险。在明确对于经济犯罪我国采取纯粹的“个体主义的一元法益论”之后，无论是从单纯的行政管制秩序，还是从成本运行的生产效率、控制价格和效益的社会分配效率以及增加垄断行业的个体利益等财产性效应来看，经济性管制均不值得启动刑法来防止相关对象的实害风险发生，除非造成了重大财产的实害损失，但这已然属于刑法的规制范围。而对于社会性管制，在排除行政程序管制秩序后，社会性管制直接面向的不特定公民个体人身、财产等重大法益安全才是刑法前置行政程序性事项应当重点关注的对象。

总之，对于经济刑法中存在的行政程序性管制事项，我们不能一味排斥。相反，应当在区分经济性管制和社会性管制的基础上，认真挑选值得刑法保护的法益类型，进而对行政程序管制手段予以限缩，尽可能排除前置行政程序中纯粹的、抽象的行政性因素，如此才可充分发挥出前置行政程序对实质性个体法益的指引功能。

三、前置行政程序指引个体法益抽象危险的实质认定

在部分前置程序型行政犯中，前置行政程序规范是直接规定在抽象危险犯当中的。一般违法行为的行政程序管制作为一种治安管理，是一种危害预防性质的管理。① 那么，在行政程序管制秩序下，危险预防也会很容易被视为一种危险犯中的风险预防。随着我国现代社会的快速转

① 参见［法］让·里韦罗、［法］让·瓦利纳：《法国行政法》，鲁仁译，商务印书馆2008年版，第421页。

型，近年的刑法修订呈现犯罪形态抽象危险化或行为化的趋势，这种趋势在经济刑法中体现得尤为突出。而在部分罪名中，前置行政程序又充当严重人身危险性之征表。① 在貌似需要“情节”的情节犯中，该类犯罪实质上相当于是一种抽象危险犯或者说是抽象危险的情节犯。例如，《刑法》第153条走私普通货物、物品罪等罪名的“经多次行政处罚”即是示例；又如，《刑法》第225条的非法经营罪以违反行政许可的经营数额来认定严重情节。对于前者，最后一次行为入罪无须再附加任何条件；对于后者，虽然，司法解释对经营数额标准的确定符合我国犯罪认定的“定量因素”入罪标准的条件限制。因此，“数额”情节在某种程度上发挥实质上的犯罪化与非犯罪化的重要作用。② 但是，在经济领域的管制过程中，经营数额本身就是附随着经营行为而产生的，其并非同经营行为的获利数额或者致损数额一样与法益危害具有直接关联性。在非法经营罪的经营数额作为入罪标准的情况下，相当于经营行为入罪也未再附加任何条件。

在这种情况下，按照行政依附性方法的特点，前置行政程序一旦成立，在经营行为仅是违反行政许可管制秩序并未具体造成现实紧迫的抽象危险时，相应的经济犯罪便轻而易举就可以认定了，这是典型的情节犯的抽象危险化或行为犯化现象。而这是有违刑法谦抑性原则和自由人权保障原则的。在社会风险的潜在性、抽象化以及模糊化的形态下，我国刑法应当以处罚结果犯为原则，以处罚危险犯或行为犯为例外。③ 但是，司法者借助前置行政程序的名义普遍增设抽象危险犯，其实就是在

---

① 参见李梁：《拒不支付劳动报酬罪的行政附属性规定研究》，载《政法论坛》2017年第5期。

② 参见卢建平、皮婧靖：《中国刑法犯罪化与非犯罪化的述评与展望——以犯罪化与非犯罪化的概念解构为切入点》，载《政治与法律》2020年第7期。

③ 参见何荣功：《社会治理“过度刑法化”的法哲学批判》，载《中外法学》2015年第2期。

以牺牲个体自由来尽量前置化保障经济秩序、前置化预防经济秩序的干扰，这与“个体主义的一元法益论”是相悖的。

各国刑法之所以要以处罚危险犯为例外，是因为抽象危险犯立法是为典型（经验）危险防控理论服务的。① 该种典型（经验）危险具有不特定性、全球性、不可预知性以及扩散的不可控性等特点。媒介的危机塑造机能积极拔高了抽象法益的侵害程度，② 当前，抽象危险犯已经沦为一切因果关系难以认定或者是认定效率较低的风险源头控制工具，成为“立法拟制风险”的服务工具。但是，经济刑法立法根本没有明文设置过“立法拟制风险”，在抽象危险化情节犯的立法中更是如此。换言之，这是司法者默认的立法规范要求无须证明的刑事风险。

诸如，在前述“连云港药神案”中，二审法院认定林某祥等人构成非法经营罪，就是直接以“未经批准进口的药品”来推定销售行为具有不特定多数个人的生命、健康的侵害风险。按照司法解释的认定方法，《刑法》第225条非法经营罪属于抽象危险化的情节犯，林某祥等人违反行政许可程序的经营行为只要满足销售金额的条件，其就具备所谓的“立法拟制风险”。但是，该种判定方法始终无法回答：违反前置行政程序，是否就一定具有具体个案中的重大法益侵害风险？恐怕在脱离具体个案的客观事实下，我们还无法直接依据行为违反前置行政程序规范得出准确结论。

因此，笔者认为，在前置程序型行政犯中，前置行政程序并不具备推定抽象风险的功能。换言之，行为人违反前置行政程序是否创设了个案风险，以及该个案风险是否具有不特定性、全球性、不可预知性，仍需要结合案情具体判断。对于具体的判断方法，笔者认为，总体上应当

---

① 参见李婕：《抽象危险犯研究》，法律出版社2017年版，第11页。

② 参见林丽、王玉琦：《危机事件的媒介化研究：理论、实践与变迁》，载《江西师范大学学报（哲学社会科学版）》2018年第4期。

结合行为具体场合的危险程度来进行判断。对于抽象危险情节的场合判断，其需要达到高度危险的程度；而具体危险情节的判断则需要证明存在缓和危险的具体场合。换言之，在行为违反前置行政程序规范时，行政法中的行政程序的前置预防的一般危险与不特定公民个体的身体、健康、财产等重大法益的法益侵害并不存在非常紧密的潜在风险，此时，我们不能动辄利用抽象危险犯的立法规则予以规制。

以生产、销售不符合安全标准的食品罪的"足以危险"为例，对于不符合安全标准的食品，不一定每个人食用都会造成"严重食物中毒事故或者其他严重食源性疾病的"严重后果，所以，仅是不符合安全标准的食品流通出去还不够，还必须是特定食品流动到特定的具体人员才符合"足以危险"的判断。诸如，专供于婴儿、老人等抵抗力较差的特定人群食用的保健、辅助食品。而对于生产、销售有毒、有害食品罪和生产、销售假药罪等抽象危险犯，其立法模式虽然不具有"足以危险"的判断标记，但这并非意味着司法者不需要具体场合的危险判断，仅是与具体危险犯相比，抽象危险犯实现高度危险的具体场合判断相对较容易。例如，有毒、有害食品和假药无论如何只要流通至市场（具体销售或使用的交易场合），就能够判定经济交易行为存在特定的一般危险，而不需要流通到特定人员来判定行为产生特定危险的对象。但前提是违反行政程序管制秩序的经营行为对象具有市场流通的可能性，诸如，经营对象在仓库中准备流通。但是，如果经营对象还在对方仓库或者存储搬运过程中，就无法证明经营行为具有一般的抽象危险。因此，司法者仅凭行为违反前置行政程序规范，还不足以判定行为人创设了侵害实质性个体法益的抽象危险。我们还应当借助"具体场合的危险程度"的判断原理和方法来进一步发挥前置行政程序的入罪指引功能。

综上所述，在行政程序管制秩序法益的行政依附性方法下，只有在确立"排除抽象空洞且具有流变性的行政管制秩序、区分经济性管制和社会性管制以及借助具体场合的危险程度的判断方法"的路径之后，前置行政程序的实质性个体法益的指引功能才能得到充分发挥，前置行政程序法律效果的行政依附性才能得到有效涤除。其中，实质性个体法益并不排除多数个体公民利益的集合，也不排除与不特定多数的公民利益保护或者危险排除义务具有直接关联性的国家利益。但在本质上，多数公民利益的集合或者承担不特定多数的公民利益保护或者危险排除义务的国家利益，均是“个体主义的一元法益论”即以个体利益为中心而存在的利益。否则，这种集合利益或者国家利益在经济刑法当中不应具有体系地位。

第三节　刑事司法独立确定前置行政程序规范的具体要素

在《行政行为司法审查》一书中，马克·阿伦森及其合著者指出：“司法审查的总体依据是，公共权力的行使违反了授予这种权力的限制。”① 在前置行政程序规范的刑事司法运用中，行政管制公权力被要求需符合刑罚权启动的客观条件。那么，在现存的行政依附性方法下，司法审查如何确认并指导公共权力的行使符合刑罚权启动的条件？通过前文论述可知，前置行政程序规范应当确立独立性刑事司法方法，并且独立性方法在前置行政程序规范的“客观事实程序说”的概念定位以及其对一般违法性的前提适用不同方式下是可行的。但是，刑事司法监督需要在行政国家方面发挥重要作用，必须明确犯罪条件的相关概念。假使相关术语没有被明确界定，那么该法律术语很有可能因含糊不清而被废除。②

① M. Aronson, B. Dyer & M. Groves, *Judicial Review of Administrative Action*, LawBook Publishing Company, 2004, p. 85.

② See Papachristou v. City of Jacksonville, 405 U. S. 156, 162 (1972).

因此，在明确了独立性方法及其法益指引规则之后，我们还必须解析，在前置行政程序规范的立法现状下，刑事司法通过何种方式独立确定前置行政程序规范以及从哪些方面来明定前置行政程序规范的具体要素等关键性问题。

“徒法不能以自行”，立法者制定的法律条文均是一种抽象化、概括化规定。刑事立法中的前置行政程序规范因为涉及刑法和行政法两个不同理论体系而较复杂，简化的前置行政程序立法规范更是具有难以操作和理解的重大抽象问题。否则，司法者也不会轻而易举地放弃独立性判断方法，而直接一概而论地采取行政依附性方法。但是，立法规范始终作为具体案件犯罪事实的认定标准，因此，司法者必须理解特定法律规定的具体内容，并将其适用于案件办理过程当中。① “司法决策的唯一安全指南是‘严格完整的法律主义’。”② 这同样意味着刑法独立确定前置行政程序规范具体要素的重要性，其为司法决策安全提供可资借鉴之标准。

一、程序性犯罪构成要件的具体效力

基于法秩序统一性原理以及刑法与行政法保护理念的巨大差异，我们肯定不可全盘照搬行政性法规范来认定前置行政程序。但是，刑法重点关注的内容始终是法益侵害行为与结果，至于前置行政程序规范牵涉的过于专业化的行政标准以及行政鉴定，再或者是行政程序的通常运行状况，刑法肯定难以面面俱到。此时，我们不可能要求刑法“闭门造车”，独立创造出一个根本无法在现实生活中运行的前置行政程序，否则，刑法无法发挥法益周全保障的功能。出于立法简洁性的要求，当前

---

① 参见陈忠林：《刑法散得集（Ⅱ）》，重庆大学出版社 2012 年版，第 7 页。

② O. Dixon, *Two Constitutions Compared*, in SHZ Woinarski (ed.), Dixon, Jesting Pilate, Sydney: LawBook Publishing Company, 1965, p. 247.

我国前置行政程序规范立法采取的是概括化规定。但如果仅停留在立法层面，将导致前置行政程序司法认定的肆意性。因此，笔者建议，对于刑法独立认定前置行政程序的具体要素，我国最高司法机关可以作为牵头单位，联合罪名关联的行政执法主管部门，共同出台司法解释对相关前置行政程序进行具体规定。其中，最高司法机关可以依据刑法基本原则在既有的行政程序性事项规定的基础之上进行相应的删减，甚至制定更严格的认定条件和增设新的认定标准。

对于前置行政程序规范的具体要素认定，当前我国最新司法实践采取的是“综合判断法”。诸如，2019 年最高人民法院、最高人民检察院《信息网络刑事案件解释》第 2 条规定，认定责令改正的前置行政程序，“应当综合考虑监管部门责令改正是否具有法律、行政法规依据，改正措施及期限要求是否明确、合理，网络服务提供者是否具有按照要求采取改正措施的能力等因素进行判断”。但是，“综合判断法”存在明显违反我国刑法基本原则的 4 点具体缺陷。

首先，《信息网络刑事案件解释》要求监管部门采取责令改正的程序所依据的法律、行政法规根本就不存在，这违反了刑法的明确性和罪刑法定原则。《网络安全法》根本就未规定行政机关行使行政命令的程序性操作事项，我国也不存在网络安全监管机关执行行政程序的行政性法规。其次，如果监管部门的责令改正程序所依据的前置行政性法规范存在改正措施不明确、改正期限不合理的内容，刑事司法者应当如何处理，该解释并未提供具体方案。这违背我国责任主义或者主客观相统一原则。再次，该解释并未提供改正措施明确、合理的具体认定标准。这同样违背刑法的明确性和罪刑法定原则。最后，司法解释将“是否具有法律、行政法规依据”作为“责令改正”的前置行政命令程序认定的重要条件之一。但是一般而言，法官为了规避判案风险，会直接采取静态的行政性法规范来认定改正措施是否明确、合理。这最终还是会导致刑事司法依附性现象的产生，不符合罪刑法定原则或者罪责刑相适应原则。

依前文所述，前置行政性法规范的部分内容于刑法而言，未必一定合理。这在某种程度上表明行政性法规范无法作为前置行政程序认定的权威依据。

因此，笔者认为，对于关乎犯罪成立的前置行政程序规范的条件或要素的具体认定，刑法必须根据自身的基本原则采取精确化方法，制定相应前置行政程序规范类型适用细则等司法解释，而不能同立法一样采取概括化方法后便置之不顾。从前置行政程序的概念界定来看，我们可以发现程序性事项一般包括实施的方式、步骤、时间和次数等内容。因此，我们可以依据刑法的基本原则和原理，结合“程序的方式、步骤、时间和次数”等内容来设计前置行政程序规范要素。这种依据刑法基本原则确定前置行政程序的构成要件效力的基本路径才契合刑法的独立性认定方法。

二、相关程序文书送达的对象和形式

当前，因为受到行政依附性方法的深厚影响，我国刑法对于前置行政程序的相关文书送达对象和形式的认定，将行政性法规范作为权威依据。在行政执法机关未明确通过具体形式向个人发出法律禁止的警告以及允许行政官员有机会任意界定法律禁止性规范的内容的情况下，司法者直接判定某一行政违法行为构成犯罪，是通过不正当法律程序剥夺了个人生命、健康、财产的情况，是一种法律虚无主义。① 在前置行政程序规范的实施过程中，相关文书送达对象的具体且特定以及送达文书形式的合理性，应当是正当程序理念或立场最为基本的程序性事项要求。如果在行政执法过程中，因为考虑行政效率和一味地强调刑事规制而忽视程序性事项外在形式的要求，将有可能不符合刑法责任主义的基本原则。

---

① See Joel Samaha, *Criminal Law*, Wadsworth Cengage Learning, 2014, p. 43.

在部分前置程序型行政犯认定中，前置行政程序性事项的认定较随意。例如，有学者在文书送达形式的程序性事项上认为只要行为人逃匿，行政机关采取的通报公告虽未实际送达行为人，但是这种方式在客观上具有告知可能性，那么其应当是有效的。① 同样在部分司法案件中，存在类似观点的裁判结果。诸如，在“闫某林拒不支付劳动报酬案”中，法院认为，劳动保障监察部门工作人员多次拨打闫某林电话均拒接，因闫某林逃匿，劳动保障监察部门无法联系到其本人，也无法将责令支付文书交给对方，劳动保障监察人员通过在闫某林户籍地张贴限期整改指令书的方式责令其支付，并采取拍照的方式记录，应视为“经政府有关部门责令支付”，符合相关法律规定。② 其中，法院裁判提出的规范依据是最高人民法院《关于审理拒不支付劳动报酬刑事案件适用法律若干问题的解释》的第4条第2款，按照该款规定，行为人逃匿的，行政机关无法具体送达到行为人个人的，即可采取在行为人的住所地或者经营地予以张贴文书的送达方式。而之所以刑事司法解释会作如此规定，是因为按照2004年劳动和社会保障部《关于实施〈劳动保障监察条例〉若干规定》（以下简称《劳动监察若干规定》）第38条规定，对于劳动保障监察限期整改指令书的送达对象不在场的，劳动保障行政部门应当在7日内依照《民事诉讼法》的有关规定，将劳动保障监察限期整改指令书送达当事人。其中，《民事诉讼法》第84条就明确规定了，受送达人下落不明或者其他方式无法送达的，法院可以公告送达。也就是说，虽然《劳动监察若干规定》第38条明确规定了送达对象不在场的文书送达当事人的形式，但是这种送达当事人仅是一种拟制的送达。由此可见，在“闫某林拒不支付劳动报酬案”中，法院的做法确实符合相关司法解

① 参见王海军：《拒不支付劳动报酬罪的规范性解读——基于“双重法益”的新立场》，载《法学评论》2013年第5期。

② 参见安徽省亳州市中级人民法院刑事裁定书，(2020) 皖16刑终69号。

释或其他法律、法规的规定。

此外，除《关于审理拒不支付劳动报酬刑事案件适用法律若干问题的解释》《劳动监察若干规定》《民事诉讼法》对于公告送达的形式规定外，对于送达对象的规定也并未完全局限于当事人，还包括他的同住成年家属或者所在单位负责收件的人。

但是，我们不禁要反问，上述两类规定是否符合刑法的责任主义原则。前置行政程序规范中文书的送达形式并不如同前述取得许可证、批准文件等文本形式化的行政程序形式。法律要求明确送达当事人的程序目的在于两个方面：第一，使受送达人明确知悉具体配合的程序性事项内容；第二，固定证据，防止受送达人假借未收到责任文书提出异议而产生进一步纠纷。因此，程序的最终目的在于程序事项的确实性与安全性保障，① 而并不是单纯的行政管理形式。显然，如果按照前述司法裁判意见和相关行政性法规范要求的公告送达以及送达对象并不完全局限于当事人，这是违背责任主义原则的。对此，美国联邦最高法院认为仅是张贴通知送达文书的程序在现实中很多情况下是无法实际通知到利害关系人的。② 因而，公告送达并不符合最低限度的正当程序原则。因而，美国联邦最高法院提出了“张贴通知的同时附带邮寄通知”的补强方法，这在宪法上比仅仅以张贴通知的方式更可取。③

当然，并不排除在拒不支付劳动报酬罪的现实案件中存在行为人故意换掉手机号码、提供虚假电话号码或者故意不接听电话的情形。例如，

① 参见蔡茂寅等：《行政程序法实用》，台北，新学林出版股份有限公司2013年版，第209页。

② 例如，张贴的程序性文书会由于被人撕毁、被风吹刮掉等人为或自然原因，导致行为人无法具体知悉程序性事项。

③ See Greene v. Lindsey, 456 U. S. 444, 455—456 (1982). 转引自高磊：《论犯罪成立的行政程序性条件》，载《东方法学》2020年第3期。

在“周某、韩某琴拒不支付劳动报酬案”①、“刘某双拒不支付劳动报酬案”②、“管某拒不支付劳动报酬案”③中的行为人即是如此。但是，司法机关并不应当认可行为人逃匿后在行政程序执法部门拨打电话后行为人仍未接听是行为人故意不接听电话的情形，甚至直接依据行为人逃匿就采取公告送达的形式来送达文书。④更甚至在部分案件中，行为人未逃跑、未故意不接听电话，也直接被公告送达。⑤

一般而言，在前置程序型行政犯中，为了让行政相对人能知悉配合行政程序性事项的具体内容，行政机关应当采取书面的送达形式。书面的送达形式方便行政执法部门记载行政程序性具体事项，以便判定行为人是否积极配合行政程序性事项，是否主观有意阻断法益侵害。送达对象，毫无疑问应当是行为人，因为行为人才是刑事责任的真正承担者。如果行为人确实逃逸，行政机关在将程序文书送达同住成年家属或者所在单位负责收件的人，或者在行为人的住所地、生产经营场所等地张贴程序文书的送达方式后，还必须确认行为人已经知悉（行为人故意不予以接收的除外）送达的具体内容，以最大化程度恪守刑法的责任主义原则。

三、紧急状况下的程序变通形式

依照前文所述，行政程序性事项必须是在与公民的生命、健康等重大法益紧密相关的情况下，刑法才能对其予以严格认定。因此，在前置行政程序实施过程中，不可避免会存在公民的生命、健康、财产等重大

---

① 参见四川省遂宁市中级人民法院刑事裁定书，(2020) 川09刑终25号。

② 参见吉林省长春市中级人民法院刑事裁定书，(2019) 吉01刑终331号。

③ 参见黑龙江省大庆市中级人民法院刑事裁定书，(2020) 黑06刑终182号。

④ 参见广东省惠州市中级人民法院刑事裁定书，(2015) 惠中法刑二终字第150号。

⑤ 参见福建省泉州市中级人民法院刑事裁定书，(2016) 闽05刑终793号；黑龙江省齐齐哈尔市中级人民法院刑事裁定书，(2020) 黑02刑终34号。

法益受到侵害等非常紧急的情况。例如，前述多起“滴滴顺风车乘客遇害事件”。此时，司法解释应当依据重大法益保护原则独立确定紧急状况下的程序变通形式。在确保行为人知悉行政程序性事项具体内容的基本前提下，刑法不应一味地局限于固定的书面化或文本化的行政程序实施方式。

行政法体系下的行政程序之所以固守文本形式化的程序管理方式：一来是出于证据性事实的固定以及明确程序性事项的配合要求的考虑；二来是出于行政程序管制的事项一般并不涉及刑法法益的现实紧迫法益的侵害事实。因而，对于风险的行政前置预防并不是非常紧迫的情形，行政程序需要采取书面化的文本形式予以管理，以符合正当程序理念。但是，即使是行政法的正当程序理念，其也是一种可变通的概念，我们需要结合特定情况来理解行政程序的正当性或正式性。① 对此，日本《行政程序法》第 14 条②以及《德国联邦行政程序法》第 9 条③均规定了不拘泥于固定书面形式的程序形式变通原则。因此，行政法并不排斥行政程序的实施形式的变通原理，例如，不要式行政行为的概念确定。但是，在不要式行政行为理念中，行政程序不需要书面形式的理由却是防止给行政机关造成过重负担，故而给予行政程序的灵活性，以提高行政效率。④ 这显然不是刑法需要考虑的程序形式变通的基本目的。

在责任主义原则的约束下，刑法应当只有在面对生命、健康、财产等重大法益遭遇现实紧急性的严重侵害情况时，才允许确立程序形式变

---

① John H. Reese and Richard H. Seamon, *Administrative Law Principles and Practice*, West Group, 2003, p. 269.

② 参见［日］室井力、［日］芝池义一、［日］浜川清主编：《日本行政程序法逐条注释》，朱芒译，上海三联书店 2009 年版，第 138 页。

③ 参见［德］汉斯·J. 沃尔夫、［德］奥托·巴霍夫、［德］罗尔夫·施托贝尔：《行政法》（第 2 卷），商务印书馆 2002 年版，第 202 页。

④ 参见罗传贤：《行政程序法论》，台北，五南图书出版股份有限公司 2017 年版，第 198 页。

通的规则。这是基于刑法重大法益保护原则的需要，而并非如同前述不要式行政行为的概念般基于行政效率、程序灵活理念的目的需求。但需要注意的是，因为刑法既是公民法益保障的后盾法，也是犯罪人的人权保障法。所以，司法者需要将责任主义原则和法益保护原则一并予以权衡考虑。基于紧急情况所实施的电子或口头的程序形式，行政机关必须确保行政程序性事项内容的确定性和相对完整性。否则，在程序变通形式的具体内容外的事项，行为人客观上无法予以积极配合所导致的重大法益侵害也不能归咎于行为人。对此，《德国联邦行政程序法》亦是在行政程序形式自由原则（Grundsatz der Formfreiheit）的基础上强调了“行政行为在内容上要足够确定”①。其同样是基于行为人配合行政程序性事项的态度划定行政责任的基础理由，相对而言，对行政效率的考虑并非其主要目的。

四、行为人配合程序的程度和能力

在前置行政程序规范的刑事司法认定过程中，按照主客观相一致的原理，只要前置行政程序性事项经过后，行为人在具体了解上述事项内容后还不积极配合前置行政程序而构成严重情节或者存在严重危险的，司法者即可认定其构成犯罪。例如，以《刑法》第276条之一拒不支付劳动报酬罪的“经政府有关部门责令支付”前置程序为例，该条规定的是“仍不支付”而并非“拒不支付”。但是，其实这是立法者经过反复修改后才最终确定的。全国人大常委会在《刑法修正案（九）》增设拒不履行信息网络安全管理义务罪时，《刑法修正案（九）（草案）》（二次审议稿）将原先一次审议稿的“经监管部门通知采取改正措施而拒绝执行”调整为“经监管部门责令采取改正措施而仍不改正”，后续正式

① Vgl. Kopp/Ramsauer, *Verwaltungsverfahrensgesetz Kommentar*, Verlag C. H. Beck, 2004, S. 805. ff.

出台的《刑法修正案（九）》又改回了“经监管部门责令采取改正措施而拒不改正”。对于“仍不改正”和“拒不改正”的具体差异，参与立法工作的全国人大常委会法工委相关人员表示：“拒不改正”不仅是指行为人明知具体明确的责令改正的程序性事项还故意拒绝配合的情形，而且还需网络服务提供者具有依照监管部门提出的要求采取相应改正措施的能力。①

仅从立法规范的文字表达来看，《刑法》第 276 条之一的拒不支付劳动报酬罪的“仍不支付”并非要求“拒不支付”。但是，在第 139 条消防责任事故罪中规定的却是行为人对消防监督机构通知改正程序性事项的“拒绝执行”；比如，第 330 条妨害传染病防治罪，亦规定的是“拒绝执行程序措施”。那么，按照拒不支付劳动报酬罪中前置行政程序规范的立法规定，这是否意味着司法者对于行为人的入罪就不需要考虑行为人是否具有支付劳动报酬的能力？答案是否定的。虽然，立法未明确“仍不支付”的前提条件，表面上看前置行政程序规范在强调不支付行为的客观事实状态。因此，劳动行政监察机关确实不需要考虑行为人逃匿不支付劳动报酬的具体原因或支付能力，就可以直接据此利用行政规制予以惩戒。从外在客观事实来看，确实存在行为人在劳动者付出辛勤劳动的同时并未及时支付相应报酬的情形，这很有可能就是由于行为人潜藏财物或者行为人获得了他人的合法劳动报酬后却占为已有的情况。

但是，在刑事司法实践中，期待可能性是责任主义原则的重要内容之一。规范责任论要求刑事司法者不仅要考察行为人对前置行政程序性事项内容是否明知而故意不配合，还需要进一步考察不积极配合是否出于行为人无能力配合的原因，或者行为人是否具有决定不去配合行政程

---

① 参见郎胜主编：《中华人民共和国刑法释义》，法律出版社 2015 年版，第 499 页。

序的意志，否则刑罚不具有非难谴责性。① 我国冯军教授也将这种配合行政程序的能力归责简称为一种“意思自由能力”的刑事归责。② 对此，德国刑法学者金德霍伊泽尔教授认为：“只有当规范所指向的对象者有能力作出不去实施禁止、而去实施受到要求的举动时，法才能提出禁止和要求。”③ 因而，司法者不能依据劳动者未获得报酬而直接推定行为人未支付故构成犯罪，因为这本质上属于一种劳动仲裁的民事纠纷，刑法本不应当介入。但是，在前置行政程序性事项经过后，司法者考察行为人具有支付能力而不支付时，其行为在本质上就类似侵占罪的“据为己有”。此时，司法者才能据此从行为人具有积极配合行政程序的期待可能性而认定犯罪成立。因此，相关司法解释在判定行为人是否积极配合程序事项时，既不能以结果主义为导向，也不能以行为主义为依据，而应当结合行为人配合行政程序的能力来断定其是否存在不作为行为。

此外，行为人配合前置行政程序的程度性问题亦是司法者重点考察的内容。以消防责任事故罪为例，行为人拒不配合行政程序性事项的情形不仅包括行政程序的不配合行为，还包括行为人在履行程序性要求事项时，未完全按照行政程序性事项要求去配合，情节严重或造成严重后果。例如，在“洪某江消防责任事故案”中，忠介派出所作为消防监督机构，在对洪某江所有的27间租房进行日常消防监督检查时，“发现该出租屋存在未制定消防安全制度，未组织防火检查、消防安全教育培训、消防演练，堵塞疏散通道、安全出口，应急照明未保持完好有效，一楼大厅电线用插座老化、需要更换等五项消防安全违法行为”。被告人洪

① 参见车浩：《责任理论的中国蜕变——一个学术史视角的考察》，载《政法论坛》2018年第3期。

② 参见冯军：《刑事责任论》，社会科学文献出版社2017年版，第84~86页。

③ ［德］乌尔斯·金德霍伊泽尔：《违法性的基础》，陈璇译，载梁根林、［德］埃里克·希尔根多夫主编：《违法性论：共识与分歧》，北京大学出版社2020年版，第59页。

某江收到《责令改正通知书》后，只更换了一楼大厅电线用插座，对于其余 4 项消防安全违法行为未予整改。最后，火灾导致多人死亡、重伤，财产遭受重大损失。而起火的原因就在于电动车充电时电池发生故障起火引燃周围可燃物。① 在该案中，洪某江在时间充足的改正期间内完全具有排除火灾隐患的条件。因而，行为人是具有程序的配合能力的，其行为符合程序性犯罪构成要件。

五、程序发出的次数和时限事项

刑罚作为一种严苛的惩罚方式，刑法中前置行政程序规范的认定条件应当与行政法规范对行政程序的规定进行明确区分。而在程序性事项中，最合理且能凸显刑法谦抑性的方式就是增设程序的发出次数和经过时限。这一方式可应用于针对纯粹财产性损害的经济犯罪，如此可鼓励行为人积极促进财产性利益的恢复，以最大化保护法益。在当前前置行政程序规范认定的司法实践中，由于立法并未明确前置行政程序的具体次数和时限等要素，因而在各个具体案件中法院对待同一罪名的程序性事项要求也有所不同。以消防责任事故罪的整改期间为例，部分案件的时限从 2 日、5 日，再到 10 日、35 日，甚至还有 11 个月或者 1 年的整改期间。② 程序性次数事项的司法认定亦不一致，有的案件中先后经历 3 次程序；③ 有的案件经历 2 次。④ 由此可见，在刑事司法并未统一确定

---

① 参见海南省海口市中级人民法院刑事裁定书，(2018) 琼 01 刑终 261 号。

② 具体案件可参见海南省三亚市城郊人民法院刑事判决书，(2012) 城刑初字第 49 号；山东省青岛市中级人民法院刑事裁定书，(2018) 鲁 02 刑终 157 号；长春经济技术开发区人民法院刑事判决书，(2017) 吉 0191 刑初 157 号；浙江省瑞安市人民法院刑事判决书，(2016) 浙 0381 刑初 1757 号；浙江省台州市路桥区人民法院刑事判决书，(2017) 浙 1004 刑初 9 号；山西省晋城市城区人民法院刑事判决书，(2016) 晋 0502 刑初 172 号。

③ 参见山西省晋中市榆次区人民法院刑事判决书，(2015) 榆刑初字第 57 号。

④ 参见湖南省临湘市人民法院刑事判决书，(2017) 湘 0682 刑初 272 号；河南省商丘市梁园区人民法院刑事判决书，(2017) 豫 1402 刑初 623 号。

前置行政程序的发出次数和时限时，同一罪名的前置行政程序规范认定条件将会存在巨大差异。

当然，笔者并不反对各个具体案件对同一罪名的行政程序性次数或时限等事项要求不一致。因为，即使是同一罪名的前置行政程序的次数或时限等事项也会因行为人先前行为造成的不同危险或者实害结果的情况而不同。但是，如果次数或者时限跨越幅度过大，明显不利于前置行政程序规范认定的严谨性和严格性，极易造成司法者认定犯罪的肆意性，滋生权钱交易。为此，相关司法解释应当对前置行政程序规范的次数或者时限作一个统一的、妥当的跨度性规定。如此一来，既可以确保前置行政程序规范在不同司法实践中的适当灵活性；也可以确保刑法的谦抑性原则，不会因为行为人经过一次程序就判定符合程序性犯罪构成要件而直接作入罪处理；亦可保持程序性事项认定的严谨性和严格性，契合刑法法益保护原则。当然，在具体规定程序的发出次数和时限时，相关司法解释仍需要考虑重大法益侵害的紧急情况。此时，程序性的次数和时限等事项就应当只能经历一次，或者短期间内符合，如是操作才契合前置行政程序正当原则，亦是程序形式灵活原则的具体体现。

六、程序的实施或执行主体

一般而言，行政程序性事项涵盖的领域跨越度较大，程序性事项的行政执行部门交叉性就越显著。因此，完全存在多个行政执法部门涉及同一程序性事项的问题。例如，拒不履行信息网络安全管理义务罪的“责令改正”程序，其执行部门就牵涉国务院工业和信息化主管部门，省、自治区、直辖市电信管理机构，新闻、出版、电信、工商、药品、国家安全、互联网信息等多个领域的行政部门以及公安部计算机管理监察机构等多个主体。① 此时，行政机关在执行程序性事项时，就很容易出现多头重复性执法的问题。例如，在“何某勤、李某巧开设赌场案”中，在盘古公司经营期间，2015 年 10 月 9 日，何某勤和李某巧就同时经历了金华市公安局网络警察支队、金华市文化行政综合执法支队、金华市市场监督管理局网络经营监管处（支队）下发《责令限期改正通知书》的前置行政命令程序。② 可以肯定的是，不同行政管理部门基于不同行政管理职能而下发的责令整改通知书的具体事项肯定是不同的。

程序实施或执行主体的明确，既能确保“刑行衔接”执法程序的透明度和严肃性，又可防止行政主体借用刑罚威慑力逼迫行为人履行过多的行政义务。如果相关司法解释没有明确具体责令事项的前置行政程序执行主体，那么在“拒不改正”还包括不完全改正的情况下，一旦多个行政执法部门同时实施多个前置行政程序性事项，行为人将难以具有积极配合的充足能力。这也违反了刑法的明确性原则。根据前述前置行政程序规范的基本概念可知，刑法明确性原则对前置行政程序规范最基本的要求不仅是程序性次数或时限的明确性（包括期间段的明确），还包括程序执行主体的明确性。当然，程序主体的明确并非固定概念，由于违法行为和行政事务存在交叉性和多元性，因此此处的“明确”应当是指相对范围或特定个体的明确。而对于具体规则的设定方式，相关司法解释可以根据行政职责与程序性事项的紧密相关性来确定前置行政程序的唯一或特定的实施主体，以发挥前置行政程序规范对国民行为的指引作用。

---

① 参见郎胜主编：《中华人民共和国刑法释义》，法律出版社 2015 年版，第 498 ~ 499 页。

② 参见江西省南昌市东湖区人民法院刑事判决书，(2018) 赣 0102 刑初 585 号。

结　语

在行政犯时代，近年来刑法立法尤其注重“刑行规范衔接”。在行政法规范不断涌入刑法体系时，行政犯立法规范呈现多元化样态，其中，前置行政程序规范就是最显著的一种类型。相较当前学界普遍注重前置行政不法规范研究的主流趋势，前置行政程序规范研究略显单薄。这显然无法满足行政犯时代刑法治理现代化发展的要求。本书以刑法中的“前置行政程序规范”的特殊现象为研究主题，注重主题研究的创新性和系统性；以“体系定位、立法方法、司法适用”三个方面为问题意识的主要切入点，并在此基础上提出相应的化解方案；此外，因为前置行政程序是一种特殊的规范类型，所以在深度阐述规范问题和应对方案之前，需要先了解前置行政程序规范的基础理论；最终，在上述思路的指引下形成本书的主要研究进路。

前置行政程序规范以行政主体实施的方式、步骤、时间和次数等前置于犯罪成立的时空性程序事项为主要内容，其能够在刑法体系中发挥认定依据无须依附、限制刑罚处罚扩张、及时促成法益恢复、强化主观证明效果以及排除法条竞合关系等功效，这是前置行政不法规范所不具备的。上述基础理念分析并强化了前置行政程序规范相较前置行政不法规范的独特性。但是，在当前学界将前置行政程序规范与前置行政不法规范混为一谈的现状下，前置行政程序规范的诸多理论功效和独特性地位并不能得到充分发挥或确立。因此，前置行政程序规范的理解和适用存在“体系定位、立法方法、司法适用”三个方面的问题。

首先，在体系定位方面，存在“主观证明要素说”“附属性规定说”“客观处罚条件说”“双重标记要素说”“诉讼预备程序说”等不同程度的理论偏差，弱化前置行政程序规范类型的独立性特点；其次，在立法方法方面，前置行政程序规范存在立法模式的单一化、零散化、要件取代风险化、程序文本形式化等问题；最后，在司法适用方面，主要存在行政依附性司法现象，该现象背后的问题根源在于前置行政程序规范与前置行政不法规范混为一谈的基本现状。

在上述3类问题日趋严重的情形下，我们有必要首先明确前置行政程序贯彻正当理念的“充分参与、形式灵活、适用比例、平等开放、规则明确”等基本立场，在上述5类基本立场的指引下，最终形成问题化解的具体方案。第一，对于体系定位偏差问题的化解，刑法可以单独塑造程序性犯罪构成要件的新类型，以契合程序性规范的独立性价值。第二，对于立法模式缺陷的涤除，刑法需要疏通双向救济程序、确立刑法增设规范的立法条件、厘清不同规范类型之间的立法关系、强化精细化立法模式以及注重构成要件的立法转化。第三，对于行政依附性司法现象的克服，刑法应当明确前置行政程序规范的独立性方法。并且，在独立性方法的指引下，确立前置行政程序规范涵盖的具体要素。

刑法是社会治理现代化的有效手段，刑法规范研究必须贴近社会现实和司法实际，否则理论研究将永远停留于纸面文本。本书尤其注重梳理和对比学术界和实务界对现实问题的处理方案，并在此基础上不断反思和改进，以此形成研究的创新性和独立性思考。前置行政程序规范研究契合刑事司法人权保障和法益保护均衡之理念，强化实体性规范和程序性规范交叉融合的研究趋势，为程序性刑法特殊规范的司法实践问题治理提供了科学合理的改进规则。

参考文献

一、中文类参考文献

（一）著作类

1.《中共中央关于进一步全面深化改革 推进中国式现代化的决定》，人民出版社2024年版。

2. 马克昌、卢建平主编：《外国刑法学总论（大陆法系）》，中国人民大学出版社2016年版。

3. 张明楷：《刑法学》，法律出版社2016年版。

4. 郎胜主编：《中华人民共和国刑法释义》，法律出版社2015年版。

5. 黄太云：《刑法修正案解读全编——根据〈刑法修正案（九）〉全新阐释》，人民法院出版社2015年版。

6. 周光权：《刑法总论》（第3版），中国人民大学出版社2016年版。

7. 钱锦宇：《法体系的规范性根基：基本必为性规范研究》，山东人民出版社2011年版。

8. 中国社会科学院语言研究所词典编辑室编：《现代汉语词典》，商务印书馆2016年版。

9. 杨寅：《中国行政程序法治化：法理学与法文化的分析》，中国政法大学出版社2001年版。

10. 皮纯协主编:《行政程序法比较研究》，中国人民公安大学出版社 2000 年版。

11. 罗传贤:《行政程序法论》，台北，五南图书出版股份有限公司 2017 年版。

12. 王钢:《德国判例刑法：分则》，北京大学出版社 2016 年版。

13. 刘艳红、周佑勇:《行政刑法的一般理论》，北京大学出版社 2020 年版。

14. 罗豪才、湛中乐主编:《行政法学》，北京大学出版社 2016 年版。

15. 马怀德主编:《行政法学》，中国政法大学出版社 2019 年版。

16. 章剑生:《现代行政法基本理论》，法律出版社 2014 年版。

17. 周佑勇:《行政法原论》，北京大学出版社 2018 年版。

18. 刘善春:《行政实体法与行政程序法精要》，人民法院出版社 2019 年版。

19. 叶必丰:《行政行为原理》，商务印书馆 2014 年版。

20. 胡建淼:《行政法学》，法律出版社 2015 年版。

21. 周伟:《行政行为成立研究》，北京大学出版社 2017 年版。

22. 李惠宗:《行政程序法要义》，台北，五南图书出版有限公司 2002 年版。

23. 曲新久主编:《刑法学》，中国政法大学出版社 2016 年版。

24. 陈兴良:《本体刑法学》，中国人民大学出版社 2017 年版。

25. 胡晓军:《行政命令研究：从行政行为形态的视角》，法律出版社 2017 年版。

26. 高铭暄、马克昌主编:《刑法学》，北京大学出版社、高等教育出版社 2016 年版。

27. 蔡茂寅:《行政程序法实用》，台北，新学林出版股份有限公司 2013 年版。

28. 易延友：《刑事诉讼法：规则 原理 应用》，法律出版社 2019 年版。

29. 姜明安等：《行政程序法典化研究》，法律出版社 2016 年版。

30. 易有禄：《立法权的宪法维度》，知识产权出版社 2010 年版。

31. 杨兴培：《犯罪构成原论》，北京大学出版社 2014 年版。

32. 陈瑞华：《程序性制裁理论》，中国法制出版社 2010 年版。

33. 黄舒芃：《行政命令》，台北，三民书局股份有限公司 2011 年版。

34. 汪永清主编：《行政许可法教程》，中国法制出版社 2011 年版。

35. 王克稳：《行政许可中特许权的物权属性与制度构建研究》，法律出版社 2015 年版。

36. 张永强：《预防性犯罪化及其限度研究》，中国社会科学出版社 2020 年版。

37. 张文显主编：《法理学》，高等教育出版社 2018 年版。

38. 孙笑侠：《程序的法理》，商务印书馆 2005 年版。

39. 陈瑞华：《程序正义理论》，中国法制出版社 2010 年版。

40. 黄翰义：《刑法总则新论》，台北，元照出版有限公司 2010 年版。

41. 付立庆：《积极主义刑法观及其展开》，中国人民大学出版社 2020 年版。

42. 最高人民法院刑事审判第一、二、三、四、五庭主办：《中国刑事审判指导案例》（第 4 卷 · 侵犯财产罪）（第 3 版），法律出版社 2017 年版。

43. 梅传强主编：《犯罪心理学》，法律出版社 2017 年版。

44. 王彪：《犯罪主观要件证明问题研究》，法律出版社 2016 年版。

45. 张明楷：《诈骗罪与金融诈骗罪研究》，清华大学出版社 2006 年版。

46. 柯耀程：《刑法竞合论》，中国人民大学出版社 2008 年版。

47. 陈洪兵：《中国式的刑法竞合问题研究》，中国政法大学出版社2016年版。

48. 张明楷：《外国刑法纲要》，法律出版社2020年版。

49. 北京市互联网信息办公室：《国内外互联网立法研究》，中国社会科学出版社2014年版。

50. 余凌云：《行政法讲义》，清华大学出版社2019年版。

51. 李翔：《情节犯研究》，北京大学出版社2018年版。

52. 赵秉志：《金融诈骗罪新论》，人民法院出版社2001年版。

53. 陈伟：《人身危险性研究》，法律出版社2010年版。

54. 刘艳红：《开放的犯罪构成要件理论研究》，中国政法大学出版社2002年版。

55. 张明楷：《刑法分则的解释原理》（上），中国人民大学出版社2011年版。

56. 李永升主编：《刑法总论》（第2版），法律出版社2016年版。

57. 刘夏：《犯罪的行政从属性研究》，中国法制出版社2016年版。

58. 最高人民法院刑事审判第一、二、三、四、五庭主办：《中国刑事审判指导案例》（第3卷·破坏社会主义市场经济秩序罪）（第3版），法律出版社2017年版。

59. 何精华主编：《现代行政管理：原理与方法》，上海社会科学院出版社2005年版。

60. 王俊豪、肖兴志、唐要家：《中国垄断性产业管制机构的设立与运行机制》，商务印书馆2008年版。

61. 闫尔宝：《行政行为的性质界定与实务》，法律出版社2010年版。

62. 陈清秀：《行政罚法》，法律出版社2016年版。

63. 黄俊杰：《行政程序法》，台北，元照出版有限公司2008年版。

64. 叶俊荣：《面对行政程序法：转型台湾的程序建制》，台北，元照出版有限公司2010年版。

65. 刘兆兴等：《德国行政法与中国的比较》，世界知识出版社 2000 年版。

66. 马克昌主编：《近代西方刑法学说史》，中国人民公安大学出版社 2016 年版。

67. 陈桂生：《管制与均衡：中国经济行政法的制度分析》，经济科学出版社 2010 年版。

68. 吕世伦、谷春德编著：《西方政治法律思想史》（增订本），黑龙江美术出版社 2018 年版。

69. 陈忠林：《刑法散得集（Ⅱ）》，重庆大学出版社 2012 年版。

70. 章剑生：《现代行政法总论》，法律出版社 2019 年版。

71. 晏山嵘：《行政处罚实务与判例释解》，法律出版社 2016 年版。

72. 赵宏：《法治国下的行政行为存续力》，法律出版社 2007 年版。

73. 蒋红珍：《论比例原则：政府规制工具选择的司法评价》，法律出版社 2010 年版。

74. 陈兴良：《刑法的价值构造》，中国人民大学出版社 2017 年版。

75. 最高人民法院刑事审判第一、二、三、四、五庭主办：《刑事审判参考》（总第 110 集），法律出版社 2018 年版。

76. 王作富主编：《刑法》，中国人民大学出版社 2016 年版。

77. 黎宏：《刑法学总论》，法律出版社 2016 年版。

78. 付立庆：《刑法总论》，法律出版社 2020 年版。

79. 贾济东：《外国刑法学原理》，科学出版社 2013 年版。

80. 张明楷：《刑法的基本立场》，商务印书馆 2019 年版。

81. 周光权：《行为无价值论的中国展开》，法律出版社 2015 年版。

82. 王世洲：《现代刑法学（总论）》，北京大学出版社 2011 年版。

83. 赵秉志主编：《刑法总论》，中国人民大学出版社 2016 年版。

84. 蔡桂生：《构成要件论》，中国人民大学出版社 2015 年版。

85. 赵秉志：《刑法立法研究》，中国人民大学出版社 2014 年版。

86. 王爱立主编：《中华人民共和国刑法释义》，法律出版社 2024 年版。

87. 张明楷：《犯罪构成体系与构成要件要素》，北京大学出版社 2010 年版。

88. 米传勇：《加罗法洛自然犯与法定犯理论研究》，法律出版社 2017 年版。

89. 黎宏：《刑法总论问题思考》，中国人民大学出版社 2016 年版。

90. 夏勇：《英美刑法：五国刑法论要》，法律出版社 2020 年版。

91. 张明楷：《罪刑法定与刑法解释》，北京大学出版社 2009 年版。

92. 梁凤云：《新行政诉讼法讲义》，人民法院出版社 2015 年版。

93. 张明楷主编：《行政刑法概论》，中国政法大学出版社 1991 年版。

94. 黄河：《行政刑法比较研究》，中国方正出版社 2001 年版。

95. 程凡卿：《行政刑法立法研究》，法律出版社 2014 年版。

96. 黄明儒：《行政犯比较研究——以行政犯的立法与性质为视点》，法律出版社 2004 年版。

97. 刘明祥主编：《刑法的基础理论》，中国人民大学出版社 2014 年版。

98. 龚义年：《刑行衔接机制研究》，法律出版社 2017 年版。

99. 钟宏彬：《法益理论的宪法基础》，台北，元照出版公司 2012 年版。

100. 许纪霖：《家国天下——现代中国的人、国家与世界认同》，上海人民出版社 2017 年版。

101. 董炯：《国家、公民与行政法：一个国家—社会的角度》，北京大学出版社 2001 年版。

102. 王皇玉：《刑法总则》，台北，新学林出版股份有限公司 2019 年版。

103. 刘星：《西方法律思想史：传说与学说》（增订版），广西师范大学出版社 2019 年版。

104. 谭安奎：《政治哲学：问题与争论》，中央编译出版社 2014 年版。

105. 王俊豪：《政府管制经济学导论：基本理论及其在政府管制实践中的应用》，商务印书馆 2017 年版。

106. 张卿：《行政许可：法和经济学》，北京大学出版社 2013 年版。

107. 喻保华、景延秋：《中国烟草产业管制经济学分析》，知识产权出版社 2015 年版。

108. 李婕：《抽象危险犯研究》，法律出版社 2017 年版。

109. 冯军：《刑事责任论》，社会科学文献出版社 2017 年版。

110. 《德国刑法典》，徐久生译，北京大学出版社 2019 年版。

111. 《日本刑法及特别刑法总览》，张凌、于秀峰编译，人民法院出版社 2017 年版。

112. 《最新意大利刑法典》，黄风评注，法律出版社 2007 年版。

113. 《俄罗斯联邦刑法典》，黄道秀译，北京大学出版社 2008 年版。

114. 《美国模范刑法典及其评注》，刘仁文、王祎等译，法律出版社 2005 年版。

115. 《比利时刑法典》，陈志军译，中国政法大学出版社 2015 年版。

116. 《最新法国刑法典》，朱琳译，法律出版社 2016 年版。

117. ［德］克劳斯·罗克辛：《德国刑法学总论》（第 1 卷），王世洲译，法律出版社 2005 年版。

118. ［德］冈特·施特拉腾韦特、［德］洛塔尔·库伦：《刑法总论Ⅰ——犯罪论》，杨萌译，法律出版社 2006 年版。

119. ［德］汉斯·海因里希·耶塞克、［德］托马斯·魏根特：《德国刑法教科书》，徐久生译，中国法制出版社 2017 年版。

120. ［德］冯・李斯特：《论犯罪、刑罚与刑事政策》，徐久生译，北京大学出版社 2016 年版。

121. ［德］乌尔斯・金德霍伊泽尔：《刑法总论教科书》，蔡桂生译，北京大学出版社 2015 年版。

122. ［德］汉斯・J. 沃尔夫、［德］奥托・巴霍夫、［德］罗尔夫・施托贝尔：《行政法》（第 1 卷），高家伟译，商务印书馆 2002 年版。

123. ［德］汉斯・J. 沃尔夫、［德］奥托・巴霍夫、［德］罗尔夫・施托贝尔：《行政法》（第 2 卷），高家伟译，商务印书馆 2002 年版。

124. ［德］卡尔・拉伦茨：《法学方法论》，黄家镇译，商务印书馆 2020 年版。

125. ［德］奥托・迈耶：《德国行政法》，刘飞译，商务印书馆 2013 年版。

126. ［德］汉斯・韦尔策尔：《目的行为论导论：刑法理论的新图景》，陈璇译，中国人民大学出版社 2015 年版。

127. ［德］阿图尔・考夫曼：《法律哲学》，刘幸义等译，法律出版社 2011 年版。

128. ［德］伯恩・魏德士：《法理学》，丁晓春、吴越译，法律出版社 2013 年版。

129. ［德］约翰内斯・韦塞尔斯：《德国刑法总论》，李昌珂译，法律出版社 2008 年版。

130. ［德］卡尔・恩吉施：《法律思维导论》，郑永流译，法律出版社 2014 年版。

131. ［德］乌尔里希・贝克：《风险社会・新的现代性之路》，张文杰，何博闻译，译林出版社 2018 年版。

132. ［德］哈特穆特·毛雷尔：《行政法学总论》，高家伟译，法律出版社 2000 年版。

133. ［德］恩施特·贝林：《构成要件理论》，王安异译，中国人民公安大学出版社 2006 年版。

134. ［德］黑格尔：《法哲学原理》，范扬、张企泰译，商务印书馆 1961 年版。

135. ［德］阿图尔·考夫曼、［德］温弗里德·哈斯默尔主编：《当代法哲学和法律理论导论》，郑永流译，法律出版社 2013 年版。

136. ［德］英格博格·普珀：《法学思维小学堂：法律人的 6 堂思维训练课》，蔡圣伟译，北京大学出版社 2011 年版。

137. ［德］康德：《历史理性批判文集》，何兆武译，商务印书馆 1990 年版。

138. ［日］大谷实：《刑法讲义各论》，黎宏译，中国人民大学出版社 2008 年版。

139. ［日］大塚仁：《刑法概说（各论）》，冯军译，中国人民大学出版社 2003 年版。

140. ［日］前田雅英：《日本刑法各论》，董璠舆译，台北，五南图书出版公司 2012 年版。

141. ［日］藤田宙靖：《日本行政法入门》，杨桐译，中国法制出版社 2012 年版。

142. ［日］佐伯仁志：《制裁论》，丁胜明译，北京大学出版社 2018 年版。

143. ［日］市桥克哉等：《日本现行行政法》，田林、钱蓓蓓、李龙贤译，法律出版社 2017 年版。

144. ［日］室井力、［日］芝池义一、［日］浜川清主编：《日本行政程序法逐条注释》，朱芒译，上海三联书店 2014 年版。

145. ［日］西田典之：《日本刑法各论》，［日］桥爪隆补订，王昭武、刘明祥译，法律出版社 2020 年版。

146. [日] 松原芳博：《犯罪概念和可罚性：关于客观处罚条件与一身处罚阻却事由》，毛乃纯译，中国人民大学出版社 2020 年版。

147. [日] 曾根威彦：《刑法学基础》，黎宏译，法律出版社 2005 年版。

148. [日] 山口厚：《刑法总论》，付立庆译，中国人民大学出版社 2018 年版。

149. [日] 高桥则夫：《刑法总论》，李世阳译，中国政法大学出版社 2020 年版。

150. [日] 甲斐克则：《责任原理与过失犯论》，谢佳君译，中国政法大学出版社 2016 年版。

151. [日] 南博方：《行政法》，杨建顺译，商务印书馆 2020 年版。

152. [美] 道格拉斯·胡萨克：《过罪化及刑法的限制》，姜敏译，中国法制出版社 2015 年版。

153. [美] 丹尼尔·F. 史普博：《管制与市场》，余晖等译，上海人民出版社 2017 年版。

154. [美] 波斯纳：《法律、实用主义与民主》，凌斌、李国庆译，中国政法大学出版社 2005 年版。

155. [美] 约翰·罗尔斯：《正义论》，何怀宏、何包钢、廖申白译，中国社会科学出版社 2009 年版。

156. [美] W. 基普·维斯库斯、[美] 小约瑟夫·E. 哈林顿、[美] 约翰·M. 弗农：《反垄断与管制经济学》（第 4 版），陈甬军、覃福晓译，中国人民大学出版社 2010 年版。

157. [英] 约翰·埃默里克·爱德华·达尔伯格－阿克顿：《自由与权力》，侯健、范亚峰译，译林出版社 2011 年版。

158. [英] 约瑟夫·拉兹：《法律体系的概念》，吴玉章译，商务印书馆 2017 年版。

159. ［英］马丁·洛克林：《公法与政治理论》，郑戈译，商务印书馆2013年版。

160. ［意］杜里奥·帕多瓦尼：《意大利刑法学原理》，陈忠林译，中国人民大学出版社2004年版。

161. ［意］加罗法洛：《犯罪学》，耿伟、王新译，中国大百科全书出版社1996年版。

162. ［意］切萨雷·贝卡里亚：《论犯罪与刑罚》（增编本），黄风译，北京大学出版社2014年版。

163. ［法］让·里韦罗、［法］让·瓦利纳：《法国行政法》，鲁仁译，商务印书馆2008年版。

164. ［加］李普斯坦：《强力与自由：康德的法哲学与政治哲学》，毛安翼译，知识产权出版社2016年版。

165. ［葡］苏乐治：《行政法》，冯文庄译，法律出版社2014年版。

166. ［奥］凯尔森：《法与国家的一般理论》，沈宗灵译，商务印书馆2013年版。

（二）期刊类

167. 赵秉志、詹奇玮：《论拒不履行信息网络安全管理义务罪的罪过形式》，载《贵州社会科学》2019年第12期。

168. 卢勤忠：《程序性构成要件要素概念的提倡》，载《法律科学（西北政法大学学报）》2016年第6期。

169. 高磊：《论犯罪成立的行政程序性条件》，载《东方法学》2020年第3期。

170. 王胜华：《拒不支付劳动报酬罪司法解释介评》，载《四川理工学院学报（社会科学版）》2013年第4期。

171. 王海军：《拒不支付劳动报酬罪的规范性解读——基于“双重法益”的新立场》，载《法学评论》2013年第5期。

172. 童德华、马嘉阳：《拒不履行信息网络安全管理义务罪之“义务”的合理性论证及类型化分析》，载《法律适用》2020 年第 21 期。

173. 谢望原：《论拒不履行信息网络安全管理义务罪》，载《中国法学》2017 年第 2 期。

174. 李本灿：《拒不履行信息网络安全管理义务罪的两面性解读》，载《法学论坛》2017 年第 3 期。

175. 赵震：《行政处罚作为逃税案刑事司法的前置程序问题研究》，载《中国检察官》2011 年第 20 期。

176. 李晓明：《论对我国刑法“偷税罪”罪名的改造及规范》，载《政治与法律》2009 年第 3 期。

177. 李梁：《拒不支付劳动报酬罪的行政附属性规定研究》，载《政法论坛》2017 年第 5 期。

178. 王强军：《行政监管实质刑法化及其限制研究》，载《政治与法律》2019 年第 5 期。

179. 杨新绿：《论拒不履行信息网络安全管理义务罪的法益》，载《北方法学》2019 年第 6 期。

180. 简爱：《我国行政犯定罪模式之反思》，载《政治与法律》2018 年第 11 期。

181. 赖早兴：《论拒不履行信息网络安全管理义务罪中的“经监管部门责令改正”》，载《法学杂志》2017 年第 10 期。

182. 董璞玉、陈琦：《网络犯罪中“责令改正”规定之合理性探析》，载《南开法律评论》2018 年第 1 期。

183. 陈松然：《拒不支付劳动报酬罪宜删除“责令支付”要件》，载《中国检察官》2015 年第 12 期。

184. 钱锦宇、赵海怡：《规范性语词的法理意义与范围——基于转向规范逻辑学的新分析法学的立场》，载《西北大学学报（哲学社会科学版）》2009 年第 5 期。

185. 王充：《犯罪构成理论与犯罪事实认定关系考察》，载《法律科学（西北政法大学学报）》2020 年第 1 期。

186. 刘晓莉、贾国发：《生态犯罪立法论要》，载《东北师大学报（哲学社会科学版）》2006 年第 2 期。

187. 王世杰：《论行政行为对刑事审判的拘束》，载《政治与法律》2018 年第 6 期。

188. 高永明：《行政行为的出罪机能研究》，载《扬州大学学报（人文社会科学版）》2018 年第 1 期。

189. 高永明：《行政行为的刑法机能研究——入罪视角下的分析》，载《法学杂志》2011 年第 11 期。

190. 宋烁：《论程序行政行为的可诉标准》，载《行政法学研究》2018 年第 4 期。

191. 杨登峰：《行政行为程序瑕疵的指正》，载《法学研究》2017 年第 1 期。

192. 杨科雄：《试论程序性行政行为》，载《法律适用》2010 年第 8 期。

193. 熊波：《网络服务提供者刑事责任“行政程序前置化”的消极性及其克服》，载《政治与法律》2019 年第 5 期。

194. 熊波：《行政犯的类型与违法性判断的区分》，载《政治与法律》2020 年第 5 期。

195. 马春晓：《中国经济刑法法益：认知、反思与建构》，载《政治与法律》2020 年第 3 期。

196. 郑伟、葛立刚：《刑行交叉视野下非法经营法律责任厘定》，载《法律适用》2017 年第 3 期。

197. 吕洪民、金福：《对非法经营罪兜底条款的实证考察》，载《人民司法》2014 年第 11 期。

198. 廖丽红：《非法经营罪的司法认定标准综述》，载《人民司法》2014 年第 11 期。

199. 吴亚可：《我国犯罪定性定量立法模式检论》，载陈兴良主编：《刑事法评论》（第38辑），北京大学出版社2016年版。

200. 郭旨龙、肖雅菁：《"行政处罚后又实施"入罪的限缩性司法适用》，载《江西社会科学》2020年第8期。

201. 程兰兰、苗静：《多次犯的立法依据和价值探究——兼评〈刑法修正案（九）〉中多次犯立法》，载魏昌东、顾肖荣主编：《经济刑法》，上海社会科学院出版社2019年版。

202. 陈银珠：《论犯罪构成要件的逻辑顺序——以程序法与实体法的功能区分为视角》，载《法律科学（西北政法大学学报）》2012年第3期。

203. 储槐植：《建立刑事一体化思想》，载《中外法学》1989年第1期。

204. 马永强：《刑事政策与刑法体系的关系——兼论刑事一体化的教义学进路与限度》，载《苏州大学学报（法学版）》2020年第2期。

205. 李勇：《跨越实体与程序的鸿沟——刑事一体化走向深入的第一步》，载《法治现代化研究》2020年第1期。

206. 吴镝飞：《法秩序统一视域下的刑事违法性判断》，载《法学评论》2019年第3期。

207. 于改之：《法域冲突的排除：立场、规则与适用》，载《中国法学》2018年第4期。

208. 张明楷：《增设新罪的观念——对积极刑法观的支持》，载《现代法学》2020年第5期。

209. 孙远：《论程序规则的出罪功能及其限度——以程序违法的实体减轻效果为中心》，载《政治与法律》2020年第2期。

210. 郑玉双：《破解技术中立难题——法律与科技之关系的法理学再思》，载《华东政法大学学报》2018年第1期。

211. 陈伟、熊波：《"多次索贿"犯罪情节的认知及其规范化适用——基于〈关于办理贪污贿赂刑事案件适用法律若干问题的解释〉第1条的立法检视》，载《法律适用》2017年第13期。

212. 庄绪龙：《“法益可恢复性犯罪”概念之提倡》，载《中外法学》2017年第4期。

213. 石聚航：《司法解释中的出罪事由及其改进逻辑》，载《环球法律评论》2020年第3期。

214. 周光权：《转型时期刑法立法的思路与方法》，载《中国社会科学》2016年第3期。

215. 高巍：《重构罪刑法定原则》，载《中国社会科学》2020年第3期。

216. 李文吉：《我国刑法中管理秩序法益还原为实体性法益之提倡》，载《河北法学》2020年第5期。

217. 敬力嘉：《信息网络犯罪中集体法益保护范围的扩张与限度》，载《政治与法律》2019年第11期。

218. 皮勇：《论新型网络犯罪立法及其适用》，载《中国社会科学》2018年第10期。

219. 敬力嘉：《论拒不履行网络安全管理义务罪——以网络中介服务者的刑事责任为中心展开》，载《政治与法律》2017年第1期。

220. 王文华：《拒不履行信息网络安全管理义务罪适用分析》，载《人民检察》2016年第6期。

221. 熊波：《科技刑法技术性立法方法的缺失与技术归化》，载《刑法论丛》2019年第2期。

222. 皮勇：《论网络服务提供者的管理义务及刑事责任》，载《法商研究》2017年第5期。

223. 黄继坤：《论拒不支付劳动报酬罪的几个重要问题——对〈刑法修正案（八）〉的解读》，载《当代法学》2012年第3期。

224. 马长山：《智能互联网时代的法律变革》，载《法学研究》

2018 年第 4 期。

225. 侯登华：《共享经济下网络平台的法律地位——以网约车为研究对象》，载《政法论坛》2017 年第 1 期。

226. 陈洪兵：《论拒不履行信息网络安全管理义务罪的适用空间》，载《政治与法律》2017 年第 12 期。

227. 姚志伟：《公法阴影下的避风港——以网络服务提供者的审查义务为中心》，载《环球法律评论》2018 年第 1 期。

228. 王蓓、刘淼：《法律大数据视角下的拒不支付劳动报酬罪研究》，载《中国刑事法杂志》2017 年第 2 期。

229. 王肃之：《拒不履行信息网络安全管理义务的不作为性质——基于保证人路径的反思》，载《南大法学》2020 年第 3 期。

230. 张义健：《〈刑法修正案（十一）〉的主要规定及对刑事立法的发展》，载《中国法律评论》2021 年第 1 期。

231. 熊波：《网络违法信息传播次数作为入罪标准的困境与出路——基于 186 份刑事裁判文书和相关司法解释的思考》，载《新闻与传播研究》2020 年第 10 期。

232. 刘宪权：《刑事立法应力戒情绪——以〈刑法修正案（九）〉为视角》，载《法学评论》2016 年第 1 期。

233. 曲新久：《认定信用卡诈骗罪若干问题研究》，载姜伟主编：《刑事司法指南》（第 19 集），法律出版社 2004 年版。

234. 胡剑锋：《"行政处罚后又实施"入罪的反思及限缩》，载《政治与法律》2014 年第 8 期。

235. 李姗：《拒不支付劳动报酬罪的适用与完善路径》，载《江西社会科学》2015 年第 6 期。

236. 邵维国：《行政犯前置法认识错误问题研究》，载《法商研究》2020 年第 1 期。

237. 王昭武：《法秩序统一性视野下违法判断的相对性》，载《中外法学》2015 年第 1 期。

238. 张明楷：《恶意透支型信用卡诈骗罪的客观处罚条件——〈刑法〉第 196 条第 2 款的理解与适用》，载《现代法学》2019 年第 2 期。

239. 周铭川：《论恶意透支型信用卡诈骗罪的本质》，载《东方法学》2013 年第 5 期。

240. 聂慧苹：《刑法法律地位在司法中的具体运用：兼论“北大医院教授死亡”案》，载《东方法学》2010 年第 4 期。

241. 俞宙、张鹏：《非法行医罪的法律界定》，载《人民司法》2008 年第 6 期。

242. 陈兴良：《违反行政许可构成非法经营罪问题研究——以郭嵘分装农药案为例》，载《政治与法律》2018 年第 6 期。

243. 苏敏华：《私设网络游戏服务器刑事责任探析》，载《信息网络安全》2007 年第 5 期。

244. 刘诚：《政府管制背景下行政执法的一般理论》，载刘恒主编：《行政执法与政府管制》，北京大学出版社 2012 年版。

245. 车浩：《行政许可的出罪功能》，载《人民检察》2008 年第 15 期。

246. 田鹏辉：《经济安全与经济刑法立法模式选择》，载《法商研究》2018 年第 3 期。

247. 王世杰：《论行政行为的构成要件效力》，载《政治与法律》2019 年第 9 期。

248. 戚建刚、关保英：《公民的拒绝权若干问题探析》，载《法商研究》2000 年第 4 期。

249. 张步洪：《行政处罚程序违法的实体化处理与法律责任》，载《国家检察官学院学报》2020 年第 5 期。

250. 王玎：《行政程序违法的司法审查标准》，载《华东政法大学学报》2016 年第 5 期。

251. 关保英：《新时代法治政府精神研究》，载《西南民族大学学报(人文社会科学版)》2019 年第 8 期。

252. 王贵松：《论行政处罚的制裁性》，载《法商研究》2020 年第 6 期。

253. 章剑生：《再论对违反法定程序的司法审查基于最高人民法院公布的判例（2009—2018)》，载《中外法学》2019 年第 3 期。

254. 王贵松：《行政法上不确定法律概念的具体化》，载《政治与法律》2016 年第 1 期。

255. 李洪雷：《论我国行政处罚制度的完善——兼评〈中华人民共和国行政处罚法（修订草案)〉》，载《法商研究》2020 年第 6 期。

256. 房慧颖：《预防刑法的天然偏差与公共法益还原考察的化解方式》，载《政治与法律》2020 年第 9 期。

257. 钱小平：《中国金融刑法立法的应然转向：从“秩序法益观”到“利益法益观”》，载《政治与法律》2017 年第 5 期。

258. 孙国祥：《经济刑法适用中的超规范出罪事由研究》，载《南大法学》2020 年第 1 期。

259. 贾健：《人类图像与刑法中的超个人法益——以自由主义和社群主义为视角》，载《法制与社会发展》2015 年第 6 期。

260. 梅扬：《比例原则的适用范围与限度》，载《法学研究》2020 年第 2 期。

261. 翟翌：《比例原则的中国宪法规范基础新论——以宪法第 33 条为中心》，载《新疆社会科学》2012 年第 5 期。

262. 杨临宏：《行政法中的比例原则研究》，载《法制与社会发展》2001 年第 6 期。

263. 张明楷：《法益保护与比例原则》，载《中国社会科学》2017 年第 7 期。

264. 田宏杰：《比例原则在刑法中的功能、定位与适用范围》，载

《中国人民大学学报》2019 年第 4 期。

265. 田宏杰：《刑法法益：现代刑法的正当根基和规制边界》，载《法商研究》2020 年第 6 期。

266. 孔令滔：《现代行政裁量与比例原则的适用》，载胡建淼主编：《公法研究》第 11 辑，浙江大学出版社 2012 年版。

267. 尹培培：《双重面向之处罚法定原则的困境及其出路——基于法的明确性原则》，载《法律科学（西北政法大学学报）》2017 年第 5 期。

268. 章剑生：《现代行政法基本原则之重构》，载《中国法学》2003 年第 3 期。

269. 高巍：《刑法教义学视野下法益原则的畛域》，载《法学》2018 年第 4 期。

270. 喻海松：《德国犯罪构造体系的百年演变与启示》，载《中外法学》2012 年第 3 期。

271. 李洁：《中日犯罪成立理论体系的特征比较研究》，载《法制与社会发展》1996 年第 5 期。

272. 陈伟、蔡荣：《刑法立法的类型化表述及其提倡》，载《法制与社会发展》2018 年第 2 期。

273. 邓正伟：《犯罪构成理论对刑事诉讼的制约及完善》，载《中国刑事法杂志》2008 年第 4 期。

274. 陈兴良：《刑法定罪思维模式与司法解释创制方式的反思——以窨井盖司法解释为视角》，载《法学》2020 年第 10 期。

275. 刘俊杰：《刑法解释方法位阶性否定论》，载陈兴良主编：《刑事法评论》第 39 卷，北京大学出版社 2016 年版。

276. 安文录、李睿：《恶意透支行为刑事司法认定问题研究》，载赵秉志主编：《刑法论丛》第 23 卷，法律出版社 2010 年版。

277. 隋卫东、李祥金：《恶意透支及其刑法规制》，载《法学论坛》

2009 年第 4 期。

278. 冯涛：《恶意透支信用卡诈骗罪的认定及立法完善》，载《中国刑事法杂志》2004 年第 1 期。

279. 孙禹：《论网络服务提供者的合规规则——以德国〈网络执行法〉为借鉴》，载《政治与法律》2018 年第 11 期。

280. 李瑞生：《论拒不支付劳动报酬罪的主观构成及其完善——从孙晨亮塔吊讨薪坠亡案切入》，载《河北法学》2013 年第 10 期。

281. 张明楷：《宪法与刑法的循环解释》，载《法学评论》2019 年第 1 期。

282. 劳东燕：《刑事政策与功能主义的刑法体系》，载《中国法学》2020 年第 1 期。

283. 张翔：《刑法体系的合宪性调控——以"李斯特鸿沟"为视角》，载《法学研究》2016 年第 4 期。

284. 王钢：《非法持有枪支罪的司法认定》，载《中国法学》2017 年第 4 期。

285. 陈烨：《法定犯违法性认识必要说：我国现行刑事立法框架下如何坚守》，载《政治与法律》2017 年第 7 期。

286. 赵运锋：《违法认识可能性理论的检讨与反思》，载《东方法学》2020 年第 6 期。

287. 陈伟：《新冠疫情背景下妨害传染病防治罪的解释扩张及其回归》，载《政治与法律》2020 年第 5 期。

288. 陆旭、宋佳宁：《扩张与限缩：妨害传染病防治罪的构成要件辨析——以妨害新冠疫情防控典型案例为基础》，载《中国检察官》2020 年第 8 期。

289. 杨彩霞：《网络服务提供者刑事责任的类型化思考》，载《法学》2018 年第 4 期。

290. 孙国祥：《集体法益的刑法保护及其边界》，载《法学研究》

2018 年第 6 期。

291. 刘艳红：《当下中国刑事立法应当如何谦抑？——以恶意欠薪行为入罪为例之批判性分析》，载《环球法律评论》2012 年第 2 期。

292. 吴亚可：《当下中国刑事立法活性化的问题、根源与理性回归》，载《法制与社会发展》2020 年第 5 期。

293. 高永明：《刑法中的行政规范：表达、功能及规制》，载《行政法学研究》2017 年第 4 期。

294. 陈兴良：《法定犯的性质和界定》，载《中外法学》2020 年第 6 期。

295. 章剑生：《行政程序正当性之基本价值》，载《法治现代化研究》2017 年第 5 期。

296. 高铭暄、曹波：《保险刑法规范解释立场新探——基于缓和违法一元论的展开》，载《中国应用法学》2019 年第 3 期。

297. 简爱：《从“分野”到“融合”刑事违法判断的相对独立性》，载《中外法学》2019 年第 2 期。

298. 孙国祥：《行政犯违法性判断的从属性和独立性研究》，载《法学家》2017 年第 1 期。

299. 陈兴良：《违法性的中国语境》，载《清华法学》2015 年第 4 期。

300. 陈少青：《法秩序的统一性与违法判断的相对性》，载《法学家》2016 年第 3 期。

301. 田宏杰：《行政犯的法律属性及其责任——兼及定罪机制的重构》，载《法学家》2013 年第 3 期。

302. 张明楷：《避免将行政违法认定为刑事犯罪：理念、方法与路径》，载《中国法学》2017 年第 4 期。

303. 谭兆强：《论行政刑法对前置性规范变动的依附性》，载《法学》2010 年第 11 期。

304. 陈瑞华：《行政不法事实与犯罪事实的层次性理论兼论行政不法行为向犯罪转化的事实认定问题》，载《中外法学》2019 年第 1 期。

305. 时方：《我国经济犯罪超个人法益属性辨析、类型划分及评述》，载《当代法学》2018 年第 2 期。

306. 刘艳红：《人性民法与物性刑法的融合发展》，载《中国社会科学》2020 年第 4 期。

307. 高翼飞：《从扩张走向变异：非法经营罪如何摆脱“口袋罪”的宿命》，载《政治与法律》2012 年第 3 期。

308. 姜涛：《社会风险的刑法调控及其模式改造》，载《中国社会科学》2019 年第 7 期。

309. 魏昌东：《中国经济刑法法益追问与立法选择》，载《政法论坛》2016 年第 6 期。

310. 卢建平、皮婧靖：《中国刑法犯罪化与非犯罪化的述评与展望——以犯罪化与非犯罪化的概念解构为切入点》，载《政治与法律》2020 年第 7 期。

311. 何荣功：《社会治理“过度刑法化”的法哲学批判》，载《中外法学》2015 年第 2 期。

312. 林丽、王玉琦：《危机事件的媒介化研究：理论、实践与变迁》，载《江西师范大学学报（哲学社会科学版）》2018 年第 4 期。

313. ［德］克劳斯·梯德曼：《经济刑法的概念和历史发展》，周遵友译，载赵秉志主编：《刑法论丛》第 47 卷，法律出版社 2016 年版。

314. ［德］克劳斯·梯德曼：《德国经济刑法导论》，周遵友译，载赵秉志主编：《刑法论丛》第 34 卷，法律出版社 2013 年版。

315. ［德］乌尔斯·金德霍伊泽尔：《违法性的基础》，陈璇译，载梁根林、［德］埃里克·希尔根多夫主编：《违法性论：共识与分歧》，北京大学出版社 2020 年版。

（三）其他类

316.《坚定不移走中国特色社会主义法治道路 为全面建设社会主义现代化国家提供有力法治保障》，载《人民日报》2020 年 11 月 18 日，第 1 版。

317.《中共中央印发法治社会建设实施纲要（二〇二〇至二〇二五年）》，载《人民日报》2020 年 12 月 8 日，第 1 版。

318.《中共中央关于全面推进依法治国若干重大问题的决定》，载《人民日报》2014 年 10 月 29 日，第 1 版。

319.《中共中央关于制定国民经济和社会发展第十四个五年规划和二〇三五年远景目标的建议》，载《人民日报》2020 年 11 月 4 日，第 1 版。

320.《中共中央印发法治中国建设规划（二〇二〇至二〇二五年）》，载《人民日报》2021 年 1 月 11 日，第 1 版。

321. 张书琴：《立法为何提高逃税初犯刑责门槛》，载《检察日报》2019 年 8 月 5 日，第 3 版。

322. 刘荣：《刑罚阻却条款不能沦为“护身符”》，载《检察日报》2019 年 8 月 5 日，第 3 版。

323. 林炎钟：《如何认定“经政府有关部门责令支付仍不支付”》，载《检察日报》2012 年 1 月 15 日，第 3 版。

324. 徐建强：《拒不支付劳动报酬犯罪中公告送达的效力认定》，载《江苏法制报》2016 年 9 月 29 日，C 版。

325. 史兆琨：《范冰冰案的处罚体现了“罪刑法定”和“税收法定”》，载《检察日报》2018 年 10 月 8 日，第 4 版。

326. 顾元森：《“连云港药神案”二审宣判 14 人改判非法经营罪，1 人无罪》，载《现代快报》2020 年 6 月 3 日，A7 版。

327. 孙国祥：《经济犯罪违法性判断具有从属性和独立性》，载《检察日报》2017 年 10 月 16 日，第 3 版。

328. 魏昌东：《经济刑法规制应当适度限缩》，载《检察日报》2018 年 9 月 12 日，第 3 版。

329. 王霖：《完善刑事质证规则路径选择》，载《检察日报》2020 年 11 月 13 日，第 3 版。

330. 潘璐：《比例原则的起源及特点》，载《人民法院报》2020 年 10 月 30 日，第 8 版。

331. 彭国强：《拒不支付劳动报酬罪的前置程序可以取消》，载《检察日报》2014 年 2 月 12 日，第 3 版。

332. 桂林：《四方面完善拒不支付劳动报酬罪前置程序》，载《检察日报》2018 年 7 月 9 日，第 3 版。

333. 石莹：《构成要件要素的非罪考察与规范设置研究》，西南政法大学 2020 年博士学位论文。

334. 罗昕：《美国网络中立规制研究：脉络、实质与启示》，华中科技大学 2012 年博士学位论文。

335. 程亚龙：《连云港“药神”案二审开庭：律师披露庭审 3 大争议焦点》，载搜狐网，https：//www. sohu. com/a/315250432_114988，最后访问时间：2020 年 6 月 5 日。

二、外文类参考文献

（一）著作类

336. Szczepaniak, Rafal and Figueiras, Claudia Sofia Melo, Editors, Szczepaniak, *Contemporary Challenges in Administrative Law and Public Administration*, ADJURIS International Academic Publisher, 2018.

337. René Dussault and Louis Borgeat, *Administrative Law: A Treatise*, Carswell, 1985.

338. M. A. Henry Campbell Black, *Black's Law Dictionary*, West Publishing Co. , 1979.

339. Harold J. , Berman and William R. Creiner, *The Nature and Functions of Law*, The Foundation Press, 1980.

340. Michael R. Asimow, *Administrative Law*, A Thomson Company, 2002.

341. Robert L. G. licksman and Richard E. Levy, *Administrative Law: Agency Action in Legal Context*, Foundation Press, 2015.

342. Joel Samaha, *Criminal Law*, Wadsworth Cengage Learning, 2014.

343. Robert Alexy, *The Argument from Injustice: A Reply to Legal Positivism*, *Translated by Stanley Paulson and Bonnie Paulson*, Oxford University Press, 2010.

344. John H. Reese and Richard H. Seamon, *Administrative Law Principles and Practice*, West Group, 2003.

345. Zaim M. Nedjati and J. E. Trice, *English and Continental Systems of Administrative Law*, North-Holland Publishing Company, 1978.

346. H. W. R. Wade and C. F. Forsyth, *Administrative Law*, Clarendon Press, 1994.

347. D. J. Galligan, *Due Process and Fair Procedures: A Study of Administrative Procedures*, Oxford University Press, 1996.

348. H. Simon, *Administrative Behavior*, Macmillan, 1957.

349. Kenneth Culp Davis, *Administrative Law*, West Publishing Co. , 1977.

350. Gary Chartier, *Economic Justice and Natural Law*, Cambridge University Press, 2009.

351. Stephen G. Breyer and Richard B. Stewart, *Administrative Law and Regulation Policy*, Litlle Brown, 1985.

352. P. P. Craig, *Public Law and Democracy in the United States of America*, Clarendon Press, 2008.

353. Harvey Wallacen and Cliff Roberson, *Principles of Criminal Law*, Longman Publishers, 1996.

354. H. L. A. Hart, *The Concept of Law*, Oxford University Press, 2012.

355. Daniel Carpenter and David A. Moss, *Introduction to Preventing Regulatory Captuer: Special Interest Influence and How to Limit It*, Cambridge University Press, 2014.

356. Reza Banakar, *Rights in Context: Law and Justice in Late Modem Society*, MPG Books Group, 2010.

357. Alan Stone, *Regulation and Its Alternatives*, Congressional Quarterly Press, 1982.

358. M. Aronson, B. Dyer & M. Groves, *Judicial Review of Administrative Action*, LawBook Publishing Company, 2004.

359. O. Dixon, *Two Constitutions Compared*, in SHZ Woinarski (ed.), Dixon, Jesting Pilate, LawBook Publishing Company, 1965.

360. Kopp/Ramsauer, *Verwa Itungsverfahrensgesetz Kommentar*, Verlag C. H. Beck, 2004.

(二) 期刊类

361. Lawrence B. Solum, *Procedural Justice*, Southern California Law Review, Vol. 78, No. 1, November 2004.

362. Tetiana Kolomoiets and Valerii Kolpakov, *Legal Identification of Administrative Procedure*, Law of Ukraine: Legal Journal (Ukrainian), Vol. 14, No. 4, 2019.

363. Kiyoung Kim, *Third-Party Liability of Internet Service Providers in the U. S. and Korea*, Korean Journal of International and Comparative Law, Vol. 29, No. 2, 2001.

364. Wagner R. Polk, *Transacions, Information and Emerging Law:*

Reconsidering the MDCA, Houston Law Review, Vol. 42, No. 4, 2005.

365. Gerald S. Kerska, *Economic Protectionism and Occupational Licensing Reform*, Minnesota Law Review, Vol. 101, No. 4, April 2017.

366. Srividhya Ragavan, Brendan Murphy and Raj Dave, *Frand v. Compulsory Licensing: The Lesser of the Two Evils*, Duke Law & Technology Review, Vol. 14, No. 1, 2016.

367. John Blevins, *License to Uber: Using Administrative Law to Fix Occupational Licensing*, UCLA Law Review, Vol. 64, No. 4, May 2017.

368. Hodgson, D. C. *Licensing and the Legitimate Expectation*, Adelaide Law Review, Vol. 9, No. 4, May 1985.

369. Cass R. Sunstein and Adrian Vermeule, *The Morality of Administrative Law*, Harvard Law Review, Vol. 131, No. 7, May 2018.

370. Sandra G. Mayson, *The Concept of Criminal Law*, Criminal Law and Philosophy, Vol. 14, No. 3, October 2020.

371. Stefan Machura, *Procedural Justice, Law and Policy*, Law & Policy, Vol. 20, No. 1, January 1998.

372. Michael Bayles, *Principles for Legal Procedure*, Law and Philosophy, Vol. 33, No. 5, 1985.

373. Aurelien Portuese, *Principle of Proportionality as Principle of Economic Efficiency*, European Law Journal, Vol. 19, No. 5, September 2013.

374. A. V. Dolzhikov, *The Constitutional Principle of Proportionality: An Interdisciplinary Approach*, Perm University Herald Juridical Sciences, Vol. 47, No. 6, 2020.

375. Nick Robinson, *The Multiple Justifications of Occupational Licensing*, Washington Law Review, Vol. 93, No. 4, December 2018.

376. Jeffrey Pfeffer, *Administrative Regulation and Licensing: Social*

Problems or Solution, Social Problems, Vol. 21, No. 4, 1973.

377. Herbert T. Mitchell, *Administrative Law-Constitutionality of Statutes Licensing Occupations*, North Carolina Law Review, Vol. 35, No. 4, June 1957.

378. Ryan Nunn and Gabriel Scheffler, *Occupational Licensing and the Limits of Public Choice Theory*, Administrative Law Review Accord, Vol. 4, No. 2, 2019.

379. Marc T. Law and Sukkoo Kim, *Specialization and Regulation: The Rise of Professionals and the Emergence of Occupational Licensing Regulation*, Journal of Economic History, Vol. 65, No. 3, 2005.

380. Kenneth Culp Davis, *Administrative Common Law and the Vermont Yankee Opinion*, Utah Law Review, Vol. 3, No. 1, 1980.

381. Jack M. Beermann, *Common Law and Statute Law in US Federal Administrative Law*, in Linda Pearson, Carol Harlow and Michael Taggartm, Administrative Law in a Changing State: Essays in Honour of Mark Aronson, Hart Publishing, 2008.

382. Jonathan Crowe and Lucy Agnew, *Legal Obligation and Social Norms*, Adelaide Law Review, Vol. 41, No. 1, 2020.

383. Hayne E. Leland, *Quacks, Lemons, and Licensing: A Theory of Minimum Quality Standards*, Journal of Political Economy, Vol. 87, No. 6, December 1979.

384. Austin Sarat, *Situating Law Between the Realities of Violence and the Claims of Justice: An Introduction*, in Austin Sarat, Law, Violence, and the Possibility of Justice, Princeton University Press, 2001.

385. B. Turner. *Outline of a Theory of Human Rights*, Sociology, Vol. 27, No. 3, 1993.

386. Fabian Wendt, *Against Philosophical Anarchism*, Law and Philos-

ophy, Vol. 39, No. 5, October 2020.

387. Stigler G. J., *The Theory of Economic Regulation*, Bell Journal of Economicsand Management Science, Vol. 2: 1, 1971.

388. Jonathan Crowe and Barbora Jedlickova, *What s Wrong with Cartels*, Federal Law Review, Vol. 44, No. 3, 2016.

389. Allie Winkle, *New Physician Licensing and Reporting Regulations: Just What the Doctor Ordered*, Texas Tech Administrative Law Journal, Vol. 19, No. 1, Fall 2017.

390. Scheel, Zur Bindung des Strafgerichters an fehlerhafte behördliche Genehmigungen im Umweltrecht, *JZ*, 1993.

391. Lenckner, Behördliche Genehmigungen und der Gedanke des Rechtsmissbrauchs im Strafrecht, *FS Pfeiffer*, 1987.

392. Otto Bachof, Beurteilungsspielraum, Ermessen und unbestimmter Rechtsbegrif in Verwaltungsrecht, *JZ*, 1955.

（三）其他类

393. BGH NJW 1982, 2081.

394. BverfG StV 2008, 71.

395. Morgan v. United States, 304 U. S. 19 – 20 (1938)

396. United States v. Moton Salt Co., 338 U. S. 632, 644 (1950).

397. St. Joseph Abbey v. Castille, 712 F. 3d 215, 227 (5th Cir. 2013).

398. Merrifield v. Lockyer, 547 F. 3d 978, 992 (9th Cir 2008).

399. Craigmiles v. Giles, 312 F. 3d 220, 229 (6th Cir. 2002).

400. Roller v. Allen, 245 N. C. 516, 525, 96 S. E. 2d 851, 859 (1957).

401. Thomas v. Collins, 323 U. S. 516, 545 (1945).

402. Dent v. West Virginia, 129 U. S. 114, 122 (1889)

403. Massachusetts v. EPA, 549 U. S. 497, 527 (2007).

404. Grayned v. City of Rockford, 110 U. S. (1972).

405. Netzwerkdurchsetzungsgesetz § 3 abs. 2. Nr. 1.

406. Papachristou v. City of Jacksonville, 405 U. S. 156, 162 (1972).

407. Greene v. Lindsey, 456 U. S. 444, 455 –456 (1982).

408. Entwurf eines Gesetz zur Vereinheitlichung von Vorschriften über bestimmte elektronische Informations-und Kommunikationsdienste, S. 11. ff. http: //de. Wikipedia. org/wi-ki/Telemediengesetz.

409. The Occupational Licensing Defense Act, American Legislative Exchange Council (August 18, 2020), https: //www. alec. org/model-policy/the-occupational-licensing-defense-act-2/.

410. *Administrative Procedure Laws in the United States*: *A Comparative Study*, Austin: Texas Civil Judicial Council, 1957.

后　记

对于理论研究，我好像目前还处于埋头默默前行的一种境地，一直没有回过头看看自己过往的研究状态。后记撰写或许是一个“驻足”停留的好机会。时至今日，我写了30多篇论文，500多万字文献综述。就漫长且艰辛的学术研究历程而言，这肯定远远不够。因此，《刑法中前置行政程序规范研究》一书，就权当是我在青年学者阶段的一次思考和总结吧。在此前的理论研究过程中，我习惯了撰写规范格式体例、突出现实问题意识的论著。面对格式体例不作严格要求的后记，我想这可能是我最轻松且能够直抒胸臆的一次写作。但是，面对这次本应该轻松愉快、酣畅淋漓的后记撰写，我貌似有点“拖拉”。我想有可能是不舍得这次的阶段性完结，抑或是自己近期较懒惰的原因。但是，无论如何，后记写作仍需要持续进展，这也算是给自己近期理论研究的一种鞭笞和激励。

“板凳需坐十年冷，文章不写半句空。”虽然本书有可能不是一本完美的佳作，但是在我看来，其倾注了我全部的爱，见证了我投入的全部心血和精力。一般来说，论著选题非常关键，其决定了理论性、现实性、创新性价值，防止刑法理论研究脱离最新社会生活，从而沦为虚无缥缈的“学术泡沫”，纯粹的“咬文嚼字”“炒冷饭”。

第一，本书题目来源。我从博士研究生阶段确定选题开始，到目前从事高校教学科研工作，我从未后悔选择本书题目。本书题目源于现实鲜活案例的启发、源于个罪规范的指引、源于刑法基础理论的思考。本书正文内容在各个章节融入众多司法案例，并通过独立章节内容，细致梳理和对比分析刑法中前置行政程序规范、强化刑法基础理论指引，便是妥当回应。第二，本书题目方向。每一代刑法学人有自己的学术使命和坚守，我想“文章不写半句空”的学术研究精髓和使命，首先应当体现在刑法理论研究应当始终服务于社会当下的发展趋势和现实困境。毫无疑问，现当下，我国犯罪总体呈现行政犯和法定犯的趋势和特点，受到刑法理论开放性、交叉性和多元性研究思潮的影响，我前期学术理论研究重点聚焦“刑行衔接”和新型行政犯治理等方向。第三，本书题目志向。撰写本书的目的旨在打破既有行政犯理论研究的宏大和概括的理论研究现状，从刑法个罪规范的总体特点和规律切入，并融入现实鲜活案例，从而契合当下“以小放大”的理论研究趋势和特点。第四，本书正文内容。对于本书的正文内容，我想呈现于各位读者面前的内容已足够翔实，并且结合序言、目录等予以阅读，各位的见解和思考也必将远超于我。这也算是本书可以发挥的社会贡献之一。我过多解读和归纳，或许会干扰读者的思考和批判，再此我就不予以赘述。

在我的每一次理论研究过程中，再熟悉不过的是，每篇（部）论著的写作过程永远伴随期待、困惑、怀疑、痛苦、坚守等百般心态。但是，等到论著发表或出版问世之时，内心肯定是无比兴奋和激动的。那一刻，我早已忘却此前写作过程的百般辛苦滋味，并带着此刻的兴奋和激动，又循坏往复地投入下一段研究旅途。本书即将出版问世，在论著研究和出版的全过程中，我们或许容易记住“作者”这一角色，而较易忘却为论著研究和出版过程默默付出和奉献的“指导者”的角色。作者可以深切感受到理论研究过程伴随的艰辛和兴奋的两种心境，但是对于导师、外审专家、编辑等指导者来说，伴随他们的或许永远只有艰辛、坚守的陪伴历程。本书的出版离不开默默付出和奉献的“指导者”。对于本书出版，指导者扮演重要角色。

第一，我要感谢敬爱的导师陈伟教授，陈老师伴随并指引我走过了最艰难的硕、博士阶段，我也很荣幸在陈老师指导下幸福地度过了充实的学生时代，走向了崇高的教学科研岗位，并为之努力奋斗。本书从选题、写作、修改到出版的全流程，陈老师可谓是全程参与、充分指导。第二，我要感谢为本书厚植坚定信念，前期大力扶持的期刊、编辑和外审专家。本书的写作并非一蹴而就。其中部分章节内容得益于《政治与法律》《学术界》《重庆大学学报（社会科学版）》《南方金融》等高水平期刊的认可，匿名外审专家的肯定，以及杜小丽老师、陈庆安老师、邹秋淑老师等编辑老师的悉心指导。毫不夸张地说，如果没有上述期刊、外审专家、编辑老师对本书选题和内容的认可和支持，我甚至可能会放弃该选题内容的持续和深度研究。第三，我要感谢为本书出版付出大量工作的法律出版社和编辑老师。承蒙法律出版社的信任和认可，拙著得以在高水平出版社公开发行。幸得法律出版社的毛镜澄老师、庞玥坤老师等的全程编校，他们为本书出版提供了坚强的后盾保障，让我深感文字编辑工作的不易，也同时能够畅享“抠细节”的魅力。

最后，期待本书的出版，能够为刑法基础理论的开放性、交叉性和多元性研究，以及“刑行衔接”和新型行政犯的治理研究，贡献其应有的社会作用。同时，也期待本书能够鞭挞和激励自己持续且深度攻克“刑行衔接”和新型行政犯治理难题。正如导师在序言中所指：“坚守内心的那一份初心，在浮华的市井生活中宁静致远，取得更高质量的学术成果。”因此，于我而言，本书出版既是终点，亦是起点。

熊波

2025 年 3 月 26 日

于上海雅居乐佘山望寓所